人民文库 第二辑

共有权研究

（第三版）

杨立新｜著

人民出版社

出 版 前 言

1921 年 9 月,刚刚成立的中国共产党就创办了第一家自己的出版机构——人民出版社。一百年来,在党的领导下,人民出版社大力传播马克思主义及其中国化的最新理论成果,为弘扬真理、繁荣学术、传承文明、普及文化出版了一批又一批影响深远的精品力作,引领着时代思潮与学术方向。

2009 年,在庆祝新中国成立 60 周年之际,我社从历年出版精品中,选取了一百余种图书作为《人民文库》第一辑。文库出版后,广受好评,其中不少图书一印再印。为庆祝中国共产党建党一百周年,反映当代中国学术文化大发展大繁荣的巨大成就,在建社一百周年之际,我社决定推出《人民文库》第二辑。

《人民文库》第二辑继续坚持思想性、学术性、原创性与可读性标准,重点选取 20 世纪 90 年代以来出版的哲学社会科学研究著作,按学科分为马克思主义、哲学、政治、法律、经济、历史、文化七类,陆续出版。

习近平总书记指出："人民群众多读书，我们的民族精神就会厚重起来、深邃起来。""为人民提供更多优秀精神文化产品，善莫大焉。"这既是对广大读者的殷切期望，也是对出版工作者提出的价值要求。

文化自信是一个国家、一个民族发展中更基本、更深沉、更持久的力量，没有文化的繁荣兴盛，就没有中华民族的伟大复兴。我们要始终坚持"为人民出好书"的宗旨，不断推出更多、更好的精品力作，筑牢中华民族文化自信的根基。

人民出版社

2021 年 1 月 2 日

目　　录

第 三 版 序

《中华人民共和国民法典》通过之后，人民出版社法律与国际编辑部的洪琼主任跟我说，想出我的《共有权研究》一书的第三版。他说，共有权在《民法典》中有很重要的地位，值得认真修改，重新出版。洪琼是一位特别有眼光的编辑，有值得骄傲的出版业绩，我相信他的选择，因而欣然接受，进行了细致的修改。

这本书首版是 2003 年高等教育出版社出版的，书名是《共有权研究》；2007 年《物权法》通过后进行了修订，在法律出版社出版了第二版，书名是《共有权的理论与适用》。本书第三版仍然使用《共有权研究》的书名，比较贴切。

共有权是所有权的一种类型，是重要的物权，分为按份共有、共同共有、建筑物区分所有以及准共有，在《民法典》中有很重要的地位。同时，在婚姻家庭关系中的夫妻共有财产、家庭共有财产都是共有权的问题，共同继承的遗产也是共有财产，合伙财产也是共有财产，都是共有权，特别是共有权中还有优先购买权。这些都与人民群众的生活息息相关，是被人民群众所关注的物权问题，关乎人民群众的生活幸福和社会的和谐稳定，具有重要的理论价值和实践意义。依照《民法典》的规定进行深入研究，确实是很有意义的工作。

本书的第二版就是按照原《物权法》的规定设计、编排的。由于《民法典》对共有权的规定没有原则的变化，因而本书仍然依照第二版的体例进行修订。本书基本上分为三部分:一是关于共有权的总体论述,即第一章和第二章,分别阐释共有的一般性规则。二是对共有类型的阐释,分别研究按份共有、共同共有、建筑物区分所有权和准共有,为第三章至第六章。三是对具体的共有权问题进行阐释,分别研究夫妻共有、家庭共有、共同继承、合伙共有以及共有中的优先购买权,为第七章至第十一章。这样的结构比较清晰、逻辑关系明确,便于阅读。

本次修订主要解决的是两个问题。第一,全部内容都按照《民法典》的规定进行修订和说明,使内容紧贴《民法典》,阐释《民法典》关于共有权的具体规范。第二,原书的表述比较随意,比较口语化,对此进行了全面修订,使之表述简洁、准确,符合书面语的要求,因而文字数量也有较大的减缩,篇幅缩小。

《民法典》通过后,很多问题都需要认真、深入的研究,使其规定的行为规范和裁判规范能够得到准确适用,在调整民事法律关系上发挥更好的作用。本书的修订也体现这个精神。由于研究《民法典》的功力有限,修订时间较短,本书仍然有不尽如人意之处。对本书存在的不当之处,请读者指正。

本书原来就有跋,是纪念我的启蒙恩师王士奇先生的。他和通化市中级人民法院的其他老一辈法官,都对我的成长给予了倾心尽力的关怀和帮助,使我在民法的学术和实践中健康成长。我深深地感谢他们,怀念他们,感恩他们!我对原书的跋作了文字修改,仍然放在后边,以此表达我对他们的深深敬意!

感谢洪琼主任的热情以及编辑的精心审定。感谢几十年来热心读者对作者作品的关爱。

2021 年 8 月 28 日

再 版 说 明

　　《共有权研究》从 2003 年出版至今刚好四年。原来在写作的时候就计划，《物权法》一经通过就立即进行修订。2007 年 3 月 16 日，第十届全国人民代表大会第五次会议审议通过《物权法》，使其成为国家的法律，并且将于 2007 年 10 月 1 日起施行。因此，在《物权法》施行之前，我用了两个月的时间，终于完成了这部专著的修订工作。

　　对本次修订做以下说明：

　　第一，本次修订，完全按照《物权法》的规定进行说明，力求完整、准确体现《物权法》第八章关于对共有的规定，以及第六章关于业主的建筑物区分所有权的规定。修订中，按照《物权法》的条文规定，按照在讨论《物权法草案》中的意见，根据自己的研究体会以及其他专家学者的论述，全面、准确地阐释《物权法》相关条文的内容。在原版的表述中，凡是不符合《物权法》规定的内容，都进行了修改，统一到《物权法》的规定上来。对于《物权法》没有规定的问题，则根据《物权法》的基本精神和司法实践的经验以及理论研究成果进行阐释，提出自己的看法。

　　第二，《物权法》关于共有和建筑物区分所有权的规定，是分为两章规定的，事实上，《物权法》对建筑物区分所有权的性质的规定，并没有将其确定为共有，而是确定为复合所有权，将其与单一所有权、共有和相邻关系并列，并放在共有和相邻关系之前。对此，我在修订中仍然坚持原来的个人看法，将其认作共有的一个类型，仍放在本书中阐释。看起来，这一做法好像不符合《物权法》的规定,但是,学者著述应当有自己的特点和观点,况且这只是对一个物权的性质的认识问题,并不涉及物权规则的解释和适用问题,不会有大的妨害;同时,建筑物区分所有权的问题复杂,用共有权的性质认识它,对于理解其具体规则和宏观意义更为有益。

第三,本次修订,在内容上更重视对共有权中具体司法实践问题的法律适用问题进行深入研究和说明,使本书的内容更具有可读性和实践指导性。例如,在建筑物区分所有权的研究中,针对现实生活以及司法实践中存在的复杂问题,进行了深入、细致的研究,对很多具体问题都提出了具体的解决方法。例如,在现实生活中,关于建筑物区分所有权共有部分范围的界定,是争议最大的问题,反映出来的问题非常复杂,也最容易发生纠纷。因此,在修订中,我对共有部分的阐释中涉及业主的建设用地使用权、建筑物基本结构部分、车库车位、道路、绿地、会所、其他公共场所、公用设施、物业服务用房、楼顶平台、外墙面、维修资金、共有部分产生的收益等13个问题,进行研究,并提出了解决常见纠纷的办法。在物业管理部分,对业主与物业之间经常发生的纠纷类型进行了整理,提出了具体的解决办法。诸如此类,不再赘述。相信这些论述会对读者解决具体问题提供有益帮助。

第四,本次修订,对本书的结构进行了较大的调整,实际上分为三部分:第一部分,是关于共有的总体论述,这就是第一章和第二章,分别阐释共有的一般问题和法律关系问题。第二部分,是对共有类型的阐释,分别研究按份共有、共同共有、建筑物区分所有权和准共有,为第三章至第六章。从第七章开始,是第三部分,也就是对具体的共有问题进行阐释,分别研究了夫妻共有、家庭共有、共同继承财产、合伙共有以及共有中的优先购买权。经过这样调整之后,全书的结构清晰、逻辑关系明确,便于读者阅读。

期望我的新版《共有权研究》即《共有权的理论与适用》能够得到更多读者的欢迎和指正。

2007年8月28日

原 版 序 言

在起草民法典草案物权法编的过程中,我开始写作物权法研究的著作和讲稿。开始是想从头开始写作的,也写了一些东西,但是,在整理原来的文章手稿时,发现原来对共有权的研究是很有基础的,有一些现成的文章就在那里。于是就想,还不如先就共有权的问题集中研究,写出一部关于共有权研究的专著出来,然后再一部分一部分地研究物权法的其他问题。因此,就开始了对共有权的集中研究。恰好这个时间我在香港城市大学讲授民法,一周的课时不多,时间很充足,可以充分利用来写作。一个月的时间过去了,我的初稿也就写完了,于是就有了现在的这部稿子。在抗击"非典"期间,在家里时间也比较宽裕,就对本书进行修改,直到完稿,付梓印刷。

在这里,很想写几句关于物权法的重要性的文字,也是突然想起来日前曾经写过一篇稿子,是说物权法的,题目叫作《鼓励创造财富的旋律》,我把它放在这里,当作我对物权法的认识:

"这几年,民法学界正在进行着一项重要的工作,就是紧锣密鼓地起草《中华人民共和国物权法》,专家们提出了法律草案的建议稿,立法机关制定了征求意见稿,正在各地征求意见。显而易见,这部法律草案在不久的将来,就会成为一部正式的法律,走进我们的社会生活,发挥其重要的作用。我有幸成为制定这部法律的参与者,为能够制定这样一部法律而感到振奋。

　　"那么,《物权法》究竟是一部什么样的法律? 它体现的是一种什么样的主题? 很多人并不清楚。对此,应当加以说明。

　　"如果说,《物权法》是一部辉煌的乐章,那么,鼓励创造财富,就是这部辉煌乐章的主旋律。

　　"何以见得?

　　"民法,就是一部人法,是调整和规范人与人之间民事法律关系的法律。大而言之,民法调整和规范的是人身关系和财产关系。《物权法》作为民法的一个重要的组成部分,调整和规范的就是基于财产而发生的人与人的关系,那就是特定的财产归谁所有,谁可以运用这样的财产继续创造财富,创造的财富又归谁所有,其他人对这样的财富采取什么样的态度。《物权法》在这些制定的规则之中体现的基本精神,就是鼓励个体创造财富,从而摆脱贫困,走上富裕之路。这不就是鼓励创造财富的辉煌旋律吗? 在这样辉煌的旋律面前,人人都应当感到振奋。

　　"资产阶级在其走上政治舞台的时候,就在他们的旗帜上写上了'私有财产神圣不可侵犯'的口号。在社会主义公有制面前,人们否定这样的口号。可是,如果从历史唯物主义的角度出发,实事求是的评价这个口号,也不难发现其中的积极因素。因为这个口号的一个基本内容,就是鼓励创造财富。我的一位朋友是一位在物权法理论上颇有造诣的学者,他说了一句话,就是'请尊重财富进取心'。这是一句说得非常好的话。在前面的那句口号里面,就包含着这句话的内容。在社会主义公有制面前,当然不能片面强调私有财产的不可侵犯,但是可以推而广之,那就是无论是私有财产还是公有财产,都神圣不可侵犯。在这样的原则之下,鼓励国家、鼓励集体、鼓励个人都积极创造财富,确立为国家、为集体、为个人创造财富都是极为光荣的事业,尊重每一个人的财富进取心,不正是社会主义所要努力实现的共同富裕的目标吗!

　　"曾几何时,创造财富并没有受到鼓励,而是受到制裁。在那个年代,贫穷是'革命'的象征,富裕是'资本主义尾巴',必得割除而后快。插队的时候,我也看到过很多这样的场景。为度年荒,农民偷偷摸摸开上一点荒地,种上一点杂粮,一旦被发现,青苗必定铲除,开荒者必受批判。农民就是多养一头猪，多养几只鸡，也是'资本主义尾巴'，必须彻底割除，否则就是'资本主义复辟'。在这样的意识形态指导下，谁人敢言'财富'二字？谁人敢说鼓励创造财富？谁人可能会尊重他人的财富进取心？其实，这也正是迟迟没有制定《物权法》的根本原因之所在。

"现在好了。

"国家确认公有制为主导，多种经济成分并存的国家经济体制，鼓励人们创造财富，鼓励大家通过合法途径过上富裕生活。创造财富不再是耻辱，而是光荣，创造的财富不再是'尾巴'必须'割除'，而是依法确认创造的财富的所有权，并且依靠自己的财富作为资金，继续创造财富。不论这样的财富是国家的，抑或集体的，抑或个人的，总之都是社会的。依靠这些不断积累的财富，就会民富国强，称雄于世。建设一个强大的社会主义国家，这正是其中的内容之一。

"这样的一部乐章，难道不可以说是辉煌吗？这部乐章的鼓励创造财富的旋律，当然也是辉煌的旋律，完全可以和社会的主旋律相融合，奏出最华美的音乐。"

面对这样的一部法律，应当好好地研究，推动它的理论研究的发展，也算是为它增加一个好听的音符。

我想，这是我研究物权法的第一步。接下来，还要再研究物权法的基本问题、所有权问题、用益物权和担保物权问题。

在我的研究中存在的问题，欢迎读者朋友批评指正。

2003 年 5 月 8 日

绪　论

应当重视对共有权的研究

一、《民法典》物权编的重要地位和意义

2020 年 5 月 28 日,《中华人民共和国民法典》在第十三届全国人民代表大会第三次会议上审议通过,成为我国第一部民法典。其中《物权法》经过编纂,成为《民法典》的第二编"物权",使这部调整因物的归属和利用产生的民事关系的法律,以新的面貌,作为《民法典》的组成部分,出现在世人面前。

社会的基础在于经济。经济的发展后果就是社会财富的不断增加。在今天,人们讲起财富来,已经没有什么顾虑了。但是,在改革开放前,人们说起"财富"一词还是心有余悸,甚至是胆战心惊的——因为在那个时候,财富就意味着社会性质的变化,就意味着人的本质的变化,其后果就意味着资本主义复辟。一个人的财富多于别人,那就可能是一个资本家或者资产阶级分子,起码与无产阶级不是同类。资产阶级分子增多了,国家就要变成资本主义了。

在今天,人们不会再有这样的担心了。《民法典》告诉我们,财富之于社会、之于人生,都是至关重要的。国家有了财富,就会国力强盛而不再受人欺负。人民有了财富,就会仓廪足而知廉耻,创造更加美好的生活。民富国强,永远都是国家和人民的追求。任何一个国家的政府,都应

当鼓励人民创造财富,享有财富,积累财富。人民富足了,国家就强盛了。因此,国家必须通过一切手段,包括法律手段,尊重人民的财富进取心,鼓励和调动人民创造财富的积极性,保护人民已经取得的财富不受非法侵害。

财富是什么? 财富的基本形式就是对物的占有的保持。占有、保持物所体现的基本法律关系,就是物权关系。物权法就是调整社会财富关系的基本法律。

中国社会对物权法的认识和态度,与对财富的认识和态度基本上是平行发展的。在中国近几十年的时间里,物权法也是一个不能轻易提起的概念。因为在民法中,就数物权的概念与国家的经济体制最为相关,与国家的社会性质最为相关。一般说来,对民法的研究并没有太多的禁区,而物权法却有不同。也正是如此,我国的《物权法》才经历多年,历经八次立法机关的审议,才最后通过,成为正式的法律,进而在2020年成为《民法典》的组成部分。可以说,在《物权法》通过之前的50多年时间里,我国对财富关系的立法处于几乎接近于空白的状况。

1993年,立法机关决定制定《合同法》和《物权法》。在《合同法》通过立法之前,学者开始起草物权法草案建议稿,立法机关也公布了物权法草案的征求意见稿,在广泛征求各界人士意见的基础上,在《合同法》通过立法后的第八年,《物权法》终于通过立法。在深入的讨论和征求意见的过程中,人民认识了《物权法》,肯定了《物权法》,人们对物权法与国家经济体制基本关系也有了充分的认识。《物权法》在这样的基础上诞生,成为保护人民物权,鼓励创造财富的基本法。编纂《民法典》,《物权法》成为物权编,是《民法典》调整财富关系的重要部分。

我们作为历经了《物权法》诞生和《民法典》编纂过程的学者,充分地认识到《民法典》及其物权编在当今社会的重要地位和作用。这就是:

第一,《民法典》物权编是确认和保护物权,确认社会财富归属的基本法律。社会财富的基本问题,就是财产归谁所有,由谁来支配。这就是所有权的问题。《民法典》物权编就是解决这个问题的基本法律。大而言之,国家的财产、集体的财产归国家所有或者集体所有,需要法律的确

认和保护。那些众多的财产,不属于国家或者集体所有的财产究竟归谁
所有则更加重要,这就是私人所有权的问题。确定这些财产的归属,不仅
是保护多种经济成分,确定不同的所有者,更是建立公平、公正、效率的市
场经济秩序,推动社会不断进步和发展的重要问题。众所周知,过分强调
社会主义公有财产的地位,私有财产就会变得丑陋和充满罪恶感,使私有
财产无法得到应有的尊重和保护。现在,《民法典》及其物权编把"物权
平等保护"的原则写在自己的旗帜上,端正法律对私人所有权的态度,体
现了对私有财产的尊重。《民法典》物权编尊重所有人的财富进取心,鼓
励创造社会财富,使人民和国家都更快地富裕起来。《民法典》及其物权
编所具有的这种意义,对国家、对集体、对个人都是极其重要的。

第二,《民法典》物权编是提高物的利用效率,增加和扩大财富的基
本法律。《民法典》物权编不仅是确认财富归属问题的基本法律依据,也
是确定财产利用的基本法律依据。解决财产归谁所有,仅是《民法典》物
权编的一个职能,物权法还要对财产如何利用进行调整,使财富在最大限
度内发挥作用,不断创造新的财富。确定财富归谁所有是重要的,但是,
在确定了所有关系以后,所有权人不能像"守财奴"一样守着财富生活,
还要充分发挥财富的作用,创造新的财富。《民法典》物权编在更大的篇
幅上贯彻效益原则,解决财富的进一步利用的规则,发挥财富的创造力。
这些都是《民法典》物权编规定的他物权制度的重要职能。规定这样的
财富利用规则的法律,对国家、对集体、对个人,也都是非常重要的。

第三,《民法典》物权编是解决财产归属和利用问题的争议,维护市
场经济秩序的基本法律。物权法解决财富的归属和利用,确认物权,规范
物的归属和利用的规则。这是物权法的重要职能。对受到侵害的物权进
行救济,对行使物权发生的争议予以解决,也是《民法典》物权编的重要
职能。一方面,财产的归属和利用的本身就会在不同的财产所有权人之
间发生纠纷,必须依照法定的规则进行调整;另一方面,在任何社会都会
有不劳而获,企图以侵害他人权利的方法获取财富的人,《民法典》物权
编还必须在保护财产权利方面发挥更大的作用,制裁违法,打击侵害物权
的行为,保护物权不受侵害。

今天,已经有了《民法典》物权编,这是全中国人民的幸事,它将保护全国人民的物权,保护全国人民创造的财富,共同走上富裕之路。

二、不能忽视对共有权的研究

在物权法的研究中,对共有权的研究有所忽略。学者的注意力集中在这样一些问题上:中国物权法是否采用物权行为概念问题;所有权当然是研究的重点,特别是对国家所有权、集体所有权和私人所有权的研究;对土地承包经营权特别是三权分置的研究也很热烈;对建设用地使用权等地上权的研究也存在激烈的争论。诸如此类,物权法研究中的热点问题层出不穷。

但是有一个问题,就是对物权法中的共有权问题,很少有人进行深入的讨论,好像共有权研究是物权法研究的死角。

是不是共有权的问题就不那么重要?是不是共有权的问题就没有深入讨论的必要呢?

诚然,在物权法的研究中,与那些热点问题相比,共有问题确实没有那么重要,特别值得争论的问题也没有那么多。但是,这不能说明共有问题就不重要、不值得研究。可以拿出一个最简单的例证说明,那就是,如果不规定物的共有,《民法典》物权编就不是一个完整的、完善的、真正意义上的物权法! 更重要的是,共有是社会确定财富归属的一个普遍性问题。哪一个家庭不存在共有问题呢? 无论是夫妻共有、家庭共有,还是共同继承财产,都是不能回避的,都是人们普遍面对的物权问题。尽管学者对共有在大的问题上没有重大认识分歧,但是,这不能说共有问题就不值得,也没有必要进行更深入的讨论。

共有权是《民法典》物权编的一项重要法律制度,也是物权法理论的一个重要问题。随着改革开放的不断深入,市场经济日益发展,物权法日益受到人们的重视,在物权法的理论研究上,"左"的思想束缚日渐破除,物权法理论研究日益深入。在这样的形势下,市场经济的发展不断地对共有权研究提出新的问题和需求。忽略对共有的研究是不对的。

三、共有权在《民法典》物权编中的重要地位

在《民法典》物权编中,共有权究竟处于什么样的地位? 这个问题必须回答。

首先,共有权是物权法解决物的归属问题的重要制度。《民法典》物权编的调整的基本内容是解决物的归属问题。这就是所有权制度。在《民法典》物权编中,所有权制度是其核心,其宗旨就是要解决财产的归属问题。共有权是所有权的组成部分,是所有权的一种特殊形式,是财产所有的一种具体方法,因此,共有权也是所有权的内容,是解决财产归属问题的物权制度。可以说,所有权在《民法典》物权编中居于何种地位,共有权就居于何种地位;所有权的地位有多重要,共有权的地位就有多重要。这样来提出问题和认识问题一点也不夸张,事实就是如此。所以,共有权在物权法中居于重要地位,是所有权必不可少的组成部分。没有共有权,就没有完整的、完善的所有权制度。

其次,共有也涉及物的利用问题,而且情况更为复杂。共有的财产同样需要进行开发和利用,创造更多的财富。财产在归一个主体所有的时候,对财产的开发、利用关系较为简单,完全由单一的所有权人作主决定,其使用、收益也都归一个所有人支配。可是,由于共有是数个主体对一项财产进行支配,因此,对共有财产的使用和利用就更为复杂。不仅要协调对外的关系,还要协调对内的关系;不仅要协调利用的关系,还要协调收益的关系。因此,共有问题更值得研究和重视。特别是那些用益物权和担保物权的准共有,涉及的关系更复杂,更应当进行深入研究,以期对它们进行更好地保护。

再次,由于共有权具有内部和外部不同的权利义务关系,因此,对共有权的保护更为突出和重要。对财产权利的保护是民法的重要任务。对具有不同的对内关系和对外关系的共有问题而言,在进行法律保护上就更加复杂和重要——既要保护共有人的整体权利,又要保护各个不同的共有人的权利;权利不仅能受到权利主体之外的义务人的侵害,共有人的

权利也会受到其他共有人的侵害而导致共有利益的损失。对共有权的保护，要对这两个方面都要给予严密保护，因此，民法对共有权的保护就显得更为重要。

最后，共有权的种类繁多，复杂多样，需要更详细的规则进行法律规制。共有权虽然看似简单，却类型复杂，种类很多，不仅有传统的共同共有、按份共有，还有各种不同形式的家庭共有、夫妻共有、合伙共有，以及新产生的建筑物区分所有。这些共有形式虽然都是共有的不同种类，但是各有不同的规则，各有不同的形式，而且更多地涉及广大人民的利益，关系个人所有财产的保护问题，弄不好就会伤害创造财富的积极性，使财产权受到损害。法律对这些不同形式的共有制度进行规制，就显得更为必要。

正是由于这些原因，在研究《民法典》物权编时，共有问题是忽视不得的。本书选择物权法研究中共有权这个被忽略的问题进行研究，进一步明确《民法典》物权编规定的共有权的法律规则，更好地保护人民享有的共有权。

第 一 章

共有权概述

第一节　共有权的概念、特征及分类

一、共有权的概念

《民法典》第297条规定:"不动产或者动产可以由两个以上组织、个人共有。共有包括按份共有和共同共有。"这是《民法典》对共有权概念的界定。在理论上如何界定共有权,还需要进行深入研究。

（一）对共有权概念的不同看法

我国学者对共有权概念的界定没有原则的分歧,细加分析,仍有细微差别。例如,《中国民法》一书认为:"共有是指某项财产由两个以上的权利主体共同享有所有权。"[①]《民法新论》一书认为:"数人对于一项财产共同享有所有权的状况,就是财产的共有。"[②]《民法教程》一书则认为:

[①]　佟柔主编:《中国民法》,法律出版社1990年版,第281页。
[②]　王利明等:《民法新论》(下册),中国政法大学出版社1988年版,第98页。

"如果某项财产所有权属于两个或两个以上的公民或法人时,称为财产共有权。"①《民法学》对共有权的界定为:"财产共有是指两个以上的民事主体对同一项财产共同享有所有权。"②

在编纂民法典的过程中,学者对共有权的概念进行了新的研究和总结,提出了一些新的意见是:

一种意见认为:"共有,是指两个以上的民事主体对于同一物共同享有所有权。"③这个意见写进了中国人民大学民商事法律科学研究中心的《物权法草案建议稿》第161条,在编入《中国民法典草案》学者建议稿物权法编中,为第160条。

另一种意见认为:"共有,为近现代民法所有权形式之一。指两个或两个以上的权利主体就同一项财产共同享有所有权的法律制度,抑或复数的个人就同一标的物共同享有同一所有权的法律状态。"④这个意见后来写进了《中国物权法研究》一书。⑤

其他的意见还有,认为"共有是指某项财产由两个以上的权利主体共同享有所有权的制度"⑥;"共同所有是两个以上主体共同拥有同一范围的财产而形成的一种财产形式"⑦。

（二）共有权概念的界定

共有、共有财产与共有权,虽然指的是同一事实,但是,三个概念还是有区别的。共有没有限定其法律的属性,既可以指共有关系,也可以指共有权,还可以指共有的状态。在一般的意义上使用共有,指的是共有关系。共有财产则更多的是指共有权的客体即共有的物。共有权限定了其法律上的属性,强调其权利的属性,包含的内容是:

① 唐德华主编:《民法教程》,法律出版社1987年版,第167页。
② 刘春茂主编:《民法学》,中国人民公安大学出版社1992年版,第247页。
③ 王利明主编:《中国物权法草案建议稿及说明》,中国法制出版社2001年版,第304页。
④ 陈华彬:《物权法原理》,国家行政学院出版社1998年版,第469页。
⑤ 参见梁慧星主编:《中国物权法研究》(上),法律出版社1998年版,第549页。
⑥ 申卫星等:《物权法》,吉林大学出版社1999年版,第204页。
⑦ 高富平:《物权法原论》,中国法制出版社2001年版,第783页。

一是共有权的法律制度。在这个意义上使用共有权的概念，是指共有的所有权制度，是对这个制度的描述。它表明国家法律肯定财产所有的一种特定形式的制度。这种制度准许数个共有人共有一项物，在共有人之间产生共有的权利与义务，与一般的财产所有制度不同。

二是共有权法律关系，即共有人的权利及义务，即共有法律关系。共有法律关系的最大特点是共有的对外关系与对内关系，这也是共有权与单一所有权的主要区别。

三是共有权本身的权利内容。这是在最狭义的角度使用共有权的概念，讲的是共有人所享有的权利，当然包括共有人的对外权利，以及共有人之间所享有的权利。

在通常情况下，使用共有权概念更为准确，则更有利于揭示共有的基本法律特征和意义。

在上述对共有权的定义中，有三个问题值得研究。一是对权利主体的表述不尽一致，如称为权利主体、公民和法人、人、民事主体等，《民法典》第 297 条使用的是"组织、个人"。更科学、更规范的表述是用民事主体这个概念。二是对于共有权客体的表述也不一致，称为某项财产、一项财产、同一项财产，第 297 条用的是"不动产或者动产"。表述更为准确的，以用"同一项不动产或者动产"更好。三是对于共有权的定义最终归结为"状况"似不可取，采取"共同享有所有权"的表述更准确。

综合上述意见，笔者对共有权概念作如下表述：共有权是指两个或两个以上的民事主体对同一项不动产或动产共同享有的所有权。亦即"共有是指多个权利主体对一物共同享有所有权"①。

（三）共有权与公有、总有、互有概念的关系

与共有权相关的概念有公有、总有和互有。这三个概念都与共有权有关，但是都有区别，应当分清。

---

① 黄薇主编：《中华人民共和国民法典物权编解读》，中国法制出版社 2020 年版，第 315 页。

公有，是与共有权完全不同的概念。虽然公有与共有相关，但是，更多的是要研究二者的区别。公有既是指公有制，也是指一种所有权的形式。国家所有权是一种公有，集体所有权也是一种公有。在公有的体制下，共有既可以由公有的主体构成，也可以由私有的主体构成。就公有财产权而言，共有与公有的不同之处，首先表现为共有的主体由两个或两个以上民事主体构成，而公有则是单一主体，即由国家或集体组织构成。其次，公有财产已经脱离个体的人而存在，既不能分割为个人所有，也不能由个人按份享有权利；共有虽然可能由公有的数个主体构成，但是，其可以分割，也可以按份所有，尤其是以自然人为主体的共有，财产往往并没有脱离共有人而存在，不仅经过分割可以成为个人所有，而且在按份共有关系存续时，还可以按份享有权利，承担义务。公有是一种所有权形式，是单一所有权；共有也是一种所有权形式，却是多数主体共同享有所有权的所有权形式。公有可以复合成共有，即公有可以与其他所有权的主体构成共有；共有也可以成为由公有的所有权人或者其他所有权人构成。

总有，与共有既有联系，又有区别，是一种特殊形态的共有。总有是指不具有法律人格的团体，以团体资格对财产享有所有权。从严格的法律意义上说，它既不是公有，又不是共有，只是从其更相似的角度来看，将其认作共有，以特殊的形态来对待它。一般认为，总有产生于日耳曼法中村落共同体的财产所有形态，在我国历史上，也曾经广泛出现的祀产、祠堂、学田、会馆等，都属于总有的形式。日本的入会权即山林、草原的共同使用，也具有总有的性质。在总有的体制下，其财产的管理处分机能属于共同体自身，其使用收益的权能属于各团体成员。各团体成员不具有份额权，也不能请求分割。各团体成员的权利并不伴随团体成员资格的得失而独立处分其权利。在近代法上，总有或者向法人单独所有发展，或者向共同共有发展，很难保留其独立的所有权形态。在我国，随着我国农村家族势力的重新出现，族产、祠堂等总有形式已经出现，虽然仍以共同共有的形式为主，却具有总有的基本特征。因此，对于总有不能轻易否定，还要研究它的基本规律和规则，将其纳入法律的轨道。

互有,是共有的一种形态,又有自己的特点。它是指相邻者对在境界线上的界标、围障、墙壁、沟渠等财产,以及在建筑物内各所有人共同使用的部分财产,所享有的无分割请求权的共同共有。在历史上,互有单指疆界线上的物,例如分界墙、分界树、分界障等,这些互有的财产由相邻者共有,双方有共同利用的权利。在近现代民法上,在区分所有的建筑物内,共同的墙壁、屋顶、门户、阶梯、楼道、水井、水房、水栓、电梯间、花园、道路、文体设施等,以及"筒子楼"中的共用厕所、洗衣间等,也为互有。在互有关系中,对互有标的物必须永久维持其共同共有的关系,共有人不享有分割请求权,对互有财产永远不准分割。可见,互有虽然是共有的一种形式,但却与共有中的按份共有或者共同共有不同。

二、共有权的特征

关于共有权的特征,学者的看法有分歧。有的认为,共有权的特征是:共有关系的主体具有非单一性,共有关系的客体是同一项财产,共有能够引起两种权利义务关系的发生,财产共有不是独立的所有权类型。[1] 有的认为,共有是一种民事法律关系,共有是一种在法律上不享有主体资格的联合体,共有不是一种独立的所有权类型。[2] 有的认为,共有的主体是两人或者两人以上,客体为一项特定的统一的财产,内容是共有人对同一共有物或按一定份额享受权利、负担义务,或者依平等原则享受权利、负担义务,共有为所有权的联合而非一种独立的所有权形式。[3]

这些对共有权特征的表述都是有道理的。综合分析,共有权的法律特征是:

---

[1]　参见陈国柱主编:《民法学》,吉林大学出版社 1987 年版,第 149—150 页。
[2]　参见凌相权主编:《中华人民共和国民法概论》,山东人民出版社 1986 年版,第 143—144 页。
[3]　参见陈华彬:《物权法原理》,国家行政学院出版社 1998 年版,第 470—471 页。

（一）共有权的主体具有非单一性

共有的主体必须由两个或两个以上的自然人、法人或非法人组织构成,单一的主体不能构成共有权的主体,因而与单一所有权相区别。在具有法人资格的有限公司,其财产也是共同出资组成的。但是,有限公司虽然是由不同的主体出资组成其财产基础,由于有限公司具有独立的法人资格,在法律上是一个独立的主体,出资人的人格脱离了他出资的财产,而构成了另外一个独立的人格,这个人格享有所有出资构成的财产的独立所有权,因而是一个单独的、典型的所有权,而不是共有权。《民法典》第268条规定:"国家、集体和私人依法可以出资设立有限责任公司、股份有限公司或者其他企业。国家、集体和私人所有的不动产或者动产投到企业的,由出资人按照约定或者出资比例享有资产收益、重大决策以及选择经营管理者等权利并履行义务。"所以,法人所有权是一个单独主体的所有权,而合伙共有财产权则是数个主体享有一项财产的共有形式。

（二）共有物所有权具有单一性

共有物所有权的单一性表现在两个方面。一是共有权的客体即共有物指的是同一项财产,既可以是独立的一件财产,也可以是具有同一性质的一类财产。二是共有权是一个所有权,即无论共有的标的物是独立物,还是集合物,其所有权都只有一个。共有权在其存续期间,既不能被分割,也不能由各个共有人分别对共有物的某一部分行使所有权,每个共有人的权利及于整个共同财产。因此,共有权就是一个权利,各共有人只能共同行使这一个所有权。

（三）共有权的内容具有双重性

共有权的内容,不仅包括共有作为所有权所具有的与非所有权人构成的对世性的权利义务关系,还包括共有内部共有人之间的权利义务关系。共有权内容的双重性,是共有权的一个重要特征,并且因而与国家所有权、集体所有权等单一所有权截然不同。国家所有权由全体人民所有，人数为十几亿，但却只有一个所有权主体，只具有所有权的对外权利义务关系，不具有内部关系。集体所有权也是如此。共有权则不同。共有人除了对共有财产享有整体的共有权利并负担义务之外，还要按其共有的性质不同，对共有物按照各自的份额，对内享有权利并承担义务，或者平等地享有权利并承担义务。每个共有人对共有物都享有占有、使用、收益和处分的权利，不受其他共有人的侵犯。

（四）共有权具有意志或目的的共同性

共有权的形成具有主观因素，即共有是共有人共同创造，或者是由某种财产随着数个主体的意志而转化，或者是将不同财产所有权出于共同的意志和目的的联合。这些共同的主观因素，一般都是基于共同的生活、生产和经营目的，或者基于共同的意志。共同劳动、共同经营、共同购买，都具有共同的目的；婚后配偶的劳动所得构成夫妻共同财产，也是为了维持共同的生活；共同继承，是所有的继承人出于共同的考虑，对继承的财产不区分份额地共同支配。这些都体现了主体的共同意志和目的。当共有的目的或意志不复存在时，可以对共有财产进行分割，共有权就解体、消灭，形成不同的单一所有权。

至于共有权是否构成一种所有权类型，学者几乎都持否定态度。对此，不无疑问。相对于我国所有权的三种基本分类，即国家所有权、集体所有权和个人所有权，共有似乎不能构成一种新的所有权。但是，共有既可以发生在个人所有权的范围内，也可以发生在国家所有权和集体所有权之间，还可以发生在不同类型的所有权之间，因而，共有权既不能单纯地作为个人所有权类型，也不能作为国家所有权或集体所有权类型。按照《民法典》的规定，共有权与单一所有权和建筑物区分所有权一起，构成三种不同类型的所有。[①]

---

① 对此，我采取不同的看法，认为建筑物区分所有权是共有的一种类型。参见本书下文。

三、共有权的分类

(一)对共有权的不同分类方法

对于共有权的分类,一是将共有权作为一种,认为只有按份共有才是共有。在德国民法和日本民法,所谓共有就是指"按份共有",不认可共同共有。① 二是将共有分为共同共有和按份共有两种基本类型。我国民法学者通常把共有权分为按份共有和共同共有,是原《民法通则》的分类方法。②《越南民法典》对共有也采用这种分类方法,其第 229 条规定:"共有是数个所有人对财产的所有。""共有包括按份共有和共同共有。""共有的财产是共有财产。"三是将共有分为三种,即共同共有、按份共有和准共有。我国台湾地区民事有关规定采用这种分类方法,不过,将共同共有称为公同共有。③

有的学者进一步研究,将总有与区分所有也作为共有权的另外两种类型。④《民法典》与原《物权法》一样,采用第三种做法,将共有分为按份共有、共同共有和准共有。

(二)对共有权类型的分析

按照传统民法理论和我国民法的习惯,按份共有和共同共有是对共有权的基本分类,不论对共有怎样进行分类,都不能将按份共有和共同共有排除在共有权之外。因此,按份共有与共同共有是共有权的基本类型。

准共有也是共有的一种类型。《民法典》第 310 条规定:"两个以上组织、个人共同享有用益物权、担保物权的,参照适用本章的有关规定。"准共有不是典型共有,而是一种非典型共有。其之所以不具有共有的典

---

① 参见陈华彬:《物权法原理》,国家行政学院出版社 1998 年版,第 472 页。
② 参见《民法通则》关于共有的规定。
③ 参见王泽鉴:《民法物权(1):通则·所有权》,中国政法大学出版社 2001 年版,第 321 页以下。
④ 参见王利明等:《民法新论》(下册),中国政法大学出版社 1988 年版,第 100—101 页。

型性,是因为其共有的标的不是所有权,而是知识产权、其他的财产权,甚至是某些人格利益,例如共同抵押权、共同建设用地使用权、共同土地承包经营权,以及共有的荣誉利益等。虽然如此,由于这些权利的主体是两人或者两人以上,因而可以适用共有的基本规则。把这种共有称作准共有,是准用共有权规则的共有,是与共有有所不同的相当于共有权的共有。

现在要研究建筑物区分所有权是否为共有权种类的问题。

在目前的理论研究中,对建筑物区分所有权的性质的看法,基本上认为是一种独立的所有权形式,不同于共有,是一种复合所有,不是共有的类型。例如认为"共有说更不合理,民法中的普通'共有'是指数人对一物共同享有所有权而非数人对一物分别享有所有权,此外即便是建筑物区分所有权中专有部分所有权人的共有权也与民法中普通的'共有权'是有非常明显的区别的"。"对这种既有共有使用权又有独占使用权的权利集合,显然是无法被民法中普通'共有权'所涵盖的。"《民法典》物权编第六章"业主的建筑物区分所有权"规定的含义,就是认可建筑物区分所有权是复合所有权。

说建筑物区分所有权不同于民法中的普通共有权,是有道理的,建筑物区分所有权确实不是一种普通的共有权。但是,如果说建筑物区分所有权是一种特殊的共有,则是能够成立的。这就像准共有一样,准共有所共有的权利都不是所有权,因此,是不能认定其为共有权的,但是,因为它与共有权相似,并且可以适用共有权的一般规则,因此,才将它们放在共有权中一起规定,作为共有权的一种特殊类型。对于不是普通共有的建筑物区分所有权,既然它具有某些共有权的特征,可以适用共有权的基本规则,认定其性质是一种特殊共有,作为一个共有的种类是没有问题的。

这样的看法并不是没有根据的。在法国,为了充分利用客观上无法增加的土地表面,居室是采用"重叠"方式建成。而将不同居室包括在内的房屋保障了个人利益和整体需要的结合。其表现为,每一居室分属于不同的所有人,但房顶、墙、电梯、房屋的地基,却不可避免地要为全体业主使用。这一个人的所有权与整体所有权的混合,构成了建筑物不动产的共有权利。① 因而被认为是共有权性质的权利。1960 年颁布的《埃塞俄比亚民法典》被看作是法国人对民法典理想化的缩影。② 它对建筑物区分所有权性质的看法，受法国法的影响，就是按照这样的思路编制的。在第八题"共有、用益权和其他物权"中，第一章就是共有，第一节规定了共有的一般规定，第二节规定了特殊情形，其中第一目是界墙，第二目就是"建筑物的楼层或房间的所有权"。同样，在 1975 年颁布实施的《阿尔及利亚民法典》也是如此，不仅在体例上在规定共有权之后，接着就规定了"建筑物不动产的共有"，更是在条文中明确规定："建筑物不动产或不动产群，其所有权为数人按份额分享，每个当事人在对专有部分独立享有权利之同时，对共同部分亦享有其份额的，其法律情势为共有。"③这种明白、确切的表述，是对建筑物区分所有权性质的基本认识。即使在《瑞士民法典》中，也是认为楼层所有权（即建筑物区分所有权）就是建筑物或楼房的共同所有权的应有部分。④ 基于这种认识，将建筑物区分所有权认定为共有权的一种特殊情形，是有根据的。

还有的学者主张将总有列为一种单独的共有类型。这种主张尚不具有充分的根据，因为可以将总有概括在共同共有之中，不作为一种独立的共有类型为宜。

（三）共有权的基本分类

依笔者所见，共有权应当包括以下四种类型：

1. 按份共有

按份共有是共有权的基本类型，其基本特征就是对同一项财产数个所有人按照既定的份额，享有权利，负担义务。在按份共有关系存续期间，尽管所有权是一个，但是各个共有人之间对权利是分为份额的，权利

---

① 参见尹田：《法国物权法》，法律出版社 1998 年版，第 298 页。

② "埃塞俄比亚民法典：两股改革热情碰撞的结晶"。参见《埃塞俄比亚民法典》，薛军译，中国法制出版社、金桥文化出版（香港）有限公司 2002 年版，第 4 页以下。

③ 《阿尔及利亚民法典》第 743 条。

④ 参见《瑞士民法典》第 712 条之一第一项第一句。

的份额是既定的。

2. 共同共有

共同共有也称为公同共有,是共有权的基本类型,其基本特征是对同一项财产数个所有人不分份额地享有权利、承担义务。在共有关系存续期间,所有权是一个,各个共有人之间不分份额,只是享有一个总的所有权,个人在其中不具有自己的部分,只要共有关系不解除,这种关系就永远不能分出份额。

3. 复合共有

建筑物区分所有是当代民法发展起来的一种共有的特殊形式,是对一栋建筑物或者一群建筑物不同的主体享有的区分部分的专有权和不区分部分的共有权,以及对管理事务的管理权的集合权利,为复合共有。

4. 准共有

准共有是共有权中的特殊类型。其特殊之处,在于其共有的权利不是所有权,而是所有权之外的他物权、知识产权以及债权等。在特殊的情况下,某些人格利益如荣誉、隐私也可以形成准共有。准共有也分为按份共有和共同共有。

这四种共有权的类型构成全部的共有权。

第二节　共有权的历史沿革

共有权起源于原始公社逐渐解体中形成的家庭和家族的财产共有,在以后的历史发展中,出现了合伙共有和其他共有。随着现代经济、生活的发展进步,准共有和区分所有权应运而生,加入到共有权的行列之中。沿着这一共有权发展的主线,本书将共有权的历史发展划分为若干个时期,分别叙述。同时,建筑物区分所有权的发展作为一个单独的部分介绍。

一、古 代 法

在原始公社的条件下，人们囿于能力的限制，无法获得充分满足自己需要的财产，每一个人都依靠公社而生存。随着家庭和私有财产的发生，家庭作为基本的生产、生活单位，开始有了自己的财产，这种私有财产的基本形式，是共有权。可以说，共有权是与私有财产所有权相伴而生的财产权利。

在距今近 4000 年的《汉穆拉比法典》中，规定了份地制度。当时在公社土地中，森林、牧场和池塘由公社成员集体占有，实际上是由公社所有，耕地则分给各家使用，称为"份地"。份地允许各家世袭，也可以出卖，只是继承者与买者要承担原份地占有者对公社和国家应尽的一切义务。这是家庭共有权的起源。

在亚述统治两河流域时期，社会生产力进一步提高，土地兼并现象日趋严重，私有化程度越来越高。因而法律规定，村社土地已归各家固定使用，可以继承，也可以出卖，任何侵犯他人耕地、破坏他人田界的行为，都要受到严厉的处罚。水源仍为村社成员共同共有，使用时须经全体成员一致同意。可见，亚述的土地为家庭共有；水源为村社共有，类似于总有的形式。

赫梯法典和希伯来法均认为土地为公有或上帝所有，但是都分给各家庭耕种，限于家庭内继承，他人不得强取别人的土地。①

印度《摩奴法典》不仅承认家庭共有财产权，而且在第九章"国王的法（三）"第 103 条以下，详细规定了家庭共有财产分割的具体办法。② 这是家庭共有权已经发展到了一定阶段的标志。

古代法时期财产共有权的上述状况，从当前尚存的前文字社会形态中，可以找到一些佐证。例如，在爱斯基摩人那里，尽管一切自然资

---

① 以上资料参见王云霞等：《东方法概述》，法律出版社 1993 年版。
② 参见《摩奴法论》，蒋忠新译，中国社会科学出版社 1986 年版，第 183—185 页。

源都是无主物或公共的东西,但是,一对夫妇组成的小家庭是基本的社会和经济单位,对自己的财产享有共有权。在他们的捕获活动必须由数名成员进行时,捕获的海象等动物则为共有,每个人依据其在捕获中的所作所为,来确定其对猎物的某一特定部位享有请求权,如第一个击中海象的人,可以得海象的象牙和一只前腿,第一个赶来帮忙的人,得海象的另一只前腿。在菲律宾吕宋岛北部山区深处居住的伊富高人,只具有十分初级的社会结构基础,他们的亲属团体控制一切基本资产,对于稻田、动产包括金质项链饰品,以及森林、山地等,属于家族的财产,除非在十分急需的情况下,并且只有在得到其亲属的一致赞同后,这些物件的所有者个人方可以将其出卖。在非洲西部的黄金海岸,居住着仍过着原始生活的阿散蒂人。在他们那里,从森林中开辟出来的小块耕地,属于该分立的世系群所有,在世系群中,每块土地均为各分立的家庭所占有。家庭财产是公有的,而个人财产则包括一个人通过自己的奴隶所获得的成果以及他的奴隶、妻子和孩子们的劳动所得,实际上是家庭共有财产。①

二、罗　马　法

中世纪法律的发展以罗马法为代表。罗马法对于共有权已经有了较为完备的规定。

罗马法的共有权导源于古代的家产共有制,至罗马法时期已演变为共同所有权,即指数人就某物共享同一所有权,完全摆脱了原始公有制的羁绊,真正成为私有制社会的产物,成为所有权的一种特殊形态。② 随着罗马法中合伙法的出现,合伙的共有财产权大大地丰富了共有权的内容,促使共有权制度和理论的进一步发展,共有成为罗马法物权制度的重要组成部分。正如盖尤斯所说:"人们是因合伙还是非因合伙而共有一物

---

① 以上资料参见[美]E.A.霍贝尔:《初民的法律》,周勇译,中国社会科学出版社1993年版。

② 参见江平等:《罗马法基础》,黄风译,中国政法大学出版社1991年版,第149页。

并不重要,因为无论在哪种情况下都存在共有物的分割之诉。某物可因合伙而成为共有物,例如人们共同购买一个物,某物亦可成为共有物,譬如同一个物按遗嘱被遗赠给几个人。"①

在罗马法,共有被表达为"共同拥有物","物是数人的",每个共有人的权利则用"所有主"或更确切地用"按份所有"来表示。在罗马人的思想中,每个共有人对整个物享有所有权,同一切所有者一样,对该物独立地行使权利。在共有的权利之下,主体是多元的,而物是单一的。② 罗马法对共有权的表述,与今天的概念几乎没有差异。

关于共有权的成立,罗马法分为两种原因。一是基于共有人的意思合致而成立的共有,如合伙、共同继承财产、共同购买物品、共同受让财产等。二是基于法律规定的原因,如市民法上规定的共同继承。以及由此而产生的合伙等共有关系,家子在家父死亡后依法仍是家庭财产的共同所有人,为合法和自然的合伙人。③

共有人的权利包括实际处分和法定处分。实际处分完全与按份所有观念相协调的是对孳息的取得。每个共有人不像是单独所有主那样,在分离时根据单一权利取得对孳息的所有权,而是按份取得。这种份额在不同的共有人之间可能是不同的。对物的法定处分,为每个共有人按份行使其权利,因而每个人可以自由地转让他的所有权部分,可以要求对该部分享有用益权,可以对它进行质押,可以自由地对它弃权;相反,则不得转让整个所有权,不得毁灭物或杀死奴隶,而且也不得解放奴隶,也无权对共有的土地设立地役权。④ 共有人对共有财产既享有权利,也承担相应的义务。正如帕比尼安所说:"萨宾说:'没有一个共有人可以违背另一个共有人的意志,在共有物上做某事。'因此,显然存在禁止权,因为在

---

① [意]桑德罗·斯契巴尼:《物与物权》,范怀俊译,中国政法大学出版社 1999 年版,第116 页。

② 参见[意]彼德罗·彭梵得:《罗马法教科书》,黄风译,中国政法大学出版社 1992 年版,第 231 页。

③ 参见谢邦宇主编:《罗马法》,北京大学出版社 1990 年版,第 197 页。

④ 参见[意]彼德罗·鼓梵得:《罗马法教科书》,黄风译,中国政法大学出版社 1992 年版,第 231—232 页。

一个共有物上共有人享有平等的权利。"①

根据罗马法关于共有的规定分析,当时的共有尚无明确的按份共有和共同共有的概念,但是,两种共有是同时存在的,只不过界限不十分明确,尽管学者有的认为罗马法的共有主要是共同共有,有的认为主要是按份共有,但是,罗马的家庭共有以共同共有为特点,以份额确定其收益的共有以按份共有为特点,还是看得很清楚的。

在罗马法中,共有物可以分割,也称作共有财产分配。罗马法认为:"共有物分割之诉是必须的,因为合伙之诉同个人之间的债的关系有关,而不是涉及共有物的分割。因此若没有共有物,便无共有物分割之诉。"②每一个共有人都有权在任何时候要求分割共同财产。对一般的共同财产分割适用共有财产分配之诉,对于共同继承财产分割适用继承遗产分配之诉。具体的分割方法,分为自然分割法、归并分割法和给价分割法。前者适用于按份共有的关系,各当事人按其应有部分比例,平均分割标的物。次者由当事人一方取得标的物并就他方应有的部分给付相当的代价。后者为各当事人不依比例分割标的物,而由取得过量标的物的一方就他方应有部分给付相当代价。后两种分割法,适用于共同共有关系。

三、日 尔 曼 法

(一)日尔曼法的总有制度

总有是日尔曼村落共同体的财产所有形式,是日尔曼财产法的一项重要的财产权,是日尔曼社会中的一种特有现象。它是指一定的团体对标的物享有管理权能,而由其成员享有标的物的收益权能。③ 正如学者

---

① [意]桑德罗·斯契巴尼:《物与物权》,范怀俊译,中国政法大学出版社1999年版,第118页。

② [意]桑德罗·斯契巴尼:《物与物权》,范怀俊译,中国政法大学出版社1999年版,第119页。

③ 参见王利明:《物权法论》,中国政法大学出版社1998年版,第328页。

所概括的那样,总有是多数人所结合,但尚未形成法律人格之共同体,以团体成员的资格而所有的状态。①

总有这种村落共同体的财产所有权形式的特点是:第一,作为所有权人的共同体的人数较多,这些众多的人不作为所有权的主体,而是以团体作为所有权人,因而团体性较强。第二,所有权的管理、处分等支配权由团体行使,使用、收益的权利等利用的权能归属于成员。因而,总有的权能是分割的,分割为团体行使的权能和成员行使的权能。成员行使权能违反规则的,团体要进行处罚。第三,成员的身份对于行使总有权利中的权能具有重要意义,对总有财产的使用、收益与成员的身份密切相关,取得总有成员的身份,就取得这种权能,丧失这种身份,就丧失总有的权能。第四,对所有物没有应有部分存在,不能请求分割。

总有是团体主义法制的共同所有形态,各共有人之间的结合状态最强,故为最具团体色彩的共同所有形态。总有因为其所有权的管理权能和收益权能分属于村落与成员,为所有权的质的分割,所以与近代所有权为完全支配权在实质上是不一样的。② 所以,总有在日尔曼法的后期,随着社会的进步和经济的发展,转化为法人所有权,在形式上不再是所有权的基本形式。

（二）日尔曼法的合有制度

日尔曼法上的合有就是共同共有。一般认为,按份共有与总有之间的状态就是共同共有,是指数人根据共同关系享有对标的物的所有权。

在日尔曼的古代,被继承人死亡之后,共同继承人对继承的遗产不分割,共同享有所有权,法律上认为是合有。其特点是:第一,共有人有管理权能,包括处分权,但是,应受共同关系所成立的共同目的的拘束,所以,原则上应经共有人全体的同意。第二,共有人有收益权能,也受到共同关系的规制。第三,各共有人虽有应有部分,但是应受共同目的的拘束,没

---

① 参见谢在全:《民法物权论》,中国政法大学出版社 2011 年版,第 274 页。

② 参见谢在全:《民法物权论》,中国政法大学出版社 2011 年版,第 274—275 页。

有自由处分权,并且在共同关系终止之前不得请求分割。

可见,合有导源于总有,为较富团体色彩的共同所有形态。各共有人间因共同目的而成立共同关系,有人的关系存在,所以受此种共同目的或结合关系的拘束。合有的标的通常为多数财产所组成,故与共有的标的物通常为一物而不同。①

四、现 代 法

(一)德国法

《德国民法典》在"各种债的关系"一节规定了共有。此种共有的性质为按份共有。德国法将共有规定在债法之中,意在说明按份共有是对财产所有权的约定。除此之外,德国法还在合伙、一般夫妻财产制和共同继承的内容中,规定了合伙财产、夫妻财产和共同继承财产的共同共有。

按份共有,各共有人按照约定确定份额,在发生疑问时,应当认为各共有人享有均等的份额。在按份共有中,各共有人按其份额享有应有部分,各共有人以不妨害其他共有人的共同使用为限,得使用共有物。对共有物,由共有人共同管理,各共有人对其份额得自由处分,但是,对整个共有物只能由全体共有人共同处分。各共有人对其他共有人负有义务,按其份额比例,承担共有物的负担,以及为保存、管理和共同使用所支出的费用。各共有人得随时解除共有关系,解除共有关系后,可以按照自然分割和变卖分割的方法,对共有物进行分割,共有权即变为个人所有权。

对于共同共有,德国法的基本规定是对共有财产由各共有人不分份额地享有权利,承担义务。它以共同关系的成立为前提,共有关系解除,始得分割共同财产。德国法将共有的债权纳入了共有权的体系,建立了准共有的共有权类型。

---

① 参见谢在全:《民法物权论》,中国政法大学出版社 2011 年版,第 275—276 页。

(二)瑞士法

《瑞士民法典》另辟途径,建立了完整的共有财产的物权制度。该法确认共有分为按份共有和共同共有。后来,也将楼层所有权即建筑物区分所有规定在共有的范围之内。

在按份共有中,详细规定了共有人之间的关系,确定了收益与管理的规则,规定了对共有物更新和改造的基本原则,对于共有关系的解除也作了详细规定。共有关系解除后,可以对共有物进行分割。

对于共同共有,规定其要件为:若干人依法律或契约而成立共同共有关系,并依共同共有关系对某物有所有权时,为共同共有人;各共有人的权利及于全物。共同共有的效力,表现在共同共有人的权利及义务,依法定或约定的支配共同共有关系的规定而定;行使所有权,特别是对物的处分,除有特别约定外,须经全体共同共有人一致同意;在共同共有关系存续期间,不得分割共同共有物或处分共同共有物中的任何部分。共同共有关系,经转让共同共有物或终止共同共有关系而解除。共同共有关系一经解除,即可对共有物进行分割。

《越南民法典》采纳了瑞士的做法,将共有规定为按份共有和共同共有,但是没有将建筑物区分所有权规定在共有之中。

(三)阿根廷法

《阿根廷民法典》对共有的规定最为详细,从第2673条至第2755条,共有80多个条文,详细规定了共有的规则。在第八题中规定的共有,在规定了共有的一般规则之后,专设四节,规定共有物的管理、强制性的不分割和墙、围圈物、沟壑的共有和因分界线的混淆发生的共有,其内容之翔实,令人叹为观止。

(四)日本法

《日本民法典》将共有权纳入所有权的体系,认共有权为财产所有权的一种特殊形式。这与瑞士立法例相同。在具体内容上,日本法关于共有的规定与德国法相似,只规定按份共有,对于共同共有,分别在合伙、家庭共有财产、夫妻共有财产和共同继承财产中规定。《日本民法》第264条明确规定了准共有的概念,对于数人有所有权以外的财产权的情形,认之为准共有,完成了准共有的立法进程。对入会权的总有立法也作了明确规定。

(五)埃塞俄比亚法

1960年法国人起草的《埃塞俄比亚民法典》,是一部独具特色的民法典,既承受了法国法的传统,又有创新和发展。在共有制度上,主要规定按份共有,但是,按份共有如果符合物的性质或用途,并且出卖或者分割该物不能或者不合理的时候,共有可以是永久的。[1] 除此之外,共有还有两种形式:一是界墙,对界墙的共有类似于共同共有,共有人未经他方共有人同意时,不得增加界墙的高度、在墙体一侧搭建建筑物、在墙上开洞或实施任何其他意味着完全所有权的行为。[2] 二是建筑物的楼层或房间的所有权,认为是共有的一种特殊形式。

(六)阿尔及利亚法

1975年制定的《阿尔及利亚民法典》对共有的规定别具一格。首先,规定两种共有,一是一般共有,二是建筑物不动产的共有。一般共有是按份共有,其中家庭共有也为按份共有,即共同劳动或者具有共同利益的同一家庭的成员,得以书面的形式协议设立家庭共有财产。在具备一定的条件下,共有人得在共有期限届满之前(有期限的)或者提前6个月请求撤出其份额。[3] 建筑物不动产的共有,也是一种共有,分别享有共有的权利和专有的权利。

---

[1]　参见《埃塞俄比亚民法典》第1276条。

[2]　参见《埃塞俄比亚民法典》第1280条。

[3]　参见《阿尔及利亚民法典》第737条至第739条。

(七)英美法

英美立法承认共有权,分为连带共有、按份共有和共同共有。

连带共有与大陆法的共同共有相似,在此情况下,所有权的资格及利益分配实行单一标准。根据生存者继承权的原则,当一个共同所有人死亡时,其权利归属于生存者,直到最后一个生存者成为这份财产的唯一所有人。

在按份共有的情况下,每个所有人都对自己的份额享有权利和利益,份额不必平等,但是,几个所有人对一定财产的占有关系不可分割。按份共有人之间不产生生存者继承财产的问题,所有权人死亡时,其份额内的所有权根据遗嘱或者遗赠转移给他的继承人。①

英美法也有共同共有的概念,却不是大陆法系的共同共有概念。它是指几个人通过各自独立的产权同时对某一财产权客体享有利益时所产生的一种地产权益。这几个人各自的权益可以是同量的或不同量的,也可以是同等的份额或不同等的份额。共同共有人各自独立的产权不同于共同合有人所享有的合有产权。共同共有的财产属于一个整体,但是,各共有人在财产中的利益却是独立的和公开的,并且可以单独地通过遗嘱让与或单独的转让。当某个共同共有人死亡时,其权益并不转归于其他任何共有人。共同共有可通过自愿分割共有财产或通过各产权合并归于一人而告终止。②

五、建筑物区分所有权的发展历史

关于区分所有,即建筑物区分所有、楼层所有权、建筑物不动产共有等,是第一次世界大战前后出现的新的共有形式,至第二次世界大战后臻于完善。

---

① 参见《牛津法律大辞典》,光明日报出版社 1988 年版,第 481 页。
② 参见《牛津法律大辞典》,光明日报出版社 1988 年版,第 185 页。

最早规定建筑物所有权的是《法国民法典》。其第 664 条对一座房屋的数层分属数个所有人时修缮或重建费用分担的规定,是区分所有的萌芽。这一条文经 1938 年 6 月 28 日法律废除。第一次世界大战前后,欧洲各国一般对建筑物所有权的规定并无特别之处,对类似《法国民法典》第 664 条的规定也十分简单,德国和瑞士则对区分所有权关系明文予以否定。第一次世界大战后,欧洲各国城市迅猛发展,城市人口猛增,住宅日渐紧张,随着高层住宅的普及,绝大多数市民只能拥有一栋建筑物的一部分,而建筑物的使用功能日益完备,建筑物的所有关系变得十分复杂。至第二次世界大战之后,这一问题已十分严重,开始正视建筑物的区分所有问题,随之陆续建立调整建筑物所有人之间权利义务关系的建筑物区分所有权的法律。

最先完成区分所有立法的是奥地利,于 1948 年制定《住宅所有权法》;1951 年德国制定《住宅所有权和永久居住权法》,荷兰、葡萄牙、西班牙也陆续建立了类似的立法。日本于 1962 年建立《有关建筑物区分所有等法律》。瑞士至 1965 年在民法典正式增补"楼层所有权"一节,详细规定了楼层所有权的内容及标的物、设定或消灭、管理及使用、共同负担和共同费用及组织、管理、职能的规则。《埃塞俄比亚民法典》和《阿尔及利亚民法典》将建筑物区分所有规定在共有的范围内,作为共有的一个特殊类型。美国以判例逐步确立了建筑物区分所有的原则。

现在,建筑物区分所有已经成为共有的一个重要组成部分。

六、中国共有权的发展

(一)中国古代的共有制度

在中国有文字记载以来的历史中,就存在家庭共有财产。《仪礼·丧服传》:"父子一体也,夫妇一体也,兄弟一体也——而同财。"这种"同财共居"是中国古代最典型的家庭共有财产权。《唐律》及后世律法皆将祖父母、父母在,子孙不得别籍异财作为原则,违反者为不孝。同财的支配者为家长,子妇无私财。在这种制度下,几乎不存在夫妻共有财产。我国古代的共有还包括宗族、神社、义庄的财产所有权。以义庄为例,财产属于部分或全部族人共有,由专人管理,以义庄的名义进行民事活动。最早建立义庄的范仲淹确定义庄的目的在于解决全族中贫寒孤寡户的困难,资助举业,鼓励及第,光宗耀祖。在民间组织中,也发生财产共有关系。如汉《侍廷里父老僤买田约束石券》记载的"僤"这一民间组织共同买田的事实和使用共有田产的方法,这种僤的共有是为特殊目的设立的,即借给僤中父老、成员使用。①

中国古代家庭共有财产的传统根深蒂固,是中国最重要的封建传统之一。《礼记》作为我国奴隶社会的法典,就规定:"子妇无私货,无私畜,无私器,不敢私假,不敢私与。"《朱子家礼》也称:"凡为子为妇者,毋得蓄私财,俸禄及田宅所入,尽归之父母舅姑。当用则请而用之。"其家庭共有权至上,不许子女儿媳私有。

中国古代的家庭共有是共同共有,是不分份额的共同享有所有权。父母在,不远游,只能同财共居,不得异产别居,即使是别居,也不得异产。

(二)中国近代的共有制度

在中国真正建立近现代意义上的共有制度,是从清末变法开始。1911 年完成的《大清民律草案》专门规定了"共有"一节,②规定了共有的基本形式是分别共有,即按份共有。值得注意的是,这种按份共有将疆界线的界标、围障、墙壁、沟渠也都认定为按份共有。另外,在共有部分,没有单独规定建筑物区分所有,是在按份共有中规定了"数人分一建筑物,而各有其一部分者,建筑物及其附属物之共有部分,推定为各所有人之分别共有物"③。这种规定别有新意,尽管对建筑物区分所有权没有更为详细的规定,但是,这种规定在 20 世纪之初制定出来,已经是难能可贵的了。同时,《大清民律草案》也规定了公同共有,规定数人依法律规定或

---

① 参见李志敏:《中国古代民法》,法律出版社 1988 年版,第 112—114 页。
② 参见该草案第三编第二章第四节,即物权编所有权章共有节。
③ 《大清民律草案》第 1061 条。

契约公同结合,因而以物为其所有者,为公同共有人。各公同共有人之权利,于其标的物之全体,均有效力。[①] 此外,第 1068 条规定了准共有。因此,《大清民律草案》的共有实际上有四种,即分别共有、公同共有、建筑物区分所有和准共有,包括了现代法上的全部共有形式。

《民国民律草案》基本上沿袭了《大清民律草案》关于共有的规定,删除了关于建筑物区分所有的规定,只规定了按份共有和公同共有。在最后一条也规定了准共有,即"本节规定,于所有权以外之财产权由数人分别共有或公同共有者,准用之","但法令有特别规定者,不在此限"[②]。可见,《民国民律草案》规定共有的种类是三种,即分别共有、公同共有和准共有。

1929 年至 1930 年制定的《中华民国民法》规定共有制度,是既参照德国法的规定,又参照瑞士法和日本法的规定,形成了一个综合的共有制度,基本内容就是《民国民律草案》的体例。一是明确规定共有的基本形式为按份共有、公同共有;二是规定准共有,又与德国法、瑞士法和日本法有所不同。

(三)中国现代的共有制度

1. 立法现状

我国原《民法通则》关于共有权的立法,只有第 78 条一个条文,共分 3 款。第一款规定:"财产可以由两个以上的公民、法人共有。"这规定的是共有权的原则,认共有权为我国财产所有权的一种特殊形式。第二款规定了共有权的种类及其基本的权利义务。共有权包括按份共有和共同共有两种。其中按份共有的基本权利义务,是"按份共有人按照各自的份额,对共有财产分享权利,分担义务";共同共有的基本权利义务,是"共同共有人对共有财产享有权利,承担义务"。第三款规定了按份共有人分割和转让自己份额的权利,同时规定按份共有人出售自己份额时,其

---

① 参见《大清民律草案》第 1063 条。
② 《民国民律草案》第 849 条。

他共有人在同等条件下的优先购买权。

上述立法,确立了我国的共有权制度,勾画了我国共有权制度的基本轮廓,对于共有的权利义务关系作了基本规定。不过,这些规定过于原则,缺少共有权制度的具体内容。

2007 年 3 月 16 日,第十届全国人大第五次会议通过了《物权法》,第八章专门规定了共有的规则,确立了我国的共有权制度。《民法典》物权编第八章规定了共有的基本规则,除了个别条文内容有所改变之外,基本内容没有变化。

2. 司法现状

对于原《民法通则》上述立法缺陷,司法解释作了一定程度的补充。最高人民法院《关于贯彻执行〈中华人民共和国民法通则〉若干问题的意见(试行)》第 88 条至第 92 条,作了补充解释:

(1)共有财产性质不明,主张为按份共有的共有人不能证明其主张成立,包括举证不能和举证不足,应认定为共同共有。

(2)共同共有的部分共有人擅自处分共有财产,因其缺乏共同共有人的一致意思表示,因而在一般情况下应认定无效,但符合善意取得构成要件的,按善意取得处理,即善意受让人即时取得所有权,对其他共有人的损失,由擅自处分人赔偿。这一司法解释的意义不是仅局限于共有财产的处分权,更重要的是部分承认善意取得制度,并将善意取得只适用于动产的场合扩大到共有不动产的场合。

(3)对共同共有关系终止时的分割方法,除分割夫妻共同财产应依照《婚姻法》的规定以外,其他共同共有财产的分割,有协议的按协议分割,无协议的,应当根据等分原则处理,并考虑共有人对共有财产的贡献大小,适当照顾共有人生产、生活的实际需要等情况。

(4)共有财产是特定物而且不能分割或不宜分割的,可以折价处理。

(5)共同共有人亦享有优先购买权,其条件是:共有财产已经分割,原部分共有人欲出卖自己分得的财产,出卖的财产与其他共有人分得的财产属于一个整体或者配套使用。符合这些条件,原其他共有人有优先购买权。原《民法通则》第 78 条只规定了按份共有人的优先购买权,对共同共有财产分割后原共有人的优先购买权没有规定,本条司法解释作了补充解释。

对原《民法通则》共有权立法的补充是重要的,部分地改变了立法不具操作性、过于粗疏的缺陷,值得赞许。但是,该司法解释仍存在不足。

3. 原《物权法》关于共有的基本规定

原《物权法》第八章规定共有权,从第93条至第105条,主要内容是:

(1)规定共有的基本含义和类型。原《物权法》第93条至第95条规定了共有的基本含义和类型,分别对共有、按份共有和共同共有的含义作出了规定,确定共有的基本类型是按份共有和共同共有。

(2)规定共有的一般规则。从第96条至第104条,规定的是共有的一般规则。分别规定的是对共有物的管理、对共有物的处分、对共有物的管理费用负担、共有分割请求权、共有物分割的原则和方法、优先购买权、因共有产生的债权债务关系、按份共有的推定以及对按份共有份额的确定。原《物权法》规定共有的一般规则的方法与众不同,不是对按份共有和共同共有的规则进行分别规定,而是采取一并规定的方式,将按份共有和共同共有的规则规定在一起。这样规定的好处是节省条文的空间,缺点是使用不够方便。

(3)对准共有作出规定。原《物权法》"共有"一章的最后一条即第105条,规定了准共有,确定共有用益物权、担保物权的,为准共有。

4.《民法典》对共有规则的修改

《民法典》物权编第八章"共有"除了对文字的具体修改之外,主要有以下修改:

(1)第297条和第310条将条文中的"单位"改为"组织",使其能够概括法人、非法人组织的概念,成为共有权和准共有权的主体。

(2)第301条关于"处分共有的不动产或者动产以及对共有的不动产或者动产作重大修缮、变更性质或者用途的,应当经占份额三分之二以上的按份共有人或者全体共同共有人同意,但是共有人之间另有约定的除外"的规定与原《物权法》第97条规定相比,新增了共有人决定的重大事项,即变更不动产或者动产性质或者用途。

（3）第 306 条规定："按份共有人转让其享有的共有的不动产或者动产份额的,应当将转让条件及时通知其他共有人。其他共有人应当在合理期间内行使优先购买权。""两个以上其他共有人主张行使优先购买权的,协商确定各自的购买比例;协商不成的,按照转让时各自的共有份额比例行使优先购买权。"这一条文是关于按份共有人行使优先购买权具体方法的规定。原《物权法》第 101 条只规定了按份共有人享有优先购买权,但是,未明确规定优先购买权的行使规则。《最高人民法院关于适用〈中华人民共和国物权法〉若干问题的解释(一)》补足这一法律漏洞,第 9 条至第 13 条详细规定了按份共有人行使优先购买权的规则。《民法典》部分采纳了司法解释的内容,在这一条文中规定了按份共有人行使优先购买权的具体规则。《最高人民法院关于适用〈中华人民共和国民法典〉物权编的解释(一)》第 9 条至第 13 条依照《民法典》的规定作了适当修改。

第三节　共有权与其他物权的关系

一、共有权与所有权

共有权与所有权的关系是个别与一般的关系,共有权是所有权的组成部分,是所有权的下属概念。对此没有原则的不同意见,但是,共有权究竟在所有权中具有什么样的地位,则意见有所不同。

共有权与所有权的关系,以王泽鉴先生的论述最为精当。他说:"民法上的所有权,分为二类,一为单独所有权,二为共有。共有又分为分别共有和公同共有。"[1]至于怎样处理建筑物区分所有权的性质问题,他认为应将其归置于不动产所有权当中。

---

[1]　王泽鉴:《民法物权(1):通则·所有权》,中国政法大学出版社 2001 年版,第 321 页。

很多学者对共有权与所有权的关系并不是这样认识的,而是认为共有权是所有权的一种形式,但不是基本形式,因为所有权的基本形式是单独所有,共有权只是所有权中的一种非主流的形式。20世纪以来,财产的单独所有已经成为所有权制度的基本原则之一,与此相反,共有制度则不断受到限缩,并呈献出日趋式微的趋势。迄于现今,较之财产的单独所有,财产共有已变得极少、极少。①

国内更多的学者认为,所有权的基本表现形态为单独所有、共有和区分所有。这一点从很多学者的论述和法律建议稿中可以看出来。这里最重要的是对建筑物区分所有的认识问题。如果将建筑物区分所有权放在单独所有权的范围内,所有权就是单独所有和共有;如果将建筑物区分所有放在共有当中,所有权就是单独所有和共有。如果将建筑物区分所有不认为是单独所有,也不是共同所有,那一定是单独的所有权形态,因而所有权的基本形态是三种。

中国社会科学院法学研究所起草的物权法草案专家建议稿接受后一种关于建筑物区分所有权性质的意见,将共有权作为所有权中最后一种,放在最后的位置。在建议稿的"所有权"一章中,规定了所有权的一般规定、土地所有权、建筑物区分所有权、不动产相邻关系、动产所有权和共有权这六个部分,共有与其余的四种所有权相并列。② 中国人民大学民商事法律科学研究中心起草的物权法草案专家建议稿将共有权作为所有权的一种类型,与国家所有权、集体所有权、个人所有权、社团和宗教组织的所有权、建筑物区分所有权、优先购买权以及相邻关系相并列,构成所有权项下的八种形式或者权利。③

《民法典》物权编规定的所有权,分为单一所有权、建筑物区分所有权和共有权三种。因此,共有权是三种所有权中的一种。

笔者认为,尽管《民法典》已经作出了上述规定,但是,在理论上,对

---

① 参见陈华彬:《物权法原理》,国家行政学院出版社1998年版,第470页。
② 参见梁慧星主编:《中国民法典草案建议稿》,法律出版社2003年版,第76—80页。
③ 参见王利明主编:《中国民法典草案建议稿及说明》,中国法制出版社2004年版,第114—116页。

所有权内部的关系仍然应当进行调整,将其理顺,其中就包括共有权在所有权中的地位问题。

第一,所有权包括单独所有权和共有权,这是所有权的两种基本类型。尽管所有权包括国家所有权、集体所有权、私人所有权,但是,基本的所有权类型就是从所有权的主体数量来划分的,是单独所有权和共有权。例如,国家所有权是单一所有权,并不是共有。一个集体所有权也是一个单一主体的所有权,也不是共有的问题。只有他们作为一个主体,与其他主体共同组成所有权的主体时,才构成共有,这时公有的性质就淹没在共有权当中了。

第二,国家所有权、集体所有权、私人所有权的基本形式,是单独所有权,如果它作为主体,与其他主体共同享有所有权,则构成共有。因此,这三种所有权的基本形式与共有权不是同一个层面上的问题,而是形式和类型的区别。

第三,所谓的宗教或者团体的所有权,如果具有独立的民事主体资格,则为单独的所有权;如果没有独立的主体资格则为共有,并没有独立存在的资格。例如一个基金会是一个财团,具有法人资格,是单一所有权。一个村宗族的祠堂的财产是总有的形式,是共同共有。关于宗教组织的财产,由于《民法典》第 92 条第 2 款将宗教活动场所规定为非营利法人,性质属于捐助法人,因而其财产构成捐助法人即财团法人,不是共有的形式。

第四,优先购买权是一个特殊的权利形式,不是所有权的类型,只是所有权的一个具体内容,是在按份共有关系中,共有人处分自己的份额,其他共有人在同等条件下享有优先购买的权利。它不是一个独立的权利,只是按份共有权的内容,是共有人内部关系的内容之一。

第五,相邻关系是所有权和用益物权的具体内容,不是所有权的类型。在所有权中,凡是不动产所有权,不论是单独所有权中的国家所有权、集体所有权还是私人所有权,也不论是共有权中的按份共有、共同共有还是建筑物区分所有,都存在相邻关系问题,即相邻不动产的所有权人(或者他物权人)都享有相邻权,都享有为了便宜行使权利,有权请求相邻的不动产所有权人(或者他物权人)对自己行使权利时作出必要的限制和容忍。债权或者知识产权的准共有不产生这种相邻权。

所有权的内部关系如下表：

所有权	单一所有权	国家所有权		相邻关系
		集体所有权		
		私人所有权		
	共有权	按份共有	优先购买权	
		共同共有	夫妻共有财产	
			家庭共有财产	
			共同继承财产	
			合伙共有财产	
		建筑物区分所有		
		准共有		

这种所有权内部的关系，简单、明确，比较准确。共有权在所有权中的地位，就是这样的。

二、共有权与相邻权

在对共有权与所有权的关系进行了上述分析之后，共有权与相邻权之间的关系就已经清楚了。

相邻权也称为相邻关系，是相毗邻的不动产所有权人或者他物权人为了便宜行使权利，相毗邻的不动产所有权人或者他物权人对自己行使权利需要进行必要的限制和容忍。限制和容忍的程度，只是在必要的范围内，不能超过必要限度。一方相邻权人的限制和容忍，另一方相邻权人的要求他方的限制和容忍，就是相邻法律关系。

相邻权不是所有权的一种权利形式，只是所有权（包括他物权）的权利内容，不能与单一所有权或者共有权并列。

共有权是所有权的一种基本类型，共有权与相邻权也不是同一个等级上的概念，不是同等地位的权利。相邻权是共有权（也包括单独所有权)的权利内容,是不动产的单独所有权和不动产的共有权的权利内容。

共有因其类型的不同,与相邻权的关系表现为以下形式:

第一,在不动产的按份共有中,共有权人享有相邻权,无论是与不动产的所有人相邻、与不动产的共同共有权人相邻,还是与其他不动产的共有权人相邻,以及与其他不动产他物权的权利人相邻,都享有相邻权。

第二,在不动产的共同共有中同样如此,共有权人享有相邻权,无论是与不动产的所有人相邻、与不动产的按份共有权人相邻,还是与其他不动产的共有权人相邻,以及与其他不动产他物权的权利人相邻,都享有相邻权。

第三,在建筑物区分所有权中,业主也享有相邻权,与任何相毗邻的不动产的权利人都享有相邻权。

第四,在准共有关系中,只有在不动产的他物权中产生相邻关系,相毗邻的不动产他物权人,与其他不动产的物权人之间产生相邻关系,享有相邻权。

第五,在准共有中,共同的债权人不享有这种物权法上的权利。准共有只是准用共有的法律规则,物权法上的相邻权在共同债权中不能产生。在共同所有的知识产权中,也由于知识产权不具有物权的性质而不能产生相邻关系。

三、共有权与他物权

他物权是物权的基本类型,是在他人所有的财产上设立的物权,依附于所有权而存在。他物权是对财产的利用而产生的物权,着眼于财产的利用和使用以创造新的财富。他物权与所有权相并列,前者称之为自物权,他物权与其相区别而相互对应。

准共有包括对他物权的共有。几乎在所有的他物权中,都可以设立共有权。

(一)用益物权的准共有

用益物权可以设立共有权。

首先,数人共同承包土地经营,产生共同的土地承包经营权,为承包经营权的共有权。这也是一种准共有,所有的共同承包经营人都享有共有承包经营权,承担承包经营的义务。例如家庭承包的土地承包经营权就是共有他物权。

其次,共同取得建设用地使用权、共同取得宅基地使用权,都是他物权的共有权。这两种权利都是地上权性质,都可以设立准共有,由全体共有人享受权利,承担义务。例如,在我国的建筑物区分所有权中,全体业主对国有土地使用权享有权利,承担义务,而不是由开发商或者物业服务企业享受权利,承担义务。这种区分所有的建设用地使用权也是准共有。

再次,在地役权中,数个相邻的需役地人享有的地役权就具有共有的性质,为准共有。共同的地役权是基于土地的相毗邻并且建立地役权的行为而产生的。共同的地役权产生以后,全体地役权人按照不同的份额享有权利、承担义务。

最后,共同承典他人房屋,产生共同的典权,为典权的共有权,共同的典权人享有共同典权。这种共同典权是典权的准共有,共有人共同享有典权,承担典权义务。

另外,居住权也不能产生共有权,为共有居住权。

(二)担保物权的准共有

在三种担保物权中,最常见的准共有是共同抵押权和共同质权。

在以共有财产设置抵押或者质押时,产生共同抵押权和共同质权,是准共有性质。共同的抵押权人或者共同质权人享有准共有的权利,负担准共有的义务。

在一般情况下,留置权是基于债权而产生的担保物权,产生的留置权也是单一的留置权。

在产生共同抵押、共同质押和共同留置权,担保的债权是共同债权时,产生的抵押权、质权和留置权就是共同抵押权、共同质权和共同留置权,都是准共有性质。共同债权人共同享有担保物权,共同承担共同担保物权的义务。

四、共有权与特许物权

特许物权也称为准物权,是自然人、法人、非法人组织经过行政特别许可而享有的可以从事某种国有自然资源开发或者作某种特定利用的权利。如海域使用权、取水权、采矿权、养殖权、捕捞权等。这些权利也是私权利,也是物权,也要由《民法典》确认和保护。

特许物权可以由单一的主体享有,也可以由两个以上的主体享有。单一享有特许物权的,产生的是单独的特许物权。由数个主体共同享有的特许物权,是准共有特许物权。

共有海域使用权是常见的特许物权准共有。例如,两个以上的单位或者个人共同申请获得海域使用权,形成准共有海域使用权。采矿权可以共同享有。例如,合伙开采矿藏,经过特别许可,即产生共有的采矿权,合伙人共同享有采矿权,共同承担义务;数人共同申请开采矿藏也产生共同的采矿权,为准共有。取水权可以共同享有,数个主体共同对水资源进行利用,经过行政的特别许可,也产生共同的取水权,形成准共有。养殖权和捕捞权也是如此,共同申请利用海水水面或者淡水水面进行养殖,取得的养殖权就是共有的养殖权,为准共有。

五、共有权与知识产权和债权

(一)共有权与知识产权

知识产权可以共有,形成准共有。

著作权可以基于共同创作而产生,形成准共有。在共同共有的著作权中,不分份额享有著作权的,为共同共有的著作权。在按照份额享有的著作权中,为按份共有的著作权。前者如共同创作,无法分出各自创作的部分,只能不分份额地共同享有权利、共同承担义务的,就是共同共有的著作权。同样,创作的内容在整体中可以分出份额的,可以按照按份共有的规则,按份享有著作权,按份承担义务。

在商标权和专利权中,也可以形成准共有权,或者共同共有,或者按份共有,权利人按照共有权的规则,处理自己内部的权利义务关系,处理对外的权利义务关系。

（二）共有权与债权

在债权中,本来就存在共同债权和共同债务。在共同债权中,分为按份债权和共同债权。共同债权中的按份债权,权利人按照既定的份额享有债权;共同债权,权利人则不分份额地共同享有连带债权。

债权的准共有也是共有的形式,准用共有的基本规则。但是,共同债权在民法中都是在债法中另外规定自己的规则,按照自己的规则行使权利,承担义务。因此,共同债权的规则虽然是准共有,可以适用共有的基本规则,更多的还是自己的规则。不过,共同债权规则基本上是从共有规则演化而来,因此其基础还是共有的规则和原理。

【典型案例】

甲、乙系夫妻,双方婚后共同购置了一套房屋并取得房屋的所有权和住宅建设用地使用权。双方离婚时,该房屋和住宅建设用地使用权被判决确认为双方共有,并要求双方在一定期限内进行分割,双方没有在规定的期限内进行分割。在该期限届满两年后,男方要求分割共有财产,女方不同意,并以超过判决规定的期限未请求分割而不得继续请求分割。甲诉至法院,请求对上述共有财产进行分割。

【案例分析】

对本案应当如何处理,有不同意见。第一种意见认为,应当支持原告的诉讼请求,因为原告作为共有人一方,且其作为共有关系的夫妻关系已经不存在,因此,可以随时行使分割共有财产的请求权。既然共有人之一已经提出分割共有财产的请求权,就应当予以准许。第二种意见认为,法院判决在确认双方购置的房屋是共同共有,没有判决即时分割,而是确定在一定的期限里进行分割,享有分割请求权的一方共有人在这个期限内没有行使这个请求权,就无权请求分割,因此,应当驳回原告的诉讼请求。

这个案件应当如何处理的结论是十分明确的,这就是,如果认为原告行使分割共有财产的请求权超出了法院判决确定的分割期限,就丧失分割共有财产的请求权,那岂不是要把没有夫妻关系的两个人的共有财产关系一直维持下去吗?这样做有什么意义呢?除了说明被告赖账,侵占对方的共有财产份额以外,没有其他理由。因此,被告的答辩是没有道理的,应当支持原告的诉讼请求。

在本案的原、被告之间,争议房屋的所有权为共同共有。对此,法院判决已经作出了正确的认定。但是,该判决在判决离婚的同时却没有判决分割该共有财产,所以才造成了现在的争议。这个判决没有处理好共同财产的分割问题。

按照这个判决,确认双方争议的房屋为共同共有,双方的权利义务就要按照共同共有的规则进行,应当适用《民法典》规定的共同共有规则确定双方的权利义务关系。《民法典》第303条规定:"共有人约定不得分割共有的不动产或者动产,以维持共有关系的,应当按照约定,但是共有人有重大理由需要分割的,可以请求分割;没有约定或者约定不明确的,按份共有人可以随时请求分割,共同共有人在共有的基础丧失或者有重大理由需要分割时可以请求分割。因分割造成其他共有人损害的,应当给予赔偿。"按照这一规定,本案当事人之间的共同共有的基础法律关系已经消灭,共有人随时有权请求分割,没有继续维持这一共有关系的理由。

如何看待法院判决确定的分割共有财产的期限?应当看到的是,共有人请求分割共有财产的请求权,并不存在期限的限制,不存在诉讼时效和除斥期间的适用问题。即使法院判决确定了一个期限,这个期限也不是法定期限,对共有人没有拘束力。超过了法院判决确定的期限,不能消灭共有权的权利人享有的分割请求权。因此,原告对其享有共有权的房屋随时可以请求分割。对于本案,法院应当判决支持原告的诉讼请求。

第 二 章
共有权法律关系

第一节　共有权法律关系概述

一、共有关系的概念和特征

（一）共有关系概念

在民法的论著中，一般不太注意对共有权法律关系进行研究，很少有人对共有权法律关系的概念进行界定，而是注重对共有或者共有权概念的界定。

尽管共有权法律关系概念与共有或者共有权的概念有密切联系，或者说共有或共有权概念本身就包含了共有权法律关系的概念，但是，共有权法律关系和共有以及共有权还是有区别的。

如前所述，共有或者共有权概念的内容较为宽泛，既包括制度的含义，也包括权利的含义，还包括共有权客体的含义。而共有权法律关系的概念则仅指共有人之间，以及共有人与义务人之间的权利义务关系。

对共有权法律关系概念进行界定和深入研究还有一个重要意义，

是揭示共有权法律关系的内容。在以往的共有概念研究中,基本上是对按份共有、共同共有以及准共有的权利内容的揭示,不注重对共有权的权利义务关系进行抽象、概括的研究,因而,对共有的整体权利义务关系的揭示不够深入、具体。加强对共有权法律关系的研究和揭示,对更好地掌握和理解共有权利义务关系的基本规则和原理具有重要意义。

共有权法律关系简称为共有关系或者共有法律关系,是指基于财产共有而产生的共有人与其义务人之间以及共有人相互之间的双重权利义务关系。

(二)共有法律关系特征

共有权法律关系具有以下法律特征:

1. 共有权法律关系是物权法律关系

共有权的性质是物权,因此,共有权法律关系就是物权法律关系。共有权法律关系具有物权法律关系的一般特征。

物权法律关系的性质是绝对权法律关系,共有法律关系的性质也是绝对权法律关系。共有权法律关系权利主体尽管可以是数人,但是,他们对外作为一个整体,享有的是一个权利。数人作为所有权的主体,共同享有这个所有权,在这些共有人之外的任何其他人都是这个法律关系的义务主体,都负有不得侵害这个所有权的义务。共有法律关系的绝对性,说明共有法律关系是对世的法律关系,而不是对人的法律关系。

物权法律关系的性质是支配权,共有法律关系的性质也是支配权。在共有权法律关系中,权利主体即共有人享有的权利不是请求权,而是独占的和排他的支配权,共有人自主决定自己所有的共有物的命运,进行自主支配。而不是像债权那样是一种请求权,权利实现的形式只能是请求相对人履行债务。

物权法律关系具有追及效力,共有权法律关系同样具有这样的效力。这就是,不管共有物流转到什么人手中,共有人都可以依据《民法典》的规定,向物的占有人请求返还原物,占有这个共有物的任何人都有义务实现共有人的权利要求。除非具有法律规定的事由例如善意取得等理由才不得共有人主张权利,转用其他方式救济。

物权法律关系是公开化的法律关系,共有权法律关系同样是公开化的法律关系。共有法律关系既然是绝对权,具有强烈的排他性,就必然涉及第三人的利益,因此必须公开化,设定这个法律关系一定要进行公示。共有法律关系没有实现公开化,就不会产生共有的法律后果,不能对抗第三人。

2. 共有权法律关系是所有权法律关系

共有权既然是所有权的一种类型,因此,共有权法律关系就具有所有权法律关系的基本特点。

首先,共有权法律关系就是确定财产归属的法律关系。按照《民法典》第 205 条规定,物权的基本职能,就是确定物的归属和利用。所有权法律关系所解决的问题是财产的归属问题。共有权法律关系作为所有权的一种类型,它解决的当然也就是财产的归属关系。那就是,共有权法律关系确认的就是某项不动产或者动产归共有人所有,确认的是共有物由共有人专属支配,为共有人所共有,以及其他任何人均不得侵害的权利义务关系。

其次,所有权法律关系具有整体性、弹力性、永久性和社会性的特性,共有权法律关系同样具有这样的特性。[①] 共有权法律关系具有整体化的特点,也是一个整体的、浑然一体的权利,不能在时间上或内容上进行分割,即使是在共有财产上设置了用益物权或者担保物权,也不是让与共有权的一部分,而是创设了一个新的、独立的物权。共有权法律关系的弹力性,是在设立了用益物权或者担保物权的共有权,其权利受到了一定的限制,但是,只要这个限制性的权利一旦除去,共有权立即恢复其圆满状态。共有关系的永久性亦是以永久存续为本质,共有权虽然可以依据协议或者某些事实而消灭,但是在没有协议或者没有那些事实出现时,共有权是

[①]　参见王泽鉴:《民法物权(1):通则·所有权》,中国政法大学出版社 2001 年版,第150—151 页。

以永久存续为本质的。最后,共有权同样受到法律的限制,负有社会义务,以维护社会的公益。共有法律关系是具有整体性、弹力性、永久性和社会性的权利义务关系。

3. 共有权法律关系的内容具有双重性

共有权法律关系虽然具有物权法律关系和所有权法律关系的基本属性,但是,也必然具有它自己独特的属性,不然,它就不会有独立存在的价值。这种独特的属性就是权利义务的双重性。

共有权法律关系的双重属性,是指共有关系不仅存在于共有人与共有人之外的其他任何人之间的财产所有关系,同时还具有共有人之间的,作为共有法律关系共同的权利主体具有相对性的内部权利义务关系。

共有关系的共有人与其他义务主体之间的关系中,主要是所有权的权利义务关系。不过,这种共有关系的所有权关系具有自己的特点。这种特点的来源,就是共有关系的所有人不是一个单个的主体,而是两个以上的主体。因而,共有关系的义务主体与权利主体的关系显得更为复杂。在共有人与其他人进行有关共有财产的交易时,尤其是共有财产是不动产时,相对人应当弄清权利的真相,避免在交易中出现权利无法转让的后果。例如,按份共有人出让自己的份额,没有征求其他共有人的意见而转让,由于其他共有人享有优先购买权,而可能出现自己无法实现出让该财产目的的情形。

在共有人之间的权利义务关系中,决定的是共有人之间相互的权利和义务,即每一个共有人享有什么样的权利,承担什么样的义务。在按份共有的共有关系中,权利是按份的,义务也是按份的。在共同共有的共有关系中,每个共有人的权利是共同的,义务也是共同的。在区分所有的共有关系中,由于是复合共有,因此,权利既有共同的,也有专有的,形成共有和专有的复合。即使准共有也是按照按份共有还是共同共有而产生不同的权利义务关系。共有关系存在的这种内部的权利义务关系,是共有关系的最主要、最鲜明的本质特征,因而与单一所有权关系形成区别,使其具有存在的独特价值。

二、共有关系的产生

（一）共有关系产生的含义

共有关系的产生，就是指共有关系基于何种事实或者行为而发生。

共有关系的产生，不是仅指共有的所有关系产生。所有权关系的发生，就是所有权的取得。所有权的取得包括原始取得与继受取得，也就是所有权基于何种事实和行为发生。例如，作为原始取得方式的孳息、拾得遗失物、发现埋藏物隐藏物、先占、添附、善意取得，作为继受取得的买卖、互易、赠与、继承等，都是所有权法律关系发生的事实或者行为。这些所有权发生的根据，对共有关系的发生都是适用的。

但是，研究共有关系的发生，不是研究所有权发生的一般原因，而是共有关系发生的特殊原因，这就是相对于共有关系产生的这种特殊的所有权发生原因究竟是什么，进而研究和揭示共有关系发生的一般规律，制定相应的法律规则。

（二）共有关系产生的原因

在很多的物权法论著中对共有关系产生的论述，基本上认为有两种原因，这就是基于当事人的意思而发生和非基于当事人的意思而发生，后者是指基于法律的直接规定而发生。这是共有关系产生的基本原因。[①]事实上，共有关系的发生并不是这样简单，尤其是共有关系还包括准共有和建筑物区分所有，因此，共有关系的产生原因就更复杂，不能仅做这样简单的描述。

共有关系基于以下原因产生：

1.基于当事人的意志而发生

基于当事人的意志而发生的共有，称为协议共有，是两个以上的人就一项财产的所有权，协议约定由这些人共有，共同享有所有权，因此产生

[①]　参见陈华彬：《物权法原理》，国家行政学院出版社 1998 年版，第 471 页。

共有权法律关系。协议产生的共有关系是典型的共有发生原因,多数共有关系的产生是基于这个原因。例如,当事人因共同购买物品,协议对这一财产共同享有所有权,或者按份共有,或者共同共有,因而发生共有关系。在家庭中,家庭成员共同选择共有形式,也是协议产生的共有。家庭共有关系的产生,尽管多数没有书面的共有协议,但是,这种共有是基于协议产生的,而不是根据行为,因为家庭成员在有了收入之后,将自己的收入交给家庭,就意味着对这些财产的所有达成了共有的协议,产生了共同共有的法律关系。居住权的共有,通常是基于当事人的意志而产生,例如双方协议或者一方遗嘱而产生的居住权。

2. 基于法律的直接规定而发生

在很多场合,共有的产生不是基于当事人的协议,而是基于法律规定,是由于法律的规定而产生了共有关系。这种共有发生的原因,法国称为"既定共有"①。这种共有关系的产生不必由当事人协议,而是符合法律规定的条件,依据法律而自然发生共有关系。因此,这种共有发生的原因与协议共有不同,有明显的区别。

在男女结婚,没有约定选择其他夫妻财产制的情况下,就自然依照《民法典》第1062条规定,产生夫妻共同财产。如果在夫妻结婚时,夫妻选择了约定财产制如 AA 制,由于约定具有排除法定共同财产制的效力,因而该夫妻之间就不产生共有法律关系。

在合伙中,对于合伙成立的投资以及合伙成立之后取得的财产,一律依照法律规定产生共有法律关系。这种共有关系具有强制性,合伙人不得另行约定其他财产所有制形式,只能按照法律的规定实行共有法律关系。《民法典》第969条规定:"合伙人的出资、因合伙事务依法取得的收益和其他财产,属于合伙财产。"合伙财产就是共同共有法律关系。

建筑物区分所有这种特殊的共有形式,也是依据法律的强制性规定产生的,当事人也不得另行约定。在购买商品房时,对于是不是实行区分

---

① 尹田:《法国物权法》,法律出版社 1998 年版,第 267 页。

所有,业主都无权选择,只能按照《民法典》第 271 条的规定,对自有的部分实行专有,对共有的部分实行互有,对全部建筑物的事务实行共同管理,因而产生区分所有权。

3.基于财产的性质而发生

基于财产的性质而发生的共有关系称为强制共有。在有些情况下,共有关系既不是基于协议,也不是基于法律规定,而是基于财产的性质发生的。这些财产的性质具有不可分割性,不实行共有就没有办法解决所有权的问题,因而发生了共有关系。法国将这种共有称为强制共有。①这种共有关系的产生,是基于财产的性质"不得已"而发生的共有。

在他人的财产上添附,无法区分原来的财产和添附的财产,没有办法进行分割,或者进行分割费用过巨不符合财产的本质,因此产生共有关系。又如,在不动产疆界上修建的共同分界墙,也是因为财产的性质而不得不发生共有关系。在成栋的房屋中,分别为不同的所有权人享有权利,其中共同的山墙也是由于本身不能分割,因而对共同的山墙(连山房)只能实行共有,发生共有关系。

4.基于共同的行为而发生

在普通的共同共有和准共有中,很多是基于共同行为发生的。在这些共同行为中,很难说行为人是有发生共有关系的意志,甚至是没有这种共同的意志,但是由于共同行为而发生了共有关系。这种共有可以称之为"取得共有",以区别于基于共同意志而发生的共有关系即协议共有。

在共有发生的原因中,最典型的取得共有就是共同继承。共同继承财产有些是由于共同的意志而发生,但是,更多的却不是基于共同意志,而是当事人不在意地默认这个事实,因而就发生了共有关系。在中国的传统习惯中,在父母一方死亡之后,并不是立即进行继承,而是默视继承事实的发生,将应当继承的遗产当成共同财产,发生共有关系。

在原始取得中,有些埋藏物、隐藏物被数人共同发现,无法确定应当由谁所有的,如果该数人同意,可以发生共有关系。共同占有经过一定的

---

① 参见尹田:《法国物权法》,法律出版社 1998 年版,第 267 页。

时效,也会因为取得时效而发生共有关系。

在准共有的发生中,共同创作作品,共同申请专利商标,共同承典典物,共同申请地上权,共同承包土地,共同申请特许物权,都能够发生著作权、专利权、商标权、典权、地上权、土地承包经营权的准共有,产生共有著作权、共有专利权、共有商标权、共有典权、共有地上权、共有土地承包经营权,以及共有特许物权的准共有关系。

5. 基于原来的共同关系而发生

在原来的共有关系之上产生的债权,还是共有债权,因而产生准共有的法律关系。例如,在合伙经营中产生的债权,由于合伙的财产关系是共有关系,因此这个债权也是共同债权,由合伙人共同享有,为准共有性质。

在准共有的场合,有些准共有关系不是由于其他原因产生,而是因为这种权利的产生之前是共有的权利,基于这种共同的权利形成了准共有的法律关系。例如,基于共有债权产生的权利,这种权利只能由共同债权人共同享有,产生准共有关系。例如,共同债权人依据合同关系占有债务人的与债权有关联关系的财产,债务人不履行债务,发生留置权,这个留置权就由共同债权人共同享有,发生准共有关系。共同债权人接受债务人或者担保人的抵押、质押,产生共有的抵押权和共同质权,发生准共有关系。

6. 基于不动产相毗邻而发生

在数个相毗邻的土地设置地役权,产生的地役权的性质可能是共同地役权,即相毗邻的两个以上的需役地人产生共同的地役权。这种共有的地役权关系,应当是按份的共有关系,不能是共同共有。

第二节　共有关系的主体

一、共有关系主体概说

任何法律关系都必须是主体之间发生的民事权利义务关系,故共有关系的首要因素是共有关系主体。

共有关系的主体,是指基于共有物设置的共有关系中的权利义务承担者。一方面,共有关系中的权利由享有共有权的主体享有;另一方面,共有关系中的义务由负有共有义务的主体承担。在这两方面的主体之间产生共有的权利义务关系。

一般认为,共有关系主体的基本特点具有多元性,即共有财产的主体为两人或者两人以上。这种说法还需要进一步明确,即共有关系主体的多元性,是指共有关系权利主体的多元性。在所有的绝对权中,其义务主体都是多元的,而权利主体一般是单一的。共有关系属于绝对权法律关系,其权利主体却是二人或者二人以上,存在多元性的特点。这就使共有关系与单一所有权、人格权等绝对权区别开来,形成自己的特色。如果称共有关系的义务主体多元化,则没有意义。

共有的权利主体的多元性特点,与身份权的特征相似。在人身权中,人格权的权利主体都是单一的。身份权的基本特点,在权利主体方面却是二人。例如,配偶权是绝对权,权利主体却是夫妻二人,这二人之间存在配偶关系。权利主体的多元性和义务主体的多元性,构成身份权的基本特点。共有权也是这样,权利主体多元化,义务主体当然是多元的,所以,共有权的主体与身份权的主体特点是一样的。

正是由于这个特点,在共有关系中出现了对外和对内的双重关系。对外关系是共有权的所有权属性的体现,而共有权主体内部的权利义务关系即对内关系则是共有关系所独具的内容。正像配偶权关系一样,配偶权对外宣示的是配偶之间的身份地位,即只有这两个人才是配偶,其他人都不得与其中的一人再构成配偶,负有不可侵义务;而对内的关系才是其基本的权利义务关系,是配偶之间的权利义务关系。

不了解共有关系权利主体的这一个特点,就无法真正揭示共有关系的本质。

二、权 利 主 体

《民法典》对共有关系权利主体的要求是"两个以上组织、个人"，即多元的主体，具体要求是：

第一，共有权的权利主体必须是二人或者二人以上。单一的主体不能构成共有关系，只能是单独所有权。

第二，多元的权利主体组合可以任意进行。任何民事主体都可以组合成共有法律关系的权利主体。自然人、法人、非法人组织都可以构成共有关系权利主体，成为共有关系的共有人。

第三，共有关系的权利主体与民事主体的所有权性质无关，国家所有权的权利主体、集体所有权的权利主体以及私人所有权的权利主体之间，都可以构成共有关系，成为共有人，法律没有任何限制。

第四，没有法人、非法人组织资格的自然人组合，不能成为单一所有权的主体。在合伙，其财产所有形式当然是共有。个体工商户，以户为单位的，能够形成共有，以个人为单位的，为单一所有权主体。承包经营户，为共有的权利主体，但是一人一户的为单一所有权主体。

三、义 务 主 体

共有关系的义务主体是一般主体，没有特别的限制。

共有权是绝对权，共有关系的义务主体是共有人之外的其他的所有的人，即"其他任何组织、个人"。任何其他自然人、法人、非法人组织，都是共有关系的义务主体，都负有不得侵害共有关系权利主体权利的义务。

没有民事主体资格的合伙、个体工商户、承包经营户等，不能以民事主体资格的身份负担义务，当其违背了共有法律关系的义务，侵害了权利主体的共有权时，应当由其成员集体承担民事责任。

第三节　共有关系的内容

一、共有关系内容概说

共有关系的内容,是指共有的权利主体与义务主体之间,以及共有权利主体之间,就共有财产享有的权利和承担的义务。

与一般的所有权关系即单独所有关系相比,共有关系内容的特征是:

(一)共有关系的内容具有双重属性

在一般的所有权关系中,其内容就是权利主体与义务主体之间的权利和义务,此外不再具有其他内容。在共有法律关系中,除了权利主体和义务主体之间的权利义务关系之外,还有权利主体之间的权利义务关系。共有关系不仅调整权利主体与义务主体之间的权利义务关系,还要调整权利主体之间的权利义务关系,因而共有关系的内容更为复杂。

产生这个问题的原因,一是由于共有关系权利主体的多元性所造成的,二是共有权仍然是一个权利,而不是两个或者两个以上的权利。既然共有关系的主体为多元性,必须是两个或者两个以上的主体才能构成共有关系的权利主体,那么,这些不同的主体在一起享有、行使一个所有权,那就一定会出现不同的权利主体之间的利益分配问题。共有关系如果不调整好这个共有内部的共有人之间的权利义务关系,共有关系无法维系。

(二)共有关系对外的权利义务不仅具有所有权的一般内容,还具有自己的独特内容

共有对外的权利义务关系,首先是所有权的一般内容,是所有权关系具有的对财产的占有、使用、收益和处分的支配关系。

共有对外的权利义务关系的主要特点,不在于所有权的一般关系,而是其独特的权利义务内容。首先,共有的权利是经过主体联合的所有权,仍然是一个独立的所有权,但是毕竟是不同主体之间共同享有的所有权,正如法国学者指出的那样,"共有是针对同一财产的同一性质的数个权利的集合"①。因此,不同的共有权利主体与义务主体之间的关系发生变化,不再是单一的权利主体行使权利,而是数个主体行使一个权利,这在交易中必然涉及与之交易的义务主体的利益。其次,不同性质的共有关系,其对外行使权利的方式多有不同,按份共有的权利主体是按照份额行使权利,共同共有是权利主体共同行使权利,区分所有则是既有专有又有共有。在这些不同的共有权行使其占有、使用、收益和处分的权利,也关系义务主体的利益。因此,在与共有关系的权利主体实施民事行为时,一定要弄清楚,正确设定权利和义务。

(三)共有关系对内的权利义务关系不仅约束共有关系的权利主体,对义务主体也产生重要影响

在共有关系内部,共有的权利主体之间的权利义务关系更为重要。这些权利义务关系妥善协调共有人内部的利益,或者按照份额行使权利承担义务,或者共同行使权利承担义务,或者对专有的部分享有专有的权利,对共有的部分享有共有的权利,承担自己的义务。

在这些对内的权利义务关系中,尽管是共有人自己享有权利、承担义务的内容,但是,也都关系义务主体的利益,对义务主体产生重要影响。例如,在共有人之间,共有人处分自己的份额,其他共有人享有优先购买权。这个权利本来是其内部的权利义务关系,但是,却对外部第三人产生影响,如果是在同等条件下,只能由共有人购买,第三人就不能购买,即使是第三人先买的,由于共有人有优先购买权,这种购买就不发生效力,而须由共有人优先购买。

---

① 转引自尹田:《法国物权法》,法律出版社 1998 年版,第 266 页。

二、对外的权利义务关系

（一）对外的一般权利义务

共有关系的对外权利义务关系，主要是所有权的一般权利义务关系。

首先，共有权法律关系是所有权法律关系的类型，其基本内容就是占有、使用、收益、处分四项权能。共有人享有的是对共有财产的占有、使用、收益和处分的全部权能。共有人享有共有财产的占有权，任何时候都有权保持这种占有的状态，防止被他人侵夺。共有人享有对共有财产的使用权，对共有财产进行使用以满足共有人的需要。共有人享有对共有财产的收益权，通过对共有财产的支配，对共有财产创造出的新生利益，独占享有，成为新的共有财产。共有权人享有共有财产的处分权，决定共有财产的命运。

其次，共有人也有权将共有财产所有权的权能分离，在共有财产上设置新的物权，以满足共有人的需要。例如，通过分离共有权中的占有权能，在共有财产上设置担保物权，为他人的债务进行担保；通过分离共有权中的使用权能，设置典权、地上权、地役权、土地承包经营权，以及在土地承包经营权之上在设置土地经营权等，对共有财产进行充分利用，创造新的价值。

（二）共有关系特别的对外权利义务

共有的对外关系，其实是指共有关系特别的对外权利义务。这种对外关系，可以称为对外效力或者共有人权利的对外主张，是指各共有人就共有财产所生对外部或者第三人的权利义务关系，①主要是以下几个方面：

1. 对第三人的权利

共有关系主体对第三人的权利是：

---

① 参见谢在全：《民法物权论》，中国政法大学出版社 2011 年版，第 300 页。

（1）各共有关系的权利主体对第三人，就共有财产的全部，行使本于所有权的请求。例如，如果共有财产为不动产，就不动产的相邻权，各个共有人均可以提出请求。

（2）第三人对共有物为妨害时，各共有人可以行使排除妨害请求权。第三人对共有财产有妨害可能时，共有人可以行使妨害预防请求权。第三人侵夺共有财产的，共有人享有返还原物请求权和损害赔偿请求权。

（3）提出确认之诉请求权。对于共有财产的权属问题，共有人可以提出确认之诉，请求确认其共有权。

（4）提出诉讼时效中断请求权。各共有人有权提出旨在中断诉讼时效与取得时效完成的请求，这种权利，在按份共有称为应有部分的时效中断请求权，①在共同共有则为共同的请求权。

（5）就共有财产产生的共同债权提出清偿请求。共有人就共有财产取得的共同债权，例如损害赔偿请求权、不当得利请求权，各共有人或者按份享有请求权、或者共同连带享有请求权。对此，《民法典》第307条规定："因共有的不动产或者动产产生的债权债务，在对外关系上，共有人享有连带债权、承担连带债务，但是法律另有规定或者第三人知道共有人不具有连带债权债务关系的除外；在共有人内部关系上，除共有人另有约定外，按份共有人按照份额享有债权、承担债务，共同共有人共同享有债权、承担债务。偿还债务超过自己应当承担份额的按份共有人，有权向其他共有人追偿。"

2. 对第三人的义务

共有关系权利主体对第三人的义务，也就是各共有人所应负的责任，除了当事人另有约定的以外，应按照该义务是否具有可分性和共有关系的性质确定。共有义务是可分的，在按份共有的情况下，各共有人按照份额承担义务。在共同共有以及虽然为按份共有但共有财产是不可分的，则各共有人共同承担义务。例如，共有的建筑物倒塌、共有的动物致人损害，共有人应当承担连带赔偿责任。

---

① 参见陈华彬：《物权法原理》，国家行政学院出版社1998年版，第492页。

三、对内的权利义务关系

共有关系对内的权利义务关系,是共有关系内容的主要方面,是指共有权利主体在其内部,各自所享有的权利和承担的义务。

(一)共有财产的使用和收益

共有权是共有人对共有财产的所有权,故对共有财产进行使用和收益是共有权的权能。共有人对于共有财产有权进行使用,有权利用共有财产进行收益,以增加共有财产的利益。在共同共有关系中,共有人对共有财产的使用和收益应当共同进行,不分份额地享有使用权和收益权,创造的新的利益归共有人共同所有。在按份共有,则共有人按照自己的份额行使使用、收益权,不必完全按照份额,在不可分物,不能按照份额进行使用,可以按照份额收益。当然,对于共有财产的整体,按份共有人也享有共有的使用、收益权。

(二)对共有财产设定负担

在共有财产上设定负担,例如将共有财产设置抵押、质押、地上权、居住权、典权、特许物权等,都是可以的。共有人可以按照共有财产设定的目的和用途,自由设定他物权等权利。

在共同共有财产上设定负担,由共有人共同实施民事法律行为为之,单个人在设定共有财产的负担上,如果不违背共有人的意志,应当发生效力,例如行使家事代理权。如果违背全体共有人的意志擅自自行设定,不发生法律效力,但相对人为善意、无过失的除外。

在按份共有关系上对共有财产设定负担,分为两种情况。一是共有人就自己的份额设定负担的,应当发生效力,因为自己对自己所有的份额有权决定其命运,不受其他共有人的左右。二是对于共有财产的整体设定负担,则应当经过全体共有人决定。

(三)对共有财产的处分

对共同共有的共有财产的处分,必须由共有人共同决定。按份共有的共有物处分,分为共有份额的处分和共有财产整体的处分。

按份共有人对自己共有的部分进行处分,可以依其个人意志决定。对自己的份额可以自由处分:买卖、赠与、抛弃,其他共有人均不得干涉,唯受优先购买权限制。对按份共有物的整体进行处分,应当经过全体共有人决定,如果共有人意见不一致,则按照"占份额三分之二以上的按份共有人""同意"①作出决定。

在共有人处分共有份额时,其他共有人享有优先购买权,在同等条件下,其他共有人享有优先购买的权利。

(四)对共有财产的管理

对共有财产的管理,是指对共有财产的保存、改良行为。管理的原则是,有合同约定的按照约定处理,没有约定的应当共同管理。

无论何种共有关系,对于对共有财产的保存行为,都是以防止共有财产的灭失、毁损或者权利丧失、限制等为目的,维持其现状的行为,这种行为于全体共有人均属有利无害,且性质上多须急速为之,不致坐失良机,因此,共有人可以不问其他共有人的意思如何,可以单独为之。对共有财产的改良行为,即不变更共有财产的性质,而增加其效用或价值的行为,由于不具有保存行为须紧急措置那样的必要性,且费用多数过巨,价值或者效用又不必然增加,因此须共同决定。

(五)共有财产管理费用的承担

共有财产的管理费用应当由共有人共同承担。在共同共有关系中,自无异议。在按份共有,则应分别情况:有协议约定的,依照协议规定进行;没有协议约定的,应当按照各自的份额负担管理费用。

---

① 《民法典》第301条规定的内容。

第四节　共有关系的客体

一、共有关系客体概说

共有法律关系的客体,是共有关系中权利义务所指向的对象,即共有物,以及准共有关系权利义务所指向的权利。在共有关系中,共有物是其客体;在准共有关系中,权利是其客体(人格利益准共有除外)。

共有关系的客体有以下基本特征:

第一,共有关系的客体是财产或者具有财产意义的权利。首先,共有的典型客体就是物,因为典型的共有关系就是对物的所有权关系,因此,共有的客体一定是物。在说到共有关系客体时,以及区分所有的客体中,几乎都是说共有财产,就是因为共有其实主要指的就是这种典型的共有关系,即按份共有和共同共有。其次,在非典型的共有关系即准共有中,共有的不是物而是权利。这种权利一般是指财产权利,即除了所有权之外的其他财产权利,例如他物权、知识产权以及债权,这些权利也都是共有的客体。人格权中的某些人格利益也可能共有,是一种特例。在这个问题上,共有与所有权有所不同,对权利的共有也称为共有,而所有权则只是针对财产,不包括财产权利,更不包括其他权利。

第二,共有关系的客体具有特定的统一性。共有权关系"就客体而言,共有财产关系的客体为一项特定的统一的财产"①。这个特定的、统一的财产(包括权利),首先应当是一个特定的财产(包括权利),非特定化不能产生所有权,当然也不能产生共有关系。其次,应当是一个统一的财产(包括一个统一的权利),其统一性,在于这项财产是一个整体,就这个整体能够产生一个完整的所有权。在准共有关系中,共有的权利也必

---

① 陈华彬:《物权法原理》,国家行政学院出版社 1998 年版,第 471 页。

须是一个完整的权利,不过,准共有的权利既然是权利,就一定是完整的权利,只要不是几个权利的组合,就是可以的。再次,共同财产可以是动产,也可以是不动产,可以是独立的物,也可以是一个财产集合。

第三,共有关系的客体在共有关系存续期间必须保持其完整性和统一性。共有关系的客体即共有财产的统一性和完整性,在共有关系存续期间必须保持,不能受到破坏。因为共有关系的基本性质就是建立在数人对特定的统一财产的共有上。共有的财产被分割,变成了不同的部分,共有的基础就受到了破坏,共有关系就不复存在,就没有共有关系存在的基础了,共有关系自然就消灭了。因此,在共有关系存续期间,共有财产不能分割,一经分割共有财产,共有关系就消灭,共有就便成了单独所有。

二、不动产和动产

不动产和动产都能够设立共有关系,成为共有关系的客体。

设置共有关系的不动产应当是特定一个或者一批不动产,在这个和这些个不动产上设立共有关系,产生共有的权利义务关系。例如,在一栋房子上设立共有关系,成立共有权;在一群建筑物上设立共有关系,也成立共有权。即使在一个已经设立了共有关系,如在区分所有的建筑物上共同购买一个单元,也设立了一个新的共有关系,如夫妻购买一栋区分所有的建筑单元,形成区分所有中的共有关系。

设置共有关系的动产可以是一个独立的物,例如一辆汽车、一个机器、一头牲畜;也可以是一个集合物,例如一个公司的所有财产;也可以是一批种类物,例如一笔资金或者一批粮食。法律对共有的动产不作特别的限制,凡是可以成为所有权标的的动产,都可以成为共有关系的客体,即共有财产。

在不动产和动产构成的财产集合上,也可以设立共有关系。例如,一个工厂的全部财产,既有动产,又有不动产,是一个集合的财产,同样可以设立共有关系。合伙开办的工厂,就是不动产和动产集合财产的共有关系。

从另一个角度上观察,共有物既可以是积极财产,也可以是消极财产。

积极的共有财产,包括:(1)原来的共有财产。(2)物的替代,即某些财产脱离共有资产时原来的共有财产的地位为新的财产所替代,仍然成立共有财产。(3)孳息和收益。

消极的共有财产,即共有财产所产生的共同债权。

三、他 物 权

(一)作为准共有关系客体的用益物权

地上权即建设用地使用权和宅基地使用权、地役权、土地承包经营权(包括土地经营权)、典权、居住权等用益物权,都可以设立共有关系,成为共有关系的客体。最典型的地上权共有,就是建筑物区分所有权中的土地权利,即住宅建设用地使用权,是全体区分所有权人的共有权利。共同承包经营果园、菜地、农地,建立共有的土地承包经营权,共同承典的典权,也是准共有的性质,发生准共有法律关系。

用益物权的准共有着重于对其财产的使用和收益,着眼于其使用价值和收益。对于建立了准共有关系的用益物权,共有人按照设立共有的性质,行使权利,承担义务。

(二)作为准共有关系客体的担保物权

担保物权的准共有产生于共同债权,在共同债权的基础上设置了担保物权的,产生了共同的担保物权。共有抵押权、共有质权、共有留置权,都是基于共同债权而产生的。

共同担保物权具有附属性的特点,都是依附于共同债权,没有独立存在的可能。债权存在,共有的担保物权就存在,债权消灭,共有担保物权就随之消灭。

四、特许物权

作为准共有关系客体的特许物权,包括取水权、采矿权和养殖权。特许物权的准共有是经常发生的,例如,在合伙请求开采矿产,取得采矿权,即为采矿权的准共有;数人共同申请承包江河、湖泊、滩涂、水面,养殖水产品,取得养殖权的准共有;共同申请使用国家水资源,取得取水权的准共有。在这些准共有关系中,都是特许物权的准共有关系。

在特许物权的准共有中,发生特许物权共有的权利义务关系。

五、知识产权、债权和人格利益

作为准共有的知识产权,包括《民法典》第 123 条规定的著作权、商标权、专利权、地理标志、商业秘密、集成电路布图设计、植物新品种,以及第 127 条规定的衍生数据等。债权和人格利益也可以成为准共有的客体。

(一)知识产权

知识产权可以作为准共有的标的,发生共同共有或者按份共有的法律关系。在取得知识产权时,如果是数人共同的创作行为或者共同申请,就发生知识产权的准共有关系,或者按份共有,或者共同共有。

知识产权中的人格权,应当共同行使,非经权利人全体同意,不得单独行使。可以在共有的知识产权权利人中推举代表,代表行使权利。

对于知识产权中的财产权,应当依照各共有人的份额享有,份额有约定的依照约定,没有约定的,依照各个权利人参与创作的程度确定。没有约定,也无法确定参与程度时,推定各权利人的份额均等,确定权利义务关系。

对于知识产权的准共有,除了要遵守准共有的一般规则之外,主要的还是依照《著作权法》《专利法》《商标法》等知识产权特别法的具体规定进行。

（二）债权

共同债权发生准共有关系。例如，某甲因某乙的侵权行为致死亡，妻子丙和其子丁产生共有的损害赔偿请求权。这一请求权性质为债权，为丙和丁共有，形成准共有关系。

共有的债权应当共同行使，债权实现，共有的财产或者转化为共有财产，产生共有关系，或者将实现债权的积极财产进行分割消灭共有关系，分割共有财产。

（三）人格利益

人格利益可以形成共有关系，例如相关隐私。尽管其不是共有权，但是，可以适用共有的规则。对此，本书在"准共有"一章专门进行讨论。

第五节　共有关系的消灭及共有财产的分割

一、共有关系的消灭

所有的共有关系都能因某种原因而消灭。共有关系消灭，就不再存在该共有关系，共有权消灭。

共有关系消灭的原因由于共有关系种类的不同而不同。在共同共有关系发生消灭效力的原因，并不一定就是按份共有消灭的原因，也可能不是准共有的消灭原因，更不可能是建筑物区分所有消灭的原因。因此，在研究共有关系消灭的原因时，只能是做全面、抽象的概括，而不是具体的描述。在以下阐释的共有消灭原因中，其适用的场合有一定区别，并不是普遍适用的原因。

（一）共有关系消灭的一般原因和特殊原因

这种对共有关系消灭原因的分类,是以所有权消灭的一般原因和共有关系消灭的特殊原因作为标准划分的。所有权消灭的一般原因,也是共有权消灭的原因;除了所有权消灭的一般原因可以消灭共有关系外,共有关系还有自己消灭的特殊原因。

1. 共有关系消灭的一般原因

（1）灭失。标的物灭失,是所有权消灭的原因,也是消灭共有关系的原因。当共有的标的物已经灭失,不复存在,在这个共有财产上建立的共有关系也就不复存在地消灭了。

（2）征收或者强制措施。国家征收是消灭所有权的原因。人民法院判决强制收归国有,也消灭所有权。同样,基于这样的国家行为,共有不复存在,共有关系永久消灭。

（3）转让。通过买卖、赠与、互易等形式转让所有权,使原所有权人消灭所有权,受让人取得所有权,发生消灭共有关系的效果。

（4）抛弃。全体共有人共同抛弃共有财产的所有权,发生消灭共有关系的效果,故抛弃是消灭共有关系的原因。

（5）死亡。权利主体消灭,消灭该主体享有的权利。共有人全部死亡,消灭共有关系。不过,消灭共有关系的共有人死亡,应当是共有人全体一起死亡,才是发生共有关系消灭的一般原因。如果共有人先后死亡,在最后一个死亡的共有人死亡之前的共有人死亡,是共有关系消灭的特殊原因,而不是一般原因。例如在三个合伙人的共有关系中,第一个合伙人死亡,不发生共有关系消灭的后果,第二个共有人死亡,是由于共有关系的主体不具备发生共有关系效力原因,而消灭共有关系,而不是所有权消灭的一般原因。只有全体共有人一起死亡,才是共有关系消灭的一般原因。

2. 共有关系消灭的特殊原因

共有关系消灭的特殊原因,是指专门消灭共有关系的原因。在研究共有关系消灭的原因时,研究共有关系消灭的特殊原因具有更重要的意义。

共有关系消灭的特殊原因,针对的不是所有权,而是共有关系,这种原因的出现,使共有关系不再存续,至于所有权在某一个主体可能还没有变化。这样的原因,就是共有关系的消灭原因。

共有关系消灭的特殊原因有以下几种:

(1)婚姻关系消灭。离婚是婚姻关系消灭的重要原因,因而导致夫妻共同共有关系的终止;夫妻一方死亡,包括自然死亡和宣告死亡,也使婚姻关系消灭,在财产上的后果是导致夫妻共同共有关系的消灭。

(2)家庭关系解体。家庭关系解体主要是指分家,即同财共居的家庭解体,分成若干小的家庭或独立的生活单位,原有的家庭共同共有关系终止。

(3)合伙散伙。合伙关系终止即散伙,作为共有关系基础的合伙共同关系消灭,必然引起合伙共有关系终止。

(4)共同继承人分割遗产。共同继承的遗产为接受遗产的继承人共同共有,发生共有关系。共同继承人对共同继承的遗产要求分割的,或者协议分割的,为共有关系消灭原因,共有关系即行消灭。

(5)共有财产归共有人中一人所有。其他共有人将自己的份额转归一个共有人,该共有人取得全部其他共有人的所有份额,共有关系变成单一所有,共有关系不复存在。例如,共有人中除了一人之外,其余的共有人均死亡,死亡的共有人没有继承人的,共有财产归共有人一人所有,共有关系消灭。如果共有财产中死亡共有人的继承人继承了共有的份额,不再参加共有关系的,也发生共有关系消灭的后果。

(6)共有人之间终止共有关系的协议。全体共有人协商一致,终止共有关系,发生共有关系消灭的效力。例如,实行法定夫妻财产共有制的配偶另行约定实行分别所有制,夫妻共有关系即因为双方协议终止共有关系采取分别所有关系,而使共有关系消灭。

(7)共有人提出分割共有物的请求。各共有人享有分割共有物的请求权,全体共有人如无不可分割的约定,各共有人在共有关系存续期间均有权提出分割请求,不受诉讼时效期间约束。该请求权具有形成权的性质,一经提出即生效力。例如,作为家庭共有财产主体的一个或数个家庭成员因工作和生活等需要,要求分出部分财产另外组织生活的,家庭共有财产关系就分出人这一部分而言,为共有关系消灭,但是对其他共有人的共有关系只是发生变化而未消灭。

(8)约定共有关系存续的期限届满。在原来约定实行共有的协议中,有关于共有关系存续期限的,在该期限届满之后,共有关系消灭。

(9)共有权利的存续期限届满。共有的其他财产权有存续期限的,如地上权、居住权、地役权确定的期限,作者死亡后50年保护期限,商标权、专利权的期限等,期限一经届满,该权利即消灭,对这些权利的共有关系终止。

(10)共有的财产权利已经实现。共有的财产权实现,该财产权利不复有存在的必要,归于消灭,共有关系终止。例如,共有抵押权、共有质权的债务人不履行债务,抵押权共有人和质权共有人变卖抵押物和质物,优先清偿债务,实现了该权利,抵押权和质权归于消灭,抵押权和质权的共有关系终止。留置权的权利实现同样有此后果。

(11)设置该财产权的目的实现。如担保物权的设置目的是担保债务人履行债务,当债务人履行债务后,该担保物权消灭,如设置的担保物权为数人共有,则该共有关系终止。

(二)共有关系消灭的事实原因和意志原因

从共有关系消灭的原因性质考察,可以将共有关系消灭的原因分为事实原因和意志原因。

1. 事实原因

共有关系消灭的事实原因,是非经共有人的意志而决定,而是基于一定的事实的出现而使共有关系归于消灭。例如,共有财产的灭失、共有人的死亡、共有财产被征收等,就是因事实原因消灭共有关系。

2. 意志原因

共有关系消灭的意志原因,是基于共有人的主观意志,决定解除对共有财产的共有,消灭共有关系。共有财产的转让、共有关系的协议解除、共有财产分割请求权的行使等,都是因共有人的意志原因而消灭共有关系。

(三)共有关系消灭的可以请求原因和无须请求原因

在共有关系中,按照共有财产是否可以请求分割作为标准,共有财产消灭的原因分为可以请求的消灭原因和无须请求的消灭原因两类。

1. 可以请求的消灭原因

共有物分割请求权,即各共有人可以随时请求分割共有物的权利,这是通称的共有人共有物分割请求权。①

关于共有物分割请求权的性质,学者之间有不同的意见,一种观点认为该权利是请求权,另一种观点认为该权利是形成权。主张请求权说的学者认为,共有人行使分割请求权只是部分共有人请求其他共有人与其一起分割共有财产,该请求权的行使无法直接导致共有关系的解除,与形成权的特征不符。② 主张形成权说的学者则认为,共有人请求分割共有物的权利,不是请求其他共有人同意分割共有物的权利,而是某个或某些共有人请求分割属于自己的份额、应有部分的权利,性质上为形成权,并非请求权。③ 笔者赞同形成权说的观点,因为共有物分割请求权保证的是任一共有人都可以通过单方意志消灭共有关系,而不需要征得其他共有人的同意,才可能实现共有物的分割自由。换言之,共有物分割自由原则必然要求共有物分割请求权人得以单方意思表示消灭共有关系,该原则决定了共有物分割请求权的形成权属性。④

一般认为,共有财产分割请求权是按份共有人享有的权利,在共同共有关系中共有人不存在这样的权利。诚然,在一般的法律规定不能任意终止共有关系的场合,共同共有不存在共有物分割请求权。例如合伙共

---

① 参见谢在全:《民法物权论》,中国政法大学出版社 2011 年版,第 304 页。

② 参见温世扬、廖焕国:《物权法通论》,人民法院出版社 2005 年版,第 262—263 页。

③ 参见崔建远:《物权:规范与学说——以中国物权法的解释论为中心》(上册),清华大学出版社 2011 年版,第 468 页。

④ 参见李辉:《我国共有物分割之诉性质研究》,《当代法学》2018 年第 2 期,第 155 页。

有财产关系,在合伙没有散伙的情况下不得请求分割共有财产。但是,在家庭共有财产存续中,如果共有人之一请求分割共有财产,应当是有理由的。因此,共有财产分割请求权既是按份共有人的权利,也是某些共同共有人的权利,以及准共有人的权利。《民法典》第 1066 条也规定了在婚姻关系存续期间,具有法定事由,夫妻一方可以向法院请求分割共同财产。不过,这种分割共有物请求权的行使,一般并不全部消灭共有关系。至于建筑物区分所有,则不可以分割共有部分。

可以请求的消灭原因是:

(1)消灭共同继承财产的共有关系。共同继承人要求分割共同继承的财产,即析产,消灭共有财产关系。

(2)按份共有人要求分割共有财产而消灭共有关系。按份共有人都可以请求分割共有财产,消灭共有关系。

(3)家庭成员要求分家。家庭成员要求分割共有财产,即提出分家请求,消灭家庭共有财产关系。

2. 无须请求的消灭原因

在因共有关系消灭的一般原因而消灭的共有关系原因中,绝大多数都是无须请求就自然消灭共有关系。例如转让共有财产、共有财产灭失、共有财产被征用等,都是无须共有人请求分割共有财产而消灭共有财产关系。在共有关系消灭的特殊原因中,有些也是无须请求即可消灭共有关系的原因。

(1)婚姻关系消灭。离婚和夫妻一方死亡而消灭夫妻共同财产,都无须请求,必然导致共有关系消灭。

(2)合伙关系散伙。合伙关系散伙,必然引起合伙共有关系终止,无须共有人请求分割共有财产。

(3)共有财产归共有人中一人所有。

(4)共有人之间终止共有关系的协议。全体共有人协商一致,终止共有关系,当然发生共有关系消灭的效力。

(5)约定共有关系存续的期限届满。在原来约定共有关系存续期限届满的,共有关系消灭。

（6）共有权利的存续期限届满。共有的其他财产权有存续期限的，期限一经届满，即使该权利消灭，对这些权利的共有关系终止。

（7）共有的财产权利已经实现。共有的财产权利实现，该财产权利不复有存在的必要，自然归于消灭，因而共有关系终止。

（8）设置该财产权的目的实现，权利消灭，共有关系自然归于消灭。

（四）共有关系的消灭原因和准共有关系的消灭原因

按照所消灭的共有关系的性质，共有关系消灭的原因可以分为共有关系消灭的原因和准共有关系消灭的原因。

1. 共有关系的消灭原因

共有关系消灭的原因，是按份共有和共同共有消灭的原因，例如共有人请求分割共有财产，共同继承人分割共有的遗产，夫妻双方约定改变夫妻共有财产而约定分别所有，合伙散伙等，都是共有关系消灭的原因。

2. 准共有关系的消灭原因

准共有关系存续期间，无论是按份共有还是共同共有，共有人之间都存在一种共同关系。当这种共同关系消灭之后，准共有终止。

（1）共同共有的准共有消灭原因

在共同共有的准共有中，共有关系的终止，是因为产生这种共有关系的共同关系消灭。例如，享有准共有关系的婚姻关系消灭；家庭关系因分家析产而消灭；合伙解散；共同继承的财产已分别继承。由于这些共同关系已经消灭，尽管构成这种准共有的财产权尚未消灭，但因共同关系已经消灭，因而准共有关系也归于终止。

（2）按份共有的准共有消灭原因

在按份共有的准共有中，终止共有关系的事由是：共有人协商一致终止共有关系；约定共有关系存续的期限已经届满；部分共有人要求分割共有权利。这些事由发生后，尽管构成准共有的财产权利还存在，但仍由于存在共有关系的基础已经不复存在，准共有关系终止。

（3）共有权归属于一人

共有权归属共有人中的一人享有时，也使准共有关系终止。一般而言,知识产权共有不因共有关系的消灭而终止。例如,夫妻共有著作权、专利权,不因其离婚或一方死亡而改变共有关系。但是,共同使用的商标权不在此限。例如某合伙使用某注册商标,由该合伙的全体合伙人共有。合伙解散之后,各合伙人继续经营该商品生产的,可以协商分割该商标专用权。

(4)准共有基于财产权消灭及利益分割

共有人共有的其他财产权消灭,是准共有消灭的另一类重要原因。共有人共有的其他财产权消灭,类似于一般共有中的共有物灭失,都使共有的标的灭失,使共有关系失去共有的标的而归于终止,所不同的是,一者为权利,一者为物。共有的其他财产权消灭的主要事由是:一是共有权利的存续期限届满。二是共有的财产权利已经实现。共有的财产权实现,该财产权利不复有存在的必要,自然归于消灭,因而共有关系终止。三是设置该财产权的目的实现。四是共有财产权的标的物灭失。五是共有的财产权被抛弃或被撤销。

准共有基于共有的财产权利消灭而终止以后,因该种财产权利已终止,因此不发生分割权利的后果,只发生分割因该项权利的存续而取得的财产利益的后果。这种情况只发生在用益物权、知识产权和债权的共有关系终止的场合,对于担保物权不发生分割财产利益的问题,因为担保物权的目的是保证债务履行,不存在获益的问题,如因担保而获益,则为不当得利,按规定,应折抵债务或返还。担保物权的共有人在实现权利以后,可能存在按债权份额分割受偿的问题。这种情况视为财产利益的分割。

(5)共有知识产权消灭的原因

共有知识产权的终止也分为两种原因,一是共有的知识产权消灭,二是知识产权权利人共同关系消灭。但知识产权内容的不同,共有关系终止的情况及效力不同。

在共有著作权和共有专利权,无论是权利消灭还是共有人的共同关系消灭,都不存在分割权利的问题。譬如共有著作权,合作作品永远无法分割,集体作品虽然自己写作的部分可以按其份额独自处理,但是,该著作权亦永远不能分割。夫妻二人共同创作作品,获得共同著作权,其离婚或一方死亡,该作品的著作权仍以双方共有,不可能进行分割。但是,共有著作权、共有专利获得的财产利益可以分割。在按份共有的著作权和专利权获得的财产利益,本来就可以分割,如果共有关系存续时未分割,则在共有关系消灭时应当进行分割。分割办法,按份共有的按份分割;共同共有的,均等分割或依贡献大小分割。

二、共有财产的分割

(一)共有财产分割的原则

关于共有财产分割的原则,学者的论述不多。常见的论述,一是将共同共有与按份共有合起来讲分割原则,在具体阐述时分清不同的共有适用不同的分割原则。[①] 如有的学者指出,共有财产分割的原则是三个,即第一是遵守法律的原则、第二是遵守当事人约定的原则、第三是平等协商和睦团结的原则。[②] 二是确定共同共有财产分割原则是,有协议的,按协议处理;没有协议的,一般可根据均等原则,并考虑共有人对共有财产的贡献大小,共有人生产、生活的实际情况等处理。[③] 三是笼统地确认共同共有财产的分割方法"与按份共有的分割相同"[④]。

分割共有财产的原则有两个,一是协商原则,二是利益原则。除此之外,共同共有财产的分割原则除了共同原则之外,还有特殊原则。

1. 协商原则

《民法典》第304条第1款规定的"共有人可以协商确定分割方式",就是协商原则。分割所有的共有财产或者共有权利,都应当按照协商原则进行。即使按份共有,在分割时可以直接按照份额进行分割,通过协商的方式进行分割也是最好的选择。协商不仅可以协商分割的份额,也不

---

① 参见唐德华主编:《民法教程》,法律出版社1987年版,第290—291页。
② 参见申卫星等:《物权法》,吉林大学出版社1999年版,第218页。
③ 参见王利明等:《民法新论》(下册),中国政法大学出版社1991年版,第111页。
④ 张俊浩主编:《民法学原理》,中国政法大学出版社1991年版,第410页。

排除适当变更份额的分割;对于具体的分割方法,也需要进行协商确定。在分割共有财产中贯彻协商原则,有利于稳定,增进团结。分割共同共有财产贯彻协商原则,只要协商一致,不违反法律的强行规定,不违背公序良俗,不损害他人利益,都应当认其有效。

2. 利益原则

利益原则,是指在分割共有财产时,应当按照或者适当考虑各个共有人在共有财产中所享有的利益因素,按照这个利益因素决定应当分割的具体份额。《民法典》第304条第1款规定的"不会因分割减损价值""因分割会减损价值"的规定,体现的就是利益原则。此外,投入共同财产中的财产,对创造共同财产提供的贡献,在共同财产中享有的利益份额等,都是这种利益因素。按照这种利益因素决定共有财产分割的份额是最公平的。具体体现是:

(1)分割夫妻共同财产,分割原则是均等分割。这是因为,在实行夫妻共同财产制的配偶之间,每个人享有的财产利益因素是均等的,按照均等的利益因素进行分割,就是平均分配。在确定了夫妻共同财产范围以后,原则上每人分得一半。按照《民法典》第1087条规定,因离婚分割夫妻共同财产的,要按照照顾子女、女方和无过错方权益的原则,判决分割夫妻共同财产。

(2)分割家庭共同财产,分割原则是考虑共同共有人对共有财产的贡献大小及生产、生活的实际情况。考虑贡献大小因素的作用是鲜明的,基本上是贡献大的多分,贡献小的少分。作为家庭共有财产的共有人对这份财产的贡献大小,就是投入家庭共同财产中的利益的多少。按照这个因素决定分割财产的多少是公平的。完全按照均等的原则分割家庭共有财产则是不公平的。

(3)分割合伙共同共有财产,原则是按出资比例分割。这是利益因素使然。各合伙人按出资比例在共同共有财产中形成潜在份额,该潜在份额决定各合伙人的盈余和亏损的承担。分割合伙财产时亦依此比例进行。

(4)分割共同继承的遗产,应依照《民法典》继承编的规定进行,继承份额实际上就是利益因素决定的。

(5)按份共有财产分割中的份额因素,就是利益因素。按份共有财产在分割的时候,按照份额分割就是按照利益因素分割。

(二)共有财产的分割方法

无论何种共有关系,在共有关系消灭,分割共同财产的时候,分割方法都是一样的。《民法典》第304条规定:"共有人可以协商确定分割方式。达不成协议,共有的不动产或者动产可以分割且不会因分割减损价值的,应当对实物予以分割;难以分割或者因分割会减损价值的,应当对折价或者拍卖、变卖取得的价款予以分割。"分割共同共有财产的具体方法,可以采取以下三种方式:

1. 实物分割

分割共有财产,如果共有财产是可以分割之物,进行实物分割不影响共有财产的价值和使用价值以及物的特定用途时,可以采用对共有财产采取实物分割的方法进行分割。这种分割共有财产的方法是最常用的。在古代,同财共居的家庭分家,要写析产分单,将析产后各个共有人分得的财产,在分单上写清楚,作为析产分家之后的所有权证明。有的分单还要经过官府的证明,盖上官府的官印,即所谓的红契。下面就是一份典型的分单:

支析文书

立写支析人母尤氏,因为所生二子人心不和,将所有家产照份均分。今与长子张玉世名下,上堰稻地一亩三分,又曹家稻地五亩,又川下旱地一亩、下河旱地二亩分,又高塬旱地西岭上地九亩五分,南凹地五亩七分,方珍地四亩六分,西凹路南地三亩八分五厘,西坡头地三亩三分五厘,又堡内地九分,又居新住一所,日后盖房之日,保世补银八两。白杨树二株。外除老母旱地坐落于渠岸八亩五分,异日公用公分。小马一匹,二马一匹,又牛犊一个,场内碌碡两个外,家具器皿等物照样均分,日后永无争论。各执一张,恐后无凭,支析为证。

"外场一亩四分,兄东弟西,有核桃树一株,出路通行。西坡柿树一株,东坡大柿树一株,又重台柿树一株,东坡上涧子树株在内。西坡涧子在西。

乾隆七年正月二十六日"
立支析人、中间人等签名

在这份分单中,分割的都是实物,分割都不会影响财产的价值和使用用途。

共有财产往往是集合物,可以按照各种不同的财产价值作计算标准,分配给不同的共有人。对此,要考虑各共有人的职业、生活的特别需要,将需要的实物分给该人。

2. 变价分割

变价,就是将物变换成货币。变价分割是将共同财产变化成货币,不分割实物,而是分割变价后的货币。

使用变价分割方法的,主要是实物不便分割,或者实物虽然可以分割,但是共有人不愿意分割实物,不愿意自己取得或不愿意对方当事人取得,或者分割实物可能会减损价值的。变价分割不会出现这样的问题,都是分得货币,没有价值或者使用价值的区别,是容易接受的分割方法。例如,共同财产是一套生产设备或者工厂,分割以后,原物的价值将会受到严重损失;变价分割,对每一个共有人都是公平的。又如,一套公寓各为独立空间,可以分割,离婚后的夫妻不愿意住在一起,又不愿意对方住在这里,因而主张变价分割。再如,正房和厢房两间,价值悬殊,二人均分,都不愿意分到厢房,只有实物作价分割较为公平。

3. 作价补偿

作价补偿,就是估定不可分的共有物的价值,将其归某一共有人所有,然后,由此共有人将超过其应得的份额以金钱形式补偿给其他的共有人。①

---

① 参见申卫星等:《物权法》,吉林大学出版社1999年版,第219页。

　　这种分割方法主要适用于不可分割的共有物。由于共有财产是不可分割物,分割以后会降低价值或者使用价值,或者会改变共有物的用途,分割对社会或者对本人都是不合理的,可以变价补偿,分配给某个共有人,对其他共有人作价补偿。

(三)共有权利的分割

1. 对共有他物权的财产分割

　　对共有他物权的分割问题,应当区分共有的性质以及共有权利的性质,按照不同的权利和不同的共有性质,进行分割。

　　对共同用益物权,在共有关系结束时存在分割问题。不过,共有的用益物权多数体现的是利益,一般对共有利益进行分割。例如共同的地上权、共同的承包经营权、共同的典权,在共有关系消灭时,只是对利益进行分割。如果共有用益物权并不是彻底消灭,只是变更现有的共有状态,由共有变更为分别所有,可以对他物权进行分割。按份共有按照份额进行分割,共同共有应当按照分割共同财产的原则进行,实物分割、变价分割或者作价补偿。

　　对于共同共有的担保物权,因为其担保的是共同债权,担保物权是依附于共同债权的权利,因此其消灭的原因,一是共同债权已经消灭,共同的担保物权已经自然消灭,没有进行分割的必要;二是担保物权实现,抵偿了共同债务,等于担保物权人用共同担保财产实现了自己的共同债权,不再存在共同担保物权的标的的分割问题。

2. 对共有知识产权的财产分割

　　共有商标专用权分为共同共有和按份共有。前者为某一合伙申请注册商标权,即为合伙人所共有;后者为数人同时共同申请一个商标专用权共同使用,如上海、营口、青岛等卷烟厂共同保有大前门香烟的商标,共同使用,为按份共有。在权利消灭的场合,不发生分割权利的后果,共同共有商标的可以分割共有利益,也可以继续作为共有财产;按份共有商标权的,不发生分割利益的后果。在共同关系消灭的场合,对仍存在的商标权可以进行分割,但须重新进行登记;对于取得的财产利益,可以视情况进行分割。共有著作权与专利权的分割,分割的是其利益,而非权利。

3. 对共同债权的分割

共同债权实现,期待的消极财产权变为积极财产权,多数是形成了共有财产中的新成分,原来的共有关系还存在,因而共同债权一般是不会出现分割后果的。即使需要对共有债权进行分割,实际上也不是按照物权的分割方法进行,而是按照债权的分割方法进行。

（四）共有物分割后的瑕疵担保

共有物存在瑕疵的,或者共有物分割后有瑕疵的,其他共有人负有瑕疵担保责任。《民法典》第304条第2款规定:"共有人分割所得的不动产或者动产有瑕疵的,其他共有人应当分担损失。"在分割后,共有人所得的不动产或者动产存在瑕疵,这种瑕疵不论是共有物本身就存在,还是在分割时产生的,其他共有人都负有瑕疵担保责任,对共有人因此造成的损害,其他共有人都应当承担损害赔偿责任。此种瑕疵担保责任,应同于合同法中出卖人对买受人所负的瑕疵担保责任。[①] 本条没有明确规定这种赔偿责任的性质,应当是按份责任,由其他共有人按份承担,即"各共有人对于其他共有人分割而得的物,按其份额负与出卖人同一的担保责任"[②]。

【典型案例】

原告王某仁与被告福鼎县某供销合作社讼争的房屋坐落在康湖路279号。该房屋为木质结构,前后楼的楼上楼下各2间,中间隔一个天井。该房屋原属第三人祖辈所有,1956年公私合营时,第三人将该房前截店屋上下两间折价入股归被告所有,后截上下两间仍属第三人所有,出入均由前截店屋右侧通行,天井、走廊、楼梯为双方共有。后来,被告将该

[①] 参见黄薇主编:《中华人民共和国民法典物权编解读》,中国法制出版社2020年版,第337页。

[②] 黄薇主编:《中华人民共和国民法典物权编解读》,中国法制出版社2020年版,第337页。

店屋上下两间交由原告承租,嗣后,又将该店屋上下两间出卖给第三人,双方发生争议。原告诉至法院,请求确认双方房屋买卖关系无效,保护原告对承租房屋的优先购买权。

【案例分析】

对本案有不同意见。一种意见认为,讼争房屋为原告承租,但该店屋与后截天井、走廊、楼梯及第三人的房屋联成一体。该店屋系属279号房屋整体结构中的一部分,且该房屋天井、走廊、楼梯为被告与第三人共有,同时该店屋右侧系第三人出入的必经之路,第三人对该店享有优先购买权,其与被告签订的店屋买卖关系,原告基于租赁关系的优先权不能对抗第三人的优先购买权。法院应据此理由判决,所诉无理,不予支持。另一种意见认为,这个案件的性质是建筑物区分所有权,不是一般的共有,不能按照普通的共有关系规则认定被告享有优先购买权,而应当按照建筑物区分所有权的规则处理。

前述第一种意见是不对的,理由是:

(一)认定本案法律关系的性质是建筑物区分所有权的争议是正确的

本案的性质不是普通的共有,而是建筑物区分所有权。被告与第三人分别对前截店屋和后截店屋享有专有所有权,而双方又对房屋天井、走廊、楼梯等享有共有权,双方也发生了相邻关系,如第三人须从店屋右侧出入,可见双方确实形成了区分所有关系。[①] 建筑物区分所有权与普通的共有权特别是按份共有具有明显的区别,不能混淆。混淆了二者的界限,就会造成案件错判的后果。

(二)建筑物区分所有权不适用按份共有的基本规则

正因为建筑物区分所有权不是普通的共有权,而是一种特殊的复合共有,因此它有自己的规则,这就是专有权的专属享有,共有权的共同共有,在专有权的行使上不受任何人的约束,权利人自由行使,唯受自己意志的支配。在按份共有中,共有人享有优先购买权,一方共有人出卖自己

---

① 参见王利明:《物权法论》,中国政法大学出版社1998年版,第359页。

的应有部分,其他共有人享有该权利,可以主张在同等条件下优先购买。既然建筑物区分所有权不是按份共有权,其他业主在一个业主出让自己的建筑物区分所有权时,当然不能主张优先购买权。认为被告享有优先购买权的错误之处,在于将建筑物区分所有认定为共有,从而认定承租人和共有人享有的优先购买权发生冲突,基于债权产生的优先购买权不能对抗基于物权产生的优先购买权,因而判决被告胜诉。

(三)判决应当按照建筑物区分所有权的基本规则进行

既然本案法律关系的性质是建筑物区分所有权,在审理时,应当按照建筑物区分所有权的基本规则处理争议。在建筑物区分所有权中,同一个区分所有建筑物的业主相互之间不享有优先购买权,各业主享有的权利与单独的所有权相当,可以独立处分,不必征询其他业主的意见。在这种情况下,认定本案第三人即业主享有优先购买权,违背了建筑物区分所有权的基本规则和法理,是不正确的。相反,本案原告作为承租人,享有优先购买权,被告出售有人承租的房屋,没有征求承租人的意见而径行出卖给他人,是违反优先购买权的原理的。本案第三人不具有优先购买权,原告具有优先购买权,并没有形成优先购买权竞合的情况,因此,应当保护原告的优先购买权。不过,因租赁而发生的优先购买权效力较弱,即使出卖人侵害了承租人的优先购买权,也不能主张出租人的买卖合同无效,只能主张损害赔偿。

第 三 章

按 份 共 有

第一节　按份共有概述

一、按份共有的概念和特征

（一）按份共有的概念

按份共有亦称分别共有、通常共有，是共有的基本类型。对按份共有概念的界定，民法学者的观点基本一致，但是有所不同。有的认为，按份共有是指两个或两个以上的共有人，对同一项财产按照确定的各自享有的份额，享有权利并承担义务的一种共有关系。[①] 有的认为，按份共有是指数人按应有份额（部分）对共有财产共同享有权利和承担义务的共有。[②] 有的认为，分别共有者，乃数人按其应有部分，对于一物，共同享有所有权之形态。[③]

---

　　① 　参见《法学研究》编辑部编著：《新中国民法学研究综述》，中国社会科学出版社 1990 年版，第 311 页。

　　② 　参见梁慧星主编：《中国物权法研究》（上），法律出版社 1998 年版，第 563 页。

　　③ 　参见谢在全：《民法物权论》，中国政法大学出版社 2011 年版，第 276 页。

或者数人按其应有部分,对于一物共同享有所有权。①

《民法典》第298条规定:"按份共有人对共有的不动产或者动产按照其份额享有所有权。"按照这一规定,按份共有是指两个或者两个以上的民事主体,对同一项不动产或者动产按照其应有份额,共同享有权利、承担义务的共有关系。

(二)按份共有的特征

罗马法认为按份共有具有三个特征:一是各共有人对共有物的所有权与单独所有权并无大异,唯前者并无"量"的分割,而后者则发生"量"的分割;二是对所有权予以"量"的分割的结果便形成"应有部分",各共有人对共有物均有应有部分,并得自由处分该应有部分,可以随时请求分割共有物;三是各共有人对共有物均有管理与使用收益权,唯因标的物单一,故行使不得不受限制。② 这种对按份共有特征的概括,建立在罗马法时期共有物只有一个而与一般所有权相异的基础上。

现代民法就按份共有特征的一般表述,以"分别共有,就其主体言,须为多数,必在二人以上,称为共有人;就其客体言,须为一物,称为共有物;就其享有之权利言,为所有权;就其享有所有权的形态言,为按其应有部分"的界定,③最为简明、准确。

按份共有的最基本特征表现为两点,一是份额,二是份额权。按份共有的法律特征在于:第一,各个共有人对共有物按份额享有不同的权利;第二,各个共有人对共有财产享有权利和承担义务是依据其不同的份额确定的;第三,尽管在按份共有的情况下,各个共有人要依据其份额享有权利并承担义务,但按份共有并不是分别所有。④

---

① 参见王泽鉴:《民法物权(1):通则·所有权》,中国政法大学出版社2011年版,第324页。

② 参见陈华彬:《物权法原理》,国家行政学院出版社1998年版,第481页。

③ 参见王泽鉴:《民法物权(1):通则·所有权》,中国政法大学出版社2001年版,第324页。

④ 参见王利明:《物权法研究》,中国人民大学出版社2018年版,第682页。

基于对按份共有的份额和份额权特征的理解,笔者对按份共有的特征作如下说明:

第一,份额,是按份共有的基本特征,也是产生按份共有关系的客观基础。在按份共有中,各共有人对于共有物享有不同的份额。份额是指共有人对于共有物全体所享有的比例,是按份共有的应有部分。这种份额是根据共有关系的发生原因,由共有人之间的合同或者法律的规定来确定的,因而份额总是体现共有人的意志和利益。因此,按份共有一般应当按照约定确定共有的份额;按份共有人对共有的不动产或者动产享有的份额,没有约定或者约定不明确的,依照《民法典》第 309 条规定,按照出资额确定;不能确定出资额的,视为等额享有。

第二,份额权,也是按份共有的基本特征。在按份共有关系中,各共有人享有份额权。份额权是指在按份共有的条件下,各共有人对于共有物享有的权利,以及应当承担的义务。份额权首先表现为所有权,是指按份共有人不是享有整个共有物的所有权,而是对属于自己的那一部分份额享有所有权。继之,份额权表现为各共有人对共有财产按照份额享有权利,承担义务,这种权利义务主要是指共有人内部的权利义务,即共有人之间的权利义务,也包括共有权外部与他人发生的权利义务。再次,份额权与分别所有不同,分别所有是指对某物的某一部分享有独立的所有权,按份共有的份额权虽然是按份额享有所有权,但是各共有人的权利不是局限在共有财产的某一部分财产上,也不是就某一部分单独享有所有权,而是及于该共有物的全部。

以份额和份额权作为按份共有的基本法律特征,揭示了按份共有的基本特征,简明,扼要,容易掌握。同时,按照这样的特征来理解按份共有,可以明确以下问题:第一,按份共有的每一个共有人的权利不限于共有物的某一个具体部分,而是适用于整个物;第二,既然其他共有人也对全部财产享有权利,所以按份共有就是许多主体享有的一个所有权;第三,因为每一个共有人的权利表现在份额上,所以,份额权就成了按份共有的最基本特征。

二、按份共有的意义和地位

(一)按份共有的意义

在研究按份共有时,应当特别注意研究按份共有的性质。对此,有以下三个重要问题:

1. 将按份共有混同于分别所有

将按份共有混同于分别所有,就是把份额和份额权绝对化,把每个共有人的份额和份额权绝对地孤立起来,抹煞了共有人之间在共有权上的有机联系,因而与分别所有相混淆,其结果是分割了共有权的一个所有权,违背了一物一权的物权原则。

2. 虚化份额和份额权

虚化份额和份额权,是将按份共有的份额和份额权虚化,使按份共有的份额和份额权特点丧失,混同于共同共有。按份共有的基本特征是按份额说话,没有份额,就没有按份共有。虚化了按份共有的份额和份额权,就等于否定按份共有,使之变成共同共有。

3. 把按份共有的物权属性混同于债权属性

由于按份共有形成的合意性和《德国民法典》将按份共有的主体部分规定在债法部分,因而容易发生按份共有为债权性的误解。应当看到,很多物权都是由合同行为形成的,如抵押、质权、典权、居住权、地役权、土地承包经营权等均是如此,但它们的物权属性并不因此而有所改变,这也是物权债权化趋势的表现。一个国家的法律采取的立法例各有特点,是按民族习惯制定的。仅以某些国家的立法例与我国立法例不同而断定与各国的通例相悖的结论,是不适当的。

(二)按份共有的地位

按份共有在共有中居何种地位,有不同的意见。一种意见认为,按份共有是共有中最基本的类型,是最典型的共有,其地位在共同共有之上,为共有的第一位形式。甚至认为,共有实际上就是指的按份共有,因而就将按份共有称为共有,然后将共同共有与其并列。另一种意见认为,在共有的基本类型中,两种共有类型是同等重要的,但是,在排列上,先阐释共同共有,后阐释按份共有。

应当将按份共有作为典型的共有类型,其地位高于共同共有。其理由是,第一,在所有的共有类型中,按份共有最具有代表性。与共同共有相比,按份共有的原理较为复杂,其权利义务关系繁多,是共有关系中的典型形式,是共有的代表。明确了按份共有的基本规则,即可举重以明轻,共同共有规则即可明确。第二,按份共有与单独所有权最为接近,是单独所有权与共同共有之间的一种状态。单独所有权为单一主体所享有,共同共有为全体共有人所享有,其对外行使权利是一个完整的、不可分割的所有权。而按份共有虽然也是一个完整的所有权,但是,由于各个共有人按照份额行使权利,承担义务,因而既与单独所有权不同,也与共同共有不同。第三,按份共有主要依据当事人的意志和行为而发生,更需要法律进行规范。物权法定,不仅依法确定物权的种类,同时也对特定的物权内容进行规定,尽管如此,由于按份共有的产生绝大多数是基于当事人的意志和行为,当事人的约定是起决定作用的,又不能违反法律的规定,因此,按份共有更需要深入、细致的研究。第四,按份共有在现实中发生的数量较多,容易发生争议,也应当更重视按份共有。

所以,在共有的类型中,按份共有是最有代表性、最典型的共有类型,应当居于共有类型的首位。《民法典》规定共有类型也体现了这样的精神,第298条规定按份共有,第299条规定共同共有。

（三）按份共有与共同共有的区别

按份共有与共同共有相比较,有以下区别:

1. 成立的原因不同

按份共有的成立无须以共同关系的存在为前提。共同共有的成立则须以共同关系的存在为前提,没有共同关系的存在,就没有共同共有关系的产生。

2. 标的物不同

在按份共有,共有财产多数为单一物或者少数财产,因此,对按份共有的客体通常称为共有物。而共同共有的客体通常为一项财产,为财产的集合,通常称为共有财产或者共同财产。不过,现在对共有物和共有财产并不作如上区分,而是同一概念,可以互用。

3. 权利的享有不同

无论是对外关系还是对内关系,按份共有享有权利和承担义务都是按照份额确定的。而共同共有没有份额的限制,是共同享有权利,共同承担义务。

4. 存续期间不同

共同共有通常有共同的目的,因而存续期间较长,一般是到其共同关系终止时消灭,如合伙共同财产的终止;当然也有可以随时终止的,如共同继承财产属于例外。按份共有在本质上即为暂时关系,可以随时终止,一般不会永久存续。

5. 分割的限制不同

在按份共有中,除非物的使用目的不能分割或者约定有不分割期限的之外,可以随时请求分割共有财产。而共同共有人则一般不得请求分割共有财产。①

第二节　按份共有的产生

一、按份共有产生的意义及基本特点

(一)研究按份共有产生原因的意义

按份共有权如何产生,是学者较少讨论的问题,各国立法也往往不加

---

① 关于按份共有与共同共有的区别中"1"、"2"、"4"、"5"的论述,参见谢在全:《民法物权论》,中国政法大学出版社 2011 年版,第 341—342 页。

规定。事实上,认真研究按份共有权产生的事由,揭示按份共有的产生规律,对于科学阐释按份共有权原理,正确处理按份共有纠纷,具有重要意义。

按份共有关系的产生,是指按份共有关系基于何种原因发生。按份共有关系的产生,不是仅指按份共有的所有关系产生的一般原因,而是研究按份共有关系发生的特殊原因,按份共有关系这种特殊所有权的产生原因究竟是什么,进而研究和揭示按份共有关系发生的一般规律,制定相应的法律规则。

(二)按份共有关系产生的基本特点

按份共有关系产生的基本特点,是意志原因和法律原因,这两个原因结合在一起,产生按份共有。

1. 按份共有产生的意志原因

按份共有产生的基本原因是当事人的意志原因。

首先,按份共有权基于欲建立按份共有关系的各行为人统一的主观意志,经合意而发生。统一的主观意志表现在建立共有关系的愿望上。建立共有关系的愿望达成一致,才能在行为人之间形成共有关系。基于当事人的意志而发生的共有,称为协议共有,是两个以上的人就一项财产的所有权,协议约定由这些人共同所有,共同享有所有权,因而产生共有法律关系。协议产生的共有关系是典型的共有发生原因,多数共有关系是基于这个原因而产生。例如,当事人因共同购买物品,协议对这一财产按份享有所有权,因而产生按份共有关系。

其次,表现在各个当事人确立各自份额的意思表示一致上,即对各自份额有共同的约定。当各共有人的份额不明,或者对份额的约定不一致但是却建立了共有关系时,推定各共有人的份额均等。这不是法律强制各共有人按等额享有权利,而是推定他们以相等份额建立共有关系。既然如此,各行为人主观意志一致的表现形式,就是依据合同的形式建立按份共有关系。

2. 按份共有产生的法律原因

仅有意志的原因,还不足以建立按份共有关系,还须具有法律原因。

首先,建立共有关系的合同与建立其他物权关系的合同一样,必须接受法律关于共有权强行规定的约束。它一方面表现为建立按份共有合同必须在法定的范围内进行,违背法律对按份共有强制规定或超越该规定部分的约定为无效;另一方面表现为该合同没有约定的内容,依照法律规定执行。这就是物权法定原则的具体体现。

其次,是法律本身的规定,也构成按份共有发生的原因。这种按照法律规定发生的按份共有就是典型的例证。在很多场合,按份共有的产生不是基于当事人的协议,而是基于法律的规定,是由于法律的规定而产生了按份共有关系。这种按份共有关系的产生不必由当事人协议,而是符合了法律规定的条件,就依据法律而自然发生共有关系。因此,这种按份共有发生的原因与协议共有不同,具有明显的区别。例如,在原始取得中,有些埋藏物、隐藏物被数人共同发现,无法确定应当由谁所有,如果该数人同意,可以发生按份共有关系。在他人的财产上添附,无法区分原来的财产和添附的财产,无法进行分割,或者进行分割费用过巨不符合财产的本质,因此产生按份共有关系。例如,在我国台湾地区民事有关规定第813条规定:"动产与他人之动产混合,不能识别,或识别需费过巨者",按其动产混合时之价值,共有合成物。这里讲的就是这个道理。《民法典》第322条规定了添附,没有规定具体规则,这样的规则符合实际情况的需要,应当包括在其中。

二、按份共有发生的具体原因

(一)共同购置

共同购置,是最典型的发生按份共有的事实。当两个以上的民事主体按份额出资共同购买一项财产时,即在该数个民事主体之间发生按份共有关系,该数个民事主体成为按份共有人。例如,某甲出资50000元,某乙出资25000元购置一辆汽车,约定按照出资额确定份额,则双方对按份共有的应有部分为2/3和1/3,产生按份共有关系。

按份共有的财产可以是一项独立物,也可以是一项集合物;既可以是不可分物,也可以是可分物。有人认为,几个人共同购买不可分物才产生按份共有,[1]是不准确的。例如4人共同购买一个院落中的45间房屋,形成按份共有关系,持有一份共有房屋所有权证,各自按出资份额占有、使用相应的房屋,即为典型的共同购置发生的按份共有。这45间房屋不是一件独立的财产,而是一组财产,也产生按份共有。

(二)其他约定

当事人采取其他形式共同约定按份共有的,产生按份共有关系。例如夫妻约定按份共有夫妻财产的,按照《民法典》第1065条关于夫妻约定财产的规定,排斥夫妻财产共同共有的适用效力,可以产生按份共有关系。

(三)依法定事实发生

我国台湾地区民事有关规定第812条和第813条规定,一是动产与他人动产附合,非毁损不能分离,或分离需费过巨者,各动产所有人,按其动产附合时之价值,共有合成物;二是动产与他人的动产混合,不能识别,或识别需费过巨者,各动产所有人亦按其动产混合时之价值,共有合成物。[2]《民法典》第322条规定的添附,也应当包含这样的内容。

第三节　按份共有的应有部分

一、应有部分的意义

正确理解按份共有的概念,须把份额和份额权结合起来研究。份额,

---

① 参见陈国柱主编:《民法学》,吉林大学出版社1987年版,第175页。

② 上述原则亦有例外情形,即前两项合成之物又可视为主物者,该主物所有人取得合成物所有权,不按共有处理。

就是按份共有的"应有部分"，也称之为持份权或者份额权。

应有部分是按份共有区别于共同共有的基本特征，换言之，共有人对共有财产存在应有部分者，即为按份共有，没有应有部分的共有就是共同共有。应有部分，是指共有人对共有财产所有权享有的权利比例，也是共有人对共有财产所有权于"份量"上的应享部分，[1]还是各个共有人行使权利和承担义务的范围。[2]

之所以认定应有部分的上述意义，是因为数人对共有财产所享有的所有权是一个完整的所有权，由于权利主体是数人，这些不同的所有权权利主体如何行使权利、承担义务，如何支配共有财产，须有一定的范围，依此作为行使权利的依据。因此，应有部分就是按份共有的所有权在量上的分割。

二、对应有部分性质的不同意见

对按份共有"应有部分"的性质长期以来存在争论，出现了"实在部分"说、"理想部分"说、"内容分属"说、"计算的部分"说、"权利范围"说等不同主张。

（一）"实在部分"说

该学说由罗马学者所创立，认为按份共有实质上是由各共有人就其应有份享有所有权，分别共有物确有实在的部分存在，各个共有人于其实在的部分上，各享有一个所有权。由于这种观点与大陆法系的一物一权主义相悖，因此并没有得到各国立法的承认。

（二）"理想部分"说

该学说为德国学者瓦奇特（Waechter）所主张，认为按份共有是将物

---

① 参见谢在全：《分别共有内部关系之理论与实务》，台北三民书局1995年版，第6页。
② 参见王利明：《物权法研究》，中国人民大学出版社2018年版，第684页。

的各个部分,想象各个共有人享有所有权,而就共有物之上成立一个想象的所有权。各按份共有人于其标的物上为想象的分割,而各自享有一个所有权。想象的所有权理论与所有权理论不符,认为这种权利是想象的权利,而不是实在的权利,因而不能认为是科学的观念。同时认为按份共有还是分割的所有权,各个为独立的所有权,也不符合共有的基本理念。

(三)"内容分属"说

该学说为罗马法学者乌尔比安等人提出,认为所有权的作用有多种,可以由共有人分别享有,按份共有人实际上是各个共有人分别享有所有权的不同作用。这种主张的实质,是按份共有,是所有权作用的分别享有。事实上,按份共有分属享有的是权利,而不是权利的作用。这种观点实际上把按份共有和总有相混淆。

(四)"计算的部分"说

该主张是德国学者温彻夏德(Windscheid)提出的,认为所有权具有金钱计算的价格,如果某物在经济上具有若干价值,则将价值分成若干部分,各共有人按其价格比例共同享有。这种主张没有揭示出按份共有的性质。

(五)"权利范围"说

这是德国学者登伯格(Demburg)等人提出的观点,认为在数人享有一个所有权时,为避免相互间权利的冲突,不得不规定一定的范围,使各人在其范围内行使权利,这个范围就是各共有人的应有部分。这种观点为大多数学者所采纳。

上述前4种主张不能正确解释按份共有概念的本质属性,因而不可取,唯有"权利范围"说科学地解释了份额和份额权的内在联系,揭示了按份共有的本质,为大多数学者所采纳。[1]

---

[1]　参见王利明等:《民法新论》,中国政法大学出版社1988年版,第102—103页。

按份共有的份额是由共有人依法根据自己的意志决定的，因而决定了各个共有人在其共有财产上享有的份额权，该份额权确定了该共有人对于共有权所享有的范围，任何共有人都不得超过该范围而行使权利，承担义务。各共有人依其份额权决定的权利范围，构成了各共有人的制约关系，统一于一个所有权之下，使共有权成为一个完整的所有权。各共有人的份额权虽有范围的约束，却可及于整个共有财产。在统一的共有权之下，各个份额权并不是一个完整的所有权，但是，由于份额权本身的权利范围属性，决定了按份共有人在一些情况下产生的与单一所有权近似的效力，如有权要求终止共有关系，分割共有财产，转让其份额等。份额和份额权一起，与共有权构成了辩证的对立统一关系。

三、应有部分的性质

应有部分就是共有人在按份共有中所享有的权利的量的分割。正确理解应有部分的"所有权的量的分割"，应当从以下方面进行：

第一，应有部分是对共有权的抽象的量的分割，不是具体的量的分割。按份共有中的应有部分必须是行使权利的范围，是抽象的权利的范围，而不是将共有权的权利进行实在的分割，使之成为不同的部分，分别为不同的共有人所享有。例如，在一栋房子的共有中，三个共有人按照30/30/40的比例按份共有，每个共有人按照这个应有部分，分别享有30/30/40的权利。也就是说，抽象分割的结果是分割成权利整体的30/30/40，而不是30/30/40的权利。这不是说在实际支配共有财产时也是按照这个比例，只能支配这个比例的权利，实际上仍然是支配全部的权利，只是占权利的这个百分比而已。

第二，应有部分是存在于共有权的整体的量的分割，不是共有权局部的量的分割。应有部分并不针对共有权权利的特定部分，不是将所有权进行实在的分割，分割成不同的部分，共有人仅对自己所占比例的部分作为应有部分，享有权利，承担义务。因此，应有部分并不是局限在权利的某一个特定部分，而是针对全部权利，应有部分的比例不分割为权利的具体部分。

第三,应有部分是就共有权的权利的量的分割,不是对共有权的权能的分割。按份共有的应有部分分割的是权利,而不是权能。所谓的权能分割,是指将所有权的占有、使用、收益、处分的权能进行分割,分别为不同的人享有。比如某人享有占有、使用权,对财产实行占有、使用,而由另外的人享有收益权,对财产的收益享有权利。按份共有的应有部分,就是对所有权权利的分割,不是对权能的分割。对所有权的权能进行分割,称为所有权的质的分割,所有权的质的分割会造成双重所有权的后果。共有的应有部分是权利的量的分割,各个共有人的应有部分包括所有权的占有、使用、收益、处分的全部权能。

第四,应有部分分割的是共有权的权利,而不是对共有财产的分割。按份共有应有部分分割的是权利的量,而不是共有财产的量。按份共有,共有的是所有权,共有人依据共有权实现对共有财产的支配。应有部分分割的是权利,不是共有财产,财产还是那个财产,并不是对共有的财产也进行了实际的分割,分成了每个不同共有人的不同部分,后者称为对共有财产的量的分割。因此,应当将应有部分与分管协议进行区分。分管协议是共有人对共有财产各个部分进行分别管理的约定,各个共有人按照约定,占有共同财产的不同部分进行管理。分管协议不是分割权利,而是就整体的权利按照特别约定进行管理。

因此,按份共有应有部分的性质可以概括为:应有部分经过所有权的量的分割,既不是一个完整的所有权,但是又具有所有权效力的权利部分。具体表现为:

首先,按份共有的应有部分并不是完整的所有权,是经过分割的所有权。这其中有两个含义,一是应有部分本身不是一个所有权,不是经过分割的权利变成了一个完整的、独立的所有权,各个共有人不能就共有财产分割为不同的所有权,那样就背叛了按份共有的宗旨。二是经过分割的共有权,也不是在一个所有权之下的各个不同的单个所有权,它仅是一个共有权的组成部分,而不是共有权之下的子权利或者受共有权支配的独立权利。

其次，按份共有的应有部分尽管不是完整的、独立的所有权，但是又具有所有权的效力。按份共有不同于共同共有的典型之处，就在于按份共有人可以在预先确定的应有部分的权利范围内，享有并行使占有、使用、收益、处分的权能，尤其是按份共有人转让自己应有部分的份额，不必征得其他共有人的同意。尽管这种处分只是法律的处分，而不是事实的处分，因为按份共有人只能在法律上决定是否转让应有部分的权利，而不能事实上毁损自己的共有财产。但是，这些权利已经表现了所有权的全部效力，仅是在某些方面使所有权的行使受到限制而已。正如《阿尔及利亚民法典》第714条所规定的那样："任何共有人对其份额享有完全的所有权，可对之进行处分、收益其孳息及享受其利益，但不得对其他共有人的权利造成损害。"这一条文准确地概括了按份共有的应有部分的基本性质。《民法典》第298条规定，按份共有人"按照其份额享有所有权"，体现的正是这个意思。

四、应有部分的确定

如何确定应有部分，是按份共有研究和司法实践中的一个重要问题。

依照《民法典》第309条关于"按份共有人对共有的不动产或者动产享有的份额，没有约定或者约定不明确的，按照出资额确定；不能确定出资额的，视为等额享有"的规定，确定按份共有的应有部分即份额和份额权，应当按照以下方法进行：

第一，按份共有基于共有人的意思发生的，应当按照共有人的约定确定；没有约定或者约定不明确的，如果共有是基于有偿行为发生的，应当按照出资额确定。

按份共有发生的主要原因是协议，即依照当事人的意志而发生。在当事人产生按份共有关系的协议中，一般都会对各共有人的应有部分进行协议，确定各自的应有部分即份额和份额权。在发生争议时，如果双方对应有部分有不同意见，应当按照原协议约定的份额处理。正如《埃塞俄比亚民法典》第1258条规定，"在不违反法律的强制性规定的前提下，共有人的权利和义务应有设立共有的文件和共有人达成的协议调整"。对此,《民法典》第 309 条已经有明确规定,应当按照这一规定确定应有部分,即份额。

原协议如果是口头协议,一方坚持有协议约定应有部分,一方主张没有约定协议的,应当按照举证责任规则处理,审查提出主张的一方当事人是不是确有证据,如果有证据证明有口头协议,且协议约定的应有部分是确定的,对方当事人无法证明反对主张的,按照能够证明的份额确定各自的份额。

在协议中共有人对各自应有部分没有约定,或者约定不明确,或者主张约定的应有部分不一致,如果设定共有关系的行为是有偿的,则应当按照各共有人的出资额确定应有部分。因为这是确定各自应有部分的最好基础,也是最好的证据。

第二,按份共有依照法律的规定或者依据财产的性质而发生的,依照法律的规定确定。

在依照法律或者依照财产的性质产生的按份共有关系中,对应有部分应当按照法律的规定确定。具体情况分为以下三种:一是法律有明确规定的,按照法律规定。二是法律没有明确规定的,按照共有财产发生的原因能够确定应有部分的,按照确定的应有部分确定。例如,在由于添附而发生的共有关系中,按照添附可以确定的财产价值,确定应有部分。三是对没有办法确定的,推定应有部分为均等。

第三,通过以上方法仍无法确定应有部分的,推定各共有人的应有部分为均等。

民法典规定按份共有的应有部分,一般都规定均等份额推定规则。例如,《德国民法典》第 742 条规定:"在发生疑问时,应认为各共有人享有均等的份额。"《日本民法典》第 250 条规定:"各共有人的应有部分不明时,推定为均等。"《阿尔及利亚民法典》第 713 条规定:"两人或数人对一项财产享有所有权而未划分各人的份额,他们是共有人,除有相反证据外,他们的份额被视为相等。"我国《民法典》第 309 条规定:"不能确定出资额的,视为等额享有。"对于按份共有的各共有人应有部分无法依照以上办法确定的,最好的办法就是推定其为均等,不仅简便易行、便于操作,而且最公平且具说服力,便于解决争端、平息纠纷。

五、不动产共有份额的登记

如果按份共有的共有财产是不动产,无论是土地权利还是建筑物权利,均应当进行登记。

登记不动产的按份共有权,首先,须登记载明所有权的性质是按份共有;其次,须载明共有人的数量和姓名;最后,须载明共有人对于共有权的份额。按照习惯,对于共有份额的登记,应当以分数表示,其分子、分母不得为小数,分母应当以整十、整百、整千或者整万表示为原则,不得超过万位。

第四节　按份共有的内部关系

按份共有的内部关系,是指按份共有的各共有人相互之间的权利义务关系。按份共有的内部关系是其权利义务关系的主要部分,是按份共有研究的重点问题。

所有权的权能是占有、使用、收益、处分。单独所有权由于权利主体只是一人,怎样行使这些权能均由自己的意志决定,他人没有干涉的必要和可能,也没有加以区分的必要和可能,不会发生任何问题。按份共有则不同,由于按份共有的权利主体为二人或者二人以上,共有财产亦为按份共有,各共有人如何行使权利会产生复杂的问题,因此,对于占有、使用、收益、处分的权能如何进行区分须进行规制,形成正常的按份共有人之间的内部关系。

按份共有的内部关系主要是四个部分,即共有财产的使用收益、共有财产的处分、共有财产的管理以及共有财产费用的负担。这些问题构成按份共有内部关系的全部内容。

一、共有财产的使用收益

（一）共有财产使用收益的一般规则

《民法典》对按份共有财产的使用收益没有作具体规定，只是笼统规定按照其份额，对共有财产享有所有权。中国社会科学院法学研究所《中国民法典草案建议稿》第 388 条规定："在不妨害其他共有人使用的限度内，各共有人有权按其应有份额对共有物的全部使用、收益。各共有人对共有物的使用、收益超过限度的，除全体共有人另有约定的，应征得其他共有人的同意。"[①]

按份共有人对共有财产的使用收益应当遵守下述规则：

第一，按份共有人对共有财产的使用收益，本其所有权的权能，对于共有财产的全部享有使用收益权。在具体行使权利时，按其应有部分的份额，及于自己所享有的部分。例如，《瑞士民法典》第 648 条规定："各共有人在与其他共有人约定的权利范围内，对该物有代表、使用和收益的权利。"《意大利民法典》第 1101 条规定："共有人根据各自享有的财产份额，按比例享有权利，承担负担。"《越南民法典》第 236 条规定："按份共有之财产的所有人，有权依自己的所有权份额开发利用共有财产，享有共有财产的天然孳息和法定孳息；各方另有约定或法律另有规定的，依约定或规定。"这些规定的基本问题，就是在按份共有关系中，各共有人对共有财产的使用收益，针对的是共有财产的全部，而不是局部；但是在行使权利时，则应当按照自己的应有部分，不能超出。超出自己应有部分的份额，是对其他共有人权利的侵害。

第二，该种使用收益权可以占有为前提，也可不以占有为前提，依按份共有人的份额决定使用收益的权利范围。使用应以占有为前提，为自己需要而利用，或者对于物的直接取得。收益则勿须占有，就共有物的孳

[①] 梁慧星主编：《中国民法典草案建议稿》，法律出版社 2003 年版，第 77 页。

息、租金、地租等为收取。对于按份共有人对共有财产的占有,各国民法一般不加以规定。在《越南民法典》第235条规定的是"对共有财产的占有",在内容上却是对共有财产的管理。事实上,对共有财产的占有也是按份共有内部的重要问题,由于占有并不涉及更多的权利问题,并且占有都是与使用联系在一起的,因此,不规定也是可以的。

第三,各按份共有人的使用,虽就共有财产的全部为行使,但是,就使用应依其份额公平分配。共有财产可以共同使用,也可以分别使用。共有物可以按份额分配使用的,应按份额分配使用;无法按份额分配使用的,如数人共有一间房无法在空间上按份分配使用,则可依时间按份分配使用。协议约定有份额,但是约定共同使用的,则共同使用。对此,《日本民法典》第249条规定:"各共有人,可以按其应有部分,使用全部共有物。"《埃塞俄比亚民法典》第1263条规定:"各共有人可依照取得物的目的并适当地考虑其他共有人的权利使用共有物。"

第四,各按份共有人对于共有财产的收益,可以就共有财产的全部行使,但是就收益本身还要按照份额进行。换言之,共有财产产生的收益,在没有按照份额分配之前,是总体的收益,由全体共有人享有;但是,按份共有的收益必须按照份额的比例进行分配。对此,《埃塞俄比亚民法典》第1264条规定得最清楚,即:"(1)共有物的孳息仍保持共有。(2)各共有人随时都可要求分割此等孳息。"按份共有人分配具体收益,能按份额分配的,可直接按各自的份额实行,不能按份额分配或未按份额分配的,可按总收益的份额比例实行。

出租共有财产不是对共有财产的处分,而是对共有财产的使用和收益。对于是否将全体共有财产出租,应当按照全体共有人的决定进行,不得擅自对全部共有财产决定出租。如果全体共有人不能达成一致协议的,则按照多数共有人或者份额较多的共有人的意见处理,但是,不得损害其他共有人的利益。租赁的收益按照份额分享。

(二)对应有部分份额权的保护

在实践中,对按份共有关系中的使用收益问题最容易发生争议的,就

是侵害其他共有人的份额权,因为这涉及对共有人份额权的保护问题。在实践中最常见的争议是:

1. 不当得利

按份共有人超出自己的份额而就共有财产为收益,所得利益为没有法律原因,且造成了其他共有人财产利益的损失,构成不当得利。为保护其他共有人的收益权,应当按照不当得利之债的规定,其所受超过应有部分的不当利益,应当返还给其他共有人。

2. 侵权行为

按份共有人超出自己的应有部分的份额,占有、使用、收益其他共有人的应有部分,侵害其他共有人份额权,具有故意或过失的,符合侵权责任构成要件的要求,构成侵权行为。其他受到侵害的按份共有人享有损害赔偿请求权和其他救济损害的请求权。

3. 无权占有

侵占其他共有人依据其份额占有、使用的共有财产,或者侵占其他共有人应得收益的,为无权占有,应当返还原物。对此,有不同意见,认为各共有人的应有部分不过是对于共有财产所有权的比例,并不是共有财产本身,性质上不可能被其他共有人无权占有,因此,按份共有人无权就其应有部分行使无权占有返还请求权。相反的主张认为,未经共有人协议分管的共有物,共有人对共有物的特定部分占用收益,须经其他共有人同意,未经其他共有人同意,就共有财产的全部或者一部分任意占用使用收益,其他共有人可以请求返还财产,但是不得将应有部分特定化,并要求将其返还给自己。① 后一种意见更准确、更合理。

二、共有财产的处分

处分共有财产的权利,包括按份共有人处分自己的份额和全体共有

① 参见王泽鉴:《民法物权(1):通则·所有权》,中国政法大学出版社 2001 年版,第336—337 页。

人处分全部共有财产。《民法典》第 305 条规定:"按份共有人可以转让其享有的共有的不动产或者动产份额。其他共有人在同等条件下享有优先购买的权利。"

这个规定较为简单,很多问题没有规定清楚。对于按份共有的这种权利义务关系,两部物权法草案建议稿都作了比较详细的规定。

在中国社会科学院物权法草案建议稿中,第 181 条规定:"各共有人有权自由对其应有份额进行让与、设定负担或抛弃。共有人让与其应有份额时,其他共有人在同等条件下,有共同或单独优先购买的权利。但共有人另有约定的,从其约定。""整个共有物的转让、设定负担、抛弃、事实上处分或变更其使用收益方法,须得共有人全体同意。但共有人另有约定的除外。""共有人没有约定时,共有人中的一人抛弃其应有份额,或者死亡后没有继承人的,其份额归属于其他共有人。"①

在中国人民大学的《中国民法典草案建议稿》物权法编中,对此分为三个条文规定。第 794 条规定的是应有份额的转让:"在共有关系存续期间,按份共有人有权分割或者转让其份额。但当事人有禁止转让的约定或者依共有财产的性质不得转让的除外。""禁止转让份额的约定,不得对抗善意第三人。""共有人在转让份额时,其他共有人在同等条件下,有优先购买的权利。"第 795 条规定的是共有人抛弃其应有份额:"按份共有人抛弃其应有份额的,其抛弃的利益由其他共有人按份额享有。""按份共有人的份额可由其继承人继承。"第 799 条规定的是共有财产的处分:"处分共有财产,应当由全体共有人共同决定,任何共有人不得擅自处分共有财产。""如全体共有人不能达成一致协议,则依据多数共有人或者份额较多的共有人的意见处理。但前述意见明显有损其他共有人利益的,其他共有人有权请求予以撤销。"②

上述两种意见,在总体上说,是对应有部分的处分(包括抛弃和继承)和共有财产的全部处分是否有必要分别规定。将应有部分的处分称

---

① 梁慧星主编:《中国民法典草案建议稿》,法律出版社 2003 年版,第 77 页。
② 王利明主编:《中国民法典草案建议稿及说明》,中国法制出版社 2004 年版,第 114—115 页。

为转让,将全部共有财产的处分称为处分,对区分这两种不同的处分是有好处的。不过,这两种行为毕竟都是对共有财产的处分,分开处理显得繁琐。因此,笔者赞成采用统一的处分概念,只是在具体描述时,一个叫应有部分的处分,一个叫全部共有财产的处分。《民法典》第305条规定的转让,其实就是处分。

（一）应有部分的处分权

共有人处分自己的份额,是共有人的权利。共有人就共有物的应有部分可以作法律上的处分,可以转让、抛弃及提供担保。

1. 转让共有财产的应有份额

按份共有人对于共有财产的应有部分有权转让。这是买卖自由原则的体现,也是所有权的本质,况且共有人出让自己的应有部分对其他共有人的利益没有影响,任何人不得干预,只是受法律禁止性规定的限制而已。[1]《瑞士民法典》第646条规定:"各共有人对其应有份额享有所有人的全部权利及义务。"只有一个例外,就是共有人对应有部分的转让如果对其他共有人的利益造成损害的,则应征得其他共有人的同意。例如,甲乙丙三人共有一套住房,各占三分之一的份额,共同使用。甲将其应有部分转让,使乙、丙的利益受到损害,如果乙、丙不同意转让,则不得甲转让。

在共有关系中有禁止共有人出让应有部分的约定的,对共有人具有拘束力。共有人之一不按照约定处分自己应有份额的,应当无效。这种约定是对所有关系的特别限制,不能对抗法律关于对所有权的规定,不能对抗善意第三人。如果第三人受让其应有部分为善意无过失,依照《民法典》第311条规定,发生应有部分的所有权转移的后果。

在共有人转让其应有部分时,其他共有人在同等条件下有优先购买权。[2] 共有人之间转让应有部分的不受这些限制。

2. 在应有部分上设定负担

按份共有人在共有财产的应有部分上可以设定负担。其理由是,既然按

---

[1] 参见谢在全:《民法物权论》,中国政法大学出版社2011年版,第281页。

[2] 关于优先购买权,请参见本书第十一章"优先购买权"。

份共有人对于自己的应有部分可以自由转让,举重以明轻,对于设定负担的行为理当准许。按份共有人以其共有份额设定抵押权的,抵押权仍存在于共有物的全部而非一部分,[①]抵押权人取得该权利,即使共有财产经过分割,变更了共有的性质,对抵押权的效力也不发生影响。对此《埃塞俄比亚民法典》第 1260 条规定:"(1)各共有人可处分或抵押其份额。(2)各共有人的债权人可扣押其债务人在共有中的份额。"这一规定对此说得很清楚。

共有人对应有部分设定抵押权、质权、典权、承包经营权等权利,由于涉及共有财产的占有和收益问题,因而有两种意见。一种意见认为,这种权利的设定影响其他共有人的利益,设定负担与共有权利本质相冲突,因此应当禁止。另一种意见认为,现代民法发展趋势已以"所有"为中心的观念转变为以"利用"为中心,更无将应有部分设定用益物权的可行途径任加阻塞之理,[②]因而应当准许。

对应有部分设定负担,原则上应当准许,因为既然是共有,当然也是所有权,就没有禁止的理由;如果设定这种负担有影响其他共有人的利益,或者违反按份共有设定宗旨的,则不得为之。对此,《意大利民法典》第 1103 条规定:"每个共有人都可以在自己享有的财产份额范围内处分自己的权利,允许他人享用自己的财产。"

3. 应有部分的抛弃

抛弃是所有权人对自己权利的处分,按份共有人对共有财产应有部分的份额当然可以抛弃。以往的民法理论认为,抛弃共有财产的份额,由公民或集体所有权的组织为之有效,依照国有财产不得抛弃的规定,国营企业法人不得抛弃其共有财产份额。[③] 这种观念陈旧,与所有权理论不合,不应采用。在抛弃其应有部分之前,承担的共有财产发生的债务清偿责任,并不因为其对共有财产应有部分的放弃而消灭。《埃塞俄比亚民法典》第 1262 条规定:"(1)当某一共有人放弃他在共有物中的份额时,

---

① 参见戴孟勇:《物权法共有制度的反思与重构——关于我国〈物权法〉"共有"章的修改建议》,《政治与法律》2017 年第 4 期,第 92 页。

② 参见谢在全:《民法物权论》,中国政法大学出版社 2011 年版,第 285—286 页。

③ 参见杨立新:《民法判决研究与适用》第二集,中国检察出版社 1996 年版,第 98 页。

该份额得自然增值于其他共有人的份额中。(2)放弃其份额的共有人得对他在为此等放弃前有义务承担的债务负责。"

对按份共有人抛弃自己应有部分的后果,有两种意见,一种意见认为应当收归国家所有,①另一种意见认为应当由其他共有人承受。② 在物权法的基本理念上,应当改变动辄将财产利益和权利收归国有的极左做法,实事求是地处理财产私权利处分问题,故应采纳后一种意见。至于其他共有人承受的方法,应当按照其他共有人的各自份额为之。

4. 应有份额的事实处分

一般认为,按份共有人在共有关系存续期间,有权对自己应有部分的份额作出事实上的处分,但不得逾越其应有份额。③ 不同的意见认为,事实的处分,包括毁损、灭失、变更,就一般情况而言,共有的应有部分是权利的抽象份额而不是具体的量的分割,事实上处分应有份额,必然有害其他共有人的权利,自非法所许。④

对此不能绝对化,即不能绝对禁止共有人对应有部分的事实处分。首先,自由处分自己的财产是所有人的权利,共有人处分自己的应有部分,没有禁止的道理。其次,这种处分不应当损害其他共有人的利益,事实处分应有部分的行为如果损害其他共有人的利益的,应当承担侵权责任。这样处理,既保障了权利人行使权利的自由,又保护了其他共有人的利益,是妥当的选择。

5. 应有份额的继承

按份共有人死亡,其应有部分可以作为遗产由其继承人继承,继承人继承该份额,既可以作为共有人参加共有关系,也可以将该份额分出。死亡的按份共有人没有继承人的,其遗产归其他共有人按份额享有。例如《日本民法典》第255条规定:"共有人的一人抛弃其份额,或者没有继承人而死亡时,其份额归其他共有人。"这一规定可以作为参考。

----

① 参见彭万林主编:《民法学》,中国政法大学出版社1994年版,第254页。
② 见两部物权法草案建议稿的相关条文。
③ 参见杨立新:《民法判决研究与适用》第二集,中国检察出版社1996年版,第98页。
④ 参见谢在全:《民法物权论》,中国政法大学出版社2011年版,第282页。

(二)全部共有财产的处分

处分全部共有财产,是全体共有人的权利,须经全体共有人一致同意,部分共有人处分全部共有财产为无效。如果全体共有人一致同意共有财产的全部处分权由一人或数人决定,则依其约定,负有处分权的共有人可以处分该共有物的全部,但是该处分权的决定必须经全体共有人同意。如果共有人对是否处分共有财产无法协议,则依照《民法典》第301条规定,应当经占份额三分之二以上的按份共有人同意。

共有人对共有财产处分行为的种类,应当包括一般的处分行为。我国台湾地区民事有关规定第819条规定:"共有物之处分、变更及设定负担,应得共有人全体之同意。"《瑞士民法典》第646条规定:"对其应有份额可转让、质押或供债权人扣押。"这种处分包括一般的处分行为,应当按照这样的规则进行。

对没有事先约定或者无法实现全体一致同意的应当怎样处理,《阿尔及利亚民法典》第720条规定:"拥有共有物至少3/4份额的共有人得决定转让共有物,但其决定需基于重大理由且须以非诉讼文书通知其他共有人。自通知时起两个月之内,持异议的共有人可向法院起诉。在共有财产的分割损害了共有人利益的情况下,法院可根据具体情况对转让共有物的行为是否成立作出裁决。"可以借鉴这样的办法,这就是先通知,在通知之后的一定期限内,其他共有人可以向法院起诉,请求人民法院对争议作出裁决。

共有人如果未经全体共有人同意或者多数同意,专擅处分、变更共有财产或者设定负担,由于其没有得到全体共有人的同意,所为的处分行为为无权处分行为。如果得到了其他共有人的追认,则发生效力;如果被拒绝,则属确定无效。如果受让人或者取得权利的人为善意无过失,则发生善意取得的效力,受让人取得所有权或者其他权利,不能认为该处分行为无效。对于其他共有人的损害,应当依照《民法典》侵权责任编的规定,对无权处分的共有人主张损害赔偿。[①]

---

① 参见谢在全:《民法物权论》,中国政法大学出版社2011年版,第290—291页。

三、共有财产的管理

共有物的管理权对于共有人而言,既是权利,又是义务。此种管理分为两种,一是共同管理,即由共有人共同对共有物进行管理,各共有人对于物的全体管理有参与权。二是分管协议,即专属管理,即共有人约定其物的管理专属于共有人中之一人或指定各共有人的管理范围。《越南民法典》第235条对共有财产管理的类型规定是:"共有财产之所有人依协商一致的原则共同管理财产;各方另有约定或法律另有规定的,依约定或规定。"《民法典》第300条规定了这两个管理方法:"共有人按照约定管理共有的不动产或者动产;没有约定或者约定不明确的,各共有人都有管理的权利和义务。"

（一）共同管理的原则

共同管理是按份共有人管理共有财产的基本方式,共有人另有约定的,依照约定进行。《民法典》第300条后段规定的是共同管理规则。

共同管理的方法主要有三种:一是瑞士民法的方法,分为普通管理行为和重要管理行为。二是多数国家采用的方法,分为必要行为和非必要行为。三是埃塞俄比亚的做法,分为多数决规则和需要全体同意的决议两种,其一,对共有物应当由共有人集体管理,关于共有物的决议,应当由代表多数份额的共有人以多数票决定;当处分、抵押或要求改变该共有物的用途时,要求得到全体共有人的一致同意。① 相比之下,以瑞士的做法为佳。《民法典》第300条对此没有规定,可以借鉴瑞士的做法。

1.普通管理行为

在共同管理的基本原则下,对于共同财产的普通管理行为,符合共有财产使用目的和用途的,各共有人可以单独进行,以使共有财产保值增

---

① 参见《埃塞俄比亚民法典》第1265条和第1266条。

值,保护全体共有人的利益。对于这种简单的管理行为,《瑞士民法典》第647条之一规定:"各共有人对共有物有进行普通管理行为的权利,特别是有权修缮、耕作及收获,短期的管理及监督,为上述目的缔结契约并执行契约以及缔结并执行租佃契约和工作契约。为全体共有人支付或收受现金亦属普通管理行为。"这里所列的行为都是普通管理行为,各共有人都有权单独进行管理。

各共有人对共有财产单独进行的一般管理行为不当,造成共有财产损害的应当如何处理,不甚明确。在这种情况下,如果实施管理行为的共有人在造成损害的行为中具有重大过失的,其他共有人可以请求损害赔偿;对一般过失或者轻微过失造成的损害,一般以不得请求损害赔偿为妥。

2. 重要管理行为

对于共有财产的重要管理行为,各共有人不能单独为之,须由全体共有人一致决定,或者经过全体共有人同意,或者经过三分之二以上的按份共有人同意,方得进行。为了使半数以上的共有人通过决议并生效,须将决议的内容事先通知全体共有人,①使共有人了解决议的内容,决定是否同意决议的内容。

决定采取重要管理行为的共有人决定之后,如果采取的行为对未同意的共有人的利益造成损害,应当查明造成损害的原因,是否由于决定采取重要管理行为的共有人的重大过失造成的。如果这些共有人在决定采取重要管理行为时具有重大过失,则应当对未同意的共有人的损害承担连带赔偿责任。

少数共有人坚决不同意多数共有人采取的改良行为,如认为必要,可以要求分割共有财产,消灭共有关系。

(二)共同管理行为及方法

共同管理依据不同的管理行为,分为以下三种具体方法:

---

① 参见《意大利民法典》第1105条第3款。

1. 保存行为——普通管理行为

对共有财产的保存行为,为普通管理行为,是指以保全共有财产或共有财产上设置的其他权利为目的的行为,如为防止共有财产的灭失,或者共有财产上设置的其他权利的消灭等行为。共有物的简易修缮,也认为与保存行为相同,因为共有物的保存及简易修缮关系全体共有人的利益,其维护必须迅速为之。例如,果实即将腐烂将其出售;诉讼时效期间(也包括取得时效)即将届满而提出单独中断诉讼时效期间的行为,均属保存行为。这些都可以由各共有人单独进行,共有人单独为之均为有效,其后果应当由全体共有人承担。

2. 改良行为——重要管理行为

改良行为也称为更新或改建行为,是指以对于共有物或物上其他权利的利用或改善为目的的行为,属于为增加共有物的收益或效用为目的的行为,如将共有的旧房屋进行重大维修或改建,均为增加共有物收益和价格的行为,为改良行为。这种利用与使用不同。利用是指依利用方法以增加共有物的收益或价值。共有人分住共有房屋为使用,将房屋出租以收租金则为利用。由于这种改良行为关系共有人的重大利益,非经共有人三分之二以上的多数同意,不得为之。换言之,改良行为须经共有人三分之二以上的多数同意,方可进行,但是不必要求共有人全部同意。这正是《民法典》第301条关于"作重大修缮的"规定的含义。

3. 利用行为——重要管理行为

对共有财产的利用行为,是指以满足共有人共同需要为目的,不变更共有物的性质,决定其使用收益方法的行为。例如,决定将共有房产出租他人居住,是典型的利用行为。这种行为与保存行为不同,不是以防止共有财产的毁损、灭失为目的;而在其不增加共有财产的效用或者价值这一点上,与改良行为也不相同。因此,利用行为是重要管理行为,应得三分之二以上的共有人的同意。如共有物的使用方法和收益方法为重大行为;对共有房屋进行重建亦为重大行为。对于这些行为均须经三分之二以上的共有人同意方得采取。

（三）分管协议

1. 分管协议的概念和特点

分管协议，也称为专属管理、分别管理，是按份共有关系的一种特别现象，是指共有人之间约定某个人或各自分别占有共有财产的特定部分，并对该部分进行管理的约定。笔者在审理20世纪50年代的民事案件中，曾发现过典型的分管协议：甲、乙、丙三人购买50间房屋，约定按份共有，每人33.3%份额，财产分别管理，按房屋的自然坐落，甲管理、使用20间，乙、丙各管理15间，分别持有政府发给的共有财产所有权证的共有财产保持证。

分管协议有以下三个基本特点：

第一，分管协议是在共有人之间通过协商而达成的对共有财产分别管理的协议。首先，进行约定的必须是按份共有人，不是共有人不能达成分管协议。有人认为，在购买共有财产时就可以进行协商签订分管协议。有人反对这种意见，认为只有在共有关系成立之后才能由有共有人身份的人进行协议。其实，这两种意见并没有原则的分歧。共有人在购买共有财产时，当然可以约定分管协议，虽然这时的共有关系还没有成立，当事人还不具有共有人的身份，不能成立有效的协议；但是，当共有关系成立后，当事人立即就具有了共有人的身份，在购买共有财产时约定的分管协议就发生效力了。其次，这个约定的性质是协议，而不是别的。既然共有人都一致协议，为什么不可以呢？

第二，分管协议内容不是对共有财产特定部分的分别所有，而是分别管理。无论按份共有的分管协议如何规定，都不能改变按份共有的性质，分别管理的只能是特定部分，可以约定对其各自占有的特定部分为使用、收益和管理，但是，共有人对全部共有财产仍然享有的是全部管理权和全部所有权。并不因为共有财产的分管协议而有变化。

第三，分管协议的性质是债权合同，其产生的权利义务关系具有物权性质。分管协议的性质当然是合同。问题是，分管协议产生的权利义务关系的性质是什么呢？有的学者认为，分管协议产生的是债权，它与共有人所享有的对共有财产的性质是不同的,不能对抗第三人。① 协议的性质并不重要,重要的是协议确定的权利义务关系的性质。这就像合同产生的是物权还是债权虽然不同,但是合同却是一样的。依据分管协议产生的权利义务应当是物权的权利义务关系,未经登记的分管协议当然不能对抗善意第三人。这就像没有经过登记的抵押权不能对抗第三人一样,能说没有经过登记的抵押权就不是物权吗? 分管协议确定的分管权利义务关系还是物权关系,只是不具有对抗第三人的效力而已。明确了这个性质,就可以明确分管协议确定的权利义务关系仍然是物权关系,经过登记的分管协议发生对抗第三人的效力,没有经过登记的分管协议不具有对抗第三人的效力,只在共有人之间产生拘束力。如前述共有财产分管协议经过登记并发给保持证的,应当认为具有对抗第三人的效力。

2. 分管协议的必要性

在按份共有关系中,共有人对共有财产制定分管协议,进行分别管理,落实责任,是非常必要的。首先,订立分管协议有利于明确责任。在共有财产中,虽然具有份额,并且各共有人有权处理自己的应有部分,但是,由于共有权是一个所有权,在很多情况下是无法确定特定的共有人共有财产的特定部分的。因此,可能形成"都管、都不管"的现象。依照协议进行分管,责任明确,落实到位,自然对全体共有人有利。其次,共有财产实行分管有利于共有财产的利用,发挥共有财产的效能,使共有人能够更好地获得收益。再次,实行分管多数时候符合实际情况。在很多情况下,共有财产并不是一个整体的独立物,而是分开的,或者连成一片却分为不同部分的。对这些财产实行分管,便于管理和保存,也有利于共有财产的保值增值。对此,《瑞士民法典》第 647 条规定最值得参考:"1. 共有人可以约定不同于法律规定的收益及管理办法,并请求将此登记于不动产登记簿。2. 但是,前款情形不得废除或限制各共有人的下列权利:1)为保护物的价值及使用性能而进行的必要管理行为;必要时,也可向法官提出诉请。2)为保护物免受损害及日益增长的威胁而主动采取的紧急

---

① 参见王利明:《物权法研究》,中国人民大学出版社 2018 年版,第 701 页。

措施;该紧急措施的费用由全体共有人平均负担。"

3. 分管协议的履行

分管协议的履行,需要解决以下问题:

(1)分管协议对共有权的影响。共有人之间订立共有协议,对共有人之间的按份共有关系不发生影响,既不能导致共有关系的消灭和解除,也不能改变共有人之间的应有部分及权利义务关系,而仅对共有财产的管理实行分管。因此,分管协议有些像承包,既不改变土地集体所有的性质,又将集体土地承包落实到每个集体组织的成员管理,是所有权和责任制的结合。

(2)分管协议可以约定占有、使用、管理等权利。分管协议既然是分管,就一定会涉及对共有财产的占有、使用以及管理问题。对此,不必加以特别的限制,只要共有人协商一致,不改变共有的性质,不产生特别的不公平,不限制其他共有人的权利,就应当允许。对此,可以参考《瑞士民法典》第647条第2款规定。

(3)收益的分配问题。分管协议涉及重新分配收益比例的内容是否具有效力,有的认为,分管协议实际上是赋予按份共有人对某一个特定的共有物行使占有、使用、收益的权利,其中包括收益的分管。这实际是改变了依据份额行使权利的状态,改变了法定的共有权的行使方法。[1] 分管协议确实是一种对共有内容的改变,但是,改变收益份额的方法是否具有效力,应当依据实际情况而定。如果这种改变只是少量的、不影响大局的,并且经过共有人一致同意的,是有效力的;但是,如果根本改变了按份共有原来约定的份额分配,这种对收益分配的份额分管,除非具有改变全部份额的性质,否则不发生效力;如果共有人提出异议,应当否定分管协议对收益方面约定的效力。

(4)分管协议不改变共有人的对外责任。按份共有人的权利义务关系须依照法律规定和当事人的约定确定,不得随意改变,对外关系仍然由全体共有人承担责任。共有财产致人损害,不论分管协议约定共有人内

---

[1] 参见王利明:《物权法研究》,中国人民大学出版社2018年版,第699页。

部怎样分管,全体共有人按照份额承担责任,或者连带承担责任。

4. 分管协议的期限

分管协议定有期限的,在约定的期限终结时,分管协议终止。没有订立期限的,可以随时通过协议终止分管协议。终止分管协议的协议生效,只是对分管协议的效力予以终止,对共有关系不发生作用。

四、共有财产费用的承担

对共有财产管理费用的承担问题,各国民法的规定基本一致,以《瑞士民法典》第 649 条为典型,即:"1. 共有物及共有关系的管理费用、租税及其他负担,由各共有人,按其应有部分的比例分摊,如果另有约定时,不在此限。""2. 前款情形,共有人中一人支付的费用超过其应负担的,对超出部分有向其他共有人请求补偿的权利。"《民法典》第 302 条规定:"共有人对共有物的管理费用以及其他负担,有约定的,按照其约定;没有约定或者约定不明确的,按份共有人按照其份额负担,共同共有人共同负担。"依照这一规定,共有财产管理费用负担应当按照以下规则处理。

（一）管理费用的界定

共有财产的管理费用,是指因保存、改良或者利用共有财产的行为所支付的费用。管理费用也包括其他负担,如因共有物致害他人所应支付的损害赔偿金。[①]

界定管理费用时应当分清必要的管理费用和不必要的管理费用。对此,《埃塞俄比亚民法典》第 1267 条至第 1269 条规定,必要的管理费用是共有物的管理、税收、质押或抵押的费用以及所有其他由于共有而产生费用或课加于共有物的费用;另外,某一共有人未经授权,为避免共有物的灭失或受损支出的费用,也为必要管理费用,应由全体共有人负担。不必要的

---

① 参见梁慧星主编:《中国物权法草案建议稿:条文、说明、理由与参考立法例》,社会科学文献出版社 2000 年版,第 423 页。

管理费用，就是当某一共有人未经授权支出了与共有物有关的不必要的、但增加了共有物的价值、效用和改善其外观的费用时，他无权得到任何费用的报销。确定必要的管理费用和不必要的管理费用，是很重要的，《埃塞俄比亚民法典》的这些规定值得借鉴。

（二）突出约定的地位

物权法定原则是物权法的基本原则，但是，在按份共有的份额以及基于份额产生的权利义务关系上，共有人的约定具有优先效力。在管理费用负担上也同样如此，共有人有约定的，依照其约定，确定共有财产管理费用的负担。

（三）没有约定或者约定不明确的按照份额负担

共有人对共有财产管理费用的负担没有约定的，由各共有人按其应有份额的比例分担。这是因为当事人享有的权利和负担的义务应当一致，既然共有权的份额是确定的，按照这个份额确定管理费用的负担，就最能体现共有人的意志，也最公平。

（四）超出的部分有请求返还的权利

共有人之一人支付管理费用且为必要管理费用的，其超过应有份额所应分担的额外部分，对其他共有人可以按其各自应当分担的份额请求追偿。理由是，按份共有的权利就是按照应有部分将所有权作了量的分割，权利的行使具有量的含义，负担的义务当然也要符合量的分割，超出的部分对其他共有人则是不当得利，应当返还。

（五）无意义或者不必要的管理费用不得由其他共有人负担

《埃塞俄比亚民法典》有一个规定值得借鉴，即第 1268 条第 2 款："当该费用无意义，或因共有人的过错或对该共有人承担责任的人的过错才必须支付时，不得报销上述费用。"这种费用是不必要的费用，当然不得报销。个人负担的不必要费用，尽管对共有物的价值、效用和改善有所增益,但由于是不必要的,因此不得由全体共有人负担。在实践中可以参考这个规则掌握。

第五节　按份共有的外部关系

一、按份共有的外部关系概说

按份共有的外部关系,是指共有人作为共有权的主体,与其他民事主体发生的权利义务关系。

对按份共有的外部关系,各国民法很少规定。我国台湾地区民事有关规定对此作了一个简单的规定,即第821条:"各共有人对第三人,得就共有物之全部为本于所有权之请求。但回复共有物之请求,仅得为共有人全体之利益为之。"这一规定来源于《大清民律草案》第1048条:"各分别共有人,对第三人,得就分别共有物全部,为本于所有权之请求。但回复分别共有物之请求,须为分别共有人全体之利益行之。"《民国民律草案》对此规定在第834条,内容没有改变。《大清民律草案》《民国民律草案》还设了对第三人债务的规定,内容是:"各分别共有人,按其应有部分,对于分别共有物之担负,有清偿之义务。""前项规定,于当事人有特别契约者,不适用之。""因清偿分别共有物之担负,而分别共有人之一对于其他分别共有人有债权者,得向其人及其特定承受人,请求偿还。"①国民政府正式通过民法典,将后两条条文删除了。其实,这两个条文是很有用的。

中国社会科学院的物权法草案建议稿对按份共有的外部关系做了清晰、明确的规定,即第393条:"各共有人有权作为所有权人就共有物的全

① 这两条内容,分别见《大清民律草案》第1049、1050条和《民国民律草案》第835、836条。《大清民律草案·民国民律草案》,吉林人民出版社2002年版,第137、138、315、316页。

部向第三人提出请求,但返还共有物的请求,只能为全体共有人的利益提出。""对基于共有物产生的债权,若其为可分时,各共有人仅能按其应有份额向第三人提出请求;若其为不可分时,各共有人有权为全体共有人的利益提出请求。""因共有物产生的对第三人的义务,若为可分时,由各共有人按其应有份额分担;若为不可分时,由各共有人承担连带责任。"①

《民法典》第307条规定:"因共有的不动产或者动产产生的债权债务,在对外关系上,共有人享有连带债权、承担连带债务,但是法律另有规定或者第三人知道共有人不具有连带债权债务关系的除外;在共有人内部关系上,除共有人另有约定外,按份共有人按照份额享有债权、承担债务,共同共有人共同享有债权、承担债务。偿还债务超过自己应当承担份额的按份共有人,有权向其他共有人追偿。"这是共有对外关系的基本规则,其中包括按份共有的对外关系规则。不过,这些还不是按份共有对外关系的全部内容。

二、对第三人的权利

各共有人对第三人的权利,是基于所有权人的身份,就全部共有财产产生的权利,各共有人均可以行使。这些权利是:

(一)行使全部所有权的请求

各共有关系的权利主体对于第三人,就共有财产的全部,行使本于所有权的请求。例如,如果共有财产为不动产,就不动产相邻权,各个共有人均得提出请求。

(二)共有财产的物权请求权

各共有人对于第三人,可就共有物的全部,行使基于所有权所产生的物权请求权,不以其份额为限,以实现保护共有物的目的。第三人对共有

---

① 梁慧星主编:《中国民法典草案建议稿》,法律出版社2003年版,第77—78页。

物为妨碍时,各共有人可以行使排除妨碍请求权。依照《民法典》第235、236条的规定,第三人无权占有共有的不动产或者动产的,共有人可以请求返还原物;第三人对共有财产有妨害或者可能妨害的,共有人可以行使排除妨害或者消除危险请求权。依照《民法典》第237条和第238条的规定,第三人造成共有的不动产或者动产毁损的,共有人依法享有请求修理、重作、更换或者恢复原状请求权;第三人侵害共有的不动产或者动产造成权利人损害的,权利人可以依法享有损害赔偿请求权。对无权占有、侵夺共有物等,每个共有人均可追夺,或者依法提出诉讼请求。但是,共有物恢复原状请求权,如果共有人仅为自己的利益而不是为共有人的全体利益的,则不得为之。

对于按份共有的返还财产请求权,一般要有所限制。我国台湾地区民事有关规定和《大清民律草案》《民国民律草案》,以及前述物权法草案建议稿中,都有关于返还共有物的请求只能为全体共有人的利益提出的规定。这是因为,对共有物各共有人均有利益,若向某一或几个共有人返还,共有物的占有或支配仍为回复原来的状态,即仅接受返还的共有人占有或者支配共有物,其他共有人则否,这构成了对其他共有人对共有物享有利益的侵害。对此,要防止个别共有人借行使共有财产返还请求权将共有物占为己有,侵害其他共有人的利益。所以,限制共有财产返还请求权的行使,必须为全体共有人的利益而为之,否则为无效。

（三）份额让与权

共有人就共有份额出让,为共有人的权利,其他共有人享有先买权,这是按份共有的内部关系。外部关系是指共有人让与份额,共有人与受让人之间所构成的按份共有的外部关系。

共有人让与其份额,与让与人之间形成所有权转移的法律后果,受让人成为该份额的所有权人。该份额一经出让,即脱离了共有关系,成为独立的所有权。如果受让人愿意继续作为共有人参加共有关系,其他共有人同意的,该受让人成为共有人,继续成立共有关系。按份共有人超出其份额处分共有财产,原则上为无效,但受让人善意无过失者,依《民法典》

第 311 条关于善意取得制度的规定,取得所有权,其他共有人得向处分共有财产的共有人请求赔偿。

(四)设定他物权

各共有人就自己应有的份额可以设定他物权,全体共有人就全部共有物可以设定他物权,均为共有的内部关系。当该他物权设定后,即形成共有的外部关系,发生共有权行使受到限制,他物权人取得他物权的效力。对此,共有权依设定他物权的范围不同而受到不同的限制。各共有人就其份额设定他物权的,他物权的效力仅限于该份额,对于全体共有物不发生效力;全体共有人就全部共有物设定他物权的,全部共有权受到他物权限制。

(五)确权请求权

对共有财产的权属发生争议,各共有人可以依照《民法典》第 234 条规定,提出确权之诉,请求确认其共有权。这种确权之诉维护的是全体共有人的利益,各共有人有权行使这个权利。

(六)诉讼时效中断请求权

各共有人有权提出旨在中断诉讼时效与取得时效完成的请求,这种权利,在按份共有称为应有部分的时效中断请求权。① 各共有人单独行使这一权利,当然是为了维护全体共有人的权利和利益,不会妨害甚至侵害其他共有人利益的可能,各共有人行使这一权利就是行使的全部权利。

(七)共同债权清偿请求权

依照《民法典》第 307 条规定,共有人就共有的不动产或者动产产生的债权,对外享有连带债权,对内则按份享有。例如损害赔偿请求权、不当得利请求权等,各共有人在对外关系上享有连带债权。在对内关系上,

---

① 参见陈华彬:《物权法原理》,国家行政学院出版社 1998 年版,第 492 页。

则除了另有约定外,按份共有人按照份额享有债权。

请求的方法,主要应当区分对基于共有物产生的债权是否为可分割债权,如果该债权是可分割债权,各共有人可以按其应有部分的份额向第三人提出清偿债务的请求。如果该债权是不可分债权,各共有人有权为全体共有人的利益提出请求,如果基于自己利益的请求,即向债务人为自己或者少数共有人请求,则为不合法。

三、对第三人的义务

按份共有人对外承担义务,依照《民法典》第 307 条规定,分为对外关系和对内关系。在对外关系上,因共有的不动产或者动产产生的债务,为连带债务,但是法律另有规定或者第三人知道共有人不具有连带债权债务关系的除外。在对内关系上,除了共有人另有约定的外,应当按照份额承担债务。

因清偿按份共有的不动产或者动产所负担的债务,按份共有人之一超出自己的份额承担债务,取得对其他共有人的追偿权,有权向其他共有人追偿。

第六节　按份共有关系终止和共有物分割

一、分割按份共有财产请求权

（一）分割按份共有财产请求权的意义

分割按份共有财产请求权亦称解除共有关系请求权①或者分割请求

---

① 参见《德国民法典》第 749 条规定,对这种请求权称之为解除共有关系请求权。

权,①是指在按份共有关系中,共有人享有的提出请求终止共有关系,分割共有财产的权利。这种共有人享有的权利是按份共有人的权利,即各共有人得随时请求分割共有物,以消灭共有关系。②《民法典》第 303 条规定:"共有人约定不得分割共有的不动产或者动产,以维持共有关系的,应当按照约定,但是共有人有重大理由需要分割的,可以请求分割;没有约定或者约定不明确的,按份共有人可以随时请求分割,共同共有人在共有的基础丧失或者有重大理由需要分割时可以请求分割。因分割造成其他共有人损害的,应当给予赔偿。"

在按份共有中,请求分割共有财产是最常见的消灭按份共有关系的原因。在其他共有关系中虽然也有这种请求权的存在,但是其作用没有按份共有的这个权利这样明显。

共有财产分割请求权的基础是分割自由原则。其含义是,共有人在按份共有存续期间可以随时请求分割共有财产。对此,民国时期民法的立法理由认为,分割者,以共有关系消灭为目的之清算程序。共有于改良共有物,不无妨碍(例如甲共有人欲改良,而乙共有人不欲是),且于共有物之融通亦多阻窒(例如欲卖共有物非各共有人同意不得为之,而得各共有人同意其事甚难)。社会经济既受损害,并易启各共有人彼此之争论,故法律不能不予各共有人以随时请求分割之权,使共有关系容易消灭,于公私皆有裨益。

(二)分割按份共有财产请求权的性质

共有财产分割请求权的性质一般认为是请求权。但是,这种请求权虽名为请求权,却不是请求其他共有人同意为分割行为的权利,因为这项请求权行使的结果,足以使其他共有人负有与之协议分割方法的义务,于不能或者不为协议时,可以诉请定其分割方法,亦即因共有人一方的意思表示,即足使共有人间发生依一定方法分割共有财产的法律关系,因此,

---

① 参见《瑞士民法典》第 650 条,即称之为分割请求权。
② 参见谢在全:《民法物权论》,中国政法大学出版社 2011 年版,第 304 页。

其性质是形成权。且其权利依存在共有关系的存续期间,没有诉讼时效的限制。[①]

(三)对分割按份共有财产请求权的限制

共有人的共有财产分割请求权虽然具有形成权性质,共有人可以随时提出共有财产分割的请求,但是并非无所限制。受到限制的原因主要有以下三种:

一是受共有财产目的限制不得请求分割。例如,共有财产继续为他物所有,并且为他物利用所不可缺,或者为一个权利的行使所不可缺,因此不能分割。如界墙、界标、互有的共有物等。这种不可分割并不是绝对不可分割,而是一旦经过分割,将使共有财产失去效用,不能实现共有财产设立的目的,因而不宜分割。

二是因共有财产继续供他物使用而不能分割。共有财产正在继续供他物使用,要求分割这个共有财产必然会损害全体共有人的利益,甚至会损害他人的利益,不应当准许共有人请求分割共有财产。《民法典》第303条对此没有规定,司法实务可以按照这个思路处理。

三是受定有共有关系存续期间不可分割期限的限制。有这样的约定,未到约定期间,除非共有人全体一致同意,不能请求分割。各国民法在规定这个限制时,一般都规定如果当事人有重大事由,不在此限,仍然可以提出请求要求分割。学者认为,此种约定在性质上也无非是合同,凡是合同就都不是绝对的,都有解除的可能性,对此,当有重大事由,如出现影响共有人利益或影响共有关系存续等情形时,应当允许共有人要求分割共有物。[②]《民法典》第303条前段规定:"共有人约定不得分割共有的不动产或者动产,以维持共有关系的,应当按照约定,但是共有人有重大理由需要分割的,可以请求分割",正是这个意思。

---

① 参见谢在全:《民法物权论》,中国政法大学出版社2011年版,第305页。
② 参见梁慧星主编:《中国物权法草案建议稿:条文、说明、理由与参考立法例》,社会科学文献出版社2000年版,第430页。

(四)对约定不得分割共有财产期限的限制

各国民法对约定共有财产不得分割都规定有期限,即不得分割共有财产的期限不得超过一定的年限,超过这个年限的,缩短至法定年限。之所以这样规定,是由于永久禁止分割共有物,对社会经济发展不利,故民法不许永久不得分割。①《民法典》对此没有规定,但是,用"共有人有重大理由需要分割的,可以请求分割"的办法,也能够解决这个问题。不过,最好是通过司法解释的方法,规定这一期限。

对具体期限,国家和地区规定不一致。最短者为日本民法,规定为5年。有的规定为10年,如意大利。有的规定为20年,如我国台湾地区民事有关规定禁止遗产分割的期限为20年。《瑞士民法典》规定的期限最长,为30年。当然,也有的规定可以存在永久共有的,例如,《埃塞俄比亚民法典》规定,当永久共有符合物的性质或用途,并且出卖或分割该物不能或不合理时,共有是可以永久的。但是,在这种情况下,即某物处于永久的共有中时,得达成关于共有人的权利和义务以及物的管理协议。不能达成这种协议的,法院可以确定此种协议条款。②

在社科院和人民大学两个物权法草案建议稿中,对此都作了规定,规定的内容也都一致,即"合同所定不可分割期限不得超过十年,超过十年的,缩短为十年"。看来,不得分割的期限为10年,取各国规定的中等期限,是受到认可的。司法解释可以参考这个意见,确定该期限为10年,司法实务也可以采用这个期限。

(五)不受诉讼时效限制

共有财产分割请求权是一种权利,行使时不受诉讼时效约束。对此,《德国民法典》第757条明确规定不受限制。我国《民法典》对此没有明文规定,依据法理,应当属于第196条第4项"依法不适用诉讼时效的其

---

① 参见谢在全:《民法物权论》,中国政法大学出版社2011年版,第307页。

② 参见《埃塞俄比亚民法典》第1276条和第1277条。

他请求权",确定分割按份共有财产请求权不受诉讼时效的限制,以更好地保护共有人的利益。

二、按份共有关系的消灭

消灭按份共有关系还有下列原因:(1)共有物灭失。共有物因使用、意外原因而灭失,共有关系因失去标的物而终止。(2)共有物归共有人中一人所有。其他共有人将份额转归一个共有人享有,该共有人取得全部其他共有人的所有份额,共有关系变成单一所有,共有关系不复存在。(3)共有人之间终止共有关系的协议。全体共有人协商一致,终止共有关系,当然发生共有关系消灭的效力。

三、按份共有财产的分割

共有关系终止并非一律要分割共有财产,如共有物灭失和共有物归共有人之一人所有,都不存在共有物的分割。只有协议终止共有关系和共有人提出分割共有物请求的,才产生分割共有物的效力。

依照《民法典》第 304 条第 1 款关于"共有人可以协商确定分割方式。达不成协议,共有的不动产或者动产可以分割且不会因分割减损价值的,应当对实物予以分割;难以分割或者因分割会减损价值的,应当对折价或者拍卖、变卖取得的价款予以分割"的规定,共有物分割的方法是:

(一)协议分割

经全体共有人协议,约定分割的方法,既简便又迅速,是共有物分割的主要方法。

协议分割的基础是契约自由原则。协议的内容、形式均无限制,共有人可依其意志进行,但是,一定要得到全体共有人的同意,至于同意是明示还是默示,事前同意还是事后同意,则不论。协议形式为不要式行为,协商一致即生效。

分割协议的性质为债权合同,应当适用关于民事法律行为的规定。其效力的判断,依照《民法典》关于民事法律行为效力的规定进行。

分割协议是处分行为,履行分割协议时,应当遵守物权变动的公示原则,动产应当交付,不动产应当经过登记,才发生物权变动的效力。

分割共有财产请求权不受诉讼时效限制。在订立了分割协议以后,分割协议受诉讼时效限制,超过诉讼时效的,不得再请求履行分割协议。对此,共有人可以请求法院实行裁判分割。

分割协议确定的权利义务具有物权性质。共有人与其他共有人订立共有财产分割协议后,如果将共有人的应有部分让与第三人,分割协议确定的权利义务关系对于受让人仍继续存在。[①]

(二)裁判分割

全体共有人不能协议分割共有物的,可以向人民法院起诉,由人民法院依法裁判分割。因此,不能协议分割是起诉的条件,没有经过协议分割的,不能起诉。已经协议分割并且达成分割协议的,不必起诉。有的共有人在分割协议达成之后不履行,经过公证的,可以请求法院强制执行协议。没有经过公证的,可以请求法院判决。在经过协议,但因诉讼时效完成而不能请求强制执行分割协议的,应当准许起诉。

法院可以采取实物分割的方法,将原物分配给各共有人;不能按应有份额受分配的,则以折价补偿;也可以采取变价分割,即变卖共有物,以变价款分配于各共有人。

起诉后,法院进行自由裁量权有两个问题:一是法院是否受原告诉讼请求的拘束。对此,当然不受其拘束,法院应当依据调查的事实认定共有关系,对共有财产分割作出判决。二是共有人原来达成的分割协议对法官是否有所限制。法官应当依照法律的规定和当事人的约定内容判断。

---

① 参见王泽鉴:《民法物权(1):通则·所有权》,中国政法大学出版社 2001 年版,第360—361 页。

如果当事人达成的分割协议符合法律规定或者当事人约定,应当按照分割协议的内容判决。如果分割协议违反法律和共有关系的宗旨,则法官可以另行作出判决,不受分割协议的约束。此外,尽管分割共有物是当事人的权利,但在裁判分割中采取何种方法分割共有物则属于法院自由裁量权的范围。[①]

四、分　割　方　法

按份共有关系消灭之后,对共有财产的分割方法有以下几种:

(一)实物分割

分割共有财产,如果共有财产是可以分割之物,进行实物分割又不影响共有财产的价值和使用价值以及物的特定用途时,可以采用对共有财产采取实物分割的方法进行分割。如果采取实物分割不能均等或者不公平的,以货币进行分割。

共有财产是集合物的,可以按照各种不同财产的价值作计算标准,分配给不同的共有人。

(二)变价分割

变价分割,就是通过变卖或者拍卖,将共有财产变价为货币,分割变价后的货币。

使用变价分割方法的,主要是共有物不便分割,或者实物虽然可以分割,但是共有人不愿意分割实物,不愿意自己取得或不愿意他方当事人取得,或者分割实物可能会影响共有财产的使用及特定用途的,或者可能形成不公平后果的。变价分割,就不会再出现这样的问题。

(三)作价补偿

作价补偿,即由共有人中的一人或者数人取得共有财产,对其他人给

---

① 参见房绍坤:《论共有物分割判决的形成效力》,《法学》2016年第11期,第51页。

予折价补偿。做法上，要先估定不可分的共有物的价值，将其归某一共有人所有，然后，由此共有人将超过其应得的份额以金钱形式补偿给其他的共有人。① 正如罗马法学家乌尔比安所说的那样："如果在进行遗产分割之诉或共有物分割之诉时分割太难，以至于分割几乎是不可能的，那么法官可以将所有的物判给一个人，而让他向其他人支付相应的价金。"②

五、分 割 效 果

（一）各共有人分别取得单独所有权

共有人就共有物分割时，一经分割，各共有人就其分配的份额，即时取得完全的所有权。对于分割后的共同围障、共同界墙、共同界线上的树木，以及共同庭院、道路等，均为不能分割之物，应继续维持共有的状态。要求分割的，可以采取一方取得所有权，另一方设定地役权的方法解决，如共同庭院、道路等。

（二）共有物分割效力的发生时间

共有物分割效力的发生时间，即共有关系消灭、单独所有权产生的时间。有两种立法例：一是权利认定主义，认为因分割而成为单独所有权的效力，溯及至共有关系成立之始发生，分割的不过是将原来自始属于个人独有的事实宣示，或就此种单独所有的权利加以认定而已，与一般由他人转移权利的情形不同。二是转移主义或付与主义、宣示主义，认为因分割而成为单独所有权的效力，不溯及既往，各共有人因分割成为单独所有人，系因彼此相互转移、让与部分权利所致。③

我国民法传统采取后者，在各共有人分割完成时，取得分得物的所有权。

---

① 参见申卫星等：《物权法》，吉林大学出版社 1999 年版，第 219 页。
② ［意］桑德罗·斯契巴尼：《物与物权》，范怀俊译，中国政法大学出版社 1999 年版，第120 页。
③ 参见陈华彬：《物权法原理》，国家行政学院出版社 1998 年版，第 494 页。

（三）共有人之间的担保责任

各共有人经过分割共有财产,取得共有财产的单独所有权,共有关系终止,单一所有权关系产生。同时,产生原共有人之间的担保责任。《民法典》第304条第2款规定:"共有人分割所得的不动产或者动产有瑕疵的,其他共有人应当分担损失。"

共有人之间的担保责任,是指各共有人按其应有部分,对于其他共有人因分割而得到的物,负与出卖人相同的担保责任,包括权利瑕疵的担保责任和物之瑕疵的担保责任两种。①

权利瑕疵担保责任,是指共有人应当担保第三人就其他共有人分得之物,不得主张任何权利。物之瑕疵担保责任,是指共有人对其他共有人应担保其分得部分于分割前不藏有瑕疵。② 例如,甲乙共有房屋两套,协议分割,每人分得一套,其中一套建筑质量不好。甲明知而不告知乙,致乙以同等价格分得有瑕疵的房屋。对此,乙可以请求甲承担物之瑕疵担保责任,承担损害赔偿责任。

六、共有物证书的保存与使用

共有物证书,是共有财产的原始权利证明文件,即共有物购入时的证书,③而不是分割协议或者法院确定共有财产分割的判决书。在共有财产分割后,共有人必须妥善保管共有财产证书,以供权利证明之用。这是因为,共有财产分割以后,共有财产证书具有证明各共有人权利的效力,涉及各共有人的利益。对此,我国台湾地区民事有关规定和《日本民法典》都有规定。④

---

① 参见陈华彬:《物权法原理》,国家行政学院出版社1998年版,第495页。
② 参见王泽鉴:《民法物权(1):通则·所有权》,中国政法大学出版社2001年版,第371页。
③ 参见梁慧星主编:《中国物权法草案建议稿:条文、说明、理由与参考立法例》,社会科学文献出版社2000年版,第438页。
④ 参见我国台湾民事有关规定第826条、《日本民法典》第262条规定。

规定共有物证书的保存,针对的是共有物有数个,而以原物分配者,共有人各分得某物而有证书时的情况,应当由分得该物的共有人保存所得物的证书。如果共有财产证书只有一份,则由取得共有物最大部分的人保存。最大部分是指共有物的价值最大,如果没有价值最大的,则以体积最大或者面积最大为准。没有价值最大、体积最大或者面积最大的,则由共有人协议决定。协议不成,可以诉请法院裁断,法院应当受理,依法裁决。

保存共有财产证书的人,应当保证其他共有人能够正当使用该证书。其他共有人有权请求使用他人保存的证书。

【典型案例】

原告赵某于 1942 年在住地白石街 78 号自建草房三间,1949 年回河南原籍居住,将该房租赁给结拜兄弟庞某夫妇居住,赵某按年收取租金。1957 年庞某将该屋换过小瓦,1967 年经与赵某协商,将该房拆掉重建,修成三间两层小楼,共 6 间,口头约定楼下三间仍归赵某所有,由庞某使用,楼上三间归庞某所有,所有房屋由庞某负管理责任。2006 年,庞某未经赵某同意,将该房全部卖给他人,房价 20 万元,并对产权作了过户登记手续。赵某得知后,要求庞某退回房款,追回房屋,庞某不同意。赵某向法院起诉,要求法院判决废除房屋买卖关系。

【案例分析】

对处理本案有不同意见:第一种意见认为,本案原、被告之间对新修小楼房按份共有的事实清楚,被告未经原告同意,擅自将按份共有的房屋出卖给他人,是无权处分,按照善意取得规则,第三人取得该房产权为善意无过失,故应维护第三人的合法权益,由擅自处分人除将房款给付一半归赵某所有外,对其造成的损失应予赔偿。第二种意见认为,按份共有人只有权处分自己所享有的产权份额,不能处分超越自己份额的共有物所有权。第一种意见之所以不当,是善意取得的规定只适用于共有人之一擅自处分共有物的场合,对按份共有则不适用。因而,庞某的处分行为无效,属于赵某自己份额的一层三间房仍由其所有。对于楼上三间房的买卖,赵也享有优先购买权,如果赵坚持购买,则全部房屋买卖关系均为无效。

处理本案应当采纳第一种意见。

首先,虽然按份共有人处分按份共有财产只能处分自己享有的那一份额,不能处分其他共有人享有的共有份额,但是,善意取得的前提条件就是无权处分人将不动产或者动产转让给受让人。庞某处分赵某按份共有的份额,虽然是无权处分,但是,由于该房屋的买受人购买该房屋符合《民法典》第 311 条规定的善意取得的要件,因而发生所有权转移的后果。

其次,庞某出卖讼争房屋自己的份额,赵某享有优先购买权。按份共有人处分自己的财产份额,其他财产共有人享有优先购买权,在同等条件下,其他共有人主张购买的,享有优先购买权,其他共有人不购买的,才可以由他人购买。庞某即使处分自己的那一部分财产份额,在未征得共有人赵某是否购买的意见之前,就将其出售,显然违背了按份共有的共有人内部关系,侵害了赵某的先买权。由于买受人的行为符合善意取得的要件,因而取得讼争房屋的所有权,无法恢复原状,因而庞某只能承担赔偿责任。

再次,庞某无权处分赵某的份额,为无权处分,属于侵权行为。按份共有人处分其他共有人的应有部分,侵害的是该共有人的所有权,应当承担损害赔偿责任。

因此,庞某不仅要赔偿赵某其应有部分被无权处分的损失,而且还要承担其侵害赵某优先购买权的损害赔偿责任。

第 四 章

共 同 共 有

第一节　共同共有概述

一、共同共有的概念

(一)共同共有概念的称谓

共同共有也称为公同共有。近代以来,《大清民律草案》《民国民律草案》都称作公同共有,民国时期民法也称作公同共有。1949年以来,民法学界一直将其称为共同共有。1986年制定《民法通则》,正式建立了共同共有制度。原《物权法》和《民法典》都使用共同共有的称谓。

对这两个表述,一般都认为共同共有已经被我国民法接受,作为按份共有相对应的概念使用,成为一个特定化名词,所以没有必要改变。① 另一种意见认为,"共同共有"一词存在明显的语义瑕疵,所谓"共有",就是共同所有,"共同共有"就成了"共同共同所有",所以,应当使用公同共有

---

① 参见王利明主编:《中国物权法草案建议稿及说明》,中国法制出版社2001年版,第310—311页。

的概念。①

后一种意见是有道理的。公同共有的称谓比共同共有更准确,"公同"比"共同"也更真切地描述了这种共有的形态。不过,尽管如此,也还是应当继续使用共同共有的概念。其理由是:第一,共同共有的称谓虽然不够准确,但是在语义上并不是严重问题,可以在概念的界定中使其含义明确。② 第二,这个概念的使用,是从 20 世纪 50 年代的民法教科书开始的,那时翻译苏联民法著作时使用了"共同共有"的概念,至今已经数十年了,已经被普遍接受,要想强制改称为公同共有也很难实现。③ 因此,《民法典》仍然采取共同共有的概念。

(二)共同共有概念的界定

共同共有的概念有广义、狭义之分。狭义的共同共有是指合有,是各共有人根据法律或合同的效力,共同结合在一起,不分份额地共同所有某项不动产或者动产。广义的共同共有包括合有和总有,由合有和总有两部分组成。

《民法典》使用的共同共有是狭义的概念。随着社会经济生活的发展,历史上的财产总有的团体转化为法人,而总有权成为法人的单独所有权,合有便与总有发生分离,现在各国立法所称的共同共有一般指的是合有,④是在狭义上使用共同共有的概念,不包括总有的概念。

不过,对共同共有概念应在广义上使用,将总有包括在其中。这不仅是因为日本等国立法还将入会权等总有认作是共同共有的一种特殊形式,而且在我国社会生活中也存在诸如祠堂、会馆等总有的形式。确认总有为共同共有的内容比较有利。《越南民法典》将共同共有分为"可分共

---

① 参见梁慧星主编:《中国物权法草案建议稿:条文、说明、理由与参考立法例》,社会科学文献出版社 2000 年版,第 439 页。

② 这有点像"精神损害赔偿"的概念一样,都认为这个概念不准确,但是都接受了这个概念。

③ 共同共有这个概念是 20 世纪 50 年代从苏联引进,直到今天仍然在使用,可见传统习惯的强大影响力。

④ 参见王利明等:《民法新论》(下册),中国政法大学出版社 1988 年版,第 109 页。

同共有与不可分共同共有"①，别有新意，可分共同共有就是合有，不可分共同共有就是总有，区分十分明显，值得借鉴。

对共同共有概念的界定有以下四种不同主张：

1. 着重强调共同共有人共同享有所有权的权能。如认为共同共有，是指两个以上的所有人，对共有的全部财产都平等地享有占有、使用、收益和处分的权利。②

2. 强调共同共有人共同享受权利、承担义务。如认为共同共有是指两个或两个以上的公民或法人，根据某种共同关系而对共有财产共同享有权利并承担义务。③

3. 强调共同共有的所有权属性。如认为共同共有是指两个或两个以上的人基于某种共同关系而共同享有某项财产的所有权。④ 或者因一定原因成立公同关系之数人，基于其公同关系，而共享一物之所有权者谓之公同共有。⑤ 我国台湾地区学者有的也采用这种界定。⑥ 有的学者采用后一种概念的界定，但是概念的性质放在制度上，而不是所有权上，如认为"指依一定原因成立共同关系之数人，基于共同关系，而共享一物所有权的制度"⑦。

4. 强调共同共有是一种共有形式。如认为公同共有是指共有人根据法律或合同的约定，基于某种共同关系不分份额地对全部财产享有权利，承担义务的共有形式。⑧

界定共同共有的概念，一是要突出它是共有的一种形式，因为它的直接上属概念是共有；二是要突出它的不分份额，这是与按份共有的最主要的区别；三是要突出共同关系的基础，这是共同共有产生的基础。因此，

---

① 《越南民法典》第 232 条第 2 款。
② 参见陈国柱主编：《民法学》，吉林大学出版社 1987 年版，第 176 页。
③ 参见王利明等：《民法新论》（下册），中国政法大学出版社 1988 年版，第 109 页；王利明：《物权法论》，中国政法大学出版社 1998 年版，第 343 页。
④ 参见唐德华主编：《民法教程》，法律出版社 1987 年版，第 169 页。
⑤ 参见王泽鉴：《民法物权（1）：通则·所有权》，中国政法大学出版社 2001 年版，第 375 页。
⑥ 参见谢在全：《民法物权论》，中国政法大学出版社 2011 年版，第 324 页。
⑦ 陈华彬：《物权法原理》，国家行政学院出版社 1998 年版，第 473 页。
⑧ 参见申卫星等：《物权法》，吉林大学出版社 1999 年版，第 212 页。

共同共有是指两个或两个以上的民事主体基于某种共同关系,对于同一项财产不分份额地共同享有权利、承担义务的共有关系。

二、共同共有的法律特征

对共同共有的法律特征,意见不尽相同。《民法学研究综述》汇集了三种不同的意见,[1]没有包括在内的《民法新论》所持的三种法律特征的主张更为确切,[2]《物权法原理》概括的三个法律特征也很周到,[3]都能够体现共同共有的内涵,不过还需要进行一定的补充。

共同共有具有以下法律特征:

(一)共同共有依据共同关系而发生

共同共有与按份共有不同,主要不是基于共有人的共同意志发生,必须以某种共同关系的存在作为发生的充要条件始能发生,没有这种共同关系的存在,就不能发生共同共有关系。例如,以夫妻关系为充要条件,发生夫妻共同共有关系;以家庭关系为充要条件,发生家庭共同共有关系;以合伙关系为充要条件,发生合伙收益的共同共有财产。没有这种共同关系,无法发生共同共有关系。

(二)共同共有人在共有关系中不分份额

在共同共有关系中,共有人共同享有共有财产的所有权,不像按份共有那样区分应有部分的份额,享有份额权。只要共同共有关系存在,共有人对共有财产就无法划分个人的份额,或者哪部分属于哪个共有人所有。只有在共同共有关系终止时,才可以对共有财产进行分割,确定各自的份额。但是,这时该财产的权利主体已经不是共有人,分割的财产也不再是

---

① 参见《法学研究》编辑部编著:《新中国民法学研究综述》,中国社会科学出版社 1900年版,第314—315页。

② 参见王利明等:《民法新论》(下册),中国政法大学出版社 1988年版,第110页。

③ 参见陈华彬:《物权法原理》,国家行政学院出版社 1998年版,第213页。

共有的份额,而是单独的所有人和单独所有权的标的物。而总有则不存在财产分割问题。

(三)共同共有人平等地享受权利和承担义务

在共同共有存续期间,各共有人对全部共有财产平等地享有占有、使用、收益和处分权,共同承担义务。与按份共有相比,共同共有人的权利及于整个共有财产,行使整个共有权,因而有的学者认为共同共有可以理解为各共有人对于同一物的各自所有权的互相竞合,而形成一项共有权。①

(四)共同共有人对共有财产享有连带权利,承担连带义务

基于共有财产而设定的权利,每个共同共有人都是权利人,该权利为连带权利。基于共有关系发生的债务亦为连带债务,每个共同共有人都是连带债务人。基于共有关系发生的民事责任,为连带责任,每个共有人都是连带责任人。

(五)共同共有的共同财产主要是动态财产

共同共有的共有财产一般不是一个特定物,而是一种财产的特定范围,在这个范围内,财产的具体数量可以增加也可以减少,是动态财产,而不是一个静态财产。这与按份共有形成明显区别。按份共有的共有财产通常是特定物,是对某一个特定的财产确定为共有,这个财产是特定的、不变的,因而是静态的,共有关系围绕着这个静态的共有物而展开。共同共有则与此相反。

三、共同共有的性质

(一)对共同共有性质的不同学说

对共同共有的性质主要有以下四种不同主张:

---

① 参见张俊浩主编:《民法学原理》,中国政法大学出版社 1991 年版,第 409 页。

1. 不分割的共有权说。认为共同共有是指没有应有部分的共同所有权,即使有应有部分,这种应有部分的份额也是潜在的,只有在共有关系解散时才能分割出来,因而是共同所有权。①

2. 人身权说。也称社员权说。认为在共同共有关系中,每个人虽然享有应有部分,但该应有部分并非物权法上的应有部分,而是属于人身权法的应有部分,类似于社员权,具有人身权性质。

3. 结合的共有权说。认为共同共有虽然也属于共有权,各共同共有人也具有应有部分,但这种共有权与通常意义上的共有权并不完全相同,各共有人不得自由处分其应有部分。②

4. 多个所有权竞合说。认为共同共有是各共有人对同一物的各自所有权互相竞合,而形成一项共有权。

（二）共同共有的性质是不分割的共有权

确定共同共有的性质,应当采用上述第一种主张,即共同共有是不分割的共有权。其理由是:

首先,共同共有不分份额,因而是没有应有部分即份额的共有权,以此与按份共有相区别。共同共有是一种共有形式,是共有的一种类型,共有人享有的权利不是典型的所有权,而是共有权。在这种共有权中,各个共有人没有应有部分,没有份额和份额权,只是享有一个共有权。

其次,共同共有人中的每个人都享有共有权,不是享有单一所有权。这意味着,每个共有人并不是对全部共有财产的全部所有,而只是"共有"。这就在实际上存在潜在的应有部分,存在潜在的"份额"。当然,这种潜在的份额在共同共有关系存续期间无法分析,也无法表现出来。

再次,在共同共有关系终止时,共有财产才可以分割,形成按份额分割出来的单独所有权,其前提是产生该种共同共有的共同关系消灭。这时,共同共有潜在的应有部分或份额才能显现出来,变成实际的应有部

---

① 参见陈华彬:《物权法原理》,国家行政学院出版社 1998 年版,第 474 页。
② 参见王利明等:《民法新论》(下册),中国政法大学出版社 1988 年版,第 109 页。

分,不过,这种显现出来的份额除了对分割共同财产价值之外,已经没有其他意义,因为共有财产和共有关系已经消灭了。然而,这正说明了共同共有应有部分的潜在性。所以,共同共有是不分割的共同所有权。

第二节　共同共有的发生

一、共同共有发生的意义

共同共有发生的基础在于某种共同关系。这样来表述共同共有的发生,只是就共同共有发生的表象而言,并未揭示出共同共有发生的本质规律。研究共同共有的发生应当从客观现象出发,深入研究共同共有发生的本质原因。

共同共有的发生原因分为两个层次:一是共同关系的事实原因,二是法律规定的法律原因。这两个原因结合在一起,才能发生共同共有关系。

(一)共同共有发生的事实基础

共同共有发生的事实基础,是数人存在的某种共同关系。正是由于这种共同关系的存在,才能够在这些人中发生共同共有。

共同关系的发生,并不是要特别的发生共有关系,而是基于一般的身份关系或者带有人格性质的关系而产生,共同关系的主体一般不是刻意地追求发生财产上的关系。在夫妻关系和家庭关系上,都不是以发生财产关系为目的,而是以确定的身份关系而发生。在共同继承遗产的问题上,共同关系也是身份关系,而不是为了共同继承遗产而发生共同关系。在合伙关系中,看似为了寻求财产上的利益,各合伙人才聚集在一起发生合伙关系,其实合伙关系的发生也具有人身性的内容,只不过不是亲属法上的人身关系而已。

共同关系是发生共同共有关系的事实基础说明,共同共有的发生主要的不是基于共有人的意志而产生。在现实中,很少有为了发生共同共有而成立一个团体,才让这个团体成员作为共有的主体,建立权利义务关系的。共同共有关系的产生原因更具有非意志性和客观性,这是研究共有关系应当特别值得注意的问题。

(二)共同共有发生的法律原因

共同共有发生的根本原因是法律规定。从表面上看,共同共有是基于某种共同关系发生的,作为共同共有发生前提的某种共同关系虽然是由于组成这种共同关系的当事人的意志统一而构成,但是,发生受这种共同关系支配的共同共有关系却不是或者不完全是由于共同意志而发生。法律规定某种共同关系的财产关系为共同共有,是共同共有发生的基本原因。

例如,我国《民法典》第1062条关于"夫妻在婚姻关系存续期间所得的下列财产,为夫妻的共同财产,归夫妻共同所有:(一)工资、奖金、劳务报酬;(二)生产、经营、投资的收益;(三)知识产权的收益;(四)继承或者受赠的财产,但是本法第一千零六十三条第三项规定的除外;(五)其他应当归共同所有的财产"的规定,就是夫妻共同共有关系发生的法律根据。

合伙共有财产亦如此。共有关系的产生虽然有共同关系存在的事实基础,但是,发生在合伙人之间的共同共有关系,却是法律的规定,因为法律规定了这种关系的性质是共同共有,尤其是合伙人不得选择合伙财产的其他财产形式。这样规定的目的不仅仅是保护合伙人的利益,也是保护其他第三人的利益和维护社会民事流转秩序。

确认共同共有发生的主要原因是法律规定,一是因为在一般情况下共同共有关系的发生没有由当事人选择的余地,如合伙形成的共有;二是尽管准许当事人有一定程度的选择权,但是一经选择共有之后,共有的内容就完全依照法律规定来确定,例如夫妻共有。除了法律规定是共同共有发生的基本的、主要的原因之外,也有基于当事人的共同意志发生的共同共有,如共同继承遗产存在不分份额地共同管理经营,就依共同继承人的共同意志而形成共同共有关系。不过,共同意志是共同共有发生的非基本原因。

(三)共有财产的增加减少

共同共有关系与共有财产的关系是极为特别的。这就是,发生共有关系时可能存在共有财产,或者根本就没有共同财产,在共有关系发生之后,共同财产可以增加也可以减少。这也说明,共同共有关系的发生,财产因素并不是其明显特点。

正是由于共同共有的这个特点,共同共有财产的产生和发展就包括所有权取得的原因。所有权的取得是原始取得与继受取得,也就是所有权基于何种事实和行为发生。作为原始取得的孳息、拾得遗失物、发现埋藏物隐藏物、先占、添附、善意取得,作为继受取得的买卖、互易、赠与、继承等,都是所有权法律关系发生的事实或者行为。这些所有权发生的根据对于共同共有财产的发生和发展都是适用的。但是,共同共有关系的发生不是基于财产的取得,而是基于共同关系的事实基础和法律规定,这才是共同共有关系发生的根本原因。

二、共同共有发生的具体原因

共同共有发生的原因有以下几种:

(一)夫妻关系的缔结且未选择其他夫妻财产制

夫妻共同共有财产关系产生于两个事实:一是夫妻关系的缔结;二是夫妻双方未选择非共同共有财产制。对此,法定的夫妻财产制是夫妻婚后所得共同制,夫妻关系缔结后,只要未约定选择其他夫妻财产制,即为夫妻婚后所得共同制,形成夫妻共同共有。如果夫妻选择了夫妻财产分别所有制,尽管缔结了夫妻关系,也不能产生夫妻共同共有权,而仅发生夫或妻的单独所有权。

但是,并非约定选择其他夫妻财产制的夫妻之间就一律不发生共同共有关系。如果夫妻双方约定选择婚后动产所得共同制、婚后劳动所得共同制、婚后财产共同制的,也都产生夫妻共同共有关系,只是共有的内容与法定的夫妻共有不同。

(二)家庭关系存在且由家庭成员对家庭财产的形成作出贡献

家庭关系的存在,是构成家庭共同共有的前提条件,但是,只有家庭关系尚不能产生家庭共同共有财产,还须家庭成员向家庭财产中提供财产,才能形成家庭共同共有财产。

家庭共有财产往往先由组成家庭的若干成员提供财产,随着家庭关系的形成而产生家庭共同财产。随之,其他家庭成员再提供财产,成为新的家庭共有财产的主体。家庭共同财产的特点之一,就是并非全体家庭成员均为家庭共有财产的主体,只有对家庭财产作出贡献的家庭成员,才是家庭共有财产的共有人。这一点,家庭共同共有与夫妻共同共有截然不同。

应当注意的是,在家庭共同财产中,一般都存在夫妻共同财产。这两种共同共有的共有财产混合在一起,形成复杂的财产关系。进行分家析产,即家庭共有关系消灭,分割共同共有财产时应当严格区分家庭共同财产和夫妻共同财产的范围。

(三)合伙财产

合伙是发生共同共有关系的共同关系,法律规定合伙的财产是共同共有财产,合伙共有财产缘此而生。

在合伙财产中,究竟全部都是共同共有财产,还是一部分是共同共有财产、一部分是按份共有财产,有不同意见。有的认为合伙财产都是共同共有财产,没有差别。有的认为合伙投资是按份共有,合伙收益是共同共有。笔者认为,合伙的所有财产都是共同共有,即使是投资的财产存在份额的差别,但是,投入合伙的财产一经投入合伙,就成为一个完整的财产,是合伙财产,就不得分出份额。故不论是合伙投资,还是共同经营所得收益,都是合伙的共同共有财产。合伙组织是共同出资、共同经营、共享收益的组织,合伙的经营活动无论由哪些合伙人参加,均为共同经营,即使隐名合伙中的隐名合伙人只出资而不参加经营,亦为共同经营。合伙经营所得均为共同共有,不分份额,共同所有。

（四）共同继承遗产

对于共同继承遗产是否构成共同共有,应当区别情况。

1.临时共同共有,即在遗产继承开始至遗产分割之前,遗产作为整体存在,没有分割为继承人所有,如果继承人为数人,各继承人对于在该期间的遗产全部为共同共有。这种共同共有是一种暂时的状态,不是既定的状态,其性质为共同共有,不可否认。

2.确定的共同共有,即共同继承人共同继承遗产,不分份额地共同继承,发生新的共同共有关系。有两种情况:一是默示的共同继承财产,遗产没有分割,没有明确表示继承,只是全体继承人一体占有,一体享有权利,形成事实上的共同共有。二是明示的共同继承财产,共同继承人有明确的共同继承的主观意志,约定共同继承,共同共有。这两种情况都是共同共有。

3.共同继承人约定按份额共同继承遗产,共同管理共同经营,则发生按份共有。

4.共同继承人分割遗产各自继承,则为共同共有遗产的分割,发生各自独立的所有权。

在上述四种情况中,前两种发生的共有关系是共同共有,各共有人不分份额、共同所有。第三种实际上是对按份共有的约定,应当是按份共有,不过,在现实中并不多见。最后一种情况是临时的共同共有,哪怕只是短暂的时间,也暂时发生共有关系,应当依照一般的继承规则分割遗产。

（五）其他发生共同共有的事实

此种事实包括总有以及其他共同共有发生的事实。如家族共有的祠堂、学馆、学田、族产等事实的发生,均产生共同共有关系,其性质为总有,须永远保全,不容擅废,不得典卖,其目的未达之前不能废止。福建永定的土楼就存在这种总有形式。一个家族八户家庭,共同拥有一座土楼的所有权,不分份额,不得分割,永远保全,是总有的形式。族产总有的形式在南方很多农村都有存在。

(六)推定的共同共有

在现实生活中,有时对一个共有关系的基本性质是确定的,但是,究竟是按份共有还是共同共有,分不清楚,或者部分共有人主张按份共有,部分共有人主张共同共有,不能证明究竟性质如何。对此,《民法典》第308条规定:"共有人对共有的不动产或者动产没有约定为按份共有或者共同共有,或者约定不明确的,除共有人具有家庭关系等外,视为按份共有。"其中有家庭关系的推定为共同共有,按照共同共有性质处理;没有家庭关系的视为按份共有。

第三节 共同共有的权利义务关系

一、共同共有权利义务关系概述

(一)共同共有权利义务关系的特点

共同共有的权利义务关系,在共有理论中也称为共同共有的效力,其意义在于共同共有一经产生,即在共有人之间发生权利义务关系的效力。

在表述共同共有权利义务关系时,学者常用两种不同方法进行。一是直接表述共同共有的权利义务关系,认为共同共有关系主要是依照法律的规定和合同的约定而产生的,共有人相互间的权利义务应依法律或合同的规定确定,分为共同共有人的权利和共同共有人的义务;[①]二是仍

---

① 参见王利明:《物权法论》,中国政法大学出版社1998年版,第344—345页。

如按份共有关系内容的表述一样,分为共有人内部的权利义务关系和外部的权利义务关系。①

共同共有关系就是共同共有的权利义务关系,这种关系分为内部的权利义务关系和外部的权利义务关系。

共同共有的内部权利义务关系,是各共同共有人之间就共有财产相互享有和负担的权利义务关系。在共同共有中,各共有人之间的权利义务关系不像按份共有那样是以应有部分作为基础确定权利义务的量,而是共同行使共有权,各共有人的权利及于共同共有财产的全部;同时,这种权利也使其他共有人产生相应的义务,对行使权利产生限制,不得请求分割共有财产,各个共有人都可以行使物权保护请求权等。这些是共同共有的内部权利义务关系。

共同共有的外部权利义务关系,是各个共同共有人就共有财产与共有人之外的其他第三人之间的权利义务关系。例如,共有人以外的任何第三人都对共有权负有不可侵义务,共有财产造成他人损害及共有人造成他人损害的赔偿义务,承担部分共有人擅自处分共有财产的法律后果等。

共同共有无论是分为对内还是对外的权利义务关系,其基本特点都是权利义务及于全部共有财产,不分份额。只有把握共同共有的这个基本特点,才能够分清其基本的权利义务关系。

事实上,共同共有的权利义务关系分为共有的内部关系和外部关系不具有特别的意义,因而,本书在对共同共有的内部和外部的权利义务关系做了这样的简单表述之后,采用前一种表述方式,将这两种权利义务关系并在一起进行研究。但是,这并不意味着笔者认为共同共有关系只有一种权利义务关系,或者不分为内部关系和外部关系。

(二)共同共有权利义务关系的一般内容

《民法典》物权编"共有"一章没有规定共同共有人的权利义务内容。

---

① 参见陈华彬:《物权法原理》,国家行政学院出版社1998年版,第474—475页。

对此,应当按照该法第 299 条关于"共同共有人对共有的不动产或者动产共同享有所有权"的原则性规定,参考学理的意见确定。

在中国人民大学起草的物权法草案建议稿中,规定共同共有权利义务关系的第 802 条分为三款:"共同共有人在共同共有关系存续期间,对共有财产应当平等地享有权利,承担义务。""除共同共有人有特别约定以外,共有物的保管、收益和处分,必须经全体共有人一致同意。因共有财产的管理所产生的费用,由全体共有人平均分担。""因共有财产经营管理而对第三人产生义务的,各共同共有人对第三人承担连带责任。"[①]

中国社会科学院起草的物权法草案建议稿对共同共有权利义务关系的规定是第 401 条,共有四款:"公同共有人的权利和义务,依规定公同关系的法律或合同而定。""除公同共有人有特别约定外,共有物的让与、设定负担、抛弃、事实上处分、变更其使用收益方法或管理,须经全体共有人一致同意。""在公同共有关系存在期间,不得分割共有物或对共有物中的任何部分进行让与或设定负担。""因共有物产生的费用或负担,除第一款所称法律或合同另有规定的外,由共有人平均分担。"[②]

参考以上意见,结合实践经验,共同共有权利义务关系的基本内容是:

1. 共同共有人的权利和义务,依照规定共同关系的法律规定或合同约定而确定。例如,规定夫妻关系的是《民法典》婚姻家庭编,夫妻之间对于共同财产的权利义务就依照《民法典》的规定确定。合伙人之间的权利义务关系是依据合同而生,应当按照合伙合同的约定和《民法典》关于合伙合同的规定来确定。

2. 共同共有关系存续期间,共同共有人对共同财产平等地享有权利,承担义务,不分份额,不分应有部分,不享有份额权。即使合伙人之间有投资比例和份额的不同,在没有分割共有财产之前,也只能按照份额分取红利,全部财产则不分份额地一体享有。

---

① 王利明主编:《中国民法典草案建议稿及说明》,中国法制出版社 2004 年版,第115 页。
② 梁慧星主编:《中国民法典草案建议稿》,法律出版社 2003 年版,第79 页。

3. 基本权利的行使,除有特别约定之外,共有财产的保管、收益、处分、设定负担、变更使用收益方法或管理,必须经过全体共有人的一致同意。可以参考的立法例如《瑞士民法典》第 653 条第 2 款:"行使所有权,特别是对物的处分,除有特别约定外,须经全体共同共有人一致同意。"我国台湾地区民事有关规定第 828 条规定:"公同共有人之权利义务,依其公同关系所由规定之法律或契约另有规定外,公同共有物之处分及其他权利形式,应得公同共有人全体之同意。"我国《民法典》第 301 条有相应的规定。

4. 在共同共有关系存续期间,不得分割共有财产。这是共同共有人的义务,必须遵守,法律有规定的除外。

5. 因共有财产的经营管理产生的费用,由全体共有人平均分担。

6. 因共有财产的经营管理产生的义务,包括共有财产造成他人损害产生的损害赔偿义务,以及共有人在经营管理共有财产中造成他人损害产生的损害赔偿义务,应当由共有人连带承担。

二、共同共有人的权利

共同共有人享有如下具体权利:

(一)共同的使用收益权

共同共有人对于共有财产享有平等的用益权,可以共同或单独使用共有物,共同享用共有物产生的收益而不是按份额分配。共同共有人不得主张就共同共有财产有其特定的部分。[①] 部分共有人自己划分自己应有部分的无效,对其他共有人没有拘束力。

共同共有财产通常是集合物,由全体共有人占有,对具体的物的占有可以由个别共有人为之。在使用和收益中尽管可以由某共有人对某物单

---

① 在这个问题上,要特别注意夫妻共同财产中的特别现象,即在夫妻关系存续期间,对于个人使用的物品,属于个人财产。这不是对共同共有规则的破坏,而是法律的特别规定。

独使用或将某一收益分给某共有人,但是,这与共同使用和共同收益的原则不相冲突。

有一种主张认为,为了确保其他共有人的利益,共有人的债权人也不得对共有财产申请强制执行,但是共有人对共有财产所享有的权利如盈余分配权、孳息分配权等,债权人则可以请求强制执行,因为此类权利属于由共有关系所生的独立财产权。① 这种意见值得研究。如果凡是共同共有的财产就不得申请强制执行,对共同共有人的债权人是不公平的,其结果必然是在交易中,在与共同共有人发生交易时必须小心从事,不能轻易进行,最终结果还是损害共同共有人的利益。这里涉及的是全体共有人的债权人和共有人个人的债权人的关系问题。对此,应当分为两部分,共有的债权人即全体共有人的债权人可以对共有财产申请强制执行,共有人个人的债权人不得对共有财产申请强制执行。

（二）共有财产的部分处分权

在共同共有关系存续期间,对于全部共有财产不能全部处分,只能处分部分共有财产。共同共有人享有的共有财产处分权,只及于部分共有财产,不能及于全部共有财产。②

这种对共同共有财产的处分权属于全体共有人,处分共有财产必须经全体共有人一致同意,否则为无效。部分共有人擅自处分共有财产,其他共有人明知而不提出异议的,视为同意,发生处分的效力,所有权发生转移的后果。③ 即使其他共有人对处分的情况不知情,受让的第三人是善意、无过失的,构成善意取得,也发生所有权转移的效力,应当依照《民法典》第311条关于善意取得的规定,确定其行为的效力,具备其要件的转移所有权,不具备善意取得要件的不能转移所有权。

---

① 参见陈华彬:《物权法原理》,国家行政学院出版社1998年版,第476页。

② 在这个问题上,《瑞士民法典》有不同规定,认为不能处分部分共有财产,不够妥当。已见前述。

③ 参见王利明:《物权法论》,中国政法大学出版社1998年版,第344页。

(三)物权保护请求权

罗马法以来,民法创设物上请求权即物上追及权,包括所有物被他人非法侵占时的返还请求权、所有物受到妨害时的妨害排除请求权,以及所有物有受到妨害之虞时的排除妨害请求权。《民法典》规定了物权保护请求权,包括返还原物请求权、排除妨害请求权、恢复原状请求权和损害赔偿请求权,这些请求权对共同共有同样适用。当共同共有财产受到不法侵夺时,任何共同共有人均享有这些请求权,可以独自行使这一权利,以保全共有物。这与用益权、处分权有所不同,不是必须要全体共有人共同行使,而是所有的共同共有人均可单独行使,亦可共同行使,皆因其享有连带权利使然。

行使物权请求权须为全体共有人的利益而行使,不得仅为个人或者部分共有人的利益而行使。在程序上,共有人的一人或数人正当行使上述权利,为适格当事人。

(四)设置共有物物上权的权利

行使此权利,应由全体共有人协商一致,或者由有代表权的共有人与他人以法律行为设立,例如在共有物上设立担保物权、用益物权。这种行为涉及共有物的命运,必须由全体共有人同意才能实施。

(五)代表权

共同共有人中推举一个共有人作为代表,其行为代表全体共有人的意志,为代表权。传统民法认为,该代表权既可依法定而发生,也可依约定而发生。前者如家长权,夫对妻的代表权,均为某些法律所承认,因而家长对家庭共有财产、丈夫对夫妻共有财产,均有权作出处理的决定。不过,这些规定都是较早的规定,不符合男女平等的原则,有人格不平等和歧视妇女之嫌。

依据我国法律,不承认依法发生的共同共有关系中部分共有人的代表权,但是,对依据共有人之间协议约定某共有人享有代表权的,则未作明文禁止,应承认其效力。例如,合伙人约定推举产生的共有代表权人,有权代表全体共有人处分共同共有物,有权代表全体共有人与他人实施民事法律行为,有权就共有物设定民事法律关系。在夫妻共同关系中,夫妻之间享有家事代理权,就一般的处分财产行为有代表权,但是,单独处分重大财产或者决定共同财产中的重大事项,夫或妻无权代表对方。

(六)优先购买权

《民法典》第 305 条只规定按份共有人享有优先购买权,未规定共同共有人的优先购买权。学者认为,各共有人无分割请求权,此点与按份共有不同,从而也无优先购买权可言。①

就一般情况而言,这种意见是正确的,因为共同共有财产为全体共有人共同所有,不分份额,无法确定自己的份额,也就无法处分自己的部分,当然不存在优先购买权。然而,有一种情况是特殊的,就是共同共有关系消灭,共有财产经过分割之后,一方共有人处分自己分得的财产的,其他共有人享有有条件的优先购买权。最高人民法院《关于贯彻执行〈中华人民共和国民法通则〉若干问题的意见(试行)》第 92 条规定:"共同共有财产分割后,一个或者数个原共有人出卖自己分得的财产时,如果出卖的财产与其他原共有人分得的财产属于一个整体或者配套使用,其他原共有人主张优先购买权的,应当予以支持。"这一规定承认共同共有财产分割后原共有人的优先购买权,其条件除共同共有财产分割后外,还须具备部分原共有人出卖所分得的财产与其他原共有人分得的财产属于一个整体或者配套使用的条件,方为构成。可见,这种优先购买权较之按份共有权人的优先购买权,一是在共同共有关系终止之后方产生,二是处分的物与主张先买权的人所分得物存在某种联系始构成,因而是不相同的。尽管如此,这种权利毕竟是一种优先权,应当认为是优先购买权。尽管《民法典》对这种优先购买权没有规定,但是按照法理是应当成立的。

---

① 参见张俊浩主编:《民法学原理》,中国政法大学出版社 1991 年版,第 409—410 页。

（七）管理权

共同共有财产的管理,既是权利,也是义务,原则上应当由全体共有人统一进行;法律另有规定的,依照法律规定。夫妻共同财产,由夫妻共同管理。家庭共同财产,由家庭委派代表管理。合伙共同财产,由合伙合同约定的方法进行管理。其他共同共有财产的管理,有习惯的依据习惯进行管理,如家族祠堂等公产,推举专人进行管理。

三、共同共有人的义务

共同共有人承担如下义务:

（一）对共有物进行维修、保管、改良义务

此项义务为全体共同共有人的义务,均应承担。具体履行,可由部分共有人负责,费用由共同收益中支出。对此,有学者认为,因对共有财产进行维护、保管、改良等所支付的费用,由各共有人平均分担。[1] 这是一种误解。在共同共有关系中,所得财产为共同所有,很多共同共有人自己并无任何财产,不能平均分担,也无平均负担的必要。将此种负担作为共同财产的支出即可。

（二）不得分割共有财产的义务

共有人的这种义务是约束共有人保持共有财产的完整性和统一性。可以参考的是《瑞士民法典》第 653 条第 3 款规定:"在共同共有关系存续期间,不得分割公同共有物或处分公同共有物的任何部分。"《民法典》第 303 条规定:"共有人约定不得分割共有的不动产或者动产,以维持共有关系的,应当按照约定","没有约定或者约定不明确的","共同共有人在共有的基础丧失或者有重大理由需要分割时可以请求分割"。按照这

---

① 参见佟柔主编:《中国民法》,法律出版社 1990 年版,第 288 页。

一规定,共同共有没有不得分割约定或者约定不明确的,除了在共有基础丧失或者有重大理由分割时可以请求分割共有财产之外,负有不得分割共有财产的义务。

(三)对债务的连带清偿责任

按照《民法典》第307条规定,共同共有人对所欠债务,分为外部关系和内部关系:第一,因共有的不动产或者动产产生的债务,在对外关系上,共有人承担连带债务,但法律另有规定或者第三人知道共有人不具有连带债务关系的除外。第二,在共有人内部关系上,除共有人另有约定外,共同共有人共同承担债务。偿还债务超过自己应当承担份额的按份共有人,有权向其他共有人追偿。

共同共有关系在日常生活、经营活动中所欠债务,须负连带清偿责任,各共有人为连带债务人。连带的方法,首先是债权人可以向任何一个共同共有人要求清偿,应从共有财产中为支付;其次,共同财产不足以清偿,共有人有其他财产的,亦应清偿。因此,此种义务的性质为无限连带义务。

(四)共有物造成他人损害及各共有人造成他人损害的赔偿义务

共有物因管理不善造成他人损害,应由全体共有人承担赔偿责任。如共同共有人饲养的动物致人损害,共同共有的房屋坍塌致人损害等,均是。共有人致人损害,应区分不同情况,在家庭共有和夫妻共有关系下,任何共有人侵害他人权利造成损害,均须由共同共有财产承担赔偿责任,即从共有财产中支付赔偿金;在合伙、共同继承的场合,只有在执行合伙事务或管理遗产活动中致人损害的,方由共同财产承担赔偿责任;在总有的情况下,因管理总有财产及处理总有关系事务中致人损害,由总有财产承担赔偿费用。

这项义务也是共同共有对外关系的内容,是共同共有人对第三人的义务。

（五）为部分共同共有人擅自处分共有财产的后果承担义务

共同共有人擅自处分共有财产为无权处分,但是,第三人善意、有偿取得的,按照《民法典》第 311 条规定为善意取得,即时取得该财产的所有权,其他共有人不享有物上追及权,其后果由共有人承担,擅自处分财产的人负有赔偿义务,受损害的共有人不得追夺共有财产,只能向处分财产的共有人要求赔偿损失。

第四节　共同共有关系的终止和共有物分割

一、共同共有关系的终止

共同共有关系基于产生共同共有的共同关系的消灭而终止。产生共同共有关系的事实基础是共同关系,共同关系消灭,存在共同共有关系的事实基础已经不存在,共同共有关系不会再继续存在下去,共同共有关系必然消灭。

共同共有关系消灭的概括原因,不外乎因共同关系所由产生的法律规定或者合同约定。以下所述的共同共有关系消灭的原因,都可以概括在这两种概括性原因中。

共同共有关系依据下述事实而终止:

（一）婚姻关系消灭

婚姻关系消灭有两种主要原因:第一,离婚是婚姻关系消灭的重要原因。婚姻关系这种共同关系消灭,必然导致夫妻共同共有关系的消灭。第二,夫妻一方死亡。包括自然死亡和宣告死亡,均使婚姻关系消灭,这种共同关系消灭在财产上的后果,导致夫妻共同共有财产关系的消灭。

（二）家庭关系解体

家庭关系解体主要是指分家,即同财共居的家庭解体,分成若干小的家庭或独立的生活单位,家庭共同共有财产关系终止。分家有两种,一是整个家庭关系分解,原来的关系不复存续。家庭关系消灭,导致该家庭的共同共有财产关系消灭。二是家庭关系中的一人或者数人从家庭中分出,原来的家庭还继续存在。作为家庭共有财产主体的一个或数个家庭成员因工作和生活等需要,要求分出部分财产另外组织生活的,家庭共有财产关系就分出人这一部分而言,为共有关系消灭,对其他共有人而言,共有关系只是发生变化而未终止。

（三）合伙散伙

合伙关系终止即散伙,必然引起合伙共有关系终止。在个别合伙人退伙时,不发生共同共有关系的消灭,因为退伙后只要该合伙还有两个以上的合伙人,这个合伙就仍然存在而没有散伙,只是处理退伙的财产问题,不消灭合伙共有关系。

（四）共同继承人分割遗产

共同继承人继承遗产作为共同共有财产,由全体继承人享有所有权。当共同继承人提出不再保存这个共同继承关系,进行析产时,共同关系消灭,共同继承的共同共有关系即告消灭。

（五）共有财产被转让或灭失

此种转让和灭失须全部转让或全部灭失,始导致共有关系终止。多数是对一个独立的特定物产生的共同共有关系。共同共有的这个特定物被转让,或者灭失,或者被共有人事实处分,共同共有关系自然消灭。在夫妻共同共有和家庭共同共有中,一般不存在共有财产全部被转让或灭失的情况,不存在因这种情况发生的共有关系终止。但是,夫妻之间以及家庭成员之间仅对某一个特定物或者某一部分财产实行共同共有,这一个物或者一部分财产被转让或者灭失,发生共同共有关系消灭的后果。

(六)终止共有关系的协议

共同共有人共同协议,决定终止共同共有关系,发生共同共有关系消灭的后果。例如,夫妻之间以协议约定废止共同共有关系,采用新的财产所有形式,消灭共同共有关系。族人协议废止祠堂公产,也消灭共同共有关系。

二、共同共有财产分割

(一)分割原则

对共同共有财产的分割原则,一是将共同共有与按份共有合起来讨论,在具体阐述时分清不同的共有适用不同的分割原则。[①] 二是确定共同共有财产分割原则是,有协议的按协议处理;没有协议的一般可根据均等原则,并考虑共有人对共有财产的贡献大小,共有人生产、生活的实际情况等处理。[②] 三是笼统地确认共同共有财产的分割方法"与按份共有的分割相同"。[③]

上述第一种意见比较准确、实用,只是将两种不同的共有财产的分割放在一起阐述,不完全清楚;第二种意见主张的分割原则,实际上只适用于家庭共有财产的分割,对于夫妻共同财产与合伙财产、共同继承财产均不适用。第三种意见将两种不同共有财产的不同分割原则混淆到一起,不够准确。

两部物权法草案专家建议稿对共有财产的分割原则和方法也是分为两种体例规定的。中国人民大学物权法草案采用合一规定的方法,规定

---

① 参见唐德华主编:《民法教程》,法律出版社 1987 年版,第 290—291 页。
② 参见王利明等:《民法新论》(下册),中国政法大学出版社 1988 年版,第 111 页。
③ 参见张俊浩主编:《民法学原理》,中国政法大学出版社 1991 年版,第 410 页。

分割的原则和分割的方法。① 中国社会科学院物权法草案采用分别规定的方法,在按份共有和共同共有的两个部分中,分别规定按份共有财产的分割和共同共有财产的分割。② 《民法典》第 304 条是放在一起的规定的,未区别两种不同的分割方法,在适用中应当特别注意。

共同共有财产的分割与按份共有财产的分割是有区别的,并不相同。一是按份共有人在共有关系存续期间,可以随时提出分割的请求;在共同共有关系存在时,一般不得分割共同共有财产。二是按份共有财产的分割基本标准是按份,即按照各共有人的应有部分进行分割;而共同共有财产的分割基本标准是平均分配。如果适用一样的原则分割共同共有财产,后果可能会是不公平的。

与此相关的问题是,共同共有发生的事实基础即共同关系消灭之后,在共同财产分割之前,是否存在一个共同共有财产过渡为按份共有状态的过程。有的学者主张,公同关系终止之后,公同共有之关系归于消灭,故除同时就公同共有物予以分割外,此数人依公同关系对某物共享一所有权之状态,势将因此成为分别共有。③ 就客观情况而言,在共同关系终止以后共有财产分割之前,存在一个客观的阶段,不会出现共同关系一经终止,共同共有关系立即消灭,财产亦即归各共有人所有。在这个阶段中,各共有人权利中的潜在“应有部分”开始显现出来,为共有财产的分割做好准备。在这个意义上说,在这个阶段中,财产关系是可以分出份额的,如果完全没有份额,就无法分割共有财产了。但是,因此就认为在公同共有关系消灭之后共有财产分割之前,存在一个按份共有的阶段,将会使共同共有关系变得复杂、混乱,不容易理解,操作起来更加复杂、繁琐。按照法律关系尽可能简化的原则,还是认为共同关系终止之后至共同财产分割之前仍然是共同共有关系,是待分割的共同共有财产为好。

---

① 参见该稿第 175 条和第 177 条。王利明主编:《中国物权法草案建议稿及说明》,中国法制出版社 2001 年版,第 46、47 页。

② 参见该稿第 185 条和第 193 条。梁慧星主编:《中国物权法草案建议稿:条文、说明、理由与参考立法例》,社会科学文献出版社 2000 年版,第 40、41 页。

③ 参见谢在全:《民法物权论》,中国政法大学出版社 2011 年版,第 339 页。

共同共有财产的分割原则,分为共同原则与具体原则。

1. 共同原则

按照《民法典》第304条规定,分割共同共有财产的共同原则,是协商原则。无论是夫妻共同财产、家庭共同财产,还是合伙财产、共同继承财产,在分割时,都应当贯彻协商原则,只要协商一致,不违背法律的强行规定,不损害社会公共利益和他人利益,都应当承认其有效。

2. 具体原则

分割各种不同的共同共有财产,在协商不成时,应当依据各自不同的分割原则进行分割。主要是:

(1)分割夫妻共同财产原则上是均等,确定了夫妻共同财产范围以后,每人分得一半,根据生产、生活的实际需要和财产的来源等情况,具体处理时有所差别。离婚时分割夫妻共同财产,实行照顾子女、女方和无过错方的原则。

(2)分割家庭共同财产的原则是一般可根据均等原则,要考虑共有人对共有财产的贡献大小及生产生活的实际情况。分割家庭共有财产,均等分割是一般原则,但是须考虑共有人的贡献大小,以及生产、生活的实际情况,其中贡献大小是确定分割的主要参考因素。

(3)分割合伙共同共有财产,原则是按照约定,没有约定的,按出资比例分割。各合伙人按出资比例在共同共有财产中形成一种潜在份额,该潜在份额决定各合伙人的盈余和亏损的承担。分割合伙财产时亦依此比例进行。

(4)分割共同继承的遗产,应依照《民法典》继承编的规定进行。

(5)其他共同共有财产的分割,一般实行均等原则。

(二)分割方法

分割共同共有财产的具体方法为以下三种方式:

1. 实物分割

共同共有财产往往是集合物,因此可以按照各种不同的财产价值作计算标准,分配给不同的共有人。对此,要考虑各共有人职业、生活的特别需要,将需要的物品分给该人。可分的共有物,可以实物分割分配。

2. 变价分割

对不能实物分割的共同共有物,可以变卖共有物,各共有人分割价金。

3. 作价补偿

对不可分割的共有物,可以分配给一个共有人,对其他共有人作价补偿。

【典型案例】

原告宋某娟和被告李某平系继母女关系。宋某娟的丈夫即李某平的生父李某明在 1965 年去世时,遗下夫妻共同修建的房屋 5 间,一直由李某平和宋某娟共同居住使用,其中宋某娟居住东边二间,李某平居住西边三间。宋某娟去国外居住后,5 间房均由李某平居住。嗣后,李某平未经宋某娟同意,擅自通过熟人将产权变更为自己个人所有。宋得知后要求析产,主张自己有 3 间房的权利,李某平不同意,主张 5 间房的权利,并不承认宋为其继母。宋向法院起诉,要求析产、确权,制裁李某平的侵权作为。

【案例分析】

对本案如何处理有两种意见:一是全部 5 间房均为共同共有财产,宋作为李某明的妻子,对夫妻共同财产有一半的份额,5 间房应当先分出一半归宋所有;其余一半为李某明的遗产,由宋与李某平继承。李某平未经共同共有人同意,将全部房屋产权变更登记为自己个人所有,侵害了其共有权,应当撤销这一登记,按上述析产方法重新分割。二是李某平的父亲死亡后,所遗 5 间房屋经李某平与宋某娟共同使用达 20 年以上,宋某娟始终没有主张自己的份额,因而已成为共同共有财产,李某平虽然将房屋产权擅自变更登记为其个人所有不当,但是,分割析产应当考虑原、被告原来实际使用的面积,进行分割析产。

分析本案应当从以下几个方面研究:

第一,在本案中,先后有两个不同的共同共有关系。首先,在宋某娟与李某明共同生活期间,争执的 5 间房子为夫妻共同财产,由夫妻双方共同共有。这一部分财产不是家庭共有财产,李某平不是这一财产的权利主体。其次,在李某明死亡后没有进行析产,由宋某娟和李某平共同使用,应当视为共同共有的家庭共有财产,其中有共同继承的财产。后一个共同共有关系,宋某娟和李某平为共同共有人。

第二,李某平在宋某娟出国期间,将全部共有财产变更登记,据为己有,违反了共同共有财产处分必须经过全体共有人协商一致决定的原则,构成了对其他共有人共有财产权的侵害,应当承担侵权责任。

第三,在李某平侵占全部共同财产的情况下,宋某娟提出析产的请求,终止共同共有关系,分割共同财产,是行使权利的正当行为,应当支持。

第四,在确定分割这一家庭共有财产时,首先应当弄清这一共同共有财产形成的状况,确定分割财产的基础。该 5 间房屋为宋某娟和李某明在夫妻关系存续期间所建,为双方共同共有。在李某明死亡时,该 5 间房应先分割 2.5 间归宋某娟所有,另外 2.5 间房由宋某娟与李某平继承。双方同为第一顺序继承人,继承份额应当平均分割,因而每人可分得 1.25 间房。按照这样的共同财产形成基础,宋某娟可分得 3.75 间房,李某平只可分得 1.25 间房。

在这样的基础上,宋某娟主张自己分得 3 间房、李某平分得 2 间房,是合情合理的,并且照顾了李某平的利益,因此,可以依法准许。李某平侵占全部共同共有财产的行为,应当承担损害赔偿责任。

第 五 章

建筑物区分所有权

第一节　建筑物区分所有权概述

一、研究建筑物区分所有权的重要意义

建筑物区分所有权,是《民法典》规定的共有制度中的一种特殊共有形式。它既不同于按份共有,又不同于共同共有,而是为解决城市民用住宅所有权归属的特殊共有制度。

长期以来,我国城市住宅建设虽然修建了大批的楼房建筑物,由广大城市居民居住,但是,由于实行的是低租金的国有住宅租赁政策,建筑物区分所有的法律问题没有在现实生活中显示出必要性。建筑物区分所有在民法理论中成为比较陌生的概念,原《民法通则》没有对它作出规定,在《物权法》颁布前的高等法律院系民法教科书中几乎没有出现过这一概念。

随着改革开放的进一步深入发展,城市居民住房制度改革出现了重大突破,几乎所有的城市居民,无论是公务员还是普通职工、外企员工,还是无业居民,所有的住宅都从公有租赁改变为居民自费购买,或者经过住房制度改革将公产房改变为私有住房,或者就直接购买商品房,自己享有

房屋所有权。这样一来,建筑物区分所有的问题到了 20 世纪 90 年代中期,就成了一个再也不能回避的,每一个城市居民都已经面临的问题了。

问题的迫切性和严重性促使民法理论和实务工作者以及立法机关不得不正视、解决这个问题。然而,我国的建筑物区分所有理论的苍白和制度的薄弱,难以适应当前城市居民住房制度改革的步伐,因而出现了先改革,后研究理论,再制定立法的被动局面。

在起草《物权法》的过程中,学者对建筑物区分所有权问题进行了深入研究,取得了重要进展,使建筑物区分所有权的概念被社会接受,成为一个普遍的民法概念,建立了完整的理论体系,为建立建筑物区分所有权法律制度奠定了良好基础。《物权法》第六章专门规定了"业主的建筑物区分所有权",作了较为详细的规定,建立了我国的这种物权制度。《民法典》对建筑物区分所有权的法律规则进一步完善,规定更为准确。民法理论应当深入研究我国的建筑物区分所有权理论,保证《民法典》关于建筑物区分所有权规定的正确实施,同时,对于保护好业主享有的建筑物区分所有权,也具有重要意义。

二、建筑物区分所有权的概念

建筑物区分所有权,德国法称为住宅所有权,法国法称为住宅分层所有权,瑞士法称为楼层所有权,英美法称为公寓所有权。我国采用日本法的称谓,称为建筑物区分所有权,只是在前边加上了"业主的"三个字,为的是将生涩的概念通俗化,其实是没有必要的。

在 20 世纪 90 年代初期,对建筑物区分所有权概念的界定,我国大陆民法学者的定义主要有两种。一是理论工作者提出的界定,认为建筑物区分所有权是指根据使用功能,将一栋建筑物在结构上区分为由各个所有人独自使用的部分和由多个所有人共同使用的共有部分时,每一所有人所享有的对其专用部分的专有权与对共有部分的共有权的结合。[1] 二

---

① 参见陈甦:《论建筑物区分所有权》,《法学研究》1990 年第 5 期。

是实务工作者提出的界定,认为区域所有权是指在与建筑物的各共有人所持份额相适应的建筑物区域上设定的各共有人的个人所有权。① 这种区域所有权,实际上是指建筑物区分所有中的专有权。

我国台湾地区学者所下定义更简单,如数人区分一建筑物而各有其一部分者,谓之区分所有权。②

日本学者认为,建筑物的区分所有,是指一栋建筑物区分为数个部分,其各部分各自成为所有权之标的物的状态。③ 瑞士民法将建筑物区分所有称为楼层所有权,楼层所有权即建筑物或楼房的共同所有权的应有份,共同所有人依其应有份享有对该建筑物享有权利的部分进行外部利用及内部改装的特别权利。④

随着对建筑物区分所有概念研究的不断深入,对这一概念的理解不断发展,表现在两部物权法草案建议稿的规定之中。中国人民大学的"物权法草案建议稿"第180条规定的是建筑区分所有权的定义:"在一栋建筑物内,如果各个区分所有人享有其专有部分的专有权、共有部分的共有权,为建筑物区分所有权。"⑤中国社会科学院的"物权法草案建议稿"第90条规定的也是建筑物区分所有权的定义:"建筑物区分所有权,是指数人区分一建筑物而各专有其一部,就专有部分有单独所有权,并就该建筑物及其附属物的共同部分,除另有规定外,按其专有部分比例共有的建筑物所有权。"⑥

在理论上,有的认为,建筑物区分所有权,指由区分所有建筑物专有部分所有权,共有部分持份权及因共同关系所生的成员权所构成的特别

① 参见李宝明:《区域所有权及其相关理论初探》,载《首届学术讨论会论文选》,人民法院出版社1990年版,第337页。

② 参见史尚宽:《物权法论》,台北荣泰印书馆1979年版,第109页。

③ 参见[日]我妻荣编:《新版新法律学辞典》(中文版),董璠舆等译校,中国政法大学出版社1991年,第634页。

④ 参见《瑞士民法典》第712条之一第(一)项。

⑤ 王利明主编:《中国物权法草案建议稿及说明》,中国法制出版社2001年版,第48页。

⑥ 梁慧星主编:《中国物权法草案建议稿:条文、说明、理由与参考立法例》,社会科学文献出版社2000年版,第20页。

所有权。① 有的认为,建筑物区分所有权包括四个方面的内容:建筑物区分所有人对专有部分的所有权,建筑物区分所有人对共有部分的共有权(其中又包括共同使用权与专有使用权),建筑物区分所有人之间的相邻权,建筑物区分所有人的成员权。②

对建筑物区分所有概念的表述是如此不同,以至于使人们对建筑物区分所有权究竟是什么样的物权发生了模糊的印象。对建筑物区分所有权的界定,有三种不同的界定方法。

一是认为,区分所有权专指由区分所有建筑物专有部分构成的所有权,区分所有权不包括共有部分。这种主张最早在法国学者解释《法国民法典》第664条时提出的,后来为日本学者所接受,最终在1962年制定的《建筑物区分所有权法》中获得肯定。该法第1条规定,本法所称建筑物区分所有权,是以建筑物之专有部分为标的而成立的所有权。我国台湾地区的一些学者也采用这样的界定方法,认为"建筑物区分所有下之建筑物得分为专有部分与共有部分","在专有部分上所成立之所有权,便为区分所有。"③在我国内地的一些学者中也有这样的看法。这种学说被称为"一元论说"。

二是认为,区分所有权是由专有部分所有权与共有部分所有权共同组合而成为一种"复合物权"。这种观点是在法国学者解释法国法,针对专有权说(即一元论说)提出的反对观点。这种观点有广泛的影响,我国台湾地区一些著名学者都持这种观点。例如,区分所有之建筑,由专有部分及共有部分构成之。区分所有人在其专有部分行使所有权,对共有部分的使用、收益、管理时,相互间必会发生各种权利义务关系,有待规范。区分所有除了包括专有部分和共有权以外,还包括基地上的权利,从而构成一种复合的物权。④ 法国1938年的法律和1965年制定的《住宅分层所有权法》,肯定二元论的观点,认为建筑物区分

---

① 参见梁慧星主编:《中国物权法研究》,法律出版社1999年版,第386页。
② 参见王利明:《物权法研究》,中国人民大学出版社2018年版,第543页。
③ 刘得宽:《民法诸问题与新展望》,台北中亨有限公司1979年版,第127页。
④ 参见王利明:《物权法论》,中国政法大学出版社1998年版,第361页。

所有权是成立于专有物上的专有权与成立于共有物上的共有权的结合。我国的《民国民律草案》改变了《大清民律草案》关于区分所有为专有权的观点,采纳了专有权和共有权结合的意见,后来被国民政府制定的民国民法所最终采纳。国内学者大部分采用这种观点。这种学说被称为"二元论说"。

三是"三元论说",认为建筑物区分所有权,系由区分所有建筑物的专有部分所有权,共有部分持份权及因共同关系所生的成员权要素所构成的一种特别所有权。这种观点是德国学者贝尔曼提出的,受到很多学者的赞成,后来被德国现行的《住宅所有权法》采用。按照这种观点,区分所有权应将专有权、共有权及成员权三个权利构成一个整体,权利人不得保留专有部分所有权而抵押共有部分,也不得保留成员权而转让专有部分所有权和共有权。

笔者采纳三元论的立场,建筑物区分所有权是指建筑物的共同所有人依其应有部分对独自占有、使用的部分享有专有权,对共同使用部分享有共有权,对建筑物的整体享有成员权,而构成的建筑物所有权的复合共有。

三、建筑物区分所有权的特征

对于建筑物区分所有权概念的法律特征,有不同的表述,主要是认为这个权利具有复合性,专有权的主导性、一体性,权利主体身份的复杂性,权利内容的多样性等特征。[①] 按照笔者对建筑物区分所有权概念的界定,建筑物区分所有权具有以下法律特征:

（一）建筑物区分所有权的客体具有整体性

建筑物区分所有权讲的是建筑物的所有权形式,因而与一般的动产所有权和其他不动产所有权不同。这种建筑物首先是指居民住宅,包括

---

① 参见陈华彬:《物权法原理》,国家行政学院出版社 1998 年版,第 324 页。

高层住宅和一般住宅;其次是指写字楼、办公楼,法人、非法人组织购买部分空间而构成区分所有;再次,还包括可以区分所有的生产用、商业用建筑物。当这样的建筑物被共有人按应有份所有时,就形成了建筑物区分所有。因此,建筑物区分所有权是建筑在整体建筑物上面的所有权形式。

所以赞成建筑物区分所有权是共有形式,是因为整栋建筑物(或者整群建筑物)不是一个所有人所有,而是由不同的所有人所有的,尽管它既不是按份共有,也不是共同共有,但它确实是现实地由不同的所有人在同时享有着这个建筑物的所有权。与传统的按份共有和共同共有不同的,就是区分所有人享有的不是按照份额,也不是一体的共同享有建筑物的所有权,而是既分份额,又不分份额,既有独立享有,又有共同享有,因而成为了一种新型的共有形式。这完全可以概括为建筑物区分所有权的整体性,不是权利的整体性,而是建筑物的整体性,是在整体的建筑物上体现的权利的整体性。

(二)建筑物区分所有权的内容具有多样性

任何一个建筑物区分所有人即业主,对于该建筑物都有部分空间的专有权、某些空间和共用设施的共有权,以及对于整个建筑物享有的成员权。专有部分由权利人自己独自占有、使用、收益、处分,任何人不得干预。共有部分,如共有的地基、墙壁、屋顶、门窗、阶梯、楼道、花园、走道等,所有的区分所有人共同所有,共同使用。这种共同所有和共同使用又与共同共有不同,须永久维持其共有关系,永远不准分割。同时,建筑物区分所有权还包括区分所有权人的成员权,这是每一个区分所有人都是整栋建筑物的成员,对整栋建筑物的管理事宜享有权利,具有决策权。应当注意的是,这些专有权、共有权和成员权都是建筑物区分所有权的内容,是一个权利的组成部分,而不是各个为单独的权利。如果将这些权利分割开来,看作一个个单独的权利,那就不成其为一个权利了。建筑物区分所有权内容的多样性,是说整个权利是由专有权、共有权和成员权这三个部分构成的建筑物所有权的共有形式。

（三）建筑物区分所有权的本身具有的统一性

建筑物区分所有权的权利人，既按份享有所有权，又共同享有某些设施、空间的共有权，还对于全部的权利客体享有成员权。

在通常情况下，一个权利只能有一个权利主体，尽管这个权利可能会有几个不同的内容，这些内容通常也被称为权利，例如所有权中的使用权、收益权，著作权中的署名权、获得报酬权等，但是，这些都不是独立的权利，仅是权利内容，权利人只是在行使整个权利时，对这些内容进行支配，获得利益，而不是作为这些权利内容的主体。只有当这些权利内容分离开成为独立的权利时，才可能出现这些权利的权利主体。例如，将肖像权的使用权部分转移给他人使用，使用这个肖像的权利人才成为肖像使用权人。因为在这时，肖像使用权已经成为了一个独立的权利，脱离了权利的母体。在一个使用权没有离开肖像权母体时，称肖像权人为肖像使用权人、肖像制作权人，说一个肖像权人既具有肖像使用权人的身份，又具有肖像制作权人的身份，就把一个完整的肖像权割裂开，成为不同权利的组合了。

有些学者对建筑物区分所有权的看法正是如此，把建筑物区分所有权这个完整的权利看作是由专有权、共有权和成员权三个权利组成的组合权利，因而这个权利既不是一般的所有权，又不是共有权，成为了一个物权的新类型，是一个组合的权利。

必须强调的是，建筑物区分所有权不是一个权利的组合，而是一个实实在在的独立的、统一的、整体的权利，专有权、共有权和成员权不过是这个统一权利的组成部分，离开了建筑物区分所有权，这些权利内容都不会独立存在。

（四）专有权在建筑物区分所有权中具有主导性

在建筑物区分所有权的权利内容中，专有权是主导的权利，区分所有权人享有专有权，就必然享有共有权、成员权，在不动产登记上，只登记专有权，就确认了建筑物区分所有权，共有权、成员权随此而发生，不必单独进行登记。此外,专有权标的物的大小还决定共有权和成员权的潜在应有部分,处分专有权的效力必然包括共有权和成员权在内的整个区分所有权。因而,建筑物区分所有权是专有权与共有权、成员权的复合,以专有权为主导的物权。《民法典》第 273 条第 2 款规定:"业主转让建筑物内的住宅、经营性用房,其对共有部分享有的共有和共同管理的权利一并转让。"这里说的正是专有权的主导性。

四、建筑物区分所有权的历史发展

(一)大陆法系建筑物区分所有权的发展

1. 萌芽时期和形成时期

一般认为,建筑物区分所有权萌芽于罗马法时期。在古罗马社会,一些富裕的罗马人共同集资购买房屋,在法律中还存在关于围墙设置、境界划定、建筑物周围的空地等规定,学者由此推定,在那个时候,罗马就存在着建筑物区分所有问题。但是,罗马社会实行的是"地上物属于土地所有人"主义,立法并不承认区分所有,建筑物区分所有只是在某些地区存在,例如在小亚细亚和埃及地区。

在日尔曼法,建筑物区分所有得到承认。日尔曼法坚持团体本位主义,不承认"地上物从属于土地"主义,认为建筑物、土地乃至建筑物内各个房间或地窖、地下室等都可以成为独立的所有权客体,从而形成了"阶层所有权"。此后,日尔曼法关于建筑物区分所有权的立法不断发展,逐渐完善,曾经受到广泛的注意。由于立法不够完善,存在一些问题,引起纠纷较多,被称为纠纷住宅,因而受到冷落。

在法国,建筑物区分所有问题一直被采用,历史上曾经有很多记载。直到 1804 年制定《法国民法典》,正式建立了楼层所有权,形成了近代建筑物区分所有权的基本形态。

2. 第一次世界大战后的发展

第一次世界大战结束以后,各国人口迅速增长,并且向城市集中。为解决城市的住宅问题并有效利用土地资源而大量兴建高层建筑,建筑物区分所有的问题才突出地显露在人们面前,不得不加以特别重视。在此之前,各国一般都在民法典中规定建筑物区分所有权,条文较为简单,不适应实际需要。在这些日益严重的问题面前,为了适应新形势的需要,各国通过专门立法,专门规定建筑物区分所有权。1924 年 7 月 8 日,比利时率先制定建筑物区分所有权特别法,随后澳大利亚、葡萄牙、意大利、法国、西班牙等也都制定建筑物区分所有权的特别立法。

3. 第二次世界大战后的发展

第二次世界大战结束后,在 1947 年至 1965 年之间,各国在战后的经济恢复、重建中得到初步发展。随着经济的不断发展,城市住宅的需求大量增加,而建筑技术发展迅速,地价大幅上涨,促使建筑物进一步向空中发展,同时也向地下空间发展。正因为这样,各国兴起了一个建筑物区分所有权的修法和立法运动,以适应社会发展的需要。1948 年 7 月 8 日,奥地利专门制定了《住宅所有权法》,规定建筑物区分所有权。德国、葡萄牙、西班牙、荷兰等欧洲国家都进行了建筑物区分所有权的专门立法和修改法律的活动,使这项立法跟上了社会发展的脚步。随后,瑞士在民法典中规定了分层建筑物所有权,用 20 个条文作出规定。法国检讨其 1938 年制定的《有关区分各阶层的不动产共有之法律》,终于在 1965 年 7 月 19 日公布了新的区分所有权法,并在其后进行了补充,形成了完善的建筑物区分所有权的法律制度。在亚洲,日本开始检讨民法典关于建筑物区分所有权立法的不足,借鉴德国的做法,在 1962 年 4 月 4 日制定了区分所有权法。

(二)英美法系建筑物区分所有权的发展

在英美法系,建筑物区分所有权被称为公寓所有权。所谓区分所有,是指某人对于分割的单元和套间享有单独的所有权,而对于共有部分享有不可分割的利益,通过各个所有者之间达成协议,以调整其管理和维护财产的关系。[①]

---

　① 转引自王利明:《物权法论》,中国政法大学出版社 1998 年版,第 370 页。

英国很早就存在建筑物区分所有的情况，18世纪在英格兰、苏格兰形成。1743年，英国成立了最早的区分所有人协会，1946年制定了住宅法，并于1980年进行了全面系统的修改，建立了全面的现代建筑物区分所有权法律制度。

美国从第二次世界大战以来，公寓所有权法得到了全面发展。1958年由美国波多黎各议会制定了平面所有权法，开始全面规范建筑物区分所有权法律制度。到1969年，全国所有的州都承认了建筑物区分所有权制度。1977年，联邦统一州法委员会制定了统一区分所有权法，该法现在已被十多个州所采纳。同时，美国普遍成立区分所有权人协会，维护区分所有权人的利益，并制定相关法律，规范这些协会的内部外部关系。在区分所有权关系中，每个区分所有者对于单独所有部分享有世袭地产的权利，可以由继承人转让，根据单独所有的部分征税，单独占用的基地属于区分所有人所有。对于共同部分，每个所有人是作为一个共同的承租人的成员享有共有权，并服从协会的章程和协议。章程和协议在协会成立时登记，协会内部设立董事会和执行机构，执行机构要执行董事会的决定。①

（三）中国近代民法建筑物区分所有权的发展

在研究建筑物区分所有的发展历史中，人们通常忽略了我国历史上建筑物区分所有权的演进历史。

从清末变法改制时起，中国立法就采纳了建筑物区分所有权制度，直到最后国民政府立法正式采用，建立了这一物权制度。

首先，《大清民律草案》规定了建筑物区分所有的条文。第1023条规定了一个简单的条文，这就是："一建筑物，得区分之而各有其一部。"从这一个条文的表述上看，几乎看不出是规定建筑物区分所有，却实实在在是规定"建筑物""区分之而各有其一部"，说的正是建筑物区分所有权。

---

① 参见王利明：《物权法论》，中国政法大学出版社1998年版，第370—371页。

其次,《民国民律草案》对建筑物区分所有权的规定更进了一步,更加细致和准确。第 805 条规定:"一建筑物得区分之,而各有其一部。""前项情形,建筑物及其附属物之共有部分,推定为各所有人之共有。凡修缮及其他担负,由各所有人按其所有部分,以价格分担之。"第 806 条规定:"依前项第一项情形,遇有重要事由,须使用他人之正中宅门者,得使用之。但当事人有特约或另有习惯者,依其特约或习惯。""因前项使用,致所有人生损害者,须支付偿金。"第 805 条第 1 款就是《大清民律草案》的条文,第 2 款和下一条增加的内容更重要。第 805 条第 1 款规定的是建筑物区分所有的基本规则,表明采纳了建筑物区分所有的基本立场。第 806 条加进了中国的内容,关于他人正中宅门的使用,就是中国四合院的建筑物区分所有的内容了。因为在那时候,中国的楼房建筑并不太多,高层建筑更未曾有过,所考虑的就是四合院类型的建筑物区分所有问题。

民国民法制定了中国历史上第一个建筑物区分所有权制度,即该法第 799 条规定:"数人区分一建筑物,而各有其一部者,该建筑物及其附属物质共同部分,推定为各所有人之共有,其修缮费及其他负担,由各所有人按其所有部分之价值分担之。"这一条文来自《民国民律草案》第 805 条。民法立法理由书说明:"所有权之标的物,须为独立之一体,自理论言之,一建筑物之一部分,不得为所有权之标的物,然一广大建筑物,区分为若干部分,而各就其一部分有所有权者,亦属实际上常有之事,故本条规定凡一建筑物由数人区分各有其一部分者,该建筑物及其附属物及共同部分,仍推定为各所有人之共有,其共同部分如有损坏坍塌时,所有修缮费用及其他负担,应按各共有人所有部分之价值分担之,以昭公允。此盖为调和社会之经济观念,与法律之思想而设也。"①

1949 年以来,一直没有建立建筑物区分所有权制度,因为普遍实行的公租房制度不需要实行这一物权制度。1989 年,国家建设部发布《城

---

① 转引自王泽鉴:《民法物权论(1):通则·所有权》,中国政法大学出版社 2001 年版,第 239 页。

市异产毗连房屋管理规定》，对建筑物区分所有作了一些规定，所谓的城市异产毗连房屋，就是建筑物区分所有，只是没有使用这个概念而已。该规定第 2 条规定："本规定所称异产毗连房屋，系指结构相连或是有共有、共用设备和附属建筑，而为不同的所有人所共有的房屋。"该规定还对各个所有人和使用人对共有的财产负有进行维护、修缮的具体义务以及因共有物造成的损害赔偿责任，都作了具体规定。尽管这个规定对权利的称谓不准确，规定的内容不完备，还只是部门规章，但是，却初步建立了我国当时的建筑物区分所有权制度。2003 年 5 月国务院颁布《物业管理条例》，虽然规定的是区分所有建筑物的物业管理规则，但是，其法律基础是建筑物区分所有权，因此为法律规定建筑物区分所有权打下了基础。2007 年 3 月 16 日，第十届全国人大五次会议正式通过的《物权法》规定了建筑物区分所有权。2020 年 5 月 28 日第十三届全国人大第三次会议通过的《民法典》物权编继续承认建筑物区分所有权，并对其具体内容进行了完善。

第二节 建筑物区分所有权的性质和法律关系

一、《民法典》规定建筑物区分所有权的基本内容及存在的问题

（一）《民法典》规定建筑物区分所有权的基本内容

《民法典》规定建筑物区分所有权是第 271 条至第 287 条，共 17 个条文，规定了四个基本问题。

1. 对建筑物区分所有权的基本概括

《民法典》第 271 条规定了建筑物区分所有权的基本内容，分为专有

权、共有权和共同管理权,采取的立场是"三元论",但与一般的三元论有所不同。

建筑物区分所有权的内容,各国立法及学者主张各有不同。

(1)四元说。认为一个完整的建筑物区分所有的构成,内容包括专有权、共有权、成员权和基地利用权,缺少任何一个内容,都不能构成完整的建筑物区分所有权。也有的认为,建筑物区分所有权包括专有权、共有权、成员权和相邻权。

(2)三元说。认为建筑物区分所有权的内容分为专有部分的专有所有权、业主的持有共有权和身份上的成员权三项权利,这三项权利构成完整的建筑物区分所有权。

(3)二元说。认为建筑物区分所有权由区分所有建筑物的私有部分专有权和共有部分的共有权构成的权利,两项权利都是建筑物区分所有权的权利,并不仅就是一个专有权的内容。

(4)一元说。有三种观点,一种观点是共有说,认为建筑物区分所有权的内容就是一项权利,私有部分和共有部分所形成的专有和共有只是该权利的两项具体权能。另一种观点是专有权说,认为建筑物区分所有权就是一个权利,即专有所有权。还有一种观点被称为新一元论说,认为建筑物区分所有权就是以"享益部分"为标的而成立的不动产权利,所谓建筑物区分所有权,不过是指业主就区分所有建筑物享益部分享有的权利,它不仅为一种财产权,而且也是一种全新的物权即新型物权。

根据建筑物区分所有所体现的法律关系,应采用三元说的主张更适当。

首先,建筑物区分所有的专有权和共有权是业主所享有的相对独立的权利,且又互相依存,不可缺少其一。对这一种观点不会有人反对。一方面,三元说、四元说也都承认在建筑物区分所有权中存在专有权和共有权;另一方面,即使一元说虽然主张专有权是建筑物区分所有权的基本权利,但是也认为共有权是存在的,只不过共有权依附于专有权而已。没有专有权,不可能也无必要产生共有权。专有权在很大程度上也决定了共有权的权利范围;权利人转让专有权的,共有权也随之转让。① 因此,建筑物区分所有权的最基本的权利就是专有权和共有权。

其次,业主作为建筑物共有团体的成员之一,成员权是不可缺少的权利。没有这项权利,业主就不可能成为这种复合共有的成员,也就不可能享有建筑物本身的土地使用权、因土地使用权而发生的管线等地役权以及其他相关的权利。即使就其他共有部分的权利而言,如果没有一个业主团体,就无法就共有部分享有共有权。此外,在区分所有建筑物的管理上,没有成员权,就无法组成业主大会,无法产生这个组织之下的业主委员会。成员权构成建筑物区分所有权的团体关系,其所有的权利都产生于此。没有成员权,就失去了建筑物区分所有权各项权利的基础。因此,成员权是建筑物区分所有权的一个权利。

再次,基地利用权是建筑物的地上权即住宅建设用地使用权。第一,这一权利不为某个业主所专有,应当包含在团体关系之中,为全体业主所共同享有,没有必要成为建筑物区分所有权的单独内容。第二,建筑物区分所有权和住宅建设用地使用权是两种物权,而不是一种物权。第三,相邻权不是建筑物区分所有权的一个独立权利内容,而是建筑物等不动产因为相邻而产生的权利。因为区分所有的所有人基于建筑物相邻而产生的相邻关系,不是独立的权利。因此,这个权利不应当作为建筑物区分所有权的内容。

《民法典》采用三元论,将其确定为专有权、共有权和共同管理权,变化的主要内容是将成员权规定为共同管理权。按照一般的三元论观点,建筑物区分所有权的结构是包括专有权、共有权和成员权,在这三个权利之外,还存在对区分所有建筑物的管理问题,业主基于成员权,对区分所有的建筑物进行管理。《民法典》第 271 条把成员权和建筑物的管理规定在一起,称为共同管理权。

作这样变化的目的,在于弱化以至否定业主大会的团体性。《物权法》

---

① 参见程啸:《业主共有部分的确定与不动产登记》,《中国矿业大学学报(社会科学版)》2015 年第 4 期,第 30 页。

草案原来还有业主大会可以提起诉讼和应诉的规定,正式通过时完全删除了这样的内容,以管理权替代了成员权,就否定了业主大会和业主委员会的团体性,也不承认它是一个非法人组织。《民法典》仍然坚持这样规定。

2. 对专有权的性质和内容的规定

《民法典》规定专有权,是第272条,规定了以下三个内容。

第一,规定专有权的所有权权能,业主对区分所有建筑物专有部分享有占有、使用、收益和处分的权利,具有所有权的全部权能,与其他所有权没有区别。

第二,规定对专有权的限制,业主行使专有权不得危及建筑物的安全,不得损害其他业主的合法权益。这主要是为了限制业主对专有部分的事实处分,不得毁坏、灭失专有部分,不得危害建筑物的安全,行使权利也不得损害其他业主的合法权益。

第三,规定专有权的主导性。在建筑物区分所有权的三个权利中,专有权是主导权,能够带动其他两个权利的流转。具体表现在,购买房屋,只要买商品房的专有权就可以了,不需要再说买了房子之外还另外去买绿地、楼梯、大门、楼道等。因此,建筑物区分所有权的专有权在学理上被称为建筑物区分所有权的单独性灵魂,是三个权利中的主导性权利。

3. 对建筑物区分所有权的共有权的规定

《民法典》对共有权的规定,是第273条至第276条。

共有权是建筑物区分所有权的共同性灵魂。在建筑物区分所有权中,只有共有权才把全体业主联系起来,构成一个共有人的团体。上述条文共分以下三个层次:

第一,业主对建筑物专有部分以外的共有部分享有权利,承担义务,不得以放弃权利而不履行义务。这是对共有权的原则性规定。其中最重要的是规定了共有部分范围的界限,就是"建筑物专有部分以外的共有部分",尽管这个范围并没有界定得十分明确,却划出了原则性的界限,即区分所有的建筑物除了专有部分以外的部分,都是共有部分。

第二,规定其他共有的范围。一是道路,为业主共有,但城镇公共道路除外;二是绿地,为业主共有,除外的是属于城镇公共绿地或者明示属于个人的，不是共有范围；三是其他公共场所、公用设施和物业管理用房，为共有。

第三，关于车位和车库。一是车位、车库的权属由合同约定，方法是出售、附赠和出租，前两种是业主取得所有权，后一种是业主取得使用权。二是占用业主共有的道路和场地用于停放汽车的车位，为共有。三是规定车位、车库首先满足业主需要的原则。

4.对建筑物区分所有权的成员权的规定

《民法典》从第277条至第287条，都是规定成员权。成员权的内容较多：第一，规定管理组织，为业主大会和业主委员会；第二，规定业主大会决定的事项和程序；第三，规定业主大会决议的效力，业主大会和业主委员会的决定对全体业主有约束力；第四，规定维修基金和费用；第五，规定业主大会和业主委员会与物业的关系；第六，规定建筑物区分所有权的管理内容。

（二）《民法典》规定建筑物区分所有权存在的缺点

《民法典》规定建筑物区分所有权存在一些缺点，主要是：第一，规定建筑物区分所有权的内容比较简单，对具体问题规定不够具体。第二，对区分所有的建筑物的专有部分和共有部分的范围规定的不够具体，缺少可操作性。第三，对专有权人和共有权人的具体权利义务内容基本没有规定。第四，对业主大会和业主委员会的性质规定不清楚，业主大会和业主委员会应该是全体业主的团体，要代表全体业主起诉和应诉，属于法人或者非法人组织，对此都没有规定。对于这些问题，应当特别注意2020年《最高人民法院关于审理建筑物区分所有权纠纷案件适用法律若干问题的解释》，对一些具体问题作出了补充规定。

二、建筑物区分所有权的性质

（一）对建筑物区分所有权性质的不同立法和主张

对建筑物区分所有权性质的认识，有一个发展过程。在最初规定建筑物区分所有的法律中,《法国民法典》将其规定在"法律规定的役权"一节的"共有分界墙和分界沟"目中,认其为役权的内容。《瑞士民法典》不认其为役权,而将其规定在"土地所有权"一章中,将其认作相邻关系。《日本民法典》将其规定在"所有权的界限"一节中。《意大利民法典》原来制定了专门的建筑物区分所有权立法,在 1942 年移植到民法典中,放在"共同共有"中规定。《埃塞俄比亚民法典》则将建筑物区分所有权规定在第八题即"共有、用益权和其他物权"中,作为共有的一种特别形式。20 世纪 60 年代以后,上述国家仿德国对建筑物区分所有作单独立法的做法,法、日制定了单行法,瑞士则在民法典中增加了新的内容,均认建筑物区分所有为特殊的所有权形式。

从这些立法中可以看出,各国立法对建筑物区分所有权性质的认识是不同的,有的认为是一种役权,有的认为是一种相邻权,有的认为是共有,有的认为是特殊物权。

在理论上怎样界定建筑物区分所有权的性质,有不同主张。

1. "复合所有权"说

对建筑物区分所有权的性质,基本上是认定为一种独立的所有权形式,是一种复合所有,不是共有的一种类型。如认为"建筑物区分所有权,为近现代各国物权法上的一项重要的不动产权利,各国大多数以物权法(民法典之物权编)或采特别法方式设立明文规定。按照各国建筑物区分所有权法及其实务,建筑物区分所有权为一种复合性的权利,主要包括专有部分所有权、共有部分所有权两个部分"①。

2. "独立所有权"说

认为建筑物区分所有权的性质是一种独立的所有权,既不是单独所有权,也不是共有,而是介于两者之间的一种特殊的独立所有权。

3. "共有权"说

这种主张为法国学者普鲁东与拉贝在解释《法国民法典》第 664 条

---

① 梁慧星主编:《中国物权法草案建议稿:条文、说明、理由与参考立法例》,社会科学文献出版社 2000 年版,第 274 页。

时,针对法国学者的"专有权说"提出的一种对立的学说。这种主张以集团性、共同性为立论基点,将区分所有建筑物整体视为由全体业主共有,就是从共同共有的角度来理解和把握区分所有权。[1] 有的认为,英语中"区分所有"一词的来源就是拉丁语的"共有"概念,因而区分所有是共有的例外形态。[2]

4."享益部分"说

这种主张是法国学者卡维勒(Chevallier)针对法国 1938 年法律采行二元论提出的主张,否定二元论的区分专有部分和共有部分的做法,迳将二者合并,称为"享益部分",认为以该"享益部分"为标的而成立的不动产权利,即为区分所有权。所谓建筑物区分所有权,不过是指业主就区分所有建筑物"享益部分"享有的权利,它不仅为一种财产权,而且也是一种全新的物权,即新型物权。

(二)反对共有权主张的主要理由

学者认为,在我国理论界,一般都没有采纳共有权说的主张,几乎都认为区分所有权与共有是存在明显区别的。[3]

综合这些主张,反对建筑物区分所有的性质是共有的主要理由是:

共有说以集团性、共同性为立论基石,将区分所有建筑物整体视为由业主全体所共有。这种观点的不足表现在:一是不能反映建筑物区分所有权所固有的专有权特性。可以成为区分所有权对象的建筑物,首先得依使用功能将该建筑物在结构上划分为专有部分与共有部分。否则,该建筑物不得成为区分所有建筑物,当然也就不得成为区分所有权的对象。正因为如此,在该建筑物上成立了专有权和持份权,而这构成区分所有权制度的轴心。共有说将其界定为"共有",虽然对于共有部分上成立的持份权有所反映,但是,专有所有权则被排斥在外,失之精确,殆属无疑。二是存在理论上的困境。将区分所有建筑物理解为由全体业主所共有,理

---

[1] 参见陈华彬:《物权法原理》,国家行政学院出版社 1998 年版,第 317 页。
[2] 参见王利明:《物权法研究》,中国人民大学出版社 2018 年版,第 538 页。
[3] 参见王利明等:《民法新论》(下册),中国政法大学出版社 1988 年版,第 100 页。

论上也难以自圆其说。因为虽然一栋建筑物作为一个整体宜由业主全体成员所共有,但对于该建筑物的利用方法却不能不由各业主在各自的专有部分上享有排他性利用权,于共有部分享有共同利用权和共有持分权,因而不能贯彻理论上的一贯性。①

归纳起来,反对"共有权说"的理由有以下几点:第一,将建筑物区分所有权的性质界定为共有权,不是民法中的普通共有,普通共有是指数人对一物享有所有权,而建筑物区分所有权是既有共有使用权又有独占使用权的权利集合,无法被普通共有权所涵盖。第二,将建筑物区分所有权界定为共有权,只能对共有部分上成立的共有部分持分权有所反映,不能反映专有权,将其排斥在外。第三,将建筑物区分所有权理解为共有,理论上不能自圆其说,不能贯彻理论上的一贯性,根据是,既主张建筑物区分所有权是共有权,又说在各自专有部分享有排他性利用权,自相矛盾。

这些意见和根据值得斟酌和研究。

(三)建筑物区分所有权的性质是复合共有

在司法实践中,建筑物区分所有为共有的观点仍然相当流行,并举出实践中的案例进行说明。

笔者认为,将建筑物区分所有权直接认定为共有权是不对的,实际上就是所有的主张建筑物区分所有权的性质为共有权的学者,也都不认为这种权利就是一种纯粹的共有权,一定要完全适用共有权的规则和基本原理。在实践中,对建筑物区分所有权纠纷适用普通的共有权规则处理是不正确的,但是,这并不能否认建筑物区分所有权具有共有权的性质。

笔者在1995年写的文章中提出,建筑物区分所有的性质是复合共有。② 对此,本书第一章关于共有权类型的阐释中,已经做了简单说明。

将建筑物区分所有权的性质界定为复合共有,是有充分道理的,其理由如下:

---

① 参见陈华彬:《物权法原理》,国家行政学院出版社1998年版,第320—321页。
② 参见杨立新:《民法判解研究与适用》第二集,中国检察出版社1996年版,第161页。

第一,建筑物区分所有权的客体是一个统一的独立物,每个业主的权利都无法离开这个统一的独立物。

一个最不能忽视的客观事实就是,建筑物区分所有权所有的财产,是一个独立的、统一的建筑物。不管这个建筑物是一栋也好,是一群也好,它都是一个特定的、统一的、独立的物。在这个物上,建立了几个人、几十个人、几百人甚至于几万人的权利。在这样的情况下,不能说它就是一种一般的单独所有权,反而近似于共有权,是数人在一个物上建立所有权。同时,这些权利主体所享有的权利,确实在共有部分连成了一体,是作为一个权利出现的,例如,在建筑物的共有部分是一个权利,不能分为各个不同的部分。对于这样的客观现象,如果硬要说它是各个单独的权利,每一个建筑物区分所有权都是一个单独的权利,在理论上不能自圆其说,不能一以贯之。

在一项财产上数人享有一个所有权,就是共有的基本特征。在一个独立的、整体的、统一的建筑物上,数人享有该座建筑物的所有权,正符合共有权的基本特征。难怪《瑞士民法典》《意大利民法典》《埃塞俄比亚民法典》《阿尔及利亚民法典》等,都认定建筑物区分所有权的性质是共有权。即使《越南民法典》虽然没有直接对建筑物区分所有权采用这样的称谓,但是,也将合居房屋认定为共有。① 如果不是漠视在一个整体的建筑物之上建立的不同权利主体的权利的话,能说这种权利不具有共有的性质吗?

第二,建筑物区分所有权是一个完整的权利,而不是几个权利的集合。对此,从以下三个方面进行说明:

一是在整个区分所有的建筑物上建立的权利,是一个建筑物区分所有权。也就是说,建筑物区分所有权是一个权利,不是几个权利。每一个业主的权利仅是这个权利中的一部分。这样说的根据,首先,在共有部分上建立的权利是不能分割的,是一个整体的权利,任何企图分割建筑物区分所有权的共有部分的权利,都是不能实现的。其次,每个业主的权利都

---

① 参见《越南民法典》第239条规定。

离不开整个建筑物区分所有权,尽管每一个业主都可以处分自己的部分,但是这个部分永远也脱离不了这个整体的权利而存在,接受转让的人所享有的权利仍然是这个整体权利的一部分。再次,尽管住宅建设用地使用权是单独的物权,但是,建筑物区分所有权是建立在这个地基之上的,是一个整体,不能分割。

二是每一个业主的权利具有相对独立性。在一个整体的建筑物区分所有的权利中,每个业主的权利具有相对独立性,这个相对独立性的表现,是它可以由业主自由处分,而不受整个建筑物区分所有权的拘束。在这一点上,它与普通共有是完全不同的。业主权利的相对独立性,来源于建筑物区分所有权专有权的主导性。在几乎所有的主张建筑物区分所有权不是共有权的学者那里,都承认建筑物区分所有权具有专有部分主导性的特征。而这个特征恰恰就是业主权利相对独立的来源。同时也说明,业主的权利不是一个独立的权利,而是整个权利中的一部分,不然的话,为什么区分所有权要具有专有权的主导性呢?因为它只要没有这个主导性,它就不能实现对共有部分的管领。取得了专有权,也就在整个建筑物区分所有权中取得了共有的地位,取得了共有权的主体资格,取得了成员权的主体资格。这也说明,区分所有不是单独的所有权,而是共有权。

三是建筑物区分所有权是一个整体的权利,而不是专有权、共有权和成员权的集合。很多人主张,建筑物区分所有权是一个权利的集合,即专有权、共有权和成员权的集合,是一个集合的权利。这是不对的,建筑物区分所有权是一个权利,专有权、共有权和成员权是它的权利内容,而不是独立的权利。

第三,建筑物区分所有权具有不同的权利内容,普通的所有权无法包含。建筑物区分所有权的内容包括专有权、共有权和成员权。这些权利内容极为丰富,与任何权利都不同。因此,普通的所有权无法涵括建筑物区分所有权,只能作为别种的所有权形式出现,不能作为普通所有权的一个类型。

第四,建筑物区分所有权尽管具有某些共有的特征,但不是普通共有。

首先,传统的共有理论无法解释建筑物区分所有的现实。在传统的共有理论中,共有只分为按份共有和共同共有,没有其他共有形式。建筑物区分所有既强调整栋建筑物的按份共有性质,又强调区分所有部分的专有性和共有部分的互有性,因此,既不能用按份共有理论解释它,又不能用共同共有理论解释它。区分所有是在建筑物由业主共有的条件下,由个人所有和共同共有有机构成的复合共有。这种与众不同的共有能够证明,社会是在不断发展的,法律也是在不断发展的,民法理论也必须不断向前发展。只有这样,民法理论才能有生气,才能依社会生活的发展解释民事法律关系的新变化。

其次,从总体上看,尽管建筑物区分所有与按份共有相似,却难以相合。具体根据包括以下三点:一是普通按份共有并不将建筑物区分成不同部分而设定数个平行的所有权,而是只有一个所有权。区分所有建筑物的每一个业主所享有的专有权,都是一个相对独立的所有权。二是按份共有的共有人之一在占有、使用按份共有的建筑物的一部分时,对该部分享有的只是份额权,只有独立的使用权,收益和处分均应由全体共有人享有,共有人处分自己的份额是可以的,但其他共有人享有优先购买权。业主对自己专有使用的部分拥有的是完全的所有权,可以独立行使占有、使用、收益、处分的权能,且其他业主也不享有优先购买权。三是按份共有只区分份额和份额权,只按份额权享受权利承担义务。而区分所有不仅要区分专有的"份额",而且还要对共用的部分享有共有权。区分所有的这些基本问题,都与按份共有不合,难以认定其是按份共有的性质。

再次,从共有部分看,与共同共有亦不相合。建筑物区分所有的共有部分,我国台湾地区通说认为是按份共有,也学者主张为共同共有。① 日本通说认为是共同共有。② 将其解为按份共有的不当之处比较明显;将其解为共同共有似嫌笼统,且有不合之处。共同共有关系可以终止,当终

---

① 参见温丰文:《区分所有建筑物法律关系之构造》,台湾《法令月刊》1992 年第 9 期。

② 参见[日]我妻荣:《债法各论》(中卷 2),岩波书店 1973 年版,第 752 页。

止时,要分割共有财产。区分所有建筑物中的共有部分只为共有,不能要求分割,且这部分共有关系须永久维持,直至该建筑物报废或完全归一人所有时,才与区分所有关系一起消灭。因此,这样的共有不是一般的共同共有,而是互有。[①]

在说明了以上意见和理由以后,可以得出一个结论,即在民法理论的构建上,应当尽可能地不使其更加复杂化,尽可能在原有的构架上构建其新的部分。因此,在所有权的类型上,只作单独所有权和共有权的划分,不把建筑物区分所有权作为第三种所有权形态,独立于单独所有权、共有权之外,而是基于其基本特征,认定其为复合共有的性质,使其归并在共有之中,成为共有的一个种类,作为按份共有、共同共有以及准共有之外的一种共有形式。

综上所述,建筑物区分所有的性质是复合共有,它由整个建筑物的共同共有、专有使用部分的专有构成,是既不同于按份共有,又不同于共同共有的第三种共有形态(也不同于准共有)。因此,也应当对共有制度的结构进行重新构造,将其分成按份共有、共同共有、复合共有和准共有四部分构成。共有权与所有权并列,成为两种基本的所有权类型。

三、建筑物区分所有权的法律关系

在用了大量的篇幅讨论了建筑物区分所有权的性质之后,再来研究建筑物区分所有权的法律关系,就容易多了。

建筑物区分所有法律关系总的形态是,在一个总的复合共有的关系之下,由数个权利复合成这个法律关系。

(一)整体的建筑物区分所有法律关系

建筑物区分所有关系,是就一个建筑物的所有问题上所产生的各个业主之间形成的法律关系。在这个法律关系中,每一个业主都是权利主

---

① 参见郑玉波:《民法物权》,台北三民书局 1990 年版,第 91 页。

体,与该建筑物业主之外的其他任何人为义务主体,负有不得侵害这个所有权的不作为义务。

在这个法律关系的解释上,也可以说明建筑物区分所有关系的性质是共有。道理在于,如果认为建筑物区分所有法律关系就是一个专有权、共有权和成员权所构成的权利集合的话,那就无法形成全体业主与其他任何人的关系以及相互之间究竟是怎样的关系。只有建筑物区分所有权法律关系是一个整体的法律关系,才能够正确说明这个问题。

建筑物区分所有权关系从总体上看,是一个所有权的关系,就像共有也是一个所有权关系、单独的所有权关系也是一个所有权关系一样,它表明的是特定建筑物的归属关系。这种法律关系是一种对世的法律关系,是一种绝对的法律关系,表明的是特定建筑物的所有人就是这些业主,他们是这栋建筑物的所有者,具有占有、使用、收益和处分的权利。其他任何人都是这个法律关系的义务主体,尊重业主的权利,负有不得侵害的义务。

建筑物区分所有关系的构成要素是:

1. 主体

建筑物区分所有权法律关系的权利主体是全体业主。在这一个法律关系中,业主是一个整体,就像共有关系中的共有人一样,也是一个整体。构成这个权利主体群的情况是非常复杂的。一方面,他们本身就是由各个不同的业主构成的,每个业主都是一个独立的个体,而在这栋建筑物上,又形成了较为紧密的整体,成为共同享有权利的主体;另一方面,每一个业主个人也可能就是一个共有的主体,而不是单个的权利主体。这一点可以想象得到,即每一个家庭,或者是夫妻共有财产关系,或者是家庭共有财产关系,只有很少的是单个的个人所有。正因为全体业主作为建筑物区分所有权关系的主体,所以建筑物区分所有权法律关系才具有了共有的性质。

建筑物区分所有权法律关系的义务主体是全体业主之外的任何人。对此,建筑物区分所有权法律关系与任何所有权法律关系的义务主体一样,没有区别。

2. 内容

建筑物区分所有法律关系的内容,是建筑物区分所有的权利和义务。在建筑物区分所有法律关系的权利义务中,与其他共有关系一样,具有双重的权利和义务。一方面,业主与业主之外的其他任何第三人构成的所有关系,表明区分所有的建筑物的归属和利用关系,表明业主是这个特定的建筑物的权利所有者和利益享有者,其他任何第三人都是这个建筑物所有权的义务主体,尊重这个所有权,负有不得侵害这个所有权的义务。

在业主的内部,是相互之间所享有和承担的权利义务。这个权利义务关系是建筑物区分所有权区别于其他共有关系的基本内容。尽管建筑物区分所有权也是一种特殊的共有,但是它毕竟不是普通的共有,在权利义务的内容上具有自己的规则。

3. 客体

建筑物区分所有权法律关系的客体,就是建筑物区分所有权的权利和义务所指向的对象,即被区分所有的建筑物。这个建筑物的基本特点是:

首先,区分所有的建筑物是一个整体,或者是一栋建筑物,或者是一群建筑物,不论怎样,这个建筑物应当是一个整体,是一个独立的、统一的、整体的建筑物。

其次,区分所有的建筑物能够划分为专有部分、共有部分,前者如不同的建筑单元,能够为业主所专有;后者为共同的部分,将各个区分的专有空间连接在一起,使整个建筑物成为整体,并为各个业主的使用提供条件。

建筑物区分所有的形式,是区分所有的建筑物的表现形式,有以下三种基本形式:

(1)纵切型区分所有。这种形式成立于纵切型区分所有的建筑物上,指一般连栋式或者双拼式分间所有的建筑物,例如连排别墅。这种建筑物区分所有权的权利人共有部分较为单纯,除共用的境界壁及柱子外,一般的走廊及楼梯均各自独立,外周壁、屋顶及基地等也均以境界壁为线而分别归属个人所有,因而这种区分所有发生的问题较少。

（2）横切型区分所有。这种形式成立于横切型区分所有的建筑物上，指将一栋建筑物作横的水平分割，使各层分别归由不同区分所有者所有的建筑物。如一层、二层等各归属于不同的业主。这种业主间的共有部分，除共同楼板之外，还有共同的屋顶、楼梯、走廊等，通常发生的法律问题较多。由于现代建筑技术的进步，这样小的建筑物较少，因而这种区分所有也不多。

（3）混合型区分所有。这种形式成立于混和式区分所有的建筑物上，指上下横切、左右纵割分套所有的建筑物。各业主的专有部分是一个由分间墙和地板构筑而成的封闭空间，二层以上的业主与地基并没有直接接触，而是通过走廊、阶梯等与其相通，因而共有部分起着重要的作用。这种建筑物区分所有权的类型是典型的、争议较多的区分所有形式。

（二）具体的建筑物区分所有法律关系

由于区分所有是一种复合共有形态，因此，在区分所有建筑物上所设立的法律关系就更为复杂。

一般认为，在建筑物区分所有法律关系中，体现三种具体的法律关系，这就是相邻关系、共有关系和团体关系。[①] 在通常情况下，一个权利就是一个法律关系。但是，在建筑物区分所有权中，由于这个物权中具有三个权利，因此，它包含几个不同的法律关系。笔者的看法是，建筑物区分所有权所包含的法律关系，可以表述为"4+1"的法律关系，也就是在四个基本的法律关系之外，还有一个附带的法律关系，即：建筑物区分所有关系，区域所有关系，相邻关系，共有关系，以及业主大会与物业服务企业之间的关系。在总的一个建筑物区分所有权法律关系之下，包含这样五个法律关系：

1. 团体关系

第一个法律关系，是整体的建筑物区分所有关系，即团体关系。建筑物是一个整体，用建筑物的共同部分把全体业主联系在一起，在建筑物中去掉专有部分后，都是共有的，只有共有的部分才把业主联系成一个整

---

① 参见温丰文：《区分所有建筑物法律关系之构造》，台湾《法令月刊》1992年第9期。

体,形成一个团体,这就是业主大会。业主大会与所有的其他人构成一个绝对权的法律关系,其他任何人都是这个权利的义务人,业主大会的成员就是业主。全体业主构成业主大会的关系是成员权的基础。

2.区域所有关系

第二个法律关系,是具体的区域所有的法律关系。表现出来的区域所有,是对建筑物的专有部分的区域所有,即区分所有。在整体建筑物里面,业主享有的就是这样一个专有区域的建筑空间,在这个建筑空间上,设立一个完整的所有权。这个所有权与其他所有权没有不同,小的区域中是业主自己所有的,整个建筑是业主共有。在这个专有部分上,设立的是一个所有权,是一个所有权的绝对关系。

3.相邻关系

第三个法律关系,是相邻关系。凡是与一个业主的专有部分相邻的其他业主,在相互之间都构成相邻关系。一般的相邻关系是平面相邻,无论土地还是建筑物都是如此。但是,建筑物区分所有权中的相邻不同,是立体相邻,上下、左右、前后都可能构成相邻,所以相邻问题更加突出。再加上建筑物质量如果再差一点,邻居之间相互影响就会更严重。

4.共有关系

第四个法律关系,是共有关系。建筑物区分所有的共有关系是互有,其目的在于:一般的共有权都最终可以分割,如夫妻共同财产是共有关系,在双方离婚或者一方死亡时,共有财产可以分割,甚至在婚姻存续期间夫妻也可以协商变更为"AA制",从而改变共有财产的现状。而建筑物区分所有权的共有是不可分割的,永远都要保持。所以,建筑物区分所有中的共有权是互有,不是一般的共有。

5.业主大会与物业服务企业之间的关系

第五个法律关系,是一个附带的法律关系,是一个独立的法律关系。业主大会与物业服务企业之间的关系是一个合同关系,而不是隶属关系。双方要在平等协商的基础上,建立合同关系,担负物业服务的业务,确定双方的权利和义务,按照《民法典》有关物业服务合同的规定解决双方的纠纷。

四、建筑物区分所有的构成条件

构成建筑物区分所有须具备两个条件：一是物质条件，即建筑物能够区分所有；二是事实条件，即建筑物事实上已经被区分所有。

（一）建筑物能够区分所有

建筑物区分所有的构成，必须具备赖以存在的物质条件，即作为权利客体的物。建筑物区分所有权的客体物就是区分所有的建筑物，而不是其他物或者财产。构成建筑物区分所有物质条件的建筑物，不仅要客观存在，而且必须能够区分所有。

在确定建筑物的含义时，人们往往从语义学的角度，引用《辞海》的定义，认为建筑物一般指主要供人们进行生产、生活或其他活动的房屋或场所。[①] 在法律上研究作为建筑物区分所有权客体的建筑物，这样的定义显然不能令人满意。

建筑物，从一般的意义上说，是指因建筑而成的独立物。作为建筑物区分所有客体的建筑物，是指在结构上能区分为两个以上独立部分为不同所有人使用，并须在整体上有供各所有人共同使用部分的公寓、住宅。德国法将建筑物区分所有称为住宅所有权，美国称之为公寓所有权，瑞士称之为楼层所有权，均具有这种涵义。我国大陆和台湾学者沿袭日本法的称谓，称其为建筑物区分所有权，其中建筑物一词明显过宽，不加以上述的限制，不能成为准确的法律概念。其实，最准确的概念应当是公寓或者住宅，绝大多数制定专门立法的国家，都称之为住宅所有权法，美国称之为公寓所有权法，就是这个道理。

建筑物能够区分所有须具备以下 4 个条件：

1. 必须是能够出让给他人所有的住宅、公寓和写字楼等房屋

符合这个条件应当有两个内容：首先，这种建筑物必须是房屋，而不

---

① 参见《辞海》，上海辞书出版社 1980 年版，第 500 页。

是桥梁、隧道、水坝等构筑物,这些构筑物都不能区分所有。其次,这种建筑物必须能够出让给他人所有,这只能是住宅、公寓、写字楼等房屋。宾馆、招待所等房屋虽然可以区分独立使用的部分,但是因其只能按日租给他人使用,不能出让给他人所有,因而不能成为区分所有的客体。产权式酒店符合要求,能够建立建筑物区分所有权。

2. 在结构上能够区分为两个以上独立的部分

这种独立的部分应为四周及上下闭合,具有单独居住、使用基本功能的建筑空间,具体表现为连脊平房纵割区分的空间、按楼层横割区分的空间和楼房纵横分割区分的空间,这就是前述三种区分所有建筑物的基本类型。这些独立区分的建筑空间部分,就是习惯上所说的单元及类似单元的建筑物计算单位。没有具备这样能够区分所有的两个以上的独立部分的房屋,不能作为建筑物区分所有的客体。例外的是,商场的商铺以及地下车库的车位,虽然没有四周及上下闭合,但是又具有单独占有、使用的基本功能,也认为是能够区分为两个以上独立的部分。

3. 区分的各独立部分能够为业主专有使用

区分的独立部分应具备相当的使用功能。如住宅、公寓等,应当具备家庭居住的基本功能,写字楼应具备办公的基本功能,即能够为业主专业使用。只将建筑物区分所有限制在住宅、公寓,还不够全面,写字楼、商场等亦具备能够区分所有的条件,也应作为区分所有的客体。具有这些基本功能的独立部分,能够提供给业主专有使用,为各所有人设置专有权。机关公寓为独身员工提供居住空间,却不能为各职工专有使用及所有,不是建筑物区分所有的标的物。

4. 除区域专用部分外还须有共有部分

区分所有的建筑物必须分成两个系统,即供各业主专有使用部分和全体所有人共有部分。

共有部分包括大门、楼道、台阶、阶梯、屋顶、地基等,建筑物只有具备这一部分,才能给业主设置共有权。建筑物只有专用部分而没有共有部分,只能设置普通所有权,不能设置区分所有。如连脊平房,各使用的专有部分各自独立,没有共有部分,不成立区分所有;连脊平房各自独立,但是房内有共用的走廊、水房、厕所等设施,则不因其为平房而不得成立区分所有的建筑物。有人认为,别墅没有共有部分,不能成立建筑物区分所有权。尽管单独的别墅没有共有部分,但是其他部分如道路、花园、大门、各种管线等是共用的,所以别墅也能成立建筑物区分所有权。

(二)建筑物事实上已经被区分所有

建筑物仅具备可以被区分所有的物质条件,还不能构成建筑物区分所有权,只有建筑物在事实上已经被占有该建筑物的自然人、法人、非法人组织区分所有的,才具备区分所有的事实条件。例如一栋建筑已建完,能够区分所有,但是没有将任何一个单元卖出,在事实上没有被区分所有,不能发生区分所有。这时的建筑物所有权还在开发商手中,不能成为建筑物区分所有。

建筑物在事实上已经被区分所有,应当由该建筑物建设的投资者将各独立的专用部分通过法律行为转让给购买者。转让的形式,是投资者与购买者签订买卖合同。该合同须为要式合同,且必须经过物权转让登记,不经登记不发生转让效力。买卖合同只需载明购买专用部分,无须载明共有部分的转让,因共有部分随专用部分一齐转让,登记物权转让时亦是如此。

区分所有的物权登记必须写明区分所有的性质,使其性质具有公示性,明确权利归属,保护权利人以及继受人的合法权益。

第三节 专有权及其权利义务

一、专有权的概念和性质

(一)概念

建筑物区分所有权的专有权,是指权利人享有的以区分所有建筑物的独立建筑空间为标的物的专有所有权。《民法典》第 272 条规定:"业主对其建筑物专有部分享有占有、使用、收益和处分的权利。业主行使权利不得危及建筑物的安全,不得损害其他业主的合法权益。"

专有权是建筑物区分所有权的核心部分,是区分所有权的单独性灵魂,也是这个权利的单独所有权的内容。

(二)性质

建筑物区分所有权的性质不是空间所有权。在建筑物的所有权上,权利人所享有的都是建筑物构成的建筑空间,权利人要利用、享有的不是建筑物的这个物质构成,而是享有、利用这个物质构成所形成的建筑空间。如果说,一个普通建筑物的所有权是对建筑物的所有权,而建筑物区分所有权的性质是空间所有权,并且因此而与一般的建筑物所有权相区别,是说不通的。在这一点上,建筑物区分所有权和所有的建筑物所有权都是一样的,都是建筑物的空间所有权。建筑物所有权是对建筑物的所有权,所利用的是建筑物形成的建筑空间。

建筑物区分所有权的专有权性质,是具有单独所有权性质的物权。建筑物区分所有权由三个权利构成,专有权与其他权利相区别的,是带有独立所有权的性质,而不是共有,因而构成复合共有中的独特部分,即共有中的单独所有。

二、专有权的客体专有部分

(一)确定专有部分的一般规则

在区分所有的建筑物中,究竟哪些是专有部分,《民法典》第 272 条没有作出界定,可以参考的,一是中国人民大学的《中国民法典草案建议稿》第 811 条规定:"前款所称专有部分,是指在构造上及使用上可以独立,且可单独作为所有权标的物的建筑物部分。"①二是中国社会科学院

---

① 王利明主编:《中国民法典草案建议稿及说明》,中国法制出版社 2004 年版,第 116 页。

的《中国民法典草案建议稿》第 300 条规定:"前款专有部分,指区分所有建筑物在构造上及使用上可以独立,且可单独作为所有权标的物之建筑物部分。"①这两个概念的界定几乎完全相同,采用这样的方法界定区分所有建筑物的专有部分,意见是一致的。最高人民法院司法解释认为,建筑区划内符合下列条件的房屋,以及车位、摊位等特定空间,应当认定为物权法第 6 章所称的专有部分:(1)具有构造上的独立性,能够明确区分;(2)具有利用上的独立性,可以排他使用;(3)能够登记成为特定业主所有权的客体。②

专有部分是指建筑物内的住宅、经营性用房等业主专有的部分。③专有部分的范围必须严格界定。从抽象的角度界定,专有部分也就是专有权的标的物,必须是建筑物的独立建筑空间所包括的范围。

(二)确定专有部分的具体标准

民法理论界定区分所有的建筑物的专有部分,有五种不同主张:

1."壁心"说

认为区分所有建筑物专有部分的范围达到墙壁、柱、地板、天花板等境界部分厚度之中心。这种观点对于界定权利的范围较为明确,但是,对于建筑物的维护与管理则较为有害。

2."空间"说

这种观点以区分所有权的共有权理念为立论基础,唯与以个别所有为立论基础的上述"中心"说完全对立,认为专有部分的范围仅限于墙壁、地板、天花板所围成的空间部分,而界线点上的分割部分如墙壁、地板、天花板等则为全体或者部分业主所共有。

3."最后粉刷表层"说

认为专有部分包含壁、柱等境界部分表层所粉刷的部分,亦即境界壁

---

① 梁慧星主编:《中国民法典草案建议稿》,法律出版社 2003 年版,第 58 页。

② 参见《最高人民法院关于审理建筑物区分所有权纠纷案件具体应用法律若干问题的解释》第 6 条规定。

③ 参见黄薇主编:《中华人民共和国民法典物权编释义》,法律出版社 2020 年版,第 134 页。

与其他境界的本体属共有部分,境界壁上最后粉刷的表层部分属于专有部分。

4. "最后粉刷表层兼采壁心"说

这种观点折中了"壁心"说和"最后粉刷表层"说,认为专有部分的范围应分为内部关系和外部关系而定。在业主内部,专有部分应仅包含壁、柱、地板及天花板等境界部分表层所粉刷的部分,但是,在外部关系上,尤其是对第三人的关系上,专有部分应包含壁、柱、地板及天花板等境界部分厚度的中心线。①

5. "双重性"说

有的学者主张,前四种观点的主要分歧在于,是将墙壁作为共有部分还是作为专有部分对待,并主张墙壁既有专有财产的性质,又有共有财产的性质,具有双重属性。②

"最后粉刷表层兼采壁心"说既考虑到了有利于财产的管理、维护,又考虑到了财产的独立性和对外关系,更准确并具有可操作性,应当采纳。

在立法上确定建筑物专有部分的规定,是完全必要的。由于专有权标的物的空间界限涉及业主的单独权利的界限,因此各国立法均严格规定该独立建筑空间的范围。在瑞士,专有权被称为特别权利,《瑞士民法典》第 712 条之二的第(一)、(二)两项规定:"特别权利标的物,可为单独的楼层,亦可为楼层内隔开的具有出入口的用于居住、办公或其他目的的单元;单元可包括隔开的房间。""下列物不得成为特别权利的标的物:1. 建筑物的场地及建造楼房的建筑权;2. 对于楼房或其他楼层所有人的房屋的存在、结构及坚固极为重要的或对楼房的外观及造型起决定作用的装饰物;3. 其他楼层所有人亦使用的设备。"这一规定非常详细,从正反两个方面界定了专有权的标的物,是可以借鉴的。

应当注意的是,不能独立使用的建筑空间不能设定专有权。例如,有

---

① 以上观点,参见温丰文:《论区分所有建筑物之专有部分》,台湾《法令月刊》第 42 卷,第 7 页;陈华彬:《物权法原理》,国家行政学院出版社 1998 年版,第 384—385 页。
② 参见王利明:《物权法研究》,中国人民大学出版社 2018 年版,第 567 页。

的单位将一个单元的两个居室交两对新婚夫妻各住一间，共用卫生间、厨房等设备，其单独使用的居室不能设专有权，这实际上是两个家庭共有一个专有权，是建筑物区分所有的"专有权中的共有权"。一个居室、一个阳台不能独立使用，不能设专有权。附属于建筑物表面的设施，因为不能独立使用，也不能设置专有权，业主不能因该设施依附于其专有使用部分的外墙而主张为其专有权的标的物。

三、业主作为专有权人的权利与义务

专有权的权利义务关系，表现为业主作为专有权人的权利和义务。

（一）专有权的权利

1. 专有权包括所有权的一切权能

业主对其专有的标的物具备完整的占有、使用、收益、处分的权能。《民法典》第272条规定："业主对其建筑物专有部分享有占有、使用、收益和处分的权利。"在不违反国家法律的情况下，业主有权对专有部分按照所有权的要求处分，不受他人干涉和妨害。这种处分权既有法律上的处分权，也有事实上的处分权。但是，事实上处分自己专有的单元，如果损害整个建筑物的安全，应当予以限制。《民法典》规定不得危及建筑物的安全，不得损害其他业主的合法权益，就是这个道理。由于专有权的主导性，业主在处分其专有物时，必须连带处分共有权和成员权。

2. 业主对自己的专有部分可以转让、出租、出借、出典、抵押

业主可以对自己的专有部分予以转让、出租、出借、出典、抵押，可以按照自己的意愿对内部进行装修、装饰。在对专有部分进行上述处分时，业主不得将其专有部分与建筑物共有部分的应有部分以及基地使用权的应有部分相分离，而为转移或者设定负担。

3. 享有物权请求权

业主享有物权请求权。依照《民法典》第234条至第238条的规定，

业主在其专有部分受到侵夺时,可以要求返还原物、排除妨害、消除危险、恢复原状、赔偿损失;在物权的权属发生争议时,享有确权请求权。

(二)专有权的义务

1. 不得违反使用目的

业主应当按照专有物的使用目的或规约规定使用专有部分,不得违反专用部分的使用目的,不得妨害建筑物的正常使用,不得损害其他业主的共同利益,如在住宅、公寓的专有部分开设餐馆、工厂、小卖部,均违背专有部分的使用目的,为不当使用。《民法典》第279条规定:"业主不得违反法律、法规以及管理规约,将住宅改变为经营性用房。业主将住宅改变为经营性用房的,除遵守法律、法规以及管理规约外,应当经有利害关系的业主一致同意。"住宅不得改变为经营性用房是禁止性义务,同时强化住改商的要件规定为"有利害关系的业主一致同意",增加了其难度。至于"有利害关系的业主",不论是相邻还是不相邻的业主,凡是因住宅改变为经营性用房受到影响的业主,都是本条所说的有利害关系的业主。[①]

2. 维护建筑物牢固和完整的义务

业主负有维护建筑物牢固与完整的义务,不得在专有部分加以改造、更换、拆除,也不能增加超出建筑物负担的添附。在维护、修缮专有部分或者行使权利时,不得妨碍其他业主的生活安宁、安全和卫生。

3. 不得侵害专有部分中的共有部分

业主不得随意变动、撤换、毁损位于专用部分内的共有部分,如建筑物的梁柱、管道、线路等,应负维护其完好的义务。

4. 准许进入的义务

在其他业主因维护、修缮专有部分或者设置管线,必须进入业主的专有部分,以及管理人员因维护、修缮共有部分或者设置管线,必须进入或

---

① 参见黄薇主编:《中华人民共和国民法典物权编解读》,中国法制出版社2020年版,第231页。

者使用业主的专有部分时,应当准许进入,无正当理由不得拒绝。

5. 损害赔偿义务

业主在行使自己的权利时,超越权利范围而行使,应当停止侵害;造成他人损害的,应当对损害承担损害赔偿义务。

(三)相邻关系

业主作为专有权人,共居同一建筑物之内,相邻关系是非常重要的权利义务关系,必须严加规范,以保持秩序的协调和生活的安宁,更好地保护各业主的合法权益。这也是《法国民法典》《瑞士民法典》《日本民法典》将建筑物区分所有的规则最初置于不动产相邻关系中的原因。在业主行使专有权时,必须明确处理相邻关系的规则,使自己的专有权得以适当延伸,或者加以适当限制。在必要限度内,业主有权使用其他业主的专用部分,如为使用、保存或改良专用部分而临时使用相邻人的建筑空间;有权要求停止其他业主不当使用而对共同生活环境、秩序造成损害的行为;有权要求业主对共同生活造成损害的危险采取防免措施;当其他业主采取装修改良自己专用部分而影响通风、采光、排水等行为时,有权要求其恢复原状。与这些权利相适应,每个业主均得承担上述义务。

第四节　业主的共有权及权利义务

一、共有权的概念和性质

(一)概念

将建筑物区分所有权中共有部分的权利究竟叫什么权利,有不同的看法。较为统一的称谓是共有权,也有不同的称谓,例如共有所有权、共有部分持份权、持份共有所有权部分等。这些称谓都有道理，表达了学者对这种权利的理解。笔者原来主张称为互有权，[①]说明业主对建筑物的共有部分为共同共有，且不得分割。《民法典》将其称为共有权，也就没有必要称为互有权。

建筑物区分所有的共有权，是指以区分所有建筑物的共有部分为标的物，全体业主共同享有的不可分割的共同共有权。其权利人为全体业主。共有权是建筑物区分所有权中的"共同性灵魂"，与建筑物区分所有权中的专有权构成建筑物区分所有权的两个"灵魂"。

（二）性质

业主对共有部分的权利，究竟是按份共有还是共同共有，意见不一致。一是认为是按份共有，因为专有部分与共有部分是连为一体的，共同使用部分的所有权应随同各相关区分所有建筑物所有权的转移而转移，同时，共有的公共设施属于专有部分的从物，为抵押权效力所及，所以业主对共有部分享有的共有权为按份共有。[②] 二是认为是共同共有，因为在建筑物区分所有中的共有部分不能分割，只能共有。[③] 三是认为建筑物区分所有的种类不同，其共有的性质也不同，纵向分割的建筑物区分所有，由于各区分所有人之间的结合状态并不明确，其共有部分为按份共有；横向区分所有类型和纵横分割的区分所有类型，则共有部分应理解为共同共有。[④] 四是认为对区分所有共有部分的性质既不是按份共有，也不是共同共有，是按份共有和共同共有之外的第三种共有。[⑤]

在区分所有的建筑物中，对于共有部分共有权的认识应当从共有部分的整体进行观察，而不能受其"份额"的限制。以上各种观点对所称的

---

① 参见杨立新：《民法判解研究与适用》第二集，中国检察出版社 1996 年版，第 169 页。
② 参见王泽鉴：《民法物权（1）：通则·所有权》第一册，中国政法大学出版社 2001 年版，第 200 页。
③ 参见梅仲协：《民法要义》，中国政法大学出版社 1998 年版，第 402 页。
④ 参见温丰文：《论区分所有建筑物共有部分之法律性质》，台湾《法学丛刊》第 131 期，第 93 页。
⑤ 参见王利明：《物权法研究》，中国人民大学出版社 2018 年版，第 576 页。

份额,实际上就是共同共有中的"潜在应有部分",并不是按份共有中的份额。例如,对共有部分予以使用,其收益部分按照专有部分的份额进行分配,也不是一个按份共有的问题,而是类似于合伙财产中的红利分配。按照份额分配红利,并不能否定共同共有的性质。同样,区分所有建筑物共有部分的某些不同的使用和利益的不同分配,也都不能影响共有部分建立的共有权的性质。因此,共有权是共同共有的一种特殊形态,是指在共同共有中共有人无分割共有物请求权的共有权。建筑物区分所有的共有部分,就是这种无分割请求权的权利。称其为共有权,就是主张其性质为共同共有,且是不享有分割请求权的特殊共同共有,即互有。

二、共有权的客体共有部分

共有权的标的物,是区分所有建筑物中的共有部分。按照《民法典》的规定,关于建筑物区分所有权的共有部分应当着重研究以下问题:

(一)确定共有部分的一般规则

确定区分所有建筑物共有部分的一般规则,是《民法典》第273条第1款规定的"建筑物专有部分以外的"都是"共有部分"。在区分所有的建筑物中,除了每一个业主专有部分之外的其余部分,都是全体业主的共有部分。学者表述为:"业主专有部分以外的共有部分通常是指,除建筑物内的住宅、经营性用房等专有部分之外的部分,既包括建筑物内的走廊、楼梯、过道、电梯、外墙面、水箱、水电器管线等部分,也包括建筑物区划内,由业主共同使用的物业管理用房、绿地、道路、公用设施以及其他公共场所等,但法律另有规定的除外。"[1]

(二)确定共有部分的主体范围

确定共有部分的主体范围,是指对共有部分享有共有权的主体范围,

---

[1] 胡康生主编:《中华人民共和国物权法释义》,法律出版社2007年版,第170页。

究竟是以小区、业主大会业主委员会的设置、建筑物本身,还是以楼层为单位进行确定,即以哪些业主作为共有的主体范围,确定哪些部分为共有部分。

确定共有部分的主体范围最重要的标准,是业主大会和业主委员会的设置,因为这是业主团体的组成基本单位,以此为标准,既能体现共有部分的基本范围,保证相应业主的共同利益,也最容易组织,使业主能够更好地维护自己的共同权利,承担义务。

具体的情况是,有的小区很小,只能设置一个业主大会、业主委员会;有的小区很大,要设立几个业主大会、业主委员会,那么,就按照业主大会和业主委员会的设置,确定共有部分的范围,按照这样的主体范围确定,由这些业主享有共有权。楼栋和楼层在确定共有业主范围时也不是没有意义。关于楼栋,如果一个小区就有一栋楼,而且这个楼栋就设立了一个业主大会、业主委员会,那么,它当然就是一个共有部分的主体范围。如果一个小区有几座楼栋,设立一个业主大会和业主委员会,独立的一栋楼就不能作为一个共有部分的主体范围;如果特定的楼栋所处的地理位置具有特别的商业价值,且该座楼栋的房价高于该小区的平均楼价的,该座楼栋的业主应当作为一个特殊的主体范围,享受本座楼栋共有部分产生的收益的所有权;如果没有这样的条件,而是所有的楼栋都是平均价,仍然要以业主大会和业主委员会的设置为基础,确定共有部分的主体范围。

(三)确定共有部分的具体问题

确定共有部分的范围,在立法上和实践中的主要问题是:

1.住宅建设用地使用权

建筑物区分所有权的地基权利,各国情况不同,采取的做法也不同。一般的做法是,全体区分所有人对地基享有土地所有权,也有的是享有地上权,即在他人的土地上设立地上权建设住宅。

我国的土地分别属于国家所有和集体所有。在城镇建造住宅设立建筑物区分所有权,不可能对地基享有所有权,只能享有建设用地使用权,因此,研究地基的共有问题,就是研究业主对住宅建设用地使用权享有的是何种权利。

首先,业主对地基的权利即住宅建设用地使用权享有的权利是共有。区分所有建筑的住宅建设用地使用权为共有,全体业主对住宅建设用地使用权享有共有权。

其次,全体业主对住宅建设用地使用权享有的共有是何种共有,有不同的看法。一般认为,这种共有是准共有。① 这是毫无疑问的,对建设用地使用权的共有当然如此,应当适用《民法典》第310条规定。这种准共有是共同共有还是按份共有,是要研究的重点问题。住宅建设用地使用权是按份共有,各个业主在购买了自己的建筑物专有部分所有权的同时,也购买了自己的住宅建设用地使用权,是按照自己专有部分建筑面积的比例计算的,因此,是按份享有建设用地使用权。业主对地基的权利按照自己的份额享有权利、负担义务。

应当明确一点,住宅建设用地使用权是独立的用益物权,不是建筑物区分所有权的组成部分,也不是建筑物区分所有权的共用部分。

2. 建筑物基本构造部分

建筑物的基本构造部分属于全体业主共有。建筑物的基本构造部分,包括房屋的基础、支柱、屋顶、墙壁、楼板、间壁墙、大门、楼梯、走廊、围墙、自来水管道、暖气管道、照明设备等,由住宅小区的全体业主共有。

3. 车库车位

在区分所有的建筑物中,车库、车位的问题很复杂,也非常重要。因为我们正在步入汽车社会,北京市2019年保有636.5万辆汽车,现代城市中车库和车位的重要性日益增强,住宅必须有足够的车库和车位。有些国家的法律明确规定,区分所有建筑物必须保证有足够的停车位。有的国家甚至规定,两居室必须要有一个停车位,三居室必须要有两个以上的停车位。车库和车位不能平均分配,因为有的业主一家有好几辆车,有的业主一辆车也没有,把车库、车位统一分给业主也不行。

过去研究建筑物区分所有权,都认为地下车库不能设立所有权,应当

①　参见王利明等:《中国物权法教程》,人民法院出版社2007年版,第221页。

设立专有使用权,以保障防空和反恐的需要。如果把地下车库卖给每一个业主,设立了私人所有权,防空、反恐需要时就会造成混乱。原《物权法》和相关民事立法没有采用这个立场,而是明确规定可以通过出售、附赠、租用的方式,解决车库和车位的权属问题。这个规定对于解决实际问题是有好处的,不过,防空和反恐的需要也应当考虑。

《民法典》第275条和第276条规定的车库、车位,是有特指的。车库,是指六面封闭的停车场中的车位,地下车库中也有六面封闭的车库;车位,则是指在地表设立的停车位。

《民法典》第275条和第276条规定车库和车位的规则有以下三个问题:

(1)确定车位和车库的权属应当依据合同确定。《民法典》第275条第1款规定:"建筑区划内,规划用于停放汽车的车位、车库的归属,由当事人通过出售、附赠或者出租等方式约定。"出售和附赠的,确定的是所有权归属于业主;出租的,所有权归属于开发商,业主享有使用权。这样规定虽然没有考虑防空和反恐的问题,却最容易解决纠纷。出售和附赠取得的车位、车库的权属,是所有权,同时也有相应的建设用地使用权。对此,应当保障业主的车位、车库的权属。车库、车位的所有权和建设用地使用权也应当进行物权登记,在转移专有权时,车库、车位的所有权和建设用地使用权并不必然跟随建筑物的权属一并转移,不适用《民法典》第273条第2款规定的规则,应当另行签订车位、车库权属的转让合同。

(2)占用共有的道路、共有的其他场地建立的车位属于全体业主共有。《民法典》第275条第2款规定:"占用业主共有的道路或者其他场地用于停放汽车的车位,属于业主共有。"不属于开发商所有,也不能为业主个人所有。至于如何使用,办法是:首先,应当留出适当部分作为访客车位;其次,其余部分不能随意使用,应当建立业主的专有使用权,或者进行租赁,均须交付费用;最后,共有车位取得的收益,除掉管理费外,应当归属于全体业主,由业主大会或业主委员会决定,将其归于公共维修基金,或者按照建筑面积的比例分给全体业主。

(3)车库和车位应当"首先满足业主的需要"。《民法典》第276条规定:"建筑区划内,规划用于停放汽车的车位、车库应当首先满足业主的需要。"只有在业主的需要满足后,才可以向外出售或者出租。这是从实际情况出发规定的内容,有利于纠纷的解决和预防。有人将"首先满足"的"首先"解释为"优先",对于车库和车位业主享有优先购买权。这种理解是不对的。如果业主对车库和车位享有优先购买权,其他非业主就可以出高价购买,一种可能是使业主买不到车库车位,另一种可能是抬高车库车位的价款,损害业主的权益。按照最高人民法院的解释,建设单位按照配置比例将车位、车库出售、附赠或者出租等方式处分给业主的,就是首先满足业主的需要。车位、车库应当提供给本物业管理区域内的业主、使用人使用,尚未出售的车位、车库,应当租给业主、使用人使用。停车位满足业主需要后仍有空余的,可以临时按月租给物业管理区域外的单位、个人。①

有的业主认为,既然车位是业主享有所有权,为什么还要交管理费?业主享有车位和车库的所有权,也需要进行管理和清扫,业主对自己所有的车库、车位交纳适当的管理费是应当的。

4. 道路

区分所有建筑物中的道路,属于业主共有,但是,属于城镇公共道路的除外。只要小区的道路不是城镇公共道路,都属于业主共有。对此,可以采用我国香港地区的小区管理模式,在小区的道路上标明"私家路",不是私家路的才是公共道路,界限应当清楚。

5. 绿地

确定区分所有建筑物绿地权属的规则是:小区的绿地属于全体业主共有,有两个除外:一是属于城镇公共绿地的除外,二是明示属于个人的除外。前两个规则都没有问题。"明示属于个人"的绿地,应当归属于个人。以下两项绿地是"明示属于个人":一是连排别墅业主的屋前屋后的绿地,明示属于个人,归个人所有或者专有使用;二是独栋别墅院内的绿地,明示属于个人,归个人所有或者专有使用。至于是专有使用还是归个

---

① 参见黄薇主编:《中华人民共和国民法典物权编释义》,法律出版社 2020 年版,第202 页。

人享有权属,则应当以建筑规划为准。

值得研究的是,普通小区一层业主的窗前绿地。开发商把窗前绿地赠送给一层的业主,一层业主就有了一个自己的小院,成为独立空间。这个窗前绿地属于"明示属于个人"的吗? 按道理,区分所有建筑物的所有绿地都是共有的,为什么开发商就能赠送给业主呢? 是不是侵害了全体业主的共有部分及其利益呢? 绿地包含三个权利:一是国家土地所有权,类似于"田骨权","田骨"属于国家。二是建设用地使用权,类似于"田皮权",属于全体业主共有。三是绿地的所有权,就是植被的权利,全体业主共有。开发商把窗前绿地赠送给一层业主,等于把绿地这一部分共有的建设用地使用权和草坪的所有权给了一层业主。如果没有解决土地使用权和绿地所有权的权属,这样做就构成了一层业主和开发商共同侵害了全体业主的权利。如果在规划中就确定一层业主窗前绿地属于一层业主,并且对于土地使用权和绿地所有权的权属有了明确的约定,不存在侵害全体业主共有权的情况下,可以确认窗前绿地为"明示属于个人",属于业主个人所有或者使用,不属于共有部分。

6. 会所

物权法草案曾经对会所的权属有规定,即"会所属于全体业主共有,但另有约定的除外"。原《物权法》和相关民事立法都没有这样的规定。原因在于,会所具有经营性,不能规定为全体业主共有。如果规定为全体业主共有,业主大会或者业主委员会就要具有经营能力,还要注册公司,全体业主就要出资,赢利分钱都没有意见,一旦亏损要全体业主负担。同时,会所以及小区的商铺都是经营性的,没有公共设施的性质,也不应归属于业主共有。应当强调的是,开发商经营会所应当突出服务业主的宗旨,对其他方面不应当有过多限制。

7. 其他公共场所

其他公共场所属于确定的共有部分,不得归属于开发商所有。何谓"其他",主要是针对会所而言。理由是,原来的物权法草案中有关于会所的规定,其他的公共场所称为"其他公共场所"是顺理成章的。有人认为,其他公共场所就是指除绿地、道路等以外,为全体业主共同使用的地方,如广场、园林、走廊、门庭、大堂等。① 相对于会所以外的,那些为全体业主所使用的广场、舞厅、图书室、棋牌室等,属于其他公共场所。而园林属于绿地,走廊、门庭、大堂等则属于建筑物的构成部分,本来就是共有部分,不会出现争议,因而不必专门规定。

8. 公用设施

公用设施是指小区内的健身设施、消防设施、自行车棚等。这些公用设施属于共有部分,不存在例外。

小区内的其他设施,例如学校、幼儿园、商店、超市等,不能认为是全体业主共有。因为这些设施的权属问题复杂,也无法交给全体业主经营,尽管也是小区的配套设施,但是不能认为是全体业主共有。

9. 物业服务用房

现代住宅建筑物的物业管理是必要的,建设住宅建筑物必须建设物业服务用房。关于物业服务用房的权属,曾经有过争论,在物权法草案中也有不同的规定,主要表述为"物业服务用房属于业主共有,但另有约定的除外"。这样规定的弊病是,由于大多数开发商在建设工程竣工时,自己组建物业公司进行物业管理。业主入住之后不满意要求撤换物业公司的,开发商主张物业管理用房是自己的而不交物业服务用房。《民法典》第274条明确规定,物业服务用房属于业主共有,不得另行约定,就从根本上解决了这个问题。因此,物业服务用房的权属一律归属于全体业主所有,以保障业主的权益。

10. 楼顶平台

楼顶平台是建筑的楼顶及其空间。按照建筑物区分所有权的规则,这一部分应当属于全体业主所有,因为确定共有部分的一般规则是除了专有部分以外的其他部分都是共有的,楼顶平台当然也是共有的。专有部分确定标准的"最后粉刷表层兼采壁心说",顶层业主的专有部分为顶层楼板的壁心以下,最后粉刷表层才是业主的专有部分。一些开发商将楼顶平台卖给或者附赠给顶层业主,顶层业主能够在楼顶平台建设空中花园自己使

---

① 参见王利明等:《中国物权法教程》,人民法院出版社2007年版,第224页。

用。有人认为,此种情况可以看作业主专有部分所有权的客体。① 楼顶平台是全体业主共有的,开发商不能将其附赠给顶层业主。

11. 外墙面

外墙面属于建筑物的组成部分,是建筑物的整体构造部分,属于全体业主共有。有的认为外墙面与业主的专有部分不可分割;有的认为外墙面属于开发商所有。这两种看法都不对,外墙面不属于专有部分,也不是与专有部分不可分割,而是共有部分。开发商主张外墙面属于开发商所有也不对,即使开发商用约定的方法,在商品房预售合同中约定外墙面归属于开发商所有或者支配也是不行的,因为这样的约定侵害了全体业主的合法权益。

值得研究的问题有两个:一是商铺或者住宅建筑物的底商,外墙面应当属于商铺专有使用,可以设置广告、牌匾等商业宣传。二是底商的广告、牌匾设置,不能超过其权利界限,延伸到楼板之上业主住宅的外墙面部分,因为住宅的外墙面属于业主共有,除非底商的业主给予补偿或者使用费,否则不得使用业主住宅的外墙面。

12. 维修资金

关于维修资金,《民法典》第281条规定:"建筑物及其附属设施的维修资金,属于业主共有。经业主共同决定,可以用于电梯、屋顶、外墙、无障碍设施等共有部分的维修、更新和改造。建筑物及其附属设施的维修资金的筹集、使用情况应当定期公布。""紧急情况下需要维修建筑物及其附属设施的,业主大会或者业主委员会可以依法申请使用建筑物及其附属设施的维修资金。"按照这一规定,维修资金的主要问题是:第一,维修资金属于共有部分,尽管这部分资金是业主购房时交付的,但是属于全体业主共有,其他人不得主张权利。第二,维修资金的用途,是用于电梯、屋顶、外墙、无障碍设施等共有部分的维修、更新和改造,不得用作他途。学者认为,维修资金应当作为共有部分、公用设施设备保修期满之后的大

---

① 参见王利明等:《中国物权法教程》,人民法院出版社2007年版,第225页。

修、更新和改造。① 之所以是在保修期满之后使用,是因为保修期满之前是由开发商负责维修的,不应使用维修资金。第三,维修资金必须专款专用,不得挪作他用,也不得作为业主大会和业主大会承担责任的基础,以此承担民事责任。第四,紧急情况下需要维修建筑物及其附属设施的,业主大会或者业主委员会可以依法申请使用建筑物及其附属设施的维修资金。第五,维修资金的筹集和使用是重大事项,应当经过业主大会讨论决定,这是《民法典》第278条明确规定的。未经业主大会四分之三的多数通过决定,不得擅自进行。

值得研究的是,维修资金是不是可以用于将来建筑物的改建、重建问题。建筑物需要改建、重建,《民法典》第278条第7项作了规定,确认这是业主大会议决的事项。既然改建和重建建筑物是全体业主的权利,那么,改建、重建的资金当然要从全体业主身上来。故维修资金也可以用于建筑物的改建和重建。改建和重建时,维修资金可以作为资金,不足部分要由全体业主按照原来的建筑面积比例,共同筹集。

13. 共有部分产生的收益

区分所有建筑物的共有部分属于业主共有,共有部分发生收益,应当归属于全体业主所有。《民法典》第282条规定:"建设单位、物业服务企业或者其他管理人等利用业主的共有部分产生的收入,在扣除合理成本之后,属于业主共有。"以往一些物业服务机构将这些收益据为己有,作为自己的经营收益,是不当的,侵害了全体业主的权利。《民法典》新增加这个条文,就是要纠正这个问题。处置这些共有部分发生收益的办法是:第一,应当扣除物业服务机构合理的经营成本,这是应当负担的部分,不应当由物业服务机构自己负担。第二,还应当给物业服务机构必要的利润。物业服务机构也是经营机构,为经营业主的共有部分获得收益,付出了代价,应当有一定的回报,但应当实事求是。第三,其余部分,应当归属于全体业主共有。至于如何处置,由业主大会

---

① 参见肖海军:《物业管理与业主权利》,中国民主法制出版社2006年版,第139页。

决定。如果业主大会决议归于公共维修资金,应当归入公共维修资金;如果业主大会决议分给全体业主个人享有,应当按照每一个业主专有部分的建筑面积比例分配。

三、业主的权利与义务

共有权的权利与义务关系,表现为业主作为共有权人对共有部分所享有的权利和所负担的义务。

（一）业主作为共有权人的权利

业主对于共有部分享有的权利是:

1. 使用权

业主有权按照共有部分的种类、性质、构造、用途使用共有部分,其他共有人不得限制和干涉。例如,业主可以在庭院、中心花园等散步、休闲,在屋顶晾衣,使用电梯、楼道等。使用应当依照共有部分的性质而定,也可以依照约定,或者为共同使用,或者为轮流使用。违反使用用途的为不当使用,应按规约处理,停止不当使用,造成损害应当赔偿。

2. 收益共享权

业主对建筑物的共有部分享有收益权,对共有部分收取的收益,包括共有部分的天然孳息、法定孳息、设置广告物的价金,都享有收益权。对建筑物的收益业主有权共同分享,按照自己专有部分所占比例分享收益。

3. 处分权

业主对区分所有建筑物的共有部分有同等的处分权。例如,对共有部分及其相关设施的拆除、更新、设置负担,须经过全体业主大会决定,不得个人或者部分人决定。对建筑物的共有部分进行修缮、改良,经过决议可以进行,但是不得改变使用的用途。对于共有部分在法律上处分,应当随同自己的专用部分一道处分,不得分割处分。

4.物权请求权

区分所有建筑物的共有部分遭受侵害,任何业主都有权要求加害人停止侵害、返还原物、恢复原状、赔偿损失。

(二)业主作为共有权人的义务

业主对于共有部分负有的义务是:

1.维护现状的义务

业主负有维持建筑物共有部分互有现状的义务,永远不得请求分割共有部分。这正是建筑物区分所有的基本特点,不得忽视。

2.不得侵占的义务

各业主使用共有部分,须维护共有部分的正常使用状态,不得侵占共有部分,不得改动共有部分的设置和结构,保持共有部分的完好和清洁。任何人使用不当造成共有部分的损害,应当承担赔偿责任。

3.按照共有部分的用途使用的义务

对于区分所有的共有部分进行使用,应当按共有部分的使用性质使用,不得将共有部分改作他用。使用性质也称为固有用途,是以共有部分的种类、位置、构造、性质或依规约规定的目的或用途使用共有部分。对于某些非按其本来用途使用的共有部分,无损于建筑物的保存和不违反业主共同利益的,应当允许。例如在走廊墙壁悬挂画作或者镜框,即为合理使用,不为违反固有用途的使用。

4.费用负担义务

业主应当负担共有部分的正常费用合理分摊,对全部共有部分负担由全体业主分摊,对部分共有部分由部分业主分摊。共同费用包括:日常维修费用,更新土地或楼房的共同部分及公共设备的费用,管理实物的费用等。负担的办法,应当按照持份比例决定,即计算各业主专有部分在全部建筑面积中的千分率,计算其所分担的份额。

依照《民法典》第273条第1款后段规定,业主不得以放弃其权利为由而拒绝履行上述义务。

四、共有部分中的专用部分

在区分所有建筑物的共有部分中,有一部分是由业主专用使用的,这一权利称为专用使用权。例如,在区分所有的建筑物的共有道路和其他场地设置的地表车位,如果约定由一个或者数个业主独占性的专有使用,就成立专用使用权。

专用使用权的产生,一般认为是根据业主的合意产生,是业主之间的规约或者契约,一般是在建筑物出售时确定的。对于取得的专用使用权,可以转让给他人,或者转让给其他业主。

第五节　成员权及其权利义务关系

一、成员权的概念和特征

(一)成员权的概念

成员权是建筑物业主作为整栋建筑物所有人团体成员之一所享有的权利。各国立法均规定建筑物的全体业主须组成一个团体,整体享有地上权、地役权及其他共同的权利,管理共用设施及其他事务,解决纠纷。每一个成员作为团体成员之一,享有权利,承担义务。

对区分所有建筑物的管理,我国台湾地区学者下了一个很准确的定义:所谓区分所有建筑物之管理,系指为维持区分所有建筑物之物理的机能,并充分发挥其社会的、经济的机能,对之所为之一切经营活动而言。[①]举凡有关建筑物之保存、改良、利用、处分,乃至业主共同生活秩序之维持

---

① 参见陈俊樵:《论区分所有建筑物之管理组织》,台湾《中兴法学》第24期。

等,均属之。①

成员权的主要功能表现在对区分所有建筑物的管理上。区分所有建筑物的管理分为两个系统,一是行政机关本于行政权,对建筑物进行的行政管理;二是业主自行订立管理规约,组织管理委员会或设置管理人员的自治管理。《民法典》所称对区分所有建筑物的管理是指后者。

(二)成员权的特征

1.成员权基于业主的团体性而产生

区分所有建筑物的权利人是一个团体,而不是单个的个人。尽管这个团体不具有法人资格,但是,这个团体的团体性是很强烈的。每个业主都是这个团体的成员,享有成员权。基于成员权,业主对整个建筑物行使管理的权利,承担管理的义务。

2.成员权与专有权、共有权并列处于同等地位

建筑物区分所有权的专有权、共有权和成员权,地位平等,相互依存,密不可分,不能缺少任何一个,各自又都具有相对独立性。

3.成员权是永续性的权利

正因为建筑物区分所有权的三个权利密不可分,相互依存,体现建筑物区分所有的共有性质,因而是永远存续的,随着区分所有建筑物的命运而存在。即使专有部分转移,成员权也随着转移给新的业主,并不会消灭。

二、成员权的团体形式

既然业主享有成员权,就一定要有团体,使成员权有所依附。这就是业主团体。

业主团体是业主大会。我国《民法典》第 277 条规定的团体形式是业主大会,业主大会选举业主委员会。

---

① 参见温丰文:《论区分所有建筑物之管理》,台湾《法学丛刊》第 147 期。

（一）建筑物区分所有团体的性质

依各国建筑物区分所有法律的规定，对区分所有建筑物的管理，皆设管理组织。例如，《瑞士民法典》规定该组织为楼层所有人大会和管理人，并对其组织形式作了详细规定。美国则为公寓所有人协会。

业主大会由全体业主组成。业主大会的性质有四种不同的立法例。一是德国模式，为不具有法人人格的管理团体，没有权利能力，不具有法人人格，作为共有关系的成员的单个的住宅所有权人，在诉讼上也是如此。这是"不承认主义"。二是法国模式，不分情形的不同，一律承认业主管理团体具有法人资格，新加坡、我国香港地区采用这种模式。这是"一律承认主义"。三是日本模式，是采用附条件承认管理团体为法人的模式，不足30人的业主构成的管理团体属于无权利能力的社团，30人以上且经过业主及表决权占四分之三以上的多数同意时，可以申请登记为具有法人资格的管理团体。这是"有限承认主义"。四是美国模式，原来并不承认业主管理团体具有法人资格，20世纪70年代通过判例承认该管理团体的法人资格。也是"一律承认主义"。在现代社会，业主管理团体有法人化趋向，使业主大会具有法人资格，业主的人格受到限制和拘束。

我国《民法典》不承认业主大会的团体性，不具有任何法律地位。这种做法不妥，会损害全体业主的合法权益。首先，不能认为业主大会是法人，因为我国在建筑物区分所有制度上的经验不多，不宜采用承认主义或者有限承认主义。其次，在建筑物区分所有的管理上应当贯彻民主精神，让多数业主按照民主的方式管理，因而德国模式比较适合我国情况，承认业主大会具有非法人组织的地位，作为民事主体和诉讼主体，享有相应的资格，以更好地保护全体业主的合法权益。

（二）业主大会的组织及其活动方式

关于业主大会的设置办法，德国采必设方式，日本采任意方式。我国台湾地区则是折衷方式，住户在3户以上10户以下的为任意设置，11户以上的为必设方式,颇具弹性。《民法典》采取灵活的态度,规定"业主可以设立业主大会,选举业主委员会"。地方人民政府有关部门、居民委员会应当对设立业主大会和选举业主委员会给予指导和帮助。

业主大会应当由全体业主组成,每个业主都有选举权和被选举权,有决定事项的投票权。

业主大会的活动方式是举行会议,作出决议。其职责是:对外,代表该建筑物的全体业主,其性质为非法人团体性质的管理团体,可以代表全体业主为民事法律行为和诉讼行为,具有非法人组织的功能;对内,对建筑物的管理工作作出决策,对共同事务进行决议,如制定管理规约,选任、解任管理人,共有部分的变更,建筑物一部毁损的修建等。① 按照《民法典》第278条规定,下列事项由业主共同决定:(1)制定和修改业主大会议事规则;(2)制定和修改管理规约;(3)选举业主委员会或者更换业主委员会成员;(4)选聘和解聘物业服务企业或者其他管理人;(5)使用建筑物及其附属设施的维修资金;(6)筹集建筑物及其附属设施的维修资金;(7)改建、重建建筑物及其附属设施;(8)改变共有部分的用途或者利用共有部分从事经营活动;(9)有关共有和共同管理权利的其他重大事项。

业主大会应当定期召开,每年至少召开一次至两次。发生重大事宜须即时处理,经业主委员会请求召开,以及业主五分之一以上请求召开的,应当召开临时会议,进行讨论,作出决策。

业主大会决议事项的规则是:应当由专有部分面积占比三分之二以上的业主且人数占比三分之二以上的业主参与表决。决定前述第六项至第八项规定的事项,应当经参与表决专有部分面积四分之三以上的业主且参与表决人数四分之三以上的业主同意。决定前述其他事项,应当经参与表决专有部分面积过半数的业主且参与表决人数过半数的业主同意。

---

① 参见温丰文:《论区分所有建筑物之管理》,台湾《法学丛刊》第147期。

三、业主作为成员权人的权利和义务

业主作为团体成员的权利义务是：

（一）表决权

业主有权参加业主大会，参与制定规约，参与讨论、表决全体业主的共同事务。每一个业主都有权提议召开业主大会，提出讨论的议题，对重大事务作出决议。业主实施违反共同利益的行为，其他业主可以提出动议，召开会议，决议制止或者责令其赔偿。

（二）选举权和被选举权

业主都有业主大会、业主委员会组成人员的选举权和被选举权，通过选举，推选适当的业主或者自己担任负责工作，或者委派其他人担任相当的工作。

（三）监督权

业主对业主大会、业主委员会组成人员有权进行监督，对于不尽职的人员有权提出批评、改进意见，建议团体大会决议更换，对不尽职的人员可以请求罢免和解除其职务。

（四）对侵害合法权益行为的请求权

业主对建设单位、物业服务企业或者其他管理人以及其他业主侵害自己合法权益的行为，有权请求其承担民事责任。

（五）遵守业主大会决议的义务

业主作为业主大会的成员，除了享有以上权利之外，还要承担相应的团体义务。要承认业主大会通过的规约、章程，有参加业主会议的义务，服从业主大会多数成员作出决议的义务，遵守规约的义务，服从管理人管

理的义务,承担按规约应当承担的工作的义务。

四、管 理 规 约

管理规约是业主大会制定的区分所有建筑物管理的自治规则。内容是业主为了增进共同利益,确保良好的生活环境,经业主会议决议的共同遵守事项。① 对其性质,有契约、协约、自治法、法律行为的不同说法。笔者认为管理规约是自治规则。

管理规约的订立、变更或废止,都须经过业主大会决议。决议方法,日本旧法采一致通过,新法采四分之三多数通过。② 我国台湾地区"公寓大厦管理条例"第 26 条规定:公寓大厦建筑物所有权登记之业主达三分之二以上及其区分所有权比例合计三分之二以上时,起草人应于 6 个月内召集业主召开业主会议订定规约,并向地方主管机关报备。《民法典》第 278 条规定,制定和修改管理规约属于业主共同决定的一般事项,应当经专有部分占建筑物总面积过半数的业主且占总人数过三分之二以上的业主且人数占比三分之二的业主参与表决,经参与表决专有部分面积过半数的业主且参与表决人数过半数的业主同意。

管理规约的内容主要包括:一是业主之间的权利义务关系;二是关于业主之间的共同事务;三是业主之间利益调节的事项;四是对违反义务的业主的处理办法。

规约的效力在于约束全体业主的行为。规约只对该建筑物的业主有效,及于建筑物的使用人。业主委员会和物业服务机构不得违反该规约而另行处置管理事务,与规约相抵触的管理行为不具有效力。管理规约的效力起止时间,应依其规定生效、失效。

---

① 参见王泽鉴:《民法物权(1):通则·所有权》,中国政法大学出版社 2001 年版,第 263 页。

② 该新法、旧法,分别指 1983 年和 1962 年的日本建筑物区分所有权法。

五、管　理　内　容

区分所有建筑物的管理内容,分为物的管理和人的管理。

(一)物的管理

物的管理,包括对建筑物、地基以及附属设施的保存、改良、利用乃至处分等管理。管理的范围,原则上限于建筑物的共有部分。专用部分的管理由专有人承担,但相邻的墙壁、楼板等修缮等,因其为相邻双方互有,故应在管理范围内。

管理的基本事项主要包括以下内容:一是火警防范,加强消防设备和防火措施;二是维护公用部分及建筑物清洁,定期清除垃圾,清理水沟,清洗外墙,擦洗共用门窗玻璃等;三是维修公共设施,如水、电、汽、暖的维修、公共电梯定期检查保养等;四是保护、美化建筑物的环境,在建筑物的庭院中植花种草,管理车辆停放秩序等。

(二)人的管理

对建筑物业主的管理,不仅指对业主的管理,还包括对所有出入该建筑物的人进行管理。管理的内容是:

1.对建筑物不当毁损行为的管理

这种行为可以是对专有部分实施影响整个建筑物安全或外观的改建或扩建,如拆除梁柱、支撑墙等;也可以是将共有部分改为自用,如将楼道间隔而自用,将公用阳台间隔自用;也可以是擅自对专用部分以外的部分进行改变等。

2.对建筑物不当使用行为的管理

专有部分各业主可以自由使用,但是不得滥用权利进行不当使用。如在住宅、公寓的专有部分开设工厂、舞厅、饭馆,以及其他非法营业,带来噪音、振动,影响他人生活安宁。

3.对生活妨害行为的管理

此种行为是指业主因生活习惯、嗜好不同,对建筑物使用方法不尽一致,而对他人生活有妨害的行为。如豢养动物,深夜播放音响,任意堆放垃圾、乱泼污水等。

业主大会或者业主委员会对任意弃置垃圾、排放污染物或者噪声、违反规定饲养动物、违章搭建、侵占通道、拒付物业费等损害他人合法权益的行为,有权依照法律、法规以及管理规约,请求行为人停止侵害、排除妨碍、消除危险、恢复原状、赔偿损失。业主或者其他行为人拒不履行相关义务的,有关当事人可以向有关行政主管部门报告或者投诉,有关行政主管部门应当依法处理。

第六节 物 业 管 理

一、物业管理在建筑物区分所有权中的地位

物业管理在物权法上究竟是什么性质的制度,以往不很清楚。实践中出现物业管理单位就是小区的决策者,说什么是什么,业主须听命于物业服务企业的指令等现象。这是不正常的。

《民法典》第285条规定:"物业服务企业或者其他管理人根据业主的委托,依照本法第三编有关物业服务合同的规定管理建筑区划内的建筑物及其附属设施,接受业主的监督,并及时答复业主对物业服务情况提出的询问。""物业服务企业或者其他管理人应当执行政府依法实施的应急处置措施和其他管理措施,积极配合开展相关工作。"这是对物业管理在建筑物区分所有权中的地位的明确规定。

在区分所有的建筑物中,所有权人是业主,对区分所有的建筑物的支配权完全属于业主。在一个住宅小区中,其绝对支配者是业主,业主对自己所有的建筑物具有绝对的权利,不受任何人的干涉和支配,自主决定如

何行使自己的权利,谁都无权对业主行使权利的行为进行干涉或者干预。从这一点上说,物业管理企业不得对业主行使权利进行干预、干涉。

物业管理,是业主对区分所有建筑物行使管理权的手段和方法。业主可以自己管理,可以委托物业进行管理,也可以委托其他管理人管理。如果委托物业管理,物业服务企业就按照全体业主形成的决议对建筑物进行管理。如何管理,由于现代区分所有建筑物的规模庞大,技术复杂,需要进行专业管理,由业主自己管理不现实,需要设置专业管理人,按照全体业主的管理意志,对建筑物进行管理。[①]

物业管理就是业主选择他人对自己的建筑物进行的管理,业主选择物业管理人。管理人并不绝对是物业服务企业,也可以选择其他人作管理人。只是管理需要专门的知识和技能,由物业管理企业作管理人最为合适。

物业管理在物权法上的地位,是业主对于区分所有的建筑物实施管理权时所委托的管理人,实现的是业主对建筑物的管理意志,须按照业主的整体意志对建筑物进行管理,对业主的事宜进行管理。除此之外,它不再是别的什么,只能执行业主大会的管理意志。

二、物业管理活动的性质和业主的选择权

(一)物业管理活动的性质

物业管理活动是指业主通过选聘物业服务企业,由业主和物业服务企业按照物业服务合同约定,对房屋及配套设施设备和相关场地进行维护、养护、管理,维护相关区域内的环境卫生和秩序的活动。

物业管理活动最重要的内容是:第一,物业服务企业是业主选聘的受托人;第二,物业管理活动的主体是业主和物业服务企业;第三,活动的方式是通过物业服务合同确定;第四,具体内容是对房屋和配套设施设备和相关场地进行维护、养护、管理,维护相关区域内的环境卫生和秩序。这

---

① 温丰文:《论区分所有建筑物之管理》,台湾《法学丛刊》第147期。

些都是说,物业管理活动的性质是业主选聘的物业服务企业执行对建筑物及其设施管理的活动。因此,物业服务企业的管理活动是维护业主权利、体现业主意志的活动。

(二)业主的选择权

业主与物业服务企业之间的关系是合同关系。对此,《民法典》合同编第24章专门规定了"物业服务合同",规定业主与物业服务企业之间的权利义务关系。业主对物业服务企业享有选择权,由业主选择物业服务企业。

业主选择物业服务企业的形式,首先是竞争,通过市场竞争机制选择物业服务企业。业主选择物业服务企业之后,应当通过物业服务合同的形式,确立相互之间的权利义务关系。

依照《民法典》第938条规定,物业服务合同的内容一般包括服务事项、服务质量、服务费用的标准和收取办法、维修资金的使用、服务用房的管理和使用、服务期限、服务交接等条款。物业服务人公开作出的有利于业主的服务承诺,为物业服务合同的组成部分。物业服务合同应当采用书面形式。

三、物业管理常见纠纷及对策

(一)物业服务企业或建设单位侵害业主权利的纠纷

1. 物业服务企业擅自改变、占用、非法利用共有部分

共有部分的权利属于全体业主。无论是业主还是物业服务企业,都不得私自改变、占用或者利用区分所有建筑物的共有部分,确须改变、占用、挖掘的,须经批准,决定权在业主大会和业主委员会,通过之后,如果是占用或者利用,还要在限期内完成,不得长期占用和利用。

以下这些行为应当承担责任:(1)擅自改变按照规划建设的公共建筑和共用设施用途的;(2)擅自占用、挖掘物业管理区域内道路、场地,损

害业主利益的;(3)擅自利用物业共用部位、共用设施的。其后果是责令限期改正,给予警告,处以罚款,所得收益用于共用部位、共用设施设备的维护养护,剩余部分按照业主大会决定使用。这些行为都会造成侵害业主权益的后果,都是侵权行为,应当承担侵权责任。

业主擅自利用共用部位和共用设施进行经营的,侵害了全体业主的权利,也构成侵权,其性质是共有权人之间的侵权行为,即部分共有人侵害其他共有权人的共有权利,应当承担侵权责任。

2.物业服务企业挪用房屋建设维修资金

房屋建设维修资金归业主共有,由全体业主行使权利,由物业服务企业用于区分所有建筑物的维修,应当专款专用,不得非法侵占。物业服务企业挪用业主的维修资金,应当承担行政责任,给予警告,并处罚款、吊销资质证书,或者追究刑事责任。同时,还要承担民事责任,将挪用的资金返还业主,其非法所得是维修资金的孳息,应当归还业主,不能依法没收。

3.物业服务企业非法转委托侵占公共建筑和共用设施的收益

物业服务企业违法委托他人进行管理,是指承担物业管理的物业服务企业将自己通过合同取得的物业管理一并委托他人进行管理的行为。这种行为实际上就是"转包"。

物业管理合同的性质是委托合同,是受托人应当亲自实施的委托事项,不得全部转移给他人。确有需要,物业服务企业可以将自己承担的物业管理的一部分委托他人进行。全部一并委托违反了委托的规则和合同约定,应当承担责任。

4.物业服务企业擅自改变物业用房

物业用房的所有权归属于全体业主,是业主互有权的客体,是业主权利不可缺少的部分。物业服务企业擅自改变物业用房的用途的,属于侵权行为,应当责令限期改正,给予警告,并处罚款。对于所得收益,用于房屋维修养护,剩余部分按照业主大会决定使用。

5.建设单位侵害区分所有建筑物的共用部分

建设单位不得擅自处分业主的共有部分。建设单位擅自处分物业中的共用部位、共用设施设备的,构成侵权行为,应当承担侵权责任。

（二）物业服务企业违反物业服务合同纠纷

1. 违反服务合同的约定

物业违反服务合同约定,应当承担违约责任。物业服务企业在管理事项的范围、服务质量、维修资金的管理和使用以及在管理用房上等,都会发生违约的行为。发生物业服务企业违约行为,应当按照物业服务合同约定的违约责任以及《民法典》关于违约责任的规定,确定违约责任。

2. 违反安全保障义务

物业服务企业未能履行物业服务合同的约定,导致业主人身、财产安全受到损害的,应当依法承担相应的法律责任。这种责任是侵权法上的违反安全保障义务的侵权责任。

这个责任的义务来源有两个方面:一是物业服务合同的约定。在物业服务合同中,对于物业服务企业对业主的人身安全和财产安全的保障,应当作出明确的约定。这是约定的义务。二是在《消费者权益保护法》中,第18条规定了经营者对消费者的安全保障义务。这种保护义务是法定的义务。因此,物业服务企业对业主的安全保障义务,既是合同义务,也是法定义务,是两种义务的竞合。在发生纠纷的时候,受害人可以依据自己的意愿,选择合同义务还是法定义务作为物业承担责任的依据。

物业管理违反安全保障义务的侵权责任,有以下三种形式:

（1）在硬件管理上违反安全保障义务。这就是在服务设施、建筑物管理方面,没有尽到安全保障义务,造成业主人身损害或者财产损害的,应当承担侵权责任或者违约责任。

（2）在软件管理上未尽安全保障义务。这是物业管理人员由于素质不够,或者不尽职责,未尽安全保障义务,造成业主人身损害或者财产损害的侵权责任或者违约责任。保安人员在履行职责中侵害了业主的合法权益,构成侵权责任。

（3）物业服务企业对制止违法犯罪行为未尽安全保障义务。在对违法犯罪分子对业主实施侵害中,物业服务企业未尽安全保障义务,不能有效制止或者防范非法侵害,使业主遭受人身损害或者财产损失的,应当承担补充的赔偿责任。

在这三种责任中,前两种是物业服务企业自己的责任,其性质,既是违约责任,也是侵权责任,是侵权责任和违约责任的竞合。对此,应当适用《民法典》第 186 条规定,由受害人选择哪种责任起诉,选择之后,另一个请求权消灭。

(三)物业服务企业对外的责任

1.物业存在安全隐患致人损害

物业存在安全隐患,是物业管理不当,尽管这个隐患不一定是物业管理造成的,但是一方面是有可能是它造成的,另一方面,也可能是存在的安全隐患由于物业服务企业疏忽而没有发现。无论何种情况,只要物业存在安全隐患,造成他人损害,物业服务企业就应当承担侵权责任。

物业安全隐患造成了业主的人身损害或者财产损害,是违反安全保障义务的侵权行为,是硬件没有尽到安全保障义务。如果物业安全隐患造成了他人的人身损害或者财产损害,则是物件造成他人损害的侵权行为类型,适用《民法典》第 1253 条规定确定赔偿责任。

2.对高空抛物、高空坠物致人损害

依照《民法典》第 1254 条第 2 款规定,物业服务企业等建筑物管理人应当采取必要的安全保障措施防止高空抛物、高空坠物损害的发生;未采取必要的安全保障措施,造成他人损害,无法确定真正加害人的,应当依法承担未履行安全保障义务的侵权责任。

3.保安人员致人损害

物业的保安人员在维护物业管理区域内的公共秩序时,应当履行职责,不得侵害他人的合法权益。保安人员在履行职责之中侵害了业主以外的其他人的合法权益,构成侵权责任的,应当由物业服务企业承担侵权责任。

（四）业主责任纠纷

1. 违反交纳物业管理费纠纷

业主向物业服务企业交纳物业管理费，是业主的应尽义务，应当按时、如数交纳。《民法典》第 944 条规定："业主应当按照约定向物业服务人支付物业费。"这是业主在物业服务活动中的义务。业主违反这一义务，构成违约行为，应当承担责任。业主逾期不交纳物业服务费用的，业主委员会应当督促其限期交纳，逾期仍不交纳的，物业服务企业可以向人民法院起诉。这种责任的性质是违约责任，违反的是物业服务合同的约定。

处理这个问题应当遵守三个规则：第一，物业服务人已经按照约定和有关规定提供服务的，业主不得以未接受或者无需接受相关物业服务为由拒绝支付物业费。第二，业主违反约定逾期不支付物业费的，物业服务人可以催告其在合理期限内支付；合理期限届满仍不支付的，物业服务人可以提起诉讼或者申请仲裁。第三，物业服务人不得采取停止供电、供水、供热、供燃气等方式催交物业费。

2. 物业使用人的责任以及与业主的连带责任

物业使用人是物业的租赁、使用的人。业主将自己的物业出租给他人，承租人就是物业使用人。在租赁合同中，业主与承租人应当就其使用物业中的权利义务进行约定，订立协议，明确权利义务关系。约定的权利义务关系不能超出法律、法规和管理规约规定的内容。违反这些规定和约定的内容，一律无效。物业使用人在物业管理活动中的权利义务，应当由业主和物业使用人约定，不得违反法律、法规和管理规约的有关规定。物业使用人违反管理规约的规定，有关业主应当承担连带责任。

（五）建立物业管理关系中的纠纷

1. 未招标选定物业服务企业

建设单位没有通过招标的方式选聘物业服务企业，或者未经批准擅自采用协议方式选聘物业服务企业的，责令限期改正，给予警告，并处罚款。这是一种行政制裁手段,不是解决民事纠纷的问题。

对此发生民事纠纷即选聘物业服务企业的合同纠纷,属于民事争议,应当依照《民法典》的相关规定处理,确认这种合同无效,有过错的一方或者双方承担缔约过失责任或者合同无效责任。

2.建设单位或者前手物业服务企业不移交资料

建设单位与物业服务企业之间,终止物业服务合同的物业服务企业与新接任的物业服务企业之间,都存在移交房屋建设资料的义务。如果负有移交责任的一方不履行义务,不移交有关资料的,应当限期移交。逾期仍不移交的,应承担行政责任;给业主或者物业管理造成损失的,应当承担侵权责任。

3.建设单位不为物业服务企业提供用房

建设单位在物业管理区域不按照规定配置必要的物业管理用房,应当承担行政责任,包括限期改正,给予警告,没收违法所得并处罚款。这种行为是违约责任,如果建设单位和聘请的物业服务企业之间因此发生纠纷的,违约一方应当承担违约责任。

【典型案例】

1.上海黄金地段的某商场开盘,100余家业主购买了商铺。在疫情影响下,业主人心惶惶。ND公司在某些部门的支持下,利用疫情期间业主产生矛盾的机会,采取不正当手段,要求业主将商铺原价出让,进行收购,意图达到低价取得整个商场的目的。少数业主无法承受疫情和公司打压的双重压力,同意低价转让,使ND公司取得了约占商场四分之一面积商铺的物权。此后,该公司利用其国有公司的地位,故意不装修、不开业,造成整个商场不能全面装修、开业的状况,继续迫使其他业主低价出让商铺。商铺业委会依照《经营管理公约》的规定,要求该公司与其他所有业主一样,参与商场的统一经营,不能单独关门停业,商铺不论是否经营,都必须与所有商铺业主一样,按照商铺所占的建筑面积与铺位数量,分担相关费用。但是,ND公司置商铺业委会的要求之不理,继续故意长期空置商铺,既不经营,又不转让,拒绝承担业主的义务,致使其他业主不能开张营业,受到严重经济损失。

2.尚某与陶某均系同一单位职工,共同居住于单位集资建设的家属楼房同一层相邻。两户住宅中间有一块共同使用的楼道,有一个临街窗户。尚某入住后,将这段楼道打上隔断,自己装杂物用。陶某入住时发现此事,向尚某提出拆除隔断,尚某没有接受。住房制度改革后,双方都交款购买了自己住房的所有权,住房成为私有房产,陶某又向尚某提出拆除隔断,该处楼道应共同使用的要求,尚某仍不同意。经找单位领导调解不成,陶某向院起诉。

【案例分析】

1.对本案处理有不同意见。第一种意见认为,ND公司的行为不当,但是属于自己正当行使权利,不能因此追究其责任。第二种意见认为,该公司的行为造成了其他业主的损失,可以按照侵权责任的规定追究其侵权责任。第三种意见认为,该公司享有建筑物区分所有权,在行使自己的专有权时,侵害了其他业主的合法权益,应当按照建筑物区分所有权的规则追究其民事责任。

第一种意见是不对的,第二种意见和第三种意见都有道理。具体的意见是:

第一,依照《民法典》第272条关于业主行使专有权不得妨害其他业主合法权益的规定,ND公司的行为造成了其他业主合法权益的损害,应当承担民事责任。

商场的商铺分属于不同业主享有建筑物区分所有权。主张权利的大部分业主是该区分所有建筑物即商场的物权人,ND公司作为业主,也是该区分所有建筑物的物权人,都必须按照《民法典》关于建筑物区分所有权的规定,行使权利,履行义务。依照《民法典》第272条规定,所有的业主对于自己在区分所有建筑物中的专有部分,享有占有、使用、收益、处分的权利;但是,业主在行使自己的专有权,"不得危及建筑物的安全,不得损害其他业主的合法权益"。这是对所有业主的要求,任何业主都不得违反这一法定义务。对于滥用权利的行为,应当依照《民法典》第132条关于滥用权利的规定处理。

ND 公司作为商场的业主之一,在取得业主的地位,享有建筑物区分所有权之后,长期空置商铺,不开门营业,可以认为是支配自己的不动产的行使权利行为。但是,这种行使权利的行为已经造成了整个商场无法正常开业的后果,损害了其他业主的合法权益,违反了《民法典》第 272 条规定的业主在行使专有权中所应当承担的法定义务,损害了其他业主的合法权益,造成了其他业主长期无法营业的严重经济损失。按照《民法典》第 236 条关于"妨害物权或者可能妨害物权的,权利人可以请求排除妨害或者消除危险"的规定,第 238 条关于"侵害物权,造成权利人损害的,权利人可以依法请求损害赔偿,也可以依法请求承担其他民事责任"的规定,以及第 287 条关于"业主对建设单位、物业服务企业或者其他管理人以及其他业主侵害自己合法权益的行为,有权请求其承担民事责任"的规定,受到侵害的业主享有物权保护请求权,可以向人民法院依法起诉,责令 ND 公司承担相应的民事责任,维护自己的合法权益。

第二,ND 公司故意以不开业的不作为行为,妨害有利害关系的业主进行正常经营,属于故意违背善良风俗的违法行为,也构成对其他业主经营权利的损害,受到侵害的经营者有权追究其侵权责任。

ND 公司的上述行为,从另一个角度上说,是故意违背善良风俗加损害于他人的违法行为。违法行为是构成侵权责任的必要要件,构成违法性,一是违反法定义务,二是违反保护他人的法律,三是故意违背善良风俗加损害于他人。ND 公司作为建筑物区分所有权的权利人,其空置商铺不开业的不作为行为构成违反法定义务,可以依照《民法典》的规定承担民事责任;同样,作为共同的经营者之一,ND 公司故意以空置商铺不开业的不作为行为,迫使其他业主放弃自己的经营活动,以图原价收购其商铺,正是故意违背善良风俗的违法行为,其行为与其他有利害关系的经营者不能正常开业进行经营活动、造成严重经济损失的损害结果之间,具有因果关系,且其具有主观上的故意,因此,已经构成妨害经营的侵权责任。对此,受损害的其他经营者可以直接向人民法院起诉,以妨害经营为由追究该公司的侵权责任。

2. 对本案如何适用法律有不同意见。第一种意见认为,按照建筑物区分所有权的原理,楼道属于互有部分,应当由区分所有权人共同使用。尚某独占区分所有建筑物的共有部分,侵害了建筑物区分所有权人的利益和其他建筑物区分所有权人对楼道的共有权,应当承担恢复原状的民事责任。第二种意见认为,处理相邻纠纷,尊重历史状况是一个原则。既然双方当事人相邻居住多年,这处楼道一直由尚某使用,对原告的生活也无大的妨碍,故可判决驳回原告的诉讼请求,维持使用的现状。

第一种意见是正确的。既然双方当事人各自购买了住房的产权,形成了建筑物区分所有的法律关系,就应当依照建筑物区分所有权的规则要求处理这一纠纷,而不是以相邻关系的原则来处理。对于区分所有建筑物的互有部分,双方当事人均有共有权,一人侵占、使用,是对对方权利的侵害,故应判决恢复原状。

第 六 章

准 共 有

第一节 准共有的一般问题

一、应当重视对准共有的研究

几年前,准共有这一概念在我国民法理论中还是一个比较生疏的概念,缺少深入研究。但是,准共有的法律现象在现实生活中却是普遍存在的,例如抵押权共有、地上权共有、地役权共有、典权共有、著作权共有、商标权共有、专利权共有、债权共有等。《民法典》第 310 条规定:"两个以上组织、个人共同享有用益物权、担保物权的,参照适用本章的有关规定。"对准共有进行深入研究,探讨准共有的规则和理论,揭示准共有的基本规律,对依照《民法典》的规定更好地调整准共有法律关系,促进市场经济的发展,具有重要意义。

应当看到的是,《民法典》第 310 条规定的准共有范围较小,仅限于用益物权和担保物权的范围。对于准共有仅作这样一般规定,从立法上是可以的;从理论上和实际操作上是有缺陷的,不能解决更多的具体问题,须进行深入细致的研究,提出具体意见,并对不同性质的权利共有作出具体的描述,对处理准共有纠纷才具有实际指导意义。

二、准共有的概念

对准共有的概念,有的学者认为,所有权以外之财产权,为数人共同享有者,谓之准共有。① 有学者认为,准共有者,乃数人分别共有或公同共有所有权以外之财产权之谓。② 也有学者认为,对所有权以外财产权的共有(分别共有)或公同共有,学说上称为准共有。③ 还有学者认为,准共有是所有权以外财产权的共有。④

界定准共有概念,国内学者主要有两种意见。一是认为,准共有,指数人按份共有或共同共有所有权以外的财产权的共有,换言之,是指所有权以外的财产权的共有。⑤ 二是认为,所谓准共有,按照我国一些学者的看法,是指对于所有权以外的其他财产权的共有,换言之,它是指两个或者两个以上民事主体,共同享有所有权以外的财产权的共有。⑥

从以上对准共有概念的界定情况看,对准共有概念的界定没有太大的分歧。

在我国文字学中,"准"有三义:一为允许;二为依据,按照;三为比照,作某类事物看待。⑦ "准"原本为"準",是中国古代法律、公文中常用的概念。相传因宋代避寇準讳,去"十"为"准",后世通用"准"。⑧ 准共有之"准",当为第三义,即作某类事物看待。以准共有而言,共有为所有

---

① 参见黄宗乐监修:《六法全书·民法》,台湾保成文化事业出版公司1991年版,第748页。

② 参见谢在全:《民法物权论》(上册),中国政法大学出版社2011年版,第342页。

③ 参见王泽鉴:《民法物权(1):通则·所有权》,中国政法大学出版社2001年版,第389页。

④ 参见[日]我妻荣编:《新版新法律学辞典》(中文版),董璠舆等译校,中国政法大学出版社1991年版,第468页。

⑤ 参见陈华彬:《物权法原理》,国家行政学院出版社1998年版,第495页。

⑥ 参见王利明:《物权法论》,中国政法大学出版社1998年版,第350页。

⑦ 参见《辞海》(缩印本),上海辞书社1980年版,第369页。

⑧ 参见《辞源》(合订本),商务印书馆1988年版,第179页。

权的共有,其他财产权亦有共有的情形,故作所有权共有看待,准用共有的法律规定。因此,准共有是指两个或两个以上民事主体对所有权以外的财产权共同享有权利的共有。它与普通的共有既有联系,又有区别,共同组成完整的共有法律制度。

三、准共有的发展历史

准共有的历史沿革与所有权以外的财产权有着同样的发展历史。

在历史上出现他物权以后,就存在着准共有的情形。如设置了永佃权制度,永佃权就由一个家庭的全体成员共同享有。地上权出现之后,一个家庭取得一块土地的地上权,这个地上权也是由家庭成员共有。知识产权的共有则是晚近的事情,法律对此却没有认其为准共有。在共有债权中,一般在债法中规定,在物权法制度中并没有详细的研究和阐释。

正式确认准共有这种物权制度,始于《德国民法典》。该法第 741 条规定:"数人共同享有一权利者,除法律另有其他规定外,准用第 742 条至第 758 条的规定(按其应有部分的共有)。"该条文中的"权利"一语,包括所有权以及其他财产权,知识产权自然包括在内。

《日本民法典》继承德国法的做法,在其第 264 条明确规定了准共有的条目名称,内容是:"本节规定,准用于数人有所有权以外的财产权情形。但法令另有规定时,不在此限。"日本《新版新法律学辞典》专设"准共有"词条,认为所有权以外的财产权的共有,就是准共有,在民法上,只要没有特殊规定,一般可以援用共有的规定。[①]

我国清末拟定《大清民律草案》,仿日本民法体例,在"共有"一节的最后一条,即第 1068 条规定:"本节规定,于所有权以外之财产权由数人分别共有或公同共有者,准用之。但法令有特别规定者,不在此限。"《民

---

① 参见[日]我妻荣编:《新版新法律学辞典》(中文版),董璠舆等译校,中国政法大学出版社 1991 年版,第 468 页。

国民律草案》在第 849 条拟定了相同的条文。1929 年国民政府正式制定民法物权法篇,在第 831 条规定的条目名称为"准共有和准公同共有",内容是:"本节规定,于所有权以外之财产权,由数人共有或公同共有者,准用之。"学者认为,所有权以外之财产权,为数人共同享有者,谓之准共有。所有权以外之财产权,有为物权者,有视为物权者,有为无体财产权者,有为债权者。此等权利,由数人分别共有或公同共有者,则准用本节之规定。惟准用时,须先注意各该财产权之法律,是否就共有已有特别规定,如有特别规定,应先适用特别规定。[①]

原《民法通则》没有规定准共有,但是在现实生活中准共有普遍存在,为客观存在的法律制度。《民法典》对准共有作出了明确规定。

四、准共有的法律特征

准共有具有以下法律特征:

(一)准共有的权利是所有权以外的其他财产权

其他财产权不是仅包括他物权的概念,而是一个广义的财产权概念,是指具有财产利益内容的民事权利,包括他物权、知识产权和债权。他物权是狭义的财产权;知识产权是智慧成果权,包含财产上的权利,为无体财产权;债权则是期待的财产权。这些权利都属于广义财产权的范畴,都是准共有的权利客体。

在人格权和身份权领域也存在准共有的现象。身份权存在共有现象,但是一般不称为共有或者准共有。例如共同亲权,是父母共同享有亲权、共同行使亲权。人格权是民事主体独享的权利,不能共有;对于某些人格利益却存在共有的性质。例如荣誉利益、隐私利益,存在数人对其都享有权利的问题。对此,在本章最后一节进行讨论。

[①] 参见黄宗乐监修:《六法全书·民法》,台湾保成文化事业出版公司 1991 年版,第748 页。

（二）准共有适用共有的规则

准共有是共有的一种特殊类型,除了共有的权利有所不同外,在其他方面与一般共有适用同样的规则。例如,准共有也依共有人对共有权利是否拥有事先确定的份额,以及各共有人在共有关系中的权利义务状态,分为按份共有和共同共有;在共同共有中,虽然是不分份额地共同享有权利,但是其中存在潜在的应有部分等。因此,准共有具有除所有权之外的共有的全部法律特征。即使在准共有的产生、消灭等方面,亦与共有规则相似或者基本相同。

（三）准共有优先适用关于该权利立法的特别规定

准共有是物权法的制度,规定在物权法的所有权内容之中。对准共有的财产权利法律都有专门的规定,如共有他物权规定在《民法典》规定的用益物权和担保物权部分。其他的权利,如共有债权规定在债权法中,共有知识产权规定在著作权法、商标法、专利法中。在这些法律中,一般都对这些权利的共有作出特别的规定。准共有的立法和其他财产权利共有的其他法律这两种法律规定,是普通法与特别法的关系,按照"特别法优于普通法"的法律适用原则,应当优先适用特别法的规定。因而,关于准共有的特别立法,即他物权立法、知识产权立法以及债法的立法中关于准共有的规定,具有优先适用的效力。

五、准共有的分类

（一）准共有分类的必要性

对准共有的分类,民法理论并不十分重视。有的学者将准共有列举出地上权的准共有、抵押权的准共有、著作权的准共有、债权的准共有,以及租赁权的准共有。其余鲜见对共有权分类者。[①]

---

① 参见王泽鉴:《民法物权(1):通则·所有权》,中国政法大学出版社 2001 年版,第 390 页以下。

对准共有进行科学分类是重要的,因为准共有并不是一种单独的权利,而是很多种权利的共有形式,将相同类型的准共有分成独自的种类,对准确理解和适用准共有的法律具有重要意义。

（二）按照共有的性质划分的准共有

按照准共有的不同共有性质,可以分为按份共有的准共有、共同共有的准共有。

按份共有的准共有是共有人按份额享有权利承担义务的准共有。土地使用权上的准共有可以按照份额共有的,是按份共有。凡是约定或者法定为按份额实行共有的他物权、知识产权、债权以及其他权利,都是按份共有的准共有。

共同共有的准共有是共有不分份额地共同享有权利的准共有。例如,家庭共有的承包经营权及宅基地使用权,都是共同共有的他物权。

在准共有中,有一种制度既不是完全的按份共有,也不是完全的共同共有,既包括按份共有,又包括共同共有;既不同于完全的按份共有,又不同于完全的共同共有,而是介于两者之间、将两种共有结合在一起的一种特殊准共有。例如,在知识产权特别是著作权中,著作人身权几乎都是共同共有,共同著作人对共同创作的作品享有共同的权利,不分份额的共同享有。著作财产权却是按照份额享有共有的权利,在分割时,应当按照份额进行分配而不是平均分配。在荣誉利益的共有中也有这种现象。

这是因为在这些共有的权利中具有了人格因素,而人格因素是不分份额的,因而出现了共同共有的现象;同时,在其财产权利方面又可能是有份额的,而且最终须进行分割,所以才形成了这种情况。对此,在分类上,可以将其作为准共有看待,由于准共有主要解决的还是财产权利,要确定的是适用何种共有规则处理。

（三）按照不同共有客体划分的准共有

准共有按照共有的权利的不同性质划分,可以分成以下 7 种类型:

1. 用益物权的准共有

用益物权的准共有是最主要的准共有。其共有的权利是用益物权，包括建设用地使用权的共有、宅基地使用权的共有、地役权的共有、土地承包经营权的共有、典权共有以及居住权共有。

2. 担保物权的共有

担保物权也可以共有，共有的担保物权是担保物权的准共有。包括抵押权共有、质权共有、留置权共有等。

3. 特许物权的共有

特许物权也可以形成准共有。取得采矿权、取水权和养殖权等特许物权，如果是两个以上的民事主体共同享有，或者按份共有，或者共同共有，也是准共有性质的权利。

4. 知识产权共有

基于数个主体依据共同的创造性劳动，共同取得了一个著作权、商标权或者专利权，形成知识产权的准共有。知识产权的准共有包括著作权共有，专利权共有和商标权共有。

5. 债权的共有

债权共有是一种准共有，数人共同享有一个债权，不论是按份债权还是连带债权，都是共有债权，都是准共有的债权。应当注意的是，准共有的债权只包括共同债权，而不包括共同债务。共同债务不是准共有调整的范围。

6. 租赁权的共有

租赁权的准共有是客观存在的。例如，两个以上的人共同租赁一个区分所有建筑物的单元，共同行使租赁权，就是一种典型的准共有租赁权，问题在于这种争议是否可以诉请法院分割。[1] 对此在下文再进行讨论。

7. 人格利益准共有

人格利益共有是客观存在的，发生争议的情况较多。诸如，在某次奥

---

[1]　参见王泽鉴：《民法物权（1）：通则·所有权》，中国政法大学出版社 2001 年版，第393 页。

运会之后,长跑运动员获得奥运冠军,回到国内,教练扣下全部奖金,分给运动员少部分,将大部分归为己有。这种争议就是民事争议,就是共有荣誉利益发生的争议,属于准共有的范围,适用准共有的规则处理。

第二节　准共有的发生和效力

一、准共有的发生

准共有基于两个或两个以上民事主体的共同行为,取得所有权以外的财产权而发生。该种所有权以外的财产权一经取得,即在共有人之间发生准共有关系,数个共有人对共有的他物权、知识产权和债权享有权利,承担义务。

对准共有的其他财产权的取得,也分为原始取得和继受取得。

（一）准共有的原始取得

准共有的原始取得,是准共有人对其他财产权的最初取得,是依据法律规定和当事人之间的法律行为而取得。具体的形式是：

1. 依法取得

准共有的依法取得,是指共有人依据自己的创造性行为,一经创造出其他财产权的客体,即依法发生该种财产权的准共有权。

这种依法取得的准共有权,最典型的是著作权的取得。数个著作人经过共同的创造性劳动,撰写作品,该作品一经完成,著作人即取得著作权,对该著作即发生准共有关系。

2. 批准取得

批准取得准共有权有两类。

一类准共有的批准取得,是行为人依据自己的创造性劳动,创造出该种权利的客体,经法律规定的程序,经国家机关的批准行为而取得该项财产权的准共有权。例如,专利权、商标权均是由于这种方式而取得的,其准共有也是要经过这样的取得方式而取得。数人创造专利、商标,经申报、批准,即发生专利权共有和商标权共有。

另一类准共有的批准取得,是不需经过创造性劳动,而只因国家或者财产的所有者批准行为而取得该项所有权的准共有权。例如,建设用地使用权、使用国有资源的特许物权,申请批准的当事人为数人,即发生用益物权准共有关系。在农村宅基地使用权的取得,一家农户申请宅基地,经过村委会的批准,该户即取得宅基地使用权,为共同共有的准共有。

3. 登记取得

在其他的物权准共有的取得上,一般都是经过合意,就一项具体的用益物权、担保物权或者其他财产权的共有问题达成合意,这时还不能取得这项财产权的准共有权,还要经过登记手续,才能够实现权利的取得。例如,建设用地使用权、抵押权等,均依此种合意发生,经过登记才能够取得该种财产权的准共有权。

4. 合意取得

双方当事人经协商,以共同的意思表示确立某种财产权,合同一经有效成立,即取得该种财产权。取得权利的主体为数人的,即发生该种财产权的准共有。例如债权的取得就是如此。这些权利的主体为数人的,即发生准共有关系。

（二）准共有的继受取得

准共有的继受取得是其他财产权的共有人通过某种法律行为或原因事实,从他人处取得这些权利共同享有。具体的形式是:

1. 转让取得

其他财产权经合法转让行为,从原权利人处转让给受让的共有人,使共有人因转让而取得准共有权,发生准共有关系。转让人并非须共有该财产权,但受让人必须是数人,否则不发生准共有。

2. 继承取得

其他财产权在原权利人手中,当该权利人死亡时,发生财产权的继承关系,当继承人共同继承该财产权时,即为该财产权的继受取得,在继承人中间发生准共有关系。如典权、土地承包经营权的共同继承等,发生典权的准共有关系和土地承包经营权的准共有关系。

二、准共有的效力

准共有形成后发生的效力,是发生准共有的权利义务关系。由于准共有的客体十分复杂,其权利义务关系各有不同,下面所阐释的准共有的权利义务关系仅为抽象的表述。

(一)准共有的权利

准共有的基本权利是共有人共享该权利的共有权,每个共有人都对共有的客体享有按份的、或者共同的权利。每个人都可以依照规定占有、使用、用益、处分该客体,获得收益,保护该权利。按准共有的性质,共有权利的行使包括下述方式:

1. 共同行使准共有权

(1)共同的使用收益权

共同共有的准共有,各共有人共同享有并行使该权利,每一个共有人的权利及于准共有权利的全部,不分份额,不分比例,一体享有。例如共同取得的土地承包经营权、典权、著作权等,均由全体共有人共同行使。其使用、收益权也由准共有人全体享受,可以共同或单独使用准共有物,共同享用准共有物产生的收益。但是,共同共有的准共有人不得主张就共同共有的准共有权利有其特定的部分。部分共有人自己划分共同共有的权利为自己应有部分的无效,对其他共有人没有拘束力。

(2)共同的处分权

对准共有权的处分,应经全体准共有人一致同意。在共同共有的准共有关系存续期间,对于全部准共有的财产及其利益不能全部处分,只能处分部分共有财产和利益。共同共有人享有的共有财产处分权只及于部分共有财产和利益,不能及于全部共有财产和利益。这种对共同共有财产和利益的处分权属于全体共有人,处分共有财产和利益必须经全体共有人一致同意,否则为无效。

（3）行使准共同财产产生的物权请求权等权利

基于准共有的财产和利益而生的物权请求权、侵权赔偿请求权、债权人撤销权、债权人代位权等保护财产权的权利,可以由各共有人独自行使,以保全这些财产权,使受到侵害的准共有权得到恢复或者保全。当共同共有的准共有财产受到不法侵夺时,任何准共有人均享有物权请求权,可以独自行使这一权利,以保全共有财产。

准共有人行使这一种权利与行使用益权、处分权不同,不是一定要全体共有人共同行使,而是所有的共同共有人均可单独行使,亦可共同行使。但是,准共有人中一人或者数人行使此种权利,必须为全体共有人的利益而行使,不得仅为个人或者部分共有人的利益而行使。在程序上,准共有人的一人或数人正当行使上述权利,为适格当事人。

（4）设置准共有财产物上权的权利

在准共有的财产上设置负担,也应当经过全体准共有人一致同意,或者由有代表权的准共有人与他人以法律行为设立。例如在准共有财产上设立担保物权、用益物权。这种行为涉及准共有财产的命运,须由全体共有人同意才能实施。

（5）代表权

准共有人可以推举一个准共有人作为代表,其行为代表全体准共有人的意志,为代表权。

在共同共有的准共有中,也存在潜在应有部分。无论是用益物权、担保物权、特许物权,还是知识产权、债权,在共同共有中潜在应有部分还是发生重要影响的,尽管它并不是明显地表露出来。对此,应当参照共同共有关系中的潜在应有部分的规则处理。

2.按份行使准共有权

（1）份额和份额权

在按份共有的准共有关系中,各准共有人就准共有的财产权利享有各自的应有部分即份额,享有份额权,按照份额享有其权利。准共有人在按份共有的准共有中的份额确定,有约定的依照约定,没有约定的,如果准共有关系是基于有偿行为发生的,则应当按照出资比例确定。按份准共有依照法律的规定或者依据财产的性质而发生的,依照法律的规定确定。通过以上方法仍无法确定应有部分的,推定各准共有人的应有部分为均等。

（2）请求分割的权利

按份共有的规则之一,是准许共有人分割自己的份额。按份准共有人可以要求分割自己的那一份权利,或者独自行使自己的那一份权利。如土地承包经营权的准共有,各共有人可以将自己的份额分出来,独自承包经营,但是应经发包人同意。著作权、商标权的按份准共有,对自己的份额可以单独行使,但是不得因此而损害其他准共有人的利益。

（3）使用收益权

按份准共有人对准共有财产权的使用收益,本其权利的权能,对于准共有财产和利益的全部享有使用、收益权。在具体行使权利时,按其应有部分的份额,及于自己所享有的部分。各按份准共有人的使用虽然就共有财产的全部为行使,但是就使用应依其份额公平分配。准共有财产可以共同使用,也可以分别使用。共有财产可以按份额分配使用的,应按份额分配使用;无法按份分配使用的,如数人准共有一间房的使用权无法在空间上按份分配使用,则依时间按份分配使用。协议约定有份额,但约定共同使用的,则共同使用。

（4）共有部分的处分权

按份准共有人处分自己的份额是准共有人的权利。准共有人就准共有财产及利益属于自己的部分,可以作法律上的处分,可以分出、转让、抛弃以至提供担保。

处分全部准共有财产权,是全体准共有人的权利,须经全体准共有人一致同意,部分准共有人处分全部准共有财产为无效。如果全体准共有人一致同意准共有财产权的全部处分权由一人或数人决定,则依其约定,负有处分权的准共有人可以处分该共有物的全部,但是该处分权的决定必须经全体同意。如果准共有人对是否处分共有财产权无法协议,则应当由多数准共有人或者占多数应有部分的准共有人决定。

(二)准共有的义务

1.对共有物进行维修、保管、改良的义务

此项义务为全体准共有人的义务,均应承担。具体履行可由部分共有人负责,所支出的费用,共同准共有由共同收益中支出,按份准共有则按照份额由准共有人负担。

准共有的基本义务,对内体现为对准共有的权利应负的义务,一般表现为对准共有权中的客体应负的维修、保管、改良及相类似的义务,如土地承包经营权准共有均应负对耕地合理使用、保持地力的义务;专利准共有人均应负按期交纳年费的义务;地役权准共有人对在需役地上设置的设施均负有保持其完好的义务等。对于维护、保养以及支付的年费、租金、税金、使用费等费用,共有人均负有承担的义务。

2.共同准共有的不得分割共有的义务

共同准共有人的这种义务是约束共有人保持共有财产和利益完整性与统一性。在共同准共有关系存续期间,不得分割共同准共有财产和利益。

3.对外的连带义务或者按份义务

准共有关系在对外方面,体现为准共有人之间的连带义务或按份义务。共同准共有的共有人对外承担义务应连带承担,因准共有关系而承担民事责任也为连带责任。共同准共有关系在日常生活、经营活动中所欠债务,须负连带清偿责任,各准共有人为连带债务人。连带的方法,首先是债权人可以向任何一个共同准共有人要求清偿,应从准共有财产中支付;其次,共同财产不足以清偿,准共有人有其他财产的,亦应清偿。准共有权利管理不善造成他人损害,应由全体共有人承担赔偿责任。

准共有按份享有的,则在上述义务中应当按照准共有人的份额承担义务。只有在准共有的财产造成损害的情况下,才应当承担连带责任,内部按份分担。

4.准共有义务的承担

准共有的义务承担,首先应从准共有的财产收益或准共有财产中承担,不足部分由各准共有人的个人财产承担;按份准共有的义务承担原则上按份额承担,准共有财产中的份额不足的,由个人承担;对外承担连带责任的,则由共同财产承担;当共有人承担的数额超出应负担的份额的,有权要求补偿。

第三节　准共有的终止及分割

准共有基于准共有的其他财产权消灭和其他财产权的共同关系的消灭而终止。准共有终止的效力,是消灭准共有的权利义务关系,分割共有的权利或分割共有的财产利益。

一、准共有基于共同关系的消灭而终止及分割

(一)准共有关系消灭的原因

无论是按份共有还是共同共有,在准共有关系存续期间,共有人之间都存在一种共同的关系。当这种共同关系消灭之后,准共有终止。

共同共有的准共有关系的终止,是因为产生这种共有关系的共同关系消灭。例如,享有准共有关系的夫妻婚姻关系消灭;家庭关系因分家析产而消灭;合伙解散;共同继承的财产已分别继承。由于这些共同关系已经消灭,尽管构成这种准共有的财产权尚未消灭,却因共同关系已经消灭而使准共有关系也归于终止。

按份共有的准共有终止共有关系的事由:一是准共有人协商一致终止准共有关系,准共有关系消灭;二是约定准共有关系存续的期限已经届满,准共有关系随期限届满而消灭;三是部分准共有人要求分割准共有的

权利,随着准共有财产权的分割而消灭准共有关系。

这些事由发生后,尽管构成准共有的财产权利还存在,但是,由于存在准共有关系的基础已经不复存在,准共有关系消灭。

准共有权归属准共有人中的一人享有时,也使准共有关系终止。一般而言,知识产权共有不因共有关系的消灭而终止。例如,夫妻共有著作权、专利权,不因其离婚或一方死亡而改变共有关系。① 但是,共同使用的商标权不在此限。例如某合伙使用某注册商标,由该合伙的全体合伙人共有。合伙解散之后,各合伙人继续经营该商品生产的,可以协商分割该商标专用权。准共有基于准共有关系消灭而终止后,可以对准共有的财产权进行分割,也可以消灭该项财产权。

(二)准共有权利及形成的共有财产的分割

对准共有的财产权进行分割,如果是共同准共有,应当平均分割。例如对共有的土地承包经营权进行分割,即应均等分割,每人分得平均的一份;按份共有的,应当按照份额进行分割。

对准共有财产权已经取得的财产利益即形成的共有财产,在分割准共有财产权的同时,对共有财产一并进行分割,按照一般共有财产分割的办法,均等分割或者按份分割。

二、准共有基于财产权消灭而消灭及利益分割

(一)财产权消灭的原因

准共有的财产权消灭,是准共有消灭的重要原因。准共有的财产权消灭,类似于一般共有中的共有财产灭失,都是共有的标的灭失,使共有关系失去共有的标的而归于终止,所不同的是一者为权利,一者为财产。严格地说,物的灭失造成所有权的丧失,所有权丧失自然使共有关系终

---

① 这种情况是由于著作权具有身份权的性质,不终止的这一部分权利是著作人身权,这些权利在其主体死亡后仍然予以法律保护,所以才会如此。

止。准共有的其他财产权消灭的主要事由是:

1. 准共有权利的存续期限届满

准共有的其他财产权有存续期限的,如建设用地使用权、地役权约定有期限,著作人死亡后50年保护期限,商标权、专利权的期限等,准共有权利的期限一经届满,导致该权利消灭,对这些权利的准共有关系归于消灭。

2. 准共有财产权已经实现

准共有的财产权实现,该财产权利不复有存在的必要,自然归于消灭,因而准共有关系终止。例如,共同抵押权、共同质权的债务人不履行债务,抵押权准共有人和质权准共有人变卖抵押物和质物,优先清偿债务,实现了该权利,抵押权和质权归于消灭,抵押权和质权的准共有关系终止。准共有留置权的权利实现,同样有此后果。

3. 设置该财产权的目的实现

担保物权的设置目的就是担保债务人履行债务,当债务人履行债务后,该担保物权自然归于消灭,如设置的担保物权为数人共有,则该准共有关系终止。

4. 准共有财产权的标的物灭失

标的物灭失,则权利消灭,权利消灭,则准共有关系终止。在准共有的财产属于他物权的场合,他物权的标的物都可能因某种原因而灭失,如抵押物、质物、典物以及其他不动产。如果设置的他物权是准共有的,则准共有的他物权消灭,该准共有关系自然终止。

5. 准共有财产权被抛弃或撤销

权利人抛弃权利,使权利消灭。准共有人共同抛弃准共有的财产权,使该准共有关系终止。准共有的财产权会因某种原因被行政机关或一方当事人的单方行为而撤销。权利一经撤销,即消灭,该准共有关系终止。前者如撤销商标专用权和专利权,后者如用益物权人不履行给付对价义务达一定期限而由用益物所有人撤销该用益物权。

(二)财产利益分割

准共有基于共有财产权利消灭而终止后,因该种财产权利已终止,因此不发生分割权利的后果,只发生分割因该项权利的存续而取得的财产利益的后果。这种情况只发生在用益物权、知识产权和债权的准共有关系终止的场合,对于担保物权不发生分割财产利益的问题,因为担保物权的目的是保证债务履行,不存在获益问题。因担保而获益则为不当得利,按规定,应折抵债务或返还。担保物权的准共有人在实现权利以后,可能存在按债权份额分割受偿的问题。这种情况视为财产利益的分割。

对准共有的财产权产生的财产利益进行分割,应按照共同共有和按份共有分割的一般规则进行。共同准共有的财产利益应均等分割,有的要适当考虑准共有人的贡献大小;按份准共有的财产利益应按各准共有人的份额进行分割。

第四节　人格利益准共有

一、人格利益准共有概念的提出

共有,是物权法所有权的概念;准共有则有所扩大,扩大到所有权以外的财产权领域,不仅包括物权中的他物权,还扩大到债权和知识产权领域。因此,准共有是财产权法(包括物权、债权和知识产权)的概念,是学界的共识。

但是,有一个现象超出了学界共识的这个范围,这就是,准共有的现象也存在于人格利益的场合。例如荣誉利益准共有的情形,不仅荣誉所属的财产利益有共有现象,就是荣誉本身也存在共有的情形。在肖像利益中,集体照相的当事人对于该照相中的肖像利益的支配,也存在共有的问题。① 在隐私利益中也存在共有的现象,即相关隐私,也就是共有的隐私利益,例如所谓婚姻关系的"第三者"的隐私,就一定涉及具有合法婚

---

① 参见杨立新:《使用合影当心侵权》,《检察日报》2004 年 3 月 1 日。

姻关系的"第一者"和"第二者"的隐私。"第三者"讲述自己的隐私故事,必然会涉及相关的另外两个关系人的隐私。这样的隐私就是相关隐私。① 例如,某《文摘》报刊登了一篇题为《音乐家某某与李某38年婚外婚内情》的文章,披露了在该音乐家及其前妻婚姻关系存续期间,李某与该音乐家的婚外恋情,以及该音乐家与其前妻之间的部分婚姻生活内容。同时也披露了该音乐家与其前妻离婚,与李某结婚的若干事实。该音乐家的前妻认为,该文对她与该音乐家的婚姻与感情生活加以歪曲和捏造,文中有大量对原告及其家庭进行侮辱和诽谤的文字,严重损害了自己及家人的名誉权和隐私权,因而将出版社告上法庭,请求赔偿精神损害抚慰金10万元。② 不去谈这个案件的具体处理,而仅就案件事实而论,这确实涉及了几个人共有的隐私利益,相关隐私的一个当事人没有经过其他当事人的同意而将相关隐私予以公布,侵害了其他相关隐私当事人的隐私权。

相关隐私、集体照相和共同荣誉等这些概念都反映出,在人格利益中确实存在准共有的现象,也应当适用准共有的基本规则进行规制。因此,准共有的概念不应当仅局限在财产权的领域,还应当进一步扩大,在部分人格利益中,也应当使用准共有的概念,准共有也是人格权法的概念,人格权法也应当很好地研究人格利益准共有及其规则。

二、人格利益准共有的概念和法律特征

人格利益的基本形态是权利人单独享有,但是,在某些特别的情形下,可以形成人格利益的准共有形态。

(一)人格利益准共有的概念

人格利益准共有,是指两个或两个以上的民事主体对同一项特定的

---

① 参见杨立新:《民法该如何保护"相关隐私"》,《检察日报》2004年4月1日。
② 参见《名人官司:刘某前妻柳某状告作家出版社索赔10万》,《北京青年报》2003年5月30日。

人格利益共同享有权利的共有形式。

共有原本是物权法规定的所有权的概念;准共有则扩大到所有权以外的财产权领域,不仅包括物权法的他物权,还扩大到债权和知识产权领域。

准共有现象也存在于人格利益的场合。相关隐私、集体照相和共同荣誉这些概念都反映出,在人格利益中确实存在准共有的现象,也应当适用准共有的基本规则进行规制。因此,人格利益准共有也是人格权法的概念,人格权法应当对人格利益准共有问题进行深入研究,揭示人格利益准共有运动的基本规律,确定调整人格利益准共有关系的基本规则。

(二)人格利益准共有的法律特征

1. 人格利益准共有概括的是人格利益的共有形式

人格利益准共有超出了财产权的共有,延伸到人格利益的共有关系。准共有指两个或者两个以上民事主体,共同享有所有权以外的财产权的共有。[①] "准共有之标的物,以财产权为限,人格权、身份权固不在其范围。"[②]而人格利益准共有的现实存在不能否认,人格利益准共有就是人格利益共有的形式。

2. 人格利益准共有只存在部分人格利益中

准共有并不是人格利益都存在的普遍现象。在人格权领域,人格利益准共有只存在部分人格利益当中,例如荣誉利益的准共有、隐私利益的准共有、肖像利益的准共有等,在其他人格利益方面不存在共有现象。因此,人格利益准共有只是部分人格利益存在的现象。

3. 人格利益准共有的是利益共有而不是权利共有

在准共有中,财产权的准共有是权利的共有,是数人对某一个权利的共同享有,例如债权准共有、知识产权准共有等。在人格利益准共有中,共有的不是权利,而是人格利益。人格权的基本属性是固有性、专属性和

---

① 参见王利明:《物权法论》,中国政法大学出版社 1998 年版,第 350 页。
② 谢在全:《民法物权论》,中国政法大学出版社 2011 年版,第 342 页。

必备性,是民事主体与生俱来的专属权利,①因而人格权就是特定的民事主体自己的权利,不会发生共有。但某些人格利益却可以共有,例如集体照相,对集合在一起的数个民事主体的肖像,数个民事主体基于自己的肖像权,都对集体照相享有支配的权利,构成了肖像利益的共有关系。这是肖像利益准共有,而不是肖像权的准共有。

4.人格利益准共有原则上适用准共有规则

在人格利益准共有中,共同共有的人格利益按照共同共有规则处置,按份共有的人格利益按照按份共有的规则处置。由于共有的是人格利益而不是财产权,因此人格利益准共有有自己的运动规律,研究人格利益准共有就必须研究自己独有的法律规则。

三、人格利益准共有的范围

(一)相关隐私

任何人生活在现实社会中,都要与人进行交往,会发生在一起交往的人共同享有相关隐私的事实。相关隐私既包含着本人的隐私,也包含着其他相关的人的隐私。这种相关隐私涉及相关联的每一个人的隐私及其权利。法律保护自然人的隐私及其权利,就要保护相关隐私,使相关隐私不被相关隐私的当事人侵害。如果对相关隐私不予重视或者保护,就会损害范围广泛的人的隐私权。

相关隐私不是"家庭隐私权"。一个家庭可能会有自己的"集体隐私",但家庭不是民事主体,不具有民事权利能力,所以家庭不会享有隐私权。一个集体也不会存在"集体隐私权"。所谓的集体隐私或者家庭隐私,都是相关隐私。对于这种隐私,不是由几个人享有的一个隐私权来保护,而是由相关联的各个人自己所享有的隐私权来保护。对于涉及自己的那一部分隐私,基于自己的隐私权都有权进行支配和保护。

---

① 参见王利明等:《人格权法》,法律出版社 1997 年版,第 13 页。

（二）共同荣誉

荣誉权具有人格权和身份权的双重性质,不仅包括精神上的人格利益,还存在财产利益,即附随于荣誉称号的奖金、奖品等财产利益,因而荣誉权的精神性荣誉利益和财产性荣誉利益都可以形成准共有。

荣誉利益形成准共有源于三个原因:一是荣誉称号可以为数个民事主体所享有;二是荣誉权多数包含财产性的人格利益,可以形成准共有;三是荣誉利益可以分割,特别是其中的财产利益,与其他财产权利的分割没有原则区别。

（三）集体照相

集体照相是二个以上的人一起摄影而形成的照相,推而广之,将数人肖像集合在一起而制作的雕塑、录像、电影、画像等,也属于集体照相。肖像权不能共有,但对集体照相却存在不同的权利主体对它的支配关系。通常认为,产生于 1887 年法国判例的集体照相的主体之一不得对集体肖像主张肖像权的结论,说的是对于集体照相的一般使用,例如照相馆将自己拍照的集体照相作陈列,个人不得主张侵害其肖像权。[①] 但是,集体照相的主体之一独自对集体照相进行商业化使用,或者集体照相主体之外的人对集体照相进行商业化使用,会对集体照相当事人的权益构成损害。因此,集体照相的当事人会形成内部关系和外部关系。内部关系,是集体照相的全体成员一起对该照相的肖像利益行使权利、负担义务;而外部关系,则是其他任何第三人对该集体照相当事人的权利所负有的不可侵义务。因此,集体照相所体现的就是肖像利益的准共有关系。

共同形象与集体照相有相同的性质,应当视为同样的共有利益,适用同样的规则。

---

① 参见龙显铭编著:《私法上人格权之保护》,中华书局 1948 年版,第 93 页。

（四）家庭名誉

名誉利益一般不会形成准共有关系,但家庭确实存在共同的声誉,家庭成员对于共同的名誉利益如何支配,受到侵害之后如何进行保护,也涉及准共有规则的适用问题。因而对于家庭名誉也有准共有的问题。

（五）合伙信用和"两户"信用

合伙有不同形式。那些不具有主体资格不能成为非法人组织的合伙,是自然人的组合。这种合伙也有自己的信用利益,由于它不可能成为民事主体,无法享有信用权,对其信用利益只能按照共有的形式集体占有和支配。因而合伙信用就是信用利益的准共有。

个体工商户和承包经营户也都不具有民事主体资格,尽管原《民法通则》对"两户"作出了规定,[①]但都没有主体地位,也都是家庭成员的自然人组合,他们也都在进行经营活动,因此其家庭即"户"的成员也都共同占有和支配着共同的信用利益。"两户"信用实际上也是信用利益准共有形式。

（六）集体声音

对数人的声音作品,该数人享有共同的权利。这从作品的立场而言,属于著作权的保护范围。如果从集体声音利益而言,则不是著作权保护的范围,而是人格权保护的范围。

从以上的分析可以看出,能够形成准共有关系的人格利益,是那些精神性的人格利益。物质性的人格利益不能形成准共有关系,例如,生命利益、健康利益和身体利益。即使在精神性的人格利益中,有些也不能形成准共有关系。例如,姓名利益只能由个人单独享有,不能为数人共同享有;名称利益、人身自由利益、性利益等也不能为数人共同享有。

---

① 参见《民法通则》第 26 条至第 29 条规定。

四、对人格利益准共有关系的法律调整

（一）人格利益准共有的建立

1. 基于共同实施某种行为而建立

数人共同实施某种行为，可能产生人格利益准共有关系。集体照相就是数人共同实施照相的行为，使数人的肖像集合在一起，构成一个共同的形象，每一个集体照相的人的形象都在一个肖像中结合在一起，不能分割，因而建立了对集体照相这种人格利益的准共有关系。

2. 基于相关事件而建立

数人参加到某一件相关的事件中，该事件与每一个人的人格利益相关，因而产生了该种人格利益的共有关系。典型表现的就是相关隐私。数人交往，在相关的事件中都存在隐私利益，就该事件产生的隐私利益构成相关隐私，相关的民事主体就都对该隐私具有利害关系，建立隐私利益的准共有关系。

3. 基于共同获得荣誉而取得

在荣誉利益的准共有中，是基于共同获得荣誉而享有共有利益。对数人共同颁发一个荣誉称号，这个荣誉利益就归该数人共有。其中包含的财产利益，便是准共有关系。

4. 基于共同关系而取得

家庭（户）和合伙都存在共同关系，共同关系也是产生共同共有的事实基础。在以他们为主体的人格利益准共有中，同样是基于家庭（户）或者合伙的共同关系，产生共有的名誉利益和信用利益。

（二）人格利益准共有的类型

人格利益准共有的类型也分为共同共有和按份共有。在现实生活中，共同共有的人格利益准共有是基本类型，而按份共有的准共有关系不是典型的形态。

1. 共同共有的人格利益准共有

相关隐私、集体照相、家庭名誉、集体声音、合伙信用和"两户"信用的共有关系，都是共同共有关系，所有的共有人对共有的人格利益都享有同等的权利。在荣誉利益的准共有中，也存在共同共有关系。

2. 按份共有的人格利益准共有

荣誉利益存在按份共有关系。一方面，在授予的荣誉称号中，本身就存在按份共有的形式。例如，对集体写作，各个著作人写作部分划分清楚的，对著作权是按份共有的，如果该著作获得荣誉，荣誉利益也应当按份共有，其中包括的财产利益，例如奖金、奖品等，存在按份共有关系。行使权利应当共同行使，分割荣誉财产利益应当按照按份共有的规则处理，按照确定的份额决定各自所得的利益。

（三）人格利益准共有的基本规则

1. 共同支配权

共同支配权是指人格利益准共有的当事人共同享有、共同支配准共有的人格利益。人格利益准共有，就是相关人对同一项特定的人格利益的共同享有，包括共同共有和按份共有。对于人格利益准共有应当由相关当事人共同享有，人格利益准共有关系的当事人在支配准共有的人格利益时，应当实行协商一致原则，即在原则上，人格利益准共有的关系人对该人格利益的支配应当一致同意，方能行使对准共有的人格利益行使支配权。人格利益准共有是各个人格权人对自己的那一份共有利益享有的支配权。对于准共有的人格利益的支配，当事人应当协商一致，共同支配，保障任何与该项准共有的人格利益有关联的当事人的人格利益不受其他相关人支配该人格利益的行为的侵害。

2. 保护注意义务

保护注意义务是指人格利益准共有的当事人为保护其他相关当事人负有的注意义务。在人格利益准共有关系的内部，确立人格利益准共有关系当事人对其他相关当事人的保护注意义务，以保护相关当事人的人格权。人格利益准共有关系当事人履行这一保护注意义务，应当以最高的注意程度——即善良管理人的注意义务——谨慎行事。其判断标准是客观标准，即人格利益准共有关系当事人之一，在支配准共有的人格利益时，只要对于其他当事人的相关人格利益有所侵害，即为违反该义务，构成对相关当事人的人格权侵害。

3. 承诺权

承诺权是指人格利益准共有关系当事人对共有人格利益承诺其他相关当事人单独支配的权利。其他相关当事人单独支配共有的人格利益，应当征得相关当事人的同意。凡是涉及实施支配自己的人格利益如相关隐私、集体照相、共同荣誉、家庭名誉、合伙信用和"两户"信用等人格利益的法律行为时，行为人必须征求其他人格利益准共有关系当事人的同意，以取得对准共有的人格利益进行支配的权利。未经其他当事人的同意而实施这样的行为，为违反对其他当事人的保护注意义务。违反人格利益准共有关系内部的保护注意义务，造成相关当事人的人格权损害的，都构成侵权。涉及支配死者人格利益时，如果该项人格利益为准共有关系，亦应当征得死者人格利益保护人的同意。其他相关当事人支配该人格利益，也应当注意保护死者的人格利益，不得非法侵害。死者的人格利益被非法支配，未经死者的保护人即近亲属的同意，造成死者的人格利益受到侵害的，其近亲属作为保护人，有权进行保护，提出追究侵权人侵权责任的请求。

4. 拒绝权

拒绝权是指人格利益准共有关系当事人有权拒绝其他相关当事人对准共有的人格利益进行支配的权利。该拒绝权一经行使即生效力。如果人格利益准共有关系的当事人明确表示行使该权利，其他相关当事人不得支配该项人格利益。如果对涉及自己的人格利益部分进行支配，也必须隐去相关当事人的人格利益，只能支配涉及自己的而不涉及他人的人格利益，否则构成侵权。

5. 财产权

在准共有的人格利益中包含财产利益的，其对财产利益的支配，应当严格按照共有的规则进行。因为这时的财产权的准共有实际上已经形成了财产共有。首先,对财产利益的支配,属于共同共有的应当按照共同共有的规则处理,属于按份共有的应当按照按份共有的规则处理。其次,分割共有的财产利益的,应当按照分割共有财产的规则进行。

6. 对外关系

人格利益准共有的对外关系,最主要的是解决准共有的人格利益受到侵害时,各个相关的当事人如何保护该项人格利益,进而保护自己的人格权。首先,人格利益准共有关系的当事人都有权保护该人格利益。准共有的人格利益受到侵害,实际上侵害的是相关当事人的人格权,每个人都有权提出保护的请求。至于共同行使权利还是个人行使权利,则不论。其次,保护准共有的人格利益所取得的利益,应当归属于全体当事人。即使单个的个人起诉的保护请求,如果取得的利益涉及的是相关当事人的全体利益,也应当归属于所有当事人享有,不得个人单独享有;其维护费用应当由全体享有利益的当事人承担。如果是财产利益需要分割的,则按照共有财产分割的原则进行。

【典型案例】

甲、乙、丙、丁4人共同创作一部著作,甲写作35万字,乙写作60万字,丙写作25万字,丁写作6万字,总计126万字。该著作出版以后,获得各界好评。经申报,省政府对该书评为优秀图书一等奖,颁发奖金4万元。甲决定,每个参加创作的人各分得奖金1万元。乙提出异议,认为这种分配不合理,违背荣誉利益分割原则,请求按照写作的字数分配奖金。甲、丙、丁认为乙多事,不同意乙的主张。乙向法院提出诉讼。

【案例分析】

对本案如何适用法律有不同意见。第一种意见认为,荣誉权中的财产权也是所有权,应当贯彻物权法的基本规则。共同取得荣誉权,对于其中获得的财产,当事人享有共有权,应当按照共有权的规则处理纠纷。处理的原则是,应当按照获奖作品的形式为准,是合作作品的,按照共同共有原则处理,适当考虑各位作者的贡献大小;是集体作品的,按照按份共有的规则处理。本案四名当事人争执获得荣誉的作品是集体作品,因此应当按照按份共有的规则处理,应按各位作者写作的字数和其他情况确定所得的奖金,不应当平均分配。故应当支持原告的诉讼请求。第二种意见认为,荣誉权不是所有权,不应当按照共有的规则处理。本案这种情况,因创作的作品获得奖金,原则上是主编或者第一著作权人决定,原告起诉无理,应当驳回其诉讼请求。

这个案件涉及的是荣誉利益的准共有问题。虽然这只是一个理论上的问题,但是在实践中确实存在,不得不面对它,提出解决的办法。

第一,荣誉利益的共有应当适用共有的基本规则,认其为准共有。正如在前文所说的一样,荣誉利益的共有同样是准共有性质。这不仅是荣誉本身就会发生准共有(这是共有的荣誉利益),而且在荣誉利益本身就含有财产利益,共有荣誉利益中包含的财产利益会形成准共有。认为荣誉利益的共有是准共有,是指这个荣誉利益的整体,如果就这个权利的财产利益而言,是实实在在的所有权共有,应当适用共有的规则处理。既然如此,对本案的争议适用准共有的规则处理是正确的。

第二,确定荣誉利益准共有的性质应当按照创造性劳动的性质为标准。决定共有的荣誉是按份共有还是共同共有,应当从创造性劳动的性质作为判断标准。一是创造性的劳动是否有份额,是否有贡献的不同,是共同创造还是分工创造;二是创造性劳动成果的性质,是不分份额的共同创造,还是按照不同劳动体现在成果中能够区分出来。如果不分份额的劳动,创造的成果也不分份额,那就是共同共有性质的准共有。反之,如果创造性的劳动是有份额的,而且在创造的成果中也能够分出份额来,就应当依照其份额,认定为按份共有的准共有。本案争议的共有荣誉,基础的劳动是有份额的,创造的成果也能够区分份额,应当按照按份共有确定每个人所得的荣誉奖金。第一种意见认为应当考虑按照获奖作品的共有形式为准,是合作作品的,按照共同共有的原则处理,是集体作品的,按照按份共有的规则处理,是从知识产权的创造性劳动特点出发的,是完全正确的,符合前述的判断标准。

第三,本案应当按照按份共有的规则处理,不应当平均分配奖金。通过以上的说明,已经阐明了本案争议的性质了,这就是荣誉利益准共有的争议,本案荣誉利益准共有的性质是按份共有。本案的甲虽然作为作品的第一作者,却也是其中的作者之一,不能主观臆断地决定荣誉奖金平均分配,应当能够协商解决的就协商解决,不能协商的,按照创造性劳动的分工以及创造性劳动的成果的份额,按照按份共有的分割原则,确定各位作者的应有份额,按照其份额分配奖金。

第 七 章

夫妻共有财产

第一节　夫妻共有财产概述

一、夫妻共有财产的概念

夫妻共同财产与夫妻共有财产两个概念通常是互用的,视为同一概念,夫妻共同财产使用的频率更高。对夫妻共同财产,一种定义是强调夫妻共同财产的来源,如认为"夫妻共同财产是指夫妻双方在婚姻存续期间所得的财产"①,或者"夫妻共同财产,是指夫妻双方或一方在婚姻关系存续期间所得的财产"②。另一种定义是强调夫妻共同财产的所有权性质,认为夫妻共同财产是"婚姻关系存续期间夫妻双方共有的财产"③,强调夫妻共有财产是共有性质的财产。这两种定义,前者多为婚姻法学者使用,后者多为研究民法或者物权法的学者使用。

① 王战平主编:《中国婚姻法讲义》,中国政法大学出版社 1991 年版,第 130 页。
② 巫昌祯主编:《中国婚姻法》,中国政法大学出版社 1991 年版,第 130 页。
③ 《法学词典》编辑委员会编:《法学词典(增订版)》,上海辞书出版社 1984 年版,第 68 页。

其实,夫妻共有财产和夫妻共同财产并不是同一概念,应当仔细区分两者之间的差别。

《民法典》在婚姻家庭编中使用夫妻共同财产概念,实际上是指财产的形式,是指夫妻共有财产的客体,即夫妻所享有、所有的财产,而不是指夫妻财产关系。例如,夫妻共同财产范围、夫妻共同财产分割等,都是这个含义,而不是说夫妻对共同财产所享有的权利和承担的义务。

夫妻共有财产强调的是"共有",是突出财产的所有形式,而不是财产权的客体。故夫妻共有财产指的是所有关系,是基于财产而产生的人与人之间的财产所有权关系。夫妻作为财产所有权的共同主体,享有一个共同的所有权,就是"夫妻共有"。

本章要研究的是夫妻共有财产,夫妻共同财产则是夫妻共有财产的下属概念,是财产所有权的客体,属于物的范畴。在我国,夫妻共有财产专指法定的夫妻婚后所得共同制,在夫妻关系缔结后,双方或一方所得财产,夫妻双方享有平等的共有权,构成共同共有的财产所有权关系。

二、夫妻共有财产的法律特征

夫妻共有财产具有以下法律特征:

(一)夫妻共有财产的发生以夫妻关系缔结为前提

夫妻共有财产的发生以夫妻关系缔结为前提,以夫妻没有选择其他夫妻财产制为必要条件,依照法律的规定而产生。任何共同共有关系的产生均须依一定的法定共同关系的存在为依据,夫妻共有财产同样如此。由于夫妻共有财产具有多种形式,法律准许夫妻共同选择法律规定以外的财产制形式,因而,夫妻共有财产不仅要基于夫妻关系的缔结为前提,而且还必须具备夫妻没有选择其他财产制为条件,并非因存在夫妻关系而必然发生。

（二）夫妻共有财产的权利主体是夫妻二人

夫与妻是两个权利主体，不是一个权利主体。正因为这样，才对财产的所有关系构成共有关系。有的认为，夫妻构成家庭就是一个主体，对外享有一个权利，是一个整体，是不正确的。对于夫妻共有财产，夫妻享有的是一个权利即共有权，但是，作为它的主体的夫妻却是两个具有独立民事权利能力和民事行为能力的主体，是独立的人。将夫妻作为一个整体对待有其道理，但是，因此而认为夫妻是一个共同的权利主体则是错误的，因为一个主体不能构成夫妻共有财产。

（三）夫妻共同财产的来源为夫妻双方或一方的婚后所得

形成夫妻共同财产，一是婚后所得，二是夫妻双方或者一方所得。在一般情况下是双方所得，但是只有一方工作获得报酬，另一方没有工作即对家庭没有实际的财产贡献，也构成夫妻共同财产，享有共有权。这一点，与合伙构成合伙共有财产和夫妻以外的家庭成员构成家庭共有财产不同。合伙人不向合伙投资，不创造利益，就不会享有合伙财产的权利，也就不是合伙人。其他家庭成员成为家庭共同财产的主体，应当向家庭作出财产贡献，否则也不能形成家庭共有财产。

（四）夫妻共有财产的财产所有性质为共同共有

在夫妻共有财产存续期间，夫妻作为共有人，不分份额地共同享有夫妻共同财产的所有权，不到夫妻关系消灭，共同共有关系不能终止，[1]共有财产原则上不得分割。

三、深入研究夫妻共有财产的意义

夫妻共有财产是民法的重要概念，受到学界的广泛重视，尤其是在处

---

[1]　夫妻另有约定的，不在此限。

理离婚时的夫妻共同财产的分割上,给予高度重视。夫妻共有财产作为共有权的一种,民法着重研究夫妻作为共有主体构成共同共有的权利义务关系,并不特别关注夫妻共同财产的分割问题。

《民法典》突出人文主义色彩,因为民法就是人法。不过,强调民法典的人文主义特点和精神,并不意味着忽视《民法典》的财产内容。一方面,经济是社会的基础,构成人与人之间关系的基础是财产关系,没有财产关系的基础,任何人与人之间的关系都不会存在下去;另一方面,民法也对财产关系进行调整,如果忽视对财产法的调整,民法的两大支柱(即人法和财产法)就会缺少一个,将不是一部完整的民法典。

婚姻家庭关系首先是人与人之间的关系,是民法中人法的内容,是关于人本身的权利义务关系。特别是,夫妻关系是亲属关系的基础,是产生其他身份关系的基础。而身份关系是人与人之间最广泛的关系,构成社会关系的基础。就像构成人与人之间关系的基础是财产关系一样,任何身份关系包括夫妻关系,也都是以财产关系作为基础的,基于财产关系而生存,基于财产关系而发展,没有财产关系,任何亲属关系都将无法维持和继续。在现代社会中,在经济不够发达的时期,夫妻关系分裂酿成的纠纷,很多是因为财产问题;即使在经济比较发达的小康社会,夫妻关系基于精神成分酿成的纠纷增加,但是,对于经济利益的纷争仍然存在,而且争执的标的额更巨大,形成更大的财产争议。由此可见,一个社会,一个家庭,应当充分重视人的因素,重视对人的关系中的精神利益调整,但是,也不能因此而忽视对人与人之间的财产关系的调整,把决定人生存、发展的物质基础关系重视起来,依法调整好。

夫妻关系既涉及身份权中的配偶权,也涉及物权中的共有权。在配偶权中,包括对夫妻的财产制度,即夫妻对共同财产的占有、使用、收益和处分;在共有权中,包括夫妻共有财产,以及夫妻对共同财产享有的权利和承担的义务。这两个相互融合的权利构成夫妻关系的基本特点,也构成了夫妻共有财产的基本特点。在民法理论研究中,如何全面地、完整地、科学地揭示这两种权利的渗透和融合,揭示其基本的运行规律,是一个重大任务。

在研究婚姻家庭法中研究夫妻共有财产是必然的,因为财产关系是夫妻关系的重要内容。当然,婚姻家庭法特别重视的是夫妻之间的身份地位关系,侧重的是夫妻之间的精神利益关系,虽然也重视夫妻财产关系,但是,由于不是纯粹从物权法的角度进行研究,对物权规律的阐释、因循、操作,都会存在不足。

因此,有必要在物权法的研究中加强对夫妻共有财产的研究,深入研究夫妻共有财产的规律和特点,对于稳定和发展婚姻家庭关系,保障夫妻双方当事人的合法权益,是非常重要的。

四、2001 年《婚姻法》修订后的夫妻共有财产

1980 年重新颁布《婚姻法》后,在 2001 年进行了修订。修订后的《婚姻法》对夫妻共同财产制度进行了重要修改。主要的修改内容是:

(一)明确夫妻共同财产范围

《婚姻法》在没有修订之前,只是笼统地规定婚后所得财产为夫妻共同财产,至于究竟怎样确定其范围,没有具体规定,只能由法院在实践中具体处理。法院在积累实践经验的基础上,作出了一些规范性的规定,有的是成功的,有的是不成功的。

在修订《婚姻法》过程中,立法机关进行了认真的调查研究,充分听取了各方面的意见,形成了原《婚姻法》第 17 条规定:"夫妻在婚姻关系存续期间所得的下列财产,归夫妻共同所有:(一)工资、奖金;(二)生产、经营的收益;(三)知识产权的收益;(四)继承或赠与所得的财产,但本法第十八条第三项规定的除外;(五)其他应当归共同所有的财产。"按照这一规定,夫妻间的这五个部分的财产,只要是夫妻双方在夫妻关系存续期间所得,即直接成为夫妻共同财产。

(二)扩大个人财产范围

如前所述,由于没有修订之前的《婚姻法》关于夫妻共同财产的范围

没有清楚界定,同时对个人财产也没有作出明确的规定,并且在立法和实践中都存在对个人财产轻视的偏向,因而导致在处理婚姻财产纠纷时,有侵害个人财产权利的现象存在,例如,对个人财产转化为共同财产的司法解释规定就是一例。

尊重个人财产所有权,是物权法的基本立场。在婚姻家庭领域也应当同样如此。因此,原《婚姻法》第18条明确规定了夫妻个人财产的范围:"有下列情形之一的,为夫妻一方的财产:(一)一方的婚前财产;(二)一方因身体受到伤害获得的医疗费、残疾人生活补助费等费用;(三)遗嘱或赠与合同中确定只归夫或妻一方的财产;(四)一方专用的生活用品;(五)其他应当归一方的财产。"这些财产都是个人所有的财产,他人不得侵害。

(三)废除司法解释中的个人财产转化为夫妻共同财产的做法

既然立法尊重夫妻一方的个人财产,保护其个人财产的所有权,那么依照这个宗旨来观察原来实行多年的婚前个人财产转化为夫妻共同财产的规定,就有严重问题了。在修订《婚姻法》过程中,开始在修订草案中还写着这种财产转化的规定条文,学者提出了深刻的意见,坚持要纠正这个问题。在最后通过《婚姻法》修正案时终于将这个问题解决了。下面对这个问题做一个详细的说明。

在1992年,最高法院印发了一个司法解释,规定夫妻结婚后的财产转化规则,即《关于人民法院审理离婚案件处理财产分割问题的若干具体意见》。其第3条规定:"在婚姻关系存续期间,复员、转业军人所得的复员费、转业费,结婚时间10年以上的,应按夫妻共同财产进行分割。"第6条规定:"一方婚前个人所有的财产,婚后由双方共同使用、经营、管理的,房屋和其他价值较大的生产资料经过8年,贵重的生活资料经过4年,可视为夫妻共同财产。"

按照这个司法解释,夫妻一方个人所有的财产,应归个人所有,不为夫妻共有财产。但是,有些婚前个人财产经过适当时间的共同使用、共同经营和共同管理,可以转化为夫妻共有财产。这些财产包括以下三项:

（1）房屋和其他价值较大的生产资料。一方婚前个人所有的房屋和其他价值较大的生产资料，婚后由双方共同使用、经营、管理经过 8 年的，转化为夫妻共有财产。（2）贵重生活资料。一方婚前个人所有的贵重生活资料，婚后由双方共同使用、经营和管理经过 4 年的，转化为夫妻共有财产。（3）复员费、转业费。在婚姻关系存续期间，复员、转业军人所得的复员费、转业费，结婚时间 10 年以上的，转化为夫妻共有财产。

对于上述转化为夫妻共有财产的财产，规定必须严格掌握转化的条件。转化的条件是：（1）财产的类型。只包括婚前个人所有的房屋和其他价值较大的生产资料、贵重的生活资料，以及复员转业军人的复员费、转业费，其他财产不在转化之列。（2）上述财产共同的使用、经营、管理和夫妻关系存续事实的存在。前两种财产必须由双方共同使用、经营、管理；后一种财产，则必须有夫妻关系存续的事实，至于该财产是在夫妻关系存续前还是夫妻关系存续中取得，则不问。（3）须具备时间延续一定期间的条件。上述三种不同财产共同使用、经营、管理和夫妻关系存续等状态必须持续 8 年、4 年或 10 年。

具备以上三项条件，婚前个人财产可以转化为夫妻共同财产。上述可以转化为夫妻共同财产的财产，是否具备上述转化条件的就一律转化为夫妻共同财产，回答应当是否定的。对于复员转业军人的复员费、转业费，只要具备夫妻关系存续 10 年的条件，一律按夫妻共有财产处理。对于前两种财产，则应区别在共同使用、经营、管理中，该财产的具体折旧与增值情况，如果仅是共同使用，不使原物增值，不应认为是转化的条件，不应视为夫妻共有财产。

对这个司法解释，在实践中和理论上有不同的看法。有的主张，这种做法实事求是，有利于维护婚姻关系双方当事人的权利，特别是女方的合法权益，是应当支持的。但是更多的人反对这个司法解释，其中主要的意见就是，一个婚前个人财产，为什么在婚后两个人的使用中，就会转化为夫妻共同财产呢？如果使用也会增值的话，那不是违背社会规律和经济规律吗？

在很长时间里，在司法实践中通行着"转化论"，对夫妻共有财产认定起着决定的作用,侵害了一方当事人的合法权益。在修订《婚姻法》中,彻底地纠正了这个问题。

1. 这个司法解释思想发展的过程

在20世纪80年代,尤其是80年代的后期,北京等一些地区的司法机关在司法实践中提出了一个新的看法,就是在离婚中,如果一方所有的财产双方使用、管理、经营了很长时间,在离婚时可以作为夫妻共同财产处理,进行分割。这种做法的最大好处,是在离婚时会给女方多分财产,对保护女方的合法权益是有利的。这个经验在不断传播,被很多法院所接受,吸收到自己法院的判决中。

1990年开始,最高人民法院在制定了关于离婚条件的司法解释以后,受到了司法界和理论界的好评,因此开始起草包括处理离婚财产分割问题的司法解释在内的一套离婚案件审理的司法解释。在处理离婚案件夫妻共同财产分割的司法解释中,开始写进了这个内容,经过广泛征求意见,得到了较为普遍的支持,坚定了做这个司法解释的信心。

决定在司法解释中规定个人财产转化的意见是肯定的,但是对怎样规定转化的时间,变化了很多次。已经考虑到的时间分别是:不动产/动产——20年/10年、15年/8年、10年/5年、8年/4年。最后经过审判委员会讨论,决定采纳最后一种意见,就是不动产和大件物品8年,其他动产4年。这个司法解释就出台了。

2. 私人财产转化为夫妻共同财产存在的问题

这个司法解释存在的最主要问题,就是不尊重个人财产所有权,其基础在于错误理解了所有权转化的规律。

对于私人所有权的不尊重并不是一时出现的问题,在中国的现实中存在多年,这种不尊重私人所有权的习惯大概一直可以追溯到很久以前。在制定这个司法解释时,这种"正统"观念还并不是最严重的时期,因为已经改革开放多年,很多思想都在变化,只是变化还不够彻底而已。那时的主要问题是过分强调夫妻共同财产,既然是实行夫妻共同财产制,那就要一切财产都归夫妻共同所有,这样才是最革命的。正是在这种思想指导下,才作出了这样的司法解释。

问题出在对财产所有关系转化规律的理解上。在个人所有的财产上面,有时候是可以转化为共同所有的财产的,这就是要在这个财产中加入对方的劳动,这种劳动使原来的财产增值,使之成为双方的共同财富。例如,在一座个人所有的房屋中,夫妻双方在共同生活中,进行维修、装饰,甚至是翻建,使这个财产的价值大大增值。这时候对方的劳动创造的价值成为这个财产的组成部分,无法分开,这个财产因此可以成为共同财产。

这样解释是有道理的。但是,司法解释并不是这样规定的,而是规定共同使用、管理、经营,都可以改变私人所有权的性质,由单独所有"转化为"共同所有。

共同使用不能产生价值,不能使属于个人的财产增值,而只会消耗其价值。单纯的管理也不会增加财产的价值,因为任何财产都是要消耗其价值的,即正常的折旧。只有共同经营才可以增加财产的价值。同样,在不动产的维修和经营中,可以使其价值增值,在某些动产,共同使用、管理只会消耗它,怎么会使其增值? 现金也是动产,经过共同使用还会增值吗? 因此,这个司法解释的基本精神不正确,立论的依据也是不正确的。

3. 对转化问题完全一刀切行吗?

现在要回到现实来了。修订后的《婚姻法》终于没有把这个"转化论"写进法典,实在是一个重要的举措。但是也有问题,这就是怎样对待原来的司法解释?

如果按照适用法律的原则,凡是违背法律规定的司法解释,应当是无效力的。既然"转化论"的司法解释没有被法律所采纳,并且规定了更为准确的保护个人财产的立法规定,那么,"转化论"的司法解释就应当不再发生效力,不能再在司法实践中适用了。

这个意见原则上是正确的,但是还有一些问题,即完全一刀切不是科学的态度。这是因为在原来的司法解释中还存在合理的因素。如果将这个合理的因素完全抛开,不仅是很可惜的,而且也是不符合法理的。

其中合理的因素,就是婚前个人财产在婚后共同经营,价值发生增值,达到一定的程度的,应当认为转化为夫妻共同财产。例如婚前一方所有的房屋婚后双方翻建,这个财产已经不是原来的财产了,发生了巨大的增值,这实际上就是所有权中的添附,其中夫妻各自的份额已经不能够分离,只能作为共同共有的财产。离婚时一方提出作为夫妻共同财产分割主张,应当作为夫妻共同财产分割。

五、《民法典》对夫妻共有财产的修改

《民法典》在 2001 年《婚姻法》规定的夫妻共有财产的基础上,对夫妻共有财产有三方面的修改。

(一)夫妻一方因受到人身损害获得的赔偿或者补偿不属于夫妻共有财产

《民法典》第 1063 条规定:"下列财产为夫妻一方的个人财产:(一)一方的婚前财产;(二)一方因受到人身损害获得的赔偿或者补偿;(三)遗嘱或者赠与合同中确定只归一方的财产;(四)一方专用的生活用品;(五)其他应当归一方的财产。"这一条文是对夫妻个人财产范围的规定,其中增加了一个新规则,即一方因受到人身损害获得的赔偿或者补偿属于夫妻个人财产,不属于夫妻共同财产。一方因受到人身损害获得的赔偿和补偿,是因受到人身伤害而得到的人身损害赔偿金、精神损害赔偿金和相关的补偿费。该种财产具有人身性质,是救济人身损害而获得的财产,赔偿和补偿的是该方当事人人身伤害的损失,是用于保障受害人生活的基本费用,须归个人所有,不能作为夫妻共有财产。这不是新规则,而是在 2001 年《婚姻法》第 18 条规定的基础上进行的修改,使其更加完善。

(二)夫妻共同债务的认定规则

《民法典》第 1064 条规定:"夫妻双方共同签名或者夫妻一方事后追认等共同意思表示所负的债务,以及夫妻一方在婚姻关系存续期间以个人名义为家庭日常生活需要所负的债务,属于夫妻共同债务。""夫妻一方在婚姻关系存续期间以个人名义超出家庭日常生活需要所负的债务,

不属于夫妻共同债务;但是,债权人能够证明该债务用于夫妻共同生活、共同生产经营或者基于夫妻双方共同意思表示的除外。"这是对夫妻共同债务的规定,借鉴了有关司法解释的内容,对夫妻共同债务的认定提供了标准。

债务是负资产。夫妻共同债务是以夫妻共同财产作为一般财产担保,在夫妻共有财产的基础上设定的债务,包括夫妻在婚姻关系存续期间为解决共同生活所需的衣、食、住、行、医、履行法定扶养义务、必要的交往应酬,因共同生产经营活动等所负之债,以及为抚育子女、赡养老人,夫妻双方同意而资助亲朋所负债务。

《民法典》确定的夫妻共同债务规则是:夫妻双方共同签字或者夫妻一方事后追认等共同意思表示确认的所负债务,以及夫妻一方在婚姻关系存续期间以个人名义为家庭日常生活需要所负的债务,属于夫妻共同债务。具体标准如下:

第一,夫妻双方共同签名或者夫妻一方事后追认等共同意思表示所负的债务。法律准许夫妻双方对财产的所有关系进行约定,也包括对债务的负担进行约定,双方约定归个人负担的债务,为个人债务。约定个人债务,可以与财产所有的约定一并约定,也可以单独就个人债务进行约定。举债时没有夫妻的共同约定,但是,在举债之后对方配偶追认是夫妻共同债务的,当然也是夫妻共同债务。

第二,夫妻一方在婚姻关系存续期间以个人名义为家庭日常生活需要所负的债务。包括为保持配偶或其子女的生活发生的债务,为了履行配偶双方或一方的生活保持义务产生的债务。例如,购置家庭生活用品、修缮房屋、支付家庭生活开支、夫妻一方或双方乃至子女治疗疾病、生产经营,以及其他生活必需而负的债务。为抚育子女、赡养老人,夫妻双方同意而资助亲朋所负债务,亦为夫妻共同债务。

对于夫妻一方在婚姻关系存续期间以个人名义超出家庭日常生活需要所负的债务,不属于夫妻共同债务。例如,一方未经对方同意擅自资助与其没有扶养义务的亲朋所负的债务,一方未经对方同意独自筹资从事经营活动,其收入确未用于夫妻共同生活所负的债务,以及因个人实施违法行为所欠债务，婚前一方所欠债务，婚后一方为满足个人欲望确系与共同生活无关而负的债务等。为保护债权人的合法权益，本条特别规定，债权人能够证明该债务用于夫妻共同生活、共同生产经营或者基于夫妻双方共同意思表示的除外。

这一规则存在有被利用逃债的可能。当夫妻一方为经营活动举债，原本对方配偶是知情的，或者经营活动的所得用于家庭共同生活等，但是在债权人主张清偿债务时，该方配偶主张不知情，或者主张没有将经营活动所得用于夫妻共同生活，因而认为是夫妻一方债务，而不是夫妻共同债务。对于这个问题，应当从三个方面解决：一是向夫妻一方出借借款，出借人应当对借贷的一方提出要求，即要求对方的配偶签字，需要其承诺借款，避免推脱债务；二是出借人应当尽可能地保留夫妻共同债务的证据，例如，将经营所得收入用于夫妻共同生活的证据等，以对抗借款人否认夫妻共同债务；三是法官审查这类案件应当查清事实，避免夫妻一方借故逃避债务，保护好债权人的权益。

（三）夫妻享有婚内分割共同财产的请求权

《民法典》第1066条规定："婚姻关系存续期间，有下列情形之一的，夫妻一方可以向人民法院请求分割共同财产：（一）一方有隐藏、转移、变卖、毁损、挥霍夫妻共同财产或者伪造夫妻共同债务等严重损害夫妻共同财产利益的行为；（二）一方负有法定扶养义务的人患重大疾病需要医治，另一方不同意支付相关医疗费用。"这是对夫妻享有婚内分割共同财产请求权的规定，是根据司法实践总结经验归纳出的民法新规范。

夫妻共同财产在共同共有关系发生的原因没有消灭前，一般是不能分割的，目的在于保持共有关系的基础和稳定性，保护共有人的合法权益。不过，在实践中存在婚内分割夫妻共同财产的需求，《最高人民法院关于适用〈中华人民共和国婚姻法〉若干问题的解释（三）》第5条曾经作了规定。《民法典》第1066条借鉴这一规定，坚持夫妻共同财产原则上不能分割，对于特别情形作为例外，准许在婚姻关系存续期间分割夫妻共同财产，以保护婚姻当事人的合法权益。有以下情形属于重大理由的，可以请求人民法院予以分割：

1. 一方有隐藏、转移、变卖、毁损、挥霍夫妻共同财产或者伪造夫妻共同债务等严重损害夫妻共同财产利益的行为

这里概括了隐藏、转移、变卖、毁损、挥霍夫妻共同财产或者伪造夫妻共同债务等严重损害夫妻共同财产利益行为的6种情形，都要具备严重损害夫妻共同财产利益的要件。具备6种行为之一，并且具备严重损害夫妻共同财产利益要件的，就可以请求分割夫妻共同财产。

2. 一方负有法定扶养义务的人患重大疾病需要医治，另一方不同意支付相关医疗费用

符合这种情形，一方当事人可以请求分割共有财产，用自己分割得到的财产支付费用。

夫妻共同财产经过婚内分割之后，分割出来的财产成为个人财产，主张分割的一方对分割所得的部分享有所有权，可以依照自己的意志处分该财产。

2001年修订的《婚姻法》和2020年编纂的《民法典》对夫妻财产关系的上述修改，对完善我国的夫妻共有财产制度具有重要意义。

第二节　夫妻共有财产的产生和
夫妻共同财产范围

一、夫妻共有财产的产生

夫妻共有财产关系的发生，依照共同共有依据法律规定而发生的原则，是基于夫妻关系的缔结。但是，仅基于这样一个法律事实并不必然发生夫妻共同共有关系，还必须基于另一种法律事实，即缔结夫妻关系的双方未选择其他夫妻财产制。缺少上述任何一个必备要件，都不能发生法定的夫妻财产共同共有关系，即夫妻共有财产。

（一）夫妻关系的缔结

这是发生夫妻财产共同共有关系的首要条件。婚姻关系的缔结，依照《民法典》规定，须由缔结婚姻关系的男女亲自到国家婚姻登记机关，表示双方缔结婚姻关系的意愿，经审查符合结婚条件的，以结婚登记的时间作为婚姻关系缔结的时间。夫妻关系一经缔结，即具备发生夫妻共同共有关系的第一个要件。

（二）缔结婚姻的双方当事人未选择其他夫妻财产制

依照《民法典》规定，缔结婚姻的双方当事人有约定夫妻财产制而排除法定夫妻共有财产制适用的权利。如果双方行使这一权利，另行约定其他夫妻财产制形式，例如夫妻财产"AA 制"，或者约定一般共同制、婚后动产所得共同制或婚后劳动所得共同制等共同共有形式，不发生法定的夫妻共同共有关系，即婚后所得共同制。只要双方没有约定采取其他夫妻财产所有形式，夫妻共有财产关系自婚姻缔结之日起发生，夫妻一方或双方所得的财产均为夫妻共同财产。

二、夫妻共同财产范围

在婚后所得共同共有的体制下，确定夫妻共同财产范围，应当一方面确定夫妻共同财产范围，另一方面要确定夫妻个人财产范围。

1980 年《婚姻法》规定夫妻双方在婚姻关系存续期间所得的财产均为夫妻共同财产，过于简单和原则，没有区分具体情况，有时可能会侵害对方的个人财产权利。《民法典》第 1062 条的规定较为详细，对于法定的五个部分的财产，只要是夫妻双方在夫妻关系存续期间所得，即直接成为夫妻共同财产。其具体内容是：

（一）工资、奖金、劳务报酬

工资、奖金、劳务报酬，都是劳动所得报酬，指夫或妻一方或者双方从事一切劳动,包括脑力劳动、体力劳动所获得的工资报酬、奖金报酬和劳务报酬。

(二)生产、经营、投资的收益

这里强调的是生产、经营、投资活动的收益,诸如承包、租赁、投资等,凡属于夫妻关系存续期间一方或双方经营承包、租赁企业、私营企业、个体工商业、合伙、入股投资等,其所获收益均为夫妻共同财产。

(三)知识产权的收益

夫妻共同取得的知识产权,如共同写作的书籍、论文,共同发明的专利等,归夫妻共同享有,其所得经济利益,属于夫妻共同财产。一方取得的知识产权,权利本身属于个人所有,依该权利已经取得的经济利益为夫妻共同财产,在夫妻关系存续期间尚未取得的经济利益即预期利益,不属于夫妻共同财产。在现实中,很多离婚的夫妻争议对一方未取得经济利益的知识产权作为夫妻共有财产进行分割。例如,一方在婚姻存续期间写作的著作,离婚时还没有得到稿酬,对方要求对该著作权全部或者对其预期的财产权利作为夫妻共同财产进行分割。这种要求是不对的,因为一方面知识产权是权利人的权利,不是权利人就不能获得这个权利;另一方面,在婚姻关系存续期间获得的财产,是夫妻共同财产,没有获得的财产不能作为夫妻共同财产。

(四)继承或受赠的财产

各国立法一般都不认继承或者受赠的财产为夫妻共同财产,但是,共同受赠、继承的财产当然为夫妻共有财产。一方或双方继承、受赠的财产作为夫妻共同财产,符合婚后所得共同制的原则,扩大了夫妻共同财产的范围。这样做的后果是,对于限制只许一方继承或者一方受赠的情况,侵害了继承人或者受赠人的合法权益,也是对被继承人和财产所有人支配其财产的意志的不尊重。《民法典》对此作了限制性规定,即"遗嘱或赠与合同中确定只归夫或妻一方的财产"除外。如果遗嘱或者赠与合同明确规定只将遗产或者财产处分给夫妻一方的,他方不享有这项财产所有权,不作为共同财产。这样规定体现了财产处分人处分财产的意志,保护了财产所有权支配性,符合《民法典》第 130 条关于"民事主体按照自己的意愿依法行使民事权利,不受干涉"的规定。

（五）其他应当归夫妻共同所有的财产

例如,一方或双方取得的债权:双方取得的任何债权均为预期的夫妻共同财产;一方取得的债权亦属夫妻共同财产。该种债权,包括各种债权及记载债权的文书即有价证券,包括这些债权实现所获得的财产利益。如夫或妻一方购买奖券而中奖、购买股票的增值,均为夫妻共有财产。其他还如获得的资助、捐助等,亦为夫妻共有财产。

三、不应认定为夫妻共同财产的个人财产

《民法典》第 1063 条规定的夫妻个人财产的范围是:

（一）婚前个人财产

婚前个人所有的货币及生产资料、生活资料,归个人所有,不属于夫妻共同财产。

（二）一方因受到人身损害获得的赔偿或者补偿

该种赔偿或者补偿具有人身性质,是用于保障受害人生活的基本费用,须归个人所有,不能作为夫妻共有财产。

（三）遗嘱或赠与合同中确定只归夫或妻一方的财产

赠与人或被继承人明确以赠给、继承给个人为条件,所赠与或者所继承的物品具有鲜明的个人属性,也体现了财产所有人支配财产的真实意志。过去,将这一部分财产作为婚后所得成为夫妻共同财产,违背有权处分人的处分财产的意志,甚至发生遗嘱人或者赠与人撤销遗嘱或者赠与

行为,引起其他争议。将这种财产确定为个人所有,不作为夫妻共同财产,能够避免这些问题的出现,是公平的。

（四）一方专用的生活物品

个人衣物、书籍、资料等,都是具有个人属性的财产,为个人财产。在实践中,离婚纠纷争夺这些财产的也不在少数。如夫妻一方是科研人员,积累的科研资料和书籍,价值也很大,这些资料对非专业人士毫无意义。离婚时,有的人对这些财产也要争执,也要平均分配,毫无道理。这些财产确定归个人所有。在生活物品中应当注意贵重物品和其他奢侈品应除外,因为这些物品中有的价值极大,完全归一方所有不公平,对对方的权益有损害。

（五）其他应当归一方所有的财产

包括:(1)婚前个人财产增值部分。婚前个人财产在婚后增值,应当分为两个部分:经过夫妻共同管理、经营部分的增值,为夫妻共同财产;自然增值和未经共同管理、经营部分的增值,为个人财产。(2)复员、转业军人的复员费、转业费、医疗补助费和回乡生产补助费,永远归个人所有。(3)夫妻一方的人身保险金。人寿保险金、伤害保险金等具有人身性质,只能作为个人财产。(4)其他个人财产。如与个人身份密切相关的奖品、奖金,国家资助优秀科学工作者的科研津贴,一方创作的手稿、文稿、艺术品设计图、草图等,永远为个人所有。

第三节　夫妻共有财产的效力

一、夫妻共有财产权与配偶权的关系

配偶是男女双方因结婚而产生的亲属,即具有合法婚姻关系的夫妻相互间的同一称谓和地位。配偶权则是夫妻之间互为配偶的身份利益，由权利人专属支配，其他任何人均负有不得侵犯的权利和义务。

配偶权的法律特征，一是配偶权的权利主体是配偶双方。这种共同的权利包含两重含义：首先，对于配偶利益由配偶双方支配，任何一方不能就配偶的共同利益为单独决定；其次，双方配偶互享权利，互负义务，权利义务完全一致，任何一方均不享有高于或低于他方的权利。二是配偶权的客体是配偶利益，基本利益是确定夫妻配偶关系所体现的身份利益。三是配偶权的性质是绝对权，表明该配偶之所以为配偶，其他任何人均不能与其成为配偶。四是配偶权具有支配权的属性。配偶权是一种支配权，其支配的是配偶之间的身份利益，而不是对方配偶的人身。

配偶权的具体内容包括：一是夫妻姓氏权；二是住所决定权；三是同居义务；四是忠实义务；五是职业、学习和社会活动自由权；六是日常事务代理权；七是相互扶养、扶助、救助权。配偶权不包括财产权利即夫妻共有财产，是因为配偶权的客体不包括法律明定的财产权利，如财产共有权、相互继承权，也不包括离婚自由权，因为离婚自由权是婚姻自主权的内容，属于人格权性质，而配偶权则为基本身份权。

夫妻共有财产权是夫妻之间最重要的权利。因为这个权利是物权，所以不在身份权中规定。

配偶权和夫妻共有财产权，是两个相互依赖、相互配合的权利。从广义的角度观察，夫妻共有财产权应当包括在配偶权中，共有权就是配偶权中的一个部分。但是从狭义的角度观察，它们是性质不同的两个权利，尽管不能完全分开。离开了配偶权，夫妻共有财产权就失去了存在的基础；离开了共有权，配偶权就失去了物质依赖，无法保持和发展。只有这两个权利一起并存，才能保证夫妻关系和谐和稳定。

二、夫妻共有财产主体的权利

夫妻共有财产共有人的权利和义务，原则上与一般共同共有人的权利和义务相同，但是也有其特点。夫妻共有财产权利人即配偶享有如下权利：

（一）平等享有占有、使用、收益、处分权

这个权利包含两个方面：一方面表明，配偶对于夫妻共同财产享有平等的权利，一律平等地享有所有权，包括使用、收益权和处分权，任何一方不得歧视对方；另一方面表明，每个人的权利都是针对全体夫妻共同财产的，是完整的权利，而不是共有权的某一个部分。平等的权利，完整的权利，构成夫妻共有财产权利的主要内容。

（二）共同处理权和单独处理权

配偶对夫妻共同财产均有共同处理权和单独处理权。共同处理权，是针对处分夫妻共同财产重大事务的权利，如变卖夫妻共有财产，在夫妻共有财产上设置他物权，以及其他使夫妻共有财产发生重大变化的事务，均应由配偶共同决定处理，任何人不得独断专行。单独处理权是指对某些具体的、不涉及夫妻共同财产发生重大变化的事务，以及相互委托进行的事务，配偶有单独的处理权。

（三）相互代表权

在配偶之间，相互有代表权。对于一般的夫妻共有财产处理，可以代表对方进行，但是重大事项不能代表。

这种相互代表权与配偶权中的日常事务代理权相似。《民法典》第1060条规定日常事务代理权，亦称家事代理权，是指配偶一方在与第三人就家庭日常事务为一定法律行为时享有代理对方权利行使的权利。其法律后果是，配偶一方代表家庭所为的行为，对方配偶须承担后果责任，配偶双方对其行为承担共同的连带责任。这种家事代理权与表见代理相似，适用表见代理的原理。其目的在于保护无过错第三人的利益，有利于保障交易的动态安全。家事代理权是配偶权中的一项重要内容，不仅关系夫妻平等权利问题，而且关系善意第三人的合法利益的保护问题。

行使相互代表权应当受到必要的限制，可以借鉴《埃塞俄比亚民法

典》的规定。该法第 658 条规定："下列事项，必须得到配偶双方一致同意：（1）转让共同的不动产；（2）转让价值超过 5000 埃塞俄比亚元的动产，或记有配偶双方之名的有价证券；（3）订立超过 1000 埃塞俄比亚元的借款合同；（4）进行超过 100 埃塞俄比亚元的赠与或为第三人超过 100 埃塞俄比亚元的债务作保证。"这种限制是保障配偶双方财产权利的重要措施。我国也应当建立这样的限制制度。可以考虑限制的条件如下。夫妻处分下列夫妻共同财产，必须得到配偶双方一致同意：一是转让共同所有的不动产；二是转让价值超过 10 万元人民币的动产或记有配偶双方之名的有价证券；三是订立超过 10 万元人民币的借款合同；四是进行超过 5 万元人民币的赠与或为第三人超过 5 万元人民币的债务作保证。

（四）物权请求权

夫妻共同财产受到不法侵害的，配偶双方均享有此权利，可以独自行使停止侵害、排除妨碍、返还原物、赔偿损失的请求权。

三、夫妻共有财产主体的义务

夫妻共有财产的共有人负有如下义务：

（一）将夫妻共同财产交付夫妻共同管理使用的义务

按照《民法典》的规定，在实行夫妻共有财产的配偶之间，财产一般分为两部分，一是夫妻共同财产，二是个人财产。这就将俗称的"小金库"合法化，配偶一方可以公开享有自己单独的所有权。在这样的体制下，应当将个人财产和夫妻共同财产严格划清界限。同时，明确配偶双方都负有将属于夫妻共同财产集中归配偶共同管理使用，严格履行义务，按时将自己的所得交付夫妻共同管理使用。违背该义务，应当承担一定的责任。

（二）夫妻共同财产的维修、保管、改良义务

这项义务为配偶双方的义务，均应承担。具体操作，可以由配偶双方

实行,也可以由配偶一方实行,所支出的费用由夫妻共同财产支付。

(三)对所欠债务的连带清偿义务

因家庭共同生活、共同经营中所欠债务,为夫妻共同债务,须负连带清偿义务,配偶为连带债务人。认定夫妻共同债务,依照《民法典》第1064条规定进行。

(四)共同赔偿义务

夫妻共同财产致他人损害,或者夫妻一方造成他人损害时,应以夫妻共同财产承担赔偿义务。

(五)保持共有关系

在夫妻共有财产关系存续期间,任何一方不得要求划分份额、分割共有财产、擅自处分共有财产,夫妻双方均须负此义务,符合《民法典》第1066条规定的除外。

第四节　夫妻共有财产消灭和共同财产分割

一、夫妻共有财产消灭

夫妻共有财产关系的消灭,应当基于婚姻关系消灭的原因事实,包括离婚和夫妻一方死亡。

(一)离婚

离婚导致婚姻关系消灭,因而也导致夫妻共有财产关系的消灭。离婚分为登记离婚和判决离婚。这两种离婚发生同样的法律效力。

离婚的时间是夫妻共有财产终止的基准时间。从这时起,夫妻共有财产关系不复存在,夫妻共同财产开始分割,成为个人各自所有的财产。登记离婚的时间,应以离婚登记簿上登记的时间为准;裁判离婚的时间,应以调解或判决离婚的法律文书发生法律效力的时间为准。

（二）夫妻一方死亡

夫妻一方死亡,婚姻关系消灭,导致夫妻共同共有关系终止。死亡包括自然死亡和宣告死亡,产生同样的法律后果。死亡的时间,自然死亡以死亡证开具的时间为准,宣告死亡则以裁判文书发生法律效力时为准。夫妻一方死亡引起的夫妻共有财产终止与离婚引起的夫妻共有财产终止的效力都是消灭夫妻共有财产,在具体后果上,前者为分出死者的财产为遗产而继承,后者进行共同财产分割而归个人所有。

夫妻双方同时死亡,也同样发生婚姻关系消灭和夫妻共有财产消灭的后果,双方的共同财产成为遗产。

（三）夫妻另行约定其他财产制

在夫妻之间实行夫妻共有财产的期间,如果双方共同约定不再实行夫妻共有财产制,重新约定实行分别所有制或者其他财产制,也消灭夫妻共有财产,发生新的财产关系。

二、夫妻共同财产分割的一般方法

夫妻关系一经终止,夫妻共有财产即告终止,应当对夫妻共同财产进行分割。

（一）夫妻一方死亡的夫妻共同财产分割原则

夫妻一方死亡,分割夫妻共有财产的原则方法是均等分割。例如,夫妻一方死亡,在继承开始时,首先将夫妻共同财产对半分开,一半是死者的遗产,一半是健在一方的个人财产。

这种夫妻共同财产的分割原则,是因为夫妻对共同所有的财产有平等的权利使然。既然有平等的权利,当然分割也是平等的。

（二）离婚时的夫妻共同财产分割原则

《民法典》第 1087 条规定:"离婚时,夫妻的共同财产由双方协议处理;协议不成的,由人民法院根据财产的具体情况,按照照顾子女、女方和无过错方权益的原则判决。"均等分割的原则并不是绝对的,在离婚时,如果不分青红皂白,对夫妻共同财产一律均等分割,会造成不公平的后果,因此要实行照顾子女、女方和无过错方权益的原则。

三、具体分割方法

具体的分割方法,是对各种具体的夫妻共同财产怎样进行分割的办法。主要是对夫妻共同财产中合伙经营的财产、生产资料、当年无收益的养殖种植业、婚前个人房屋婚后增值的部分、不宜分割的共有房屋等。具体的分割方法是:

（一）一方以夫妻共同财产与他人合伙经营的财产

这种财产属于合伙的共同共有财产,合伙未经清算,无法确定个人的应得部分,因而无法分割。处理的方法是:一种办法是将入伙的财产分给一方所有,分得入伙财产的一方对另一方给予相当于入伙财产一半价值的补偿。另一种办法是将入伙财产分为两个股份,双方均作为合伙人参加合伙,但须征得全体合伙人的同意。

（二）属于夫妻共同财产的生产资料

生产资料包括家庭拥有的汽车、拖拉机、机械设备,乃至工厂、厂房等。分割的方法是分给有经营条件和能力的一方,分得该生产资料的一方对另一方应给予相当于该财产一半价值的补偿。也可以采取其他不同的分割方法。

（三）夫妻共同经营的当年无收益的养殖、种植业

范围是承包经营、租赁经营等,因承包经营和租赁经营,都对经营的土地、水面等没有所有权,分割的只能是收益部分和经营权。农村土地承包经营权应当分割为夫妻个人享有,平均分割;其他承包、租赁经营权,可以分割,也可以不分割而分给一方享有,分割的应经发包人、出租人同意,将经营权不分割而归一方经营的,对当年可能得到的收益应折价补偿给另一方。

（四）一方个人房屋婚后增值的部分

结婚后,双方对婚前一方所有的房屋进行过修缮、装修、原拆原建,离婚时未变更产权的,房屋仍归产权人所有,增值部分中属于另一方应得的份额,由房屋所有权人折价补偿另一方。进行扩建的,扩建部分的房屋应按夫妻共同财产处理,每人分得一半。

（五）不宜分割使用的夫妻共有房屋

应根据双方住房情况和照顾抚养子女方或无过错方等原则,分给一方所有,另一方有权得到相当于该房屋一半价值的补偿。在同等条件下,应优先分给女方。

（六）一方尚未取得经济利益的知识产权

在离婚时,一方在婚姻关系存续期间取得的知识产权,尚没有取得经济效益,发生争议的,应判决权属归该方所有。如果在创造性劳动中对方也作出贡献的,可根据具体情况对另一方予以适当照顾。

四、夫妻共同债务的范围及清偿

夫妻共同债务是以夫妻共同财产作为一般财产担保的债务,是在夫妻共有财产的基础上设定的债务。

（一）夫妻共同债务的范围

对于夫妻共同债务,按照《民法典》第 1064 条第 1 款的规定,夫妻双方共同签名或者夫妻一方事后追认等共同意思表示所负的债务,以及夫妻一方在婚姻关系存续期间以个人名义为家庭日常生活需要所负的债务,属于夫妻共同债务。这个规定对保护夫妻一方的权益是有利的,对债权人的保护不利。

《埃塞俄比亚民法典》对夫妻债务问题规定得比较清楚,可以借鉴。该法第 659 条规定:"(1)配偶一方的债务可以由其个人财产和共同财产清偿。(2)为了家庭的利益发生的债务视为由配偶双方承担连带责任;它可以由配偶各自的个人财产和共同财产清偿。"第 660 条规定:"下列债务视为为家庭利益发生的债务:(1)为保持配偶或其子女的生活发生的债务;(2)为了履行配偶双方或一方的生活保持义务产生的债务;(3)其他由家事仲裁人根据配偶一方或债权人的请求确认为具有此等性质的债务。"

应当将夫妻关系存续期间发生的债务分为两种,一是为共同生活所负债务,二是夫妻个人债务。

共同生活所负债务,包括购置家庭生活用品、修缮房屋、支付家庭生活开支、夫妻一方或双方乃至子女治疗疾病、生产经营,以及其他生活必需而负的债务。在判断债务用途时,也不能对"为夫妻共同生活所负的债务"进行文义解释,否则将虽未直接用于共同生活,但是增加了夫妻共同财产的债务都当成"个人债务"显然不公平。应该将之扩大解释为"夫妻从中受益的债务"。[①]　此外,为抚育子女、赡养老人,夫妻双方同意而资助亲朋所负债务,亦为夫妻共同债务。

下列债务为夫妻个人债务:

1. 夫妻双方约定由个人负担的债务

《民法典》第 1065 条准许夫妻双方对财产的所有进行约定,也包括

---

① 参见龙俊:《夫妻共同财产的潜在共有》,《法学研究》2017 年第 4 期,第 35 页。

对债务的负担进行约定,双方约定归个人负担的债务为个人债务。约定个人债务,可以与财产所有的约定一并约定,也可以单独就个人债务进行约定。约定债务可以对抗第三人,但是,以逃避债务为目的进行约定,不产生法律上的效力,仍为夫妻共同债务。

2. 一方未经对方同意擅自资助与其没有扶养义务的亲朋所负的债务

没有抚养义务,指的是没有法定的抚养、赡养、扶养义务。没有此种义务,未经对方同意,包括未征得对方同意和对方反对,擅自对亲朋进行资助,所负债务为个人债务。

3. 一方未经对方同意独自筹资从事经营活动,其收入确未用于共同生活所负的债务

这种经营活动属于个人一方的经营活动,所负债务应为个人债务,由个人负责清偿,或由个人遗产清偿。构成此种个人债务须具备三个条件:一是未经对方同意,包括未征得对方同意和对方不同意;二是独自筹资,或者用属于一方所有的婚前个人财产投资,未以夫妻共有财产投资;三是其收入确未用于共同生活。之所以这样严格要求,目的是为保护债权人的利益。

4. 其他应由个人承担的债务

这种债务包括,因个人实施违法行为所欠债务,如个人赌博所欠赌资的债务;婚前一方所欠债务;婚后一方为满足个人欲望确系与共同生活无关而负的债务,等等。

（二）夫妻共同债务的清偿

离婚时的夫妻共同债务清偿,应由夫妻共同财产清偿。具体清偿有以下两种方法:

一是从夫妻共同财产中先清偿夫妻共同债务,然后再对剩余的夫妻共同财产进行分割,即先清偿、后分割的办法。清偿时以共同财产为限,清偿后不剩共同财产的,不再分割,共同财产清偿债务不足的,剩余的债务消灭。

二是先分割、后清偿,即先分割共同财产和共同债务,然后各自以各

自分得的财产清偿分得的债务。

采用第一种方法,对于保护债权人的利益有利,符合"以共同财产清偿"的立法本意,因而应着重使用第一种方法。

夫妻一方死亡时分割夫妻共同财产,对夫妻共同债务的清偿,原则上也有以上两种方法,侧重于使用第二种办法,即,先从夫妻共有财产中分出一半,作为死亡一方的遗产范围,然后再从夫妻共同债务中分出一半,作为死者应负的债务份额,从遗产中清偿其应负的清偿的份额。

第五节　夫妻财产约定

一、夫妻约定财产概说

我国的夫妻财产关系有两种,即法定的夫妻财产关系和约定的夫妻财产关系。

夫妻约定财产是指夫妻以契约形式决定婚姻关系存续期间所得财产所有关系的夫妻财产制度,是夫妻法定财产的对称。《民法典》第1065条规定:"男女双方可以约定婚姻关系存续期间所得的财产以及婚前财产归各自所有、共同所有或者部分各自所有、部分共同所有。约定应当采用书面形式。没有约定或者约定不明确的,适用本法第一千零六十二条、第一千零六十三条的规定。""夫妻对婚姻关系存续期间所得的财产以及婚前财产的约定,对双方具有法律约束力。""夫妻对婚姻关系存续期间所得的财产约定归各自所有,夫或者妻一方对外所负的债务,相对人知道该约定的,以夫或者妻一方的个人财产清偿。"

关于夫妻财产关系的约定属何种法律性质,学说上有争议。其主要障碍在于对婚姻关系性质的确定上否认婚姻关系缔结的契约性质。既然否认婚姻关系缔结的契约性质,当然就不好再确认夫妻财产关系的约定为契约。

　　"结婚是男女双方依照法律规定的条件和程序,确立夫妻关系的行为。"①但是,分解"确立夫妻关系的行为",却可以发现这一行为存在两个结构,一是男女双方同意缔结婚姻关系的协议,二是婚姻登记机关的登记行为。前一个结构是确立夫妻关系行为的基础,是男女双方对在他们之间缔结婚姻关系的合意,没有这种协议,婚姻关系无从发生。我国《民法典》第110条赋予自然人以婚姻自主权,就是保障自然人缔结婚姻关系合意的自主决定。这种男女双方缔结婚姻关系的合意或协议,具有身份关系契约的性质,而正是由于这种契约具有身份关系的特点,才与真正的契约——债权合同具有本质的差别。男女双方缔结婚姻关系协议的这种契约性质,是一个客观存在的事实,无论采取什么办法回避都是回避不了的,因为没有这样一个基于身份关系的契约,确立夫妻关系行为的后一个结构,即婚姻登记机关的登记批准行为就无由发生。因此,确立夫妻关系行为的第二个结构,乃是对缔结婚姻的契约进行依法审查,对合乎结婚的实质要件和形式要件的婚姻契约予以确认、依法批准的行为。在这样分析的基础上,结婚实际上是国家依照婚姻立法对男女双方缔结婚姻关系的契约进行审查、予以登记的行为,从男女双方建立感情出发,共同缔结终生共同生活的婚姻契约,最终以国家婚姻机关登记而宣告结婚行为的完成。《民法典》有两个规定与此有关:一是第1049条规定:"完成结婚登记,即确立婚姻关系。"二是第1076条规定:"夫妻双方自愿离婚的,应当签订书面离婚协议","离婚协议应当载明双方自愿离婚的意思表示和对子女抚养、财产以及债务处理等事项协商一致的意见"。前者的要求结婚的男女双方申请结婚登记,完成结婚登记,确立婚姻关系,明确其中包含婚姻契约,是结婚行为的初始结构内容。后者特别强调自愿离婚应当签订书面离婚协议,该离婚协议,就是解除婚姻关系的契约。结婚和离婚的契约,都是身份法律行为。

　　在实事求是地确认婚姻契约是结婚行为初始结构的基础上,再来分析夫妻财产约定的性质,就非常清楚了。

---

　　①　杨大文主编:《婚姻法学》,中国人民大学出版社1989年版,第115页。

首先,夫妻财产的约定是确立夫妻财产所有关系的契约。夫妻财产的约定,就是男女双方在婚前或婚后,对于双方在婚姻关系存续期间的财产归谁所有、如何所有的意思表示一致的协议。这种意思表示一致的协议,当然就是一种契约。

其次,夫妻财产的约定是婚姻契约的从契约。确立夫妻财产所有关系的契约不能独立存在,只能依附于缔结夫妻关系的婚姻契约,婚姻契约经国家审查批准生效,附随于婚姻契约成立的夫妻财产约定才能生效;婚姻依法成立以后的夫妻财产约定,由于婚姻契约已经生效,当然可以附随生效。只是由于夫妻财产契约是婚姻契约的从契约,可以在结婚前订立,但却不能在婚姻契约生效前生效。

再次,夫妻财产的约定是附随身份行为的契约。没有夫妻关系的有效确立,就没有夫妻财产约定的效力。夫妻财产的约定尽管内容是对财产关系的协议,但它的基础仍然是婚姻关系这种身份关系。因此,夫妻财产契约不得由他人代理而订立,原则上不得附以条件或期限。

《民法典》第 1062 条和第 1065 条规定了夫妻财产制的两种形式,即夫妻法定财产制和夫妻约定财产制,两者究竟是何关系,夫妻约定财产制的法律地位如何,学说上已有定论,即法定财产制是基本的夫妻财产制,约定财产制是补充的、特殊的夫妻财产制。随着社会文明和公民素质的不断提高,夫妻以契约约定财产所有关系的会越来越多,夫妻约定财产制的法律地位会变得越来越重要。《民法典》的这一规定适应社会发展的需要。立法者将夫妻法定财产制确定为基本的夫妻财产制,将约定财产制作为特殊的、补充的财产制,尽管两者有性质和地位的不同,在适用上,约定财产制却有着排斥法定财产制的效力,只要缔结夫妻财产契约的男女双方协议成立,在他们之间就不再适用法定财产制。

二、夫妻财产约定的一般问题

(一)对夫妻财产约定自由的限制

夫妻财产约定的性质为夫妻财产契约,受合同自由原则的调整,订立这种契约还是不订这种契约,订立何种内容的夫妻财产契约,在婚前还是在婚后订立这种契约,夫妻财产契约订立后可否变更或撤销,均由当事人自主决定。由于各国国情不同,是否准许这种自由及自由程度如何,立法各有不同。在我国,由于立法采取概括方式,对其中的很多问题并无定论,探讨的余地很大。

1. 是否准许自由订立夫妻财产契约

《民法典》准许采取约定的方法确定夫妻财产的所有关系,当事人可以自由行使这种权利。曾有一些国家立法不准婚姻当事人自由约定夫妻财产契约,如 1926 年《苏俄家庭和家庭法典》、1950 年《波兰家族法典》、1952 年《匈牙利家族法典》等,均采共同制为法定财产制,无契约活动之余地。① 这些都是已经过时的法律,现今准许自由约定夫妻财产关系已成通例。

2. 准许在何种时候订立夫妻财产契约

对此,各国规定分三种情况:一是准许婚前约定,以契约选定财产制,如法国、比利时、巴西等国;二是准许婚前约定,于特殊情形也允许婚后约定,如意大利;三是既准许在婚前缔结,也允许在婚后缔结,如瑞士。我国立法对此没有规定。一般认为,夫妻财产约定的时间,可以在结婚前、结婚时或婚姻关系存续期间。② 这种意见体现了法律的精神,因为《民法典》对此没有限制性的规定。

3. 对夫妻财产约定的内容是否有限制

各国立法在规定夫妻约定财产制时,往往规定数种夫妻财产制,婚姻当事人可以在其中选择约定,不许约定法律未规定的夫妻财产制,如《瑞士民法典》第 179 条第 2 项规定:"婚约人或配偶人缔结夫妻财产契约,应采用本法所规定的财产制中的一种。"我国《民法典》对财产约定的形式只规定了归各自所有、共同所有或者部分各自所有、部分共同所有。不过,条文中规定的"可以",也是弹性规定,并不是只能选择这样的内容进

---

① 参见史尚宽:《亲属法论》,台北荣泰印书馆 1980 年版,第 302 页。
② 参见杨大文主编:《婚姻法学》,中国人民大学出版社 1989 年版,第 149 页。

行约定,选择其他所有形式也是可以的。学说认为,约定的内容不受限制,既可以约定采取何种财产制,也可以约定某物归谁所有;既可以就所有权进行约定,也可以就财产的使用权、收益权、处分权进行约定。在法律没有具体规定的情况下,这样主张也是对的。

4. 约定的夫妻财产契约是否准许变更或撤销

一些国家法律规定,在夫妻约定财产以后不得变更或撤销。如《日本民法典》第 758 条规定:"夫妻的财产关系,于婚姻申报后,不得变更。"夫妻财产约定既为契约性质,自应允许变更或撤销,但是应有一定的条件和程序。我国立法没有这种规定,原则上应当准许变更或撤销。由于没有规定变更或撤销的条件和程序,采自由主义,夫妻财产契约在订立生效后可以变更或撤销,但是,变更或撤销必须经夫妻双方意思表示一致方可为之,没有变更或撤销的一致意思表示,夫妻财产契约不能变更或撤销,继续发生效力。一方坚持变更或者撤销而对方不同意的,应当通过诉讼由人民法院裁决。

（二）夫妻财产约定的生效要件

夫妻财产契约生效有以下三个要件:

1. 婚姻关系当事人须有订约能力

婚姻当事人缔结夫妻财产契约的能力,德国法称为与一般财产法的行为能力,瑞士法称有判断能力,法国认为有结婚能力者即有订立婚姻财产契约的能力。在我国,法定婚龄比具有完全民事行为能力的年龄为高,因此,从年龄的角度,有婚姻行为能力者当然就有缔结婚姻财产契约的能力。对于精神病人的婚姻行为能力,《民法典》没有明文规定,在禁止结婚的条件中,亦未明确规定精神病人不得结婚,学说认为,不能完全辨认自己行为的精神病人无婚姻行为能力,当然不具有缔结婚姻财产契约的能力。不能完全辨认自己行为的精神病人有婚姻行为能力,但是在订立婚姻契约时应当经其法定代理人同意,自己订立夫妻财产契约。在我国目前情况下,依法缔结婚姻关系的当事人均须具有订立婚姻财产契约能力,未依法缔结的婚姻关系为同居关系,当事人有关于财产的约定只能发生同居财产的法律效力,不能发生婚姻关系的财产关系。

2. 订立夫妻财产契约须具备形式要件

各国通例均认为夫妻财产契约为要式行为,必须具备书面形式,口头约定无效。我国《民法典》规定应当采用书面形式。按照这一规定,对于夫妻财产契约必须以书面形式为之,口头约定无效。

3. 夫妻财产契约须经申报登记程序确认

各国规定这一要件有两种方式:一是公证方式,德、瑞、法皆规定夫妻财产契约须在法官前或公证人前订立,当事人签署。二是登记方式,日、韩规定夫妻财产契约应于婚姻申报时为登记。《民法典》对此没有规定。在立法过程中,立法专家都建议规定夫妻财产关系的申报登记制度,有关国家机关坚决不同意。鉴于夫妻感情的易变性和夫妻财产契约的严肃性,为预防纠纷,坚持建议立法增加夫妻约定财产的登记程序,具体方法可以参照日、韩的模式,夫妻约定财产,如果在婚前约定,应于婚姻登记的同时将夫妻财产契约的内容予以登记,并将其书面形式附于登记档案中备案,或者在结婚证上予以注明;在婚后约定财产契约的,也应到婚姻登记机关登记、备案。

(三)夫妻财产约定的效力

最高人民法院在司法解释中涉及夫妻财产约定效力的内容有两项,一是"离婚时应按约定处理",二是"规避法律的约定无效"。前者涉及夫妻财产约定的对内效力,后者涉及夫妻财产的对外效力。夫妻财产约定效力不仅仅包含这些内容,还包括其他内容。

《民法典》第 1065 条第 2 款和第 3 款规定:"夫妻对婚姻关系存续期间所得的财产以及婚前财产的约定,对双方具有法律约束力。""夫妻对婚姻关系存续期间所得的财产约定归各自所有,夫或者妻一方对外所负的债务,相对人知道该约定的,以夫或者妻一方的个人财产清偿。"按照这一规定,夫妻财产约定的效力是:第一,对双方具有约束力;第二,第三人知道该约定的,可以对抗该第三人。这就是夫妻财产约定的两种效力,即对内效力和对外效力。

1. 对内效力

夫妻财产契约的对内效力,是指该契约对婚姻关系当事人的拘束力。最基本的效力,在于夫妻财产契约成立并生效,即在配偶间及其继承人间发生财产契约的物权效力,婚姻关系当事人受此物权效力的约束。在夫妻财产契约中无论约定分别财产制还是个别财产归一方所有的财产制,乃至就使用权、收益权、处分权的约定,都依其约定发生物权的效力。如为变更或撤销,必须经婚姻当事人双方同意,一方不得依自己的意思表示为变更或撤销。

2. 对外效力

夫妻财产契约的对外效力,是指夫妻对婚姻财产的约定可否对抗第三人。承认其对外效力,即可依约定而对抗第三人;不承认其对外效力,则不能依约定而对抗第三人。如夫妻约定分别财产制,当夫妻一方与他人实施民事行为,发生对外效力者,只以其个人财产承担民事责任;不发生对外效力者,则以夫妻双方共同财产承担民事责任。对此,国外立法通例是,夫妻财产契约已经登记者具有对外效力,未经登记者不发生对外效力。我国立法规定,第三人知道该约定的即发生对抗第三人的效力,第三人不知道该约定的就不发生对抗第三人的效力。如果第三人不知道该约定,不发生对抗效力,则应当以双方当事人的财产清偿债务。由于目前立法没有规定夫妻财产约定的公示方法,因而第三人很难知道夫妻之间的财产约定及其内容,这就是没有规定申报、登记制度的结果。

最高人民法院司法解释关于“但规避法律的约定无效”的但书规定,虽然《民法典》没有规定,但这是常识。婚姻关系当事人为逃避债务等原因采取夫妻财产约定的方法规避法律,当然为无效。问题是,仅依据这一标准来确定其有无对外效力,尚不足以确定约定的对外效力。对夫妻财产约定应当依据《民法典》规定的公示原则进行登记,才能有效地防止上述规避法律的行为,更有利于保护与约定财产的夫妻进行民事活动的人的合法权益,同时,也应规定夫妻财产契约经登记者方产生对外效力,未经合法登记者不产生对外效力。

三、夫妻财产约定的具体内容

(一)约定内容

夫妻财产契约约定的内容,各国立法通例是准许配偶人或婚约人采用法律所规定的夫妻财产制中的一种。具体方法是,法律先规定共同财产制、分别财产制、统一财产制和联合财产制等夫妻财产制,婚约人或配偶人从中选择一种约定为该对夫妻的财产所有关系。很多国家立法也准许在采用法定财产制或者约定一种基本的财产制之外,就个别财产的所有关系进行约定,因此,"夫妻财产不必及于全部财产,对于一定之个人财产,亦为可能。"①

我国《民法典》对夫妻财产约定内容规定的是婚姻关系存续期间所得财产或者婚前财产归各自所有、共同所有或者部分各自所有、部分共同所有,对于其他形式没有作限制性规定,学者主张对此不应加特别的限制。我国夫妻财产契约的约定包括以下内容。

1. 对夫妻财产所有关系的选择

夫妻财产契约约定的主要内容,是选择何种夫妻财产所有关系作为该对夫妻全部财产的归属形式。按照《民法典》第 1062 条规定,我国的法定夫妻财产制是婚后所得共同制,依照这种选择原则,准许当事人约定选择除婚后所得财产共同制以外的其他各种夫妻财产制的形式。诸如:(1)共同财产制中的一般共同制、动产及所得共同制、劳动所得共同制。一般共同制是将婚前财产和婚后财产一律归夫妻共同所有。动产及所得共同制则为夫妻在结婚时的全部动产以及婚后所得的财产确定为夫妻共有。劳动所得共同制是仅以夫妻在婚姻关系存续期间的劳动收入作为共同财产,其他财产仍归个人所有。(2)分别财产制。许多国家将此制规定为约定财产制之一,也有的将其规定为法定财产制。按照此制,夫妻的婚前财产和婚后财产归夫妻各自所有,但一般妻得以其财产交付夫管理。

①　史尚宽:《亲属法论》,台北荣泰印书馆 1980 年版,第 307 页。

（3）统一财产制。夫妻可以契约订定,将妻的原有财产估定价额,移转所有权于其夫,妻则保留对此项财产的返还请求权。其特点是妻将自己的财产权交于夫变为债权。（4）联合财产制。按此制,夫妻结婚后财产仍归各自所有,但将其联合在一起,由夫管理,当婚姻关系终止时,妻的原有财产由妻或妻的继承人收回。（5）折衷的财产制。诸如所得参与制、剩余共同制等。

夫妻约定财产,可以选择上述财产制形式。约定财产一般采分别财产制、共同财产制和联合财产制,统一财产制对保护女方利益有欠缺,不宜选择。至于夫妻财产契约选择财产制形式是否须以上述内容为限,由于《民法典》没有明确规定,应从宽掌握,不必加以限制。这种约定一经生效,及于夫妻的全部财产确定所有权关系,发生效力。

2. 对部分财产的所有关系进行约定

婚姻当事人在总体上采用法定的婚后所得财产共同制,仍不妨就个别财产的所有关系订立夫妻财产契约,确定所有权关系。例如,夫妻双方当事人约定,各人买的房子归个人所有,不为夫妻共有财产。这种约定发生夫妻婚姻财产契约的效力,为夫或妻的个人财产,不妨碍其他财产仍为夫妻共同所有。

对个别财产的约定,除可约定为分别所有外,亦不妨约定为联合财产制、统一财产制等所有形式。

3. 对部分或全部财产的使用权、收益权、处分权进行约定

在法定财产制的基础上,婚姻当事人也可以就部分财产或全部夫妻财产的使用权、收益权或处分权进行约定,对共同所有的财产如何使用、收益、处分,确定由各方分别行使权利。例如,夫妻双方约定,男方工资收入用于购置家电、家具等大件用品,女方工资用于购买粮油副食等生活消耗物,所有权仍为共同共有。这种约定即为各自工资使用方法的约定。

4. 关于财产范围的约定

夫妻财产契约的约定内容不限于婚后所得财产,还可以包括婚前个人财产。将婚前个人财产约定其为个人所有、共同所有、联合所有或统一所有,都是可以的。

（二）内容约定的原则

约定夫妻财产契约的内容,须遵守三项原则。

1. 自愿原则

婚约人或配偶人在约定夫妻财产契约内容时,须以自己的真实意志来表示自己的意愿,任何人不得强行要求对方订立夫妻财产契约,不得强迫对方接受自己提出的约定内容。一方采取欺诈、胁迫手段,或者利用对方的某种危险等,强迫另一方接受违背自己真实意志的约定内容,该约定无效。只要双方当事人就夫妻财产所有关系所表示的意愿是真实的,任何人和组织不得非法干预。

强调夫妻财产契约内容的约定应遵循自愿原则,并不是说只要双方自愿什么内容都可以约定。应当强调的是,夫妻财产契约是约定基于身份的财产关系,不是一个无所不包的协议。因此,只能约定夫妻财产的所有关系,涉及夫妻之间的非财产关系不得在夫妻财产契约中约定,不涉及夫妻之间财产关系的内容也不得在其中约定。对于约定夫妻财产所有关系的内容,不得加入准许某人继承或不准许某人继承的内容。

2. 公平原则

公平是一种主观的评价,总的要求是确立民事法律关系应以公平作为尺度,不承认特权,不承认特殊地位,不准许在民事法律行为中一方当事人借机谋取不公平利益。在约定夫妻财产契约的内容时,应当遵守这一原则,防止夫妻财产约定中的显失公平和不公平。在夫妻财产契约内容的约定中适用公平原则,更应当着重保护妇女的合法权益,着意保护妻的财产权益。在约定选择夫妻财产所有关系的形式时,要特别注意歧视、侵害妇女财产权益的夫妻财产制,如吸收财产制等,应当限制选择。女方应当注意保护自己的财产权益,社会也有这种责任。

贯彻公平原则,应当着重强调保护婚姻关系双方当事人的合法权益,不得一方借机侵害另一方的利益,不得剥夺一方的权利,也不得免除一方的义务。违背公平原则、显失公平的夫妻财产契约,另一方当事人可以依法请求撤销。

3. 合法原则

缔结一切民事法律关系,实施一切民事法律行为,都必须遵守国家法律。约定夫妻财产契约的内容同样应当遵守这一原则。约定夫妻财产的合法原则,要求婚约人或配偶人在缔结夫妻财产契约时,须遵守我国法律的规定。这里的法律,主要指婚姻家庭法,包括法律、行政法规、地方法规、司法解释中有关婚姻家庭的内容。它不仅要求遵守关于缔结夫妻财产契约的条文规定,而且要遵守婚姻家庭法中所有的规定。其他民事法律也必须严格遵守,包括缔结民事法律关系的一般规定。总之,夫妻婚姻财产契约内容的约定,必须遵守国家法律,包括宪法、婚姻法、民法以及行政法规、地方法规等,违反法律的夫妻财产约定无效。

适用合法原则,要求当事人在夫妻财产契约的内容约定上,不得违背公序良俗,任何违背公序良俗的约定均为无效;要求当事人不得违反强行法的规定,凡是违反强行法规定的也一律无效;借夫妻财产契约规避法律的亦一律无效。

（三）约定内容的解释

对夫妻财产契约,由于当事人自身的局限性,如认识水平、智力水平、语言使用能力的限制等,常对约定的内容出现不同理解,甚至对含混不清的表述无法理解。对表述契约内容的语言,契约约定的具体内容,也都会有局限性。因此,对夫妻财产契约内容的解释十分必要。

夫妻财产契约内容的解释,是指对夫妻财产契约当事人所约定的财产所有关系内容的含义的理解和阐释。解释的目的是使不明确、不具体的夫妻财产约定内容归于具体、明确,使当事人之间的纠纷得以解决。因此,对夫妻财产契约内容的解释实际上是在当事人发生纠纷后,在对纠纷进行处理过程中,对作为裁判依据的事实所做的权威说明。① 对夫妻财产契约的解释,只有处理这一纠纷的法院才有权进行。当夫妻财产契约当事人对约定内容的理解发生争议时,可以诉请人民法院处理,人民法院

---

① 参见苏惠祥主编:《中国当代合同法论》,吉林大学出版社 1992 年版,第 246 页。

依据法律进行解释。

对夫妻财产约定契约的解释，应当依照《民法典》对民事法律行为解释的规则进行。《民法典》第142条第1款规定："有相对人的意思表示的解释，应当按照所使用的词句，结合相关条款、行为的性质和目的、习惯以及诚信原则，确定意思表示的含义。"夫妻财产约定契约是有相对人的意思表示，应当按照所使用的词句，结合相关条款、行为的性质和目的、习惯以及诚实信用原则，确定意思表示的含义。这是采取表示主义方法进行解释，因为有相对人的意思表示，是要让相对人接受、理解，并且可能基于该意思表示作出相对应的意思表示，因此，应该以表示主义为其方法，根据表达在外的意思的公开表示，确定意思表示的内容。

《民法典》第466条进一步规定："当事人对合同条款的理解有争议的，应当依据本法第一百四十二条第一款的规定，确定争议条款的含义。""合同文本采用两种以上文字订立并约定具有同等效力的，对各文本使用的词句推定具有相同含义。各文本使用的词句不一致的，应当根据合同的相关条款、性质、目的以及诚信原则等予以解释。"

《民法典》第142条第1款规定的解释规则分为六种：一是文义解释规则，当事人对约定条款的理解有争议的，应当按照契约使用的词句确定该条款真实意思的解释规则。二是整体解释规则，也叫体系解释规则，是将约定的所有条款和构成部分视为一个统一整体，从各条款之间以及各构成部分之间的相互联系和总体联系上，阐明争议条款含义的解释规则。三是习惯解释规则，是在约定条款的含义不明或发生争议时，可以参照交易习惯或者惯例予以明确的解释规则。四是诚信解释规则，是在契约用语有疑义时，应依诚实信用原则确定其正确意思，合同内容有漏洞时，应依诚实信用原则予以补充。当事人对约定条款的理解有争议的，应当按照诚实信用的原则确定该条款的真实意思。五是目的解释规则，是解释时应当首先判断当事人的目的。当事人对约定条款的理解有争议的，应当按照订立契约的目的确定该条款的真实意思。六是不利解释规则，是对契约的内容发生争议时，应当对起草者作不利解释的合同解释规则。这个解释规则主要是针对格式条款的解释，同时对其他非格式条款的解释也有作用。

如果夫妻财产约定契约的文本是采用两种以上文字订立,并约定具有同等效力的,对各文本使用的词句推定具有相同含义,对此,不用进行解释。对各文本使用的词句不一致的,应当根据合同解释原则中的目的解释和诚信解释等规则予以解释。

夫妻财产契约内容的最终解释原则,是在契约内容无法解释时,推定为共同财产,依据法定的婚后所得共同制来确认。最高人民法院《关于人民法院审理离婚案件处理财产分割问题的若干具体意见》第 7 条规定:"对个人财产还是夫妻共同财产难以确定的,主张权利的一方有责任举证。当事人举不出有力证据,人民法院又无法查实的,按夫妻共同财产处理。"

第六节　准婚姻关系的财产关系

一、立法规范准婚姻关系的必要性

在城市人口中,不办结婚登记手续而同居的男女不断增加,形成了很大的不婚"同居族"。文化越发达的地区,同居族越多。经过一段时间的实践,很多人认为这种形式很好,同居者关系处得好,就同居下去,处得不好,就离开完事,没有争执,没有纠纷,大家都接受。在老年人的婚姻关系中也有这样的现象,很多老年人再婚时不是不愿意登记结婚,而是担心再婚后过不好还得办理离婚手续,过于麻烦,因此不办结婚登记手续就在一起同居。

这种现象越来越多,说明了社会文明的进步,同时也是对婚姻形式提出了新的要求。学者在修订《民法典》时提出规定同居关系的意见,立法应当关注这些社会现象,并且加以规制和规范,在婚姻立法中规定准婚姻关系的形式,将这种社会现象纳入法律的轨道,防止在发生争议的时候出现更多的问题,更好地保护人的权利和利益。但是立法者没有接受这个意见,没有对准婚姻形式及其问题的解决作出规定。

以往的《婚姻法》之所以没有确认这种准婚姻关系,主要理由是对这种逃避《婚姻法》规范的行为,不能予以法律上的承认,否则,就会有更多的人会不登记而同居,使国家的婚姻家庭制度受到严重冲击。《民法典》没有规定同居,有人认为是因为条件还不成熟,对于以这种形式同居的男女之间的关系还没有调查研究清楚,还缺乏准确的规范意见,不急于作出规定。

二、法律应当规范准婚姻关系的理由

这些理由都不具有说服力,法律应当规范准婚姻关系的理由有以下几点。

第一,男女同居形式,包括老年人的同居,不是对现行婚姻制度的冲击,而是对现行复杂的婚姻登记制度的一种改良行为,人们选择认为更为适当的方式解决男女两性结合关系的形式,使之更适合社会的需要和人的需要,更能够体现现代社会男女两性结合关系的多样化,满足人们对两性生活不同层次的需求。这种愿望和选择是无可指责的。即便法律认为这种行为违法,人们也还是甘愿冒违法之嫌,继续着这样的同居关系。这说明,任何社会现象只要不是反社会、反人民,具有存在的合理性,法律就没有办法取缔它、消灭它。

第二,事实上也正是如此,即使立法对这种社会现象不予以规范和规制,这种现象也还是要继续存在并发展的。在极左的时期,对于男女不登记而同居者被称为非法同居,严重的要予以依法制裁。可即使是这样,也不能杜绝"非法同居"现象,尤其是在偏远农村,交通不便,人口贫穷,再加上行政机构的官僚主义,很多人就是不登记而"结婚",政府能够把他们怎么样呢?这也说明,一方面要对这种社会现象进行研究,研究它的合理性和现实性,根据实际情况,对其加以规范,将其纳入法律的轨道;另一方面也应当对现行的婚姻制度进行检讨,是不是存在不尽合理的问题。

第三，既然是异性同居生活，就必然会发生各种各样的社会关系。生育年龄的男女同居，就会发生生育问题，即使是严格执行计划生育政策，即使现代社会的青年男女不愿意生育，也仍然会不可避免地出现这个问题。既然有生育，就会出现非婚生子女，涉及他们的子女的法律地位、抚养、认领、准正以及亲属关系等问题都会出现。即使是男女双方不生育，也还会发生对对方的近亲属的地位、双方的财产、债务等问题。这些都是不可避免的，想不解决也不行。在有些法院，对于这样的纠纷不予受理，理由就是没有法律依据，埋怨当事人同居时不想法律问题，出了问题倒来找法律来了，因此，推出门了事，这是不负责任的态度。民事纠纷发生了，不管有没有法律规定都要解决，或者根据民事习惯，或者依据法理，妥善解决纠纷，防止矛盾激化。

最后，法律对这种现象不加以规制，更大的问题是无法保护同居人的合法权益，尤其是不能保护弱者的权利不受侵害。在城市同居的青年中，发生纠纷，往往是弱者受到抛弃，或者子女的利益受到损害。就是那些同居的老年人，一旦发生纠纷，他们的社会地位更低，更容易出现问题，法律不规范、司法不解决，只能让这些受到损害的弱者的权利和利益受到损害。作为代表并保护最广大的人民群众利益的国家，对这样的问题不应当视而不见，应当通过立法解决，以更好地保护人民的利益。

值得借鉴的是《埃塞俄比亚民法典》的规定。该法在"人法编"的第八章"非法同居"一章中，从第708条至第721条共14个条文详细地作了规定，涉及准婚姻的几乎所有问题。涉及的问题，诸如同居的定义，亲属的效果，财产制的形式，终止同居关系的权利，同居身份的证明等。这些规定，对我们规范准婚姻关系的立法提供了很好的参考，值得认真分析研究。

三、准婚姻关系的一般规则

在研究准婚姻关系的财产关系之前，先研究准婚姻关系的一般规则，为研究其财产关系做好准备、打好基础。

（一）准婚姻关系的概念

准婚姻关系也称为亚婚姻关系，是未婚男女不办理结婚登记手续而同居的两性结合关系的事实状态。

准婚姻关系，有的国家也称之为同居或者非法同居，也有叫异型性伴侣的。例如《埃塞俄比亚民法典》就将其称为非法同居。这种称谓具有相当的谴责性，使用这样的称谓有对准婚姻采取不支持、不赞成态度的嫌疑。因此，应当使用一个较为中性的概念，即"准婚姻关系"比较合适。

（二）准婚姻关系的性质

准婚姻是一种事实状态。理由是，准婚姻关系既不是结婚，又不是一般的同居或者姘居的其他法律关系，而是一种事实状态，表明了法律的态度。这类似于物权法对占有的认识，就是事实状态，不发生权利，而法律又承认这种事实状态。把准婚姻关系界定为事实状态还不准确，将准婚姻关系的性质界定为亚婚姻的事实状态更合适。

（三）准婚姻关系与事实婚姻的区别

准婚姻关系与事实婚姻关系具有严格的区别，并非同一性质，基本区别在于：

1. 基本性质不同

准婚姻关系和事实婚姻虽然都是两性结合的一种形式，但是，准婚姻关系的性质是亚婚姻的事实状态，不是婚姻形式。而事实婚姻是一种婚姻关系，尽管存在形式要件上的欠缺，但是具备婚姻关系的实质性要件，当事人之间的关系是婚姻关系。

2. 当事人的合意内容不同

准婚姻关系的当事人和事实婚姻的当事人都有两性结合的合意，但是合意的内容不同。准婚姻关系当事人的合意，是共同居住，共同生活，并不具有结为夫妻的合意。而事实婚姻的当事人之间具有结婚的合意，彼此愿意永久地成为夫妻，以夫妻的身份共同生活。

3.对外公示的内容不同

准婚姻关系是公开的关系,不是秘密姘居,对外也具有一定的公示性,只是公示的内容不是夫妻关系,不是配偶,而是同居者。而事实婚姻对外的公示内容是双方为配偶,而不是一般的同居,因此具有原则的区别。

4.当事人之间的权利义务不同

在准婚姻关系中,双方当事人之间不发生权利义务关系,不产生亲属的身份,法律关于夫妻权利义务关系的一切规定都不适用,不享有配偶权。而事实婚姻的双方当事人发生配偶的权利义务关系,确定的身份是配偶,享有配偶权,法律关于夫妻的权利义务的规定都适用于事实婚姻的当事人。

5.双方的财产关系内容不同

准婚姻关系的当事人在同居期间在财产上究竟采用何种体制,在于他们之间的合意,采用共有制的为共有制,采用分别财产制的为分别财产制,没有约定则为分别所有,并非必然产生共有制。而事实婚姻的财产制适用关于婚姻财产关系的规定,如果没有约定则为共同共有,为婚后所得共有制。

（四）准婚姻关系的构成

研究准婚姻关系的构成,可以借鉴的是《埃塞俄比亚民法典》对非法同居关系的界定。内容是:"非法同居是一名男子与一名妇女在未缔结婚姻的情况下,像夫妻一样共同生活的情势创立的事实状态。"（第708条）"（1）构成非法同居的必要条件和充分条件是,有关男女的行为类似于已结婚者的行为。（2）他们不必向第三人声明他们已结婚。（3）一男一女保持性关系,即使是反复进行的且众所周知,这一单纯的事实本身不足以在此等男女间非法同居。"（第709条）参考这样的规定,结合我国的实际情况,具备以下要件可以认定构成准婚姻关系。

1.同居的主体为异性、未婚者

准婚姻关系的主体应当是异性同居共同生活,而不是同性同居,因此与同性恋相区别;同时,同居的主体均须为未婚者,而不是一方或者双方为有配偶者,因此,准婚姻关系与姘居以及"包二奶"相区别。

2. 双方有像夫妻一样共同生活的客观事实

准婚姻关系的当事人应当有共同生活,包括一男一女的性生活、共同的社会生活和经济生活。这样的生活表现为双方在共同的居所中生活,像夫妻那样的共同生活在一起。因此,准婚姻关系绝对不是临时的同居、姘居。

3. 双方合意的内容不是以夫妻身份共同生活

准婚姻关系的当事人具有明确的合意,就是异性长期同居,而不建立夫妻关系,本质上就是长期同居的异性性伴侣。这样的意思表示表达于外,就是对外明确表示双方不是夫妻,或者没有明确表明双方是夫妻。至于共同生活的时间长短,则没有明确的约定,或者有较长时间的约定。

4. 双方当事人的年龄应当符合法定婚龄

准婚姻关系的当事人均须符合法定婚龄,未达法定婚龄的,不能认为构成准婚姻关系。

(五)同居双方当事人的权利义务

《埃塞俄比亚民法典》对同居当事人权利义务的规定是:(1)同居者不产生姻亲关系;(2)无生活保持权;(3)双方当事人无继承权。

对准婚姻关系当事人之间的权利义务可以确定以下内容:第一,准婚姻关系当事人不发生配偶的亲属关系,无论同居多长时间,是否有子女,只要没有登记结婚,就不能认为是配偶。第二,准婚姻关系当事人不产生姻亲关系,不在同居男女的亲属间产生任何姻亲关系,与姻亲有关的婚姻障碍的法律规定都适用于准婚姻关系。第三,准婚姻关系当事人相互间不产生任何提供生活保持的义务,任何一方都可以提出解除共同生活状况的权利,不需承担相应的法律责任。第四,在双方当事人之间不产生继承关系,不得相互继承遗产。

（六）子女的亲子关系

准婚姻关系当事人所生的子女,应当适用亲子关系的规定,发生父或者母与子女间的权利义务关系,享有亲权,法律不得对其子女有任何歧视行为。相应的,当事人的子女对于当事人的父或者母之间产生直系血亲关系,取得祖孙、外祖孙身份,享有亲属权。

（七）准婚姻关系的解除

准婚姻关系的解除,就是解除双方当事人的同居关系。《埃塞俄比亚民法典》规定,解除这种非法同居关系,分为妇女作出终止和男子作出终止,效果有所区别。妇女作出终止,可以随时结束此等同居,终止时,她不承担任何损害赔偿或返还原物的责任。男子作出终止,也可以随时作出,如果为公平所要求,法院可判处他对女方偿付不超过 6 个月的生活保持费用的赔偿。

我国也可以立法规定,双方当事人可以随时终止准婚姻关系,一方生活确有困难者,对方应当予以适当帮助。

四、规定准婚姻关系的财产关系

研究准婚姻关系中的财产关系涉及两个问题:一是立法应当怎样规范这种财产关系,二是确定解决这种财产关系纠纷的基本立场。这两个问题实际上也就是确定同居财产关系的性质。

准婚姻关系中的财产关系应当参照《民法典》规定婚姻财产关系的基本办法,采用双轨制,既承认准婚姻关系双方当事人的财产约定的效力,同时也规定在没有约定时的财产关系性质。

在准婚姻关系当事人约定同居期间财产关系的性质时,这种约定只要不违反法律的强制性规定,即应认可其效力,按照双方当事人的约定处理。例如,双方当事人约定实行分别所有制的,应当按照分别所有的性质认定其双方当事人财产关系。对于这种约定,可以参照夫妻财产约定的一般规定进行。

双方当事人没有约定财产所有形式的,应当怎样确定其财产制的形式,应当研究以下几个问题。

首先,应当根据实际情况确定。同居男女只是共居,没有同财,就没有形成共有财产关系,而是分别所有。这种情况比较常见,同居男女收入各自掌握,需要购置生活用品约定各自付多少钱,没有形成共有关系。主要的问题在于,当终止同居关系时,共同购置的大件生活用品应当属于共有,进行分割。

其次,应当承认,在双方当事人没有对财产关系性质进行约定时,这种财产是两个主体参加的财产关系。因此,准婚姻关系的财产关系性质一定是共有。《埃塞俄比亚民法典》第712条规定:"非法同居的男女间不产生任何共有财产制。"这个规定不一定准确,原因是,准婚姻的当事人在一起共同生活,又没有约定分别所有的财产制,既共居,又同财,怎么会不是共有性质呢?

再次,准婚姻关系的财产关系究竟是什么样的共有关系,可以选择按份共有或者共同共有。选择共同共有认定准婚姻关系的财产关系性质基本上是可行的,但是,体现不了与夫妻共有财产的区别,使其成为了与夫妻共有财产关系完全一样的财产关系。这不利于保障婚姻关系的合法性和稳定性,也不能保障行政机关婚姻登记的权威性。选择按份共有性质认定准婚姻关系的财产关系性质,较难解决的是财产份额的认定。在双方当事人都向同居关系中注入财产的,认定按份共有不存在困难。但是,在一方当事人有财产收入,另一方当事人没有财产收入时,怎样认定各自的财产份额呢? 解决的办法是,一方提供收入,一方提供家政服务,也会创造价值,应当按照这样的方法确定按份共有的财产应有部分,确定份额权。因此,应当选择按份共有性质认定准婚姻关系财产关系的性质,并以此作为处理准婚姻关系的财产关系纠纷的基本原则。

依照这样的认识和立场,就有了解决准婚姻关系财产关系的规则。

五、解决准婚姻关系财产关系纠纷的办法

准婚姻关系中的财产关系发生纠纷的主要原因,是准婚姻关系破裂,同财共居的,发生财产共有关系的基础消灭。

按照准婚姻关系财产关系的基本性质为按份共有,并且尊重当事人约定的基本立场,在准婚姻关系破裂、解除准婚姻关系之后,按照下列方法解决其财产纠纷:

(一)约定各自财产分别所有的

双方当事人在同居时对财产分别所有有明确约定的,按照约定处理。发生纠纷,要按照各自对财产范围的举证证明情况认定,个人的财产归个人所有。

(二)当事人没有约定财产分别所有的

当事人在同居时没有约定财产所有性质,财产分别所有的,在准婚姻关系终止时,原则上对此不会发生纠纷。发生纠纷的主要是共同出资购置的大件生活用品。对这些物品应当按照出资份额或者均等份额进行分割。

(三)约定财产为共同共有的

双方当事人明确约定双方财产为共同共有的,按照共同共有的基本规则处理,确定共同财产范围,以双方均等的潜在应有部分确定份额,按照共同财产分割方法进行分割。

(四)双方当事人对其财产所有形式没有约定的

既然没有约定,就按照按份共有的规则处理。有份额的,按照份额确定分割共有财产;没有明确份额的,按照双方的收入和对家务承担的劳动,确定适当的份额比例。

（五）对抚养子女的一方的照顾

如果准婚姻关系当事人在同居期间生育子女,在准婚姻关系解除、处理财产纠纷的时候,应当在双方当事人的财产中为子女保留必要的生活费用,作为抚育费或者生活费,子女已经成年的不在此限。

【典型案例】

李某与罗某于1950年1月在原籍广东省信宜县按旧时习俗结为夫妻,婚后生育李某某等4名子女。1974年至1979年间,李某与罗某以及4名子女先后迁往香港定居,共同生活。1987年3月27日,李某在深圳市宝安购买103号房屋一座,面积85.45平方米。1989年6月19日,李某持香港律师阮某签名的在港未婚证明书和未婚声明书,与吴某某在广西鹿寨县民政部门登记结婚,罗某也参加了婚礼。此后,吴某某入住103号房,李某经常从香港到宝安与吴某某共同生活。1989年11月16日,李某、罗某和吴某某三人签订"真金不怕烘炉火"的协议,载明:我三人永结同心,白头到老。1989年8月,李某又购买房屋一套,面积85.5平方米,随后出租,李某收取租金。1990年初,李某、吴某某将103号房改成两个单元,李某和吴某某居住一个单元,另一个单元出租,李某和吴某某收取租金。后来,李某在香港死亡。罗某及李某某等4名子女向法院起诉,要求确认罗某及其子女对深圳两处房屋的所有权,并依照法律进行继承。吴某某则以对该房屋享有夫妻共有财产权为由,予以答辩。

【案例分析】

对本案的处理有不同意见。第一种意见认为,对本案的夫妻共有财产范围,应以购买房屋时合法婚姻关系的存在为依据。第一处房屋在购买时,李某与罗某为合法夫妻关系,该房产为李某和罗某共同共有。第二处房屋在购买时,李某已经和吴某某结为夫妻,该房产应为李某和吴某某共同共有。第二种意见认为,第一种意见中的确认夫妻共有财产范围的原则是正确的,但是认定合法的夫妻关系却是不对的。李某和罗某在

1950年就已经结婚,这种婚姻关系一直延续至李某死亡。因而,这一婚姻关系是合法的婚姻关系。李某与吴某某之间虽然有合法的婚姻登记手续,但是,其登记是在虚假的未婚证明的基础上取得的,是没有效力的。因而,吴某某不是该夫妻共有财产的主体,不享有财产共有权。

对夫妻共有财产范围的界定应当从两个方面去研究,一是从财产的范围去研究,二是从财产的主体去研究。

从财产的范围去研究,前文已经作了较为详细的阐释,在这一点上,对于本案的处理没有特别的意义。

从财产的主体去研究夫妻共有财产的范围,对本案的处理具有特别意义。所谓从财产关系的主体研究,是正确认定发生共同共有财产法律关系的主体,只有正当的主体才是该法律关系发生的财产关系的主体。因此,夫妻共有财产的主体必须是夫妻二人,只有夫妻才能成为夫妻共同财产的合法主体。

研究这个问题对于本案的意义在于,由于本案具有两个经过登记的夫妻关系,必须确认发生共同共有财产关系的夫妻关系究竟是哪一个夫妻关系。其标准,是该夫妻必须是合法的夫妻,而不是非法夫妻。本案的李某与罗某于1950年结婚,夫妻关系始终延续,是合法的婚姻关系,只有他们二人才是夫妻共有财产的合法主体。

至于李某与吴某某的婚姻关系虽然经过合法登记,但是其基础却是虚假的,是骗取婚姻登记机关取得的登记手续,是没有法律效力的,他们之间的关系是非法同居关系,吴某某不是该夫妻共有财产的合法主体,尽管罗某同意这种非法同居关系的存在,漠视李某和吴某某的重婚事实,但是吴某某还是没有权利取得李某生前购买财产的所有权,也没有权利取得李某死后的遗产。

据此,罗某及其子女的诉讼请求成立。应当予以支持,依照《民法典》的规定,确定遗产的分割和继承。

处理本案应当注意的是,应当将吴某某与李某同居十几年中自己的财产分割清楚,不能侵害其合法财产权利。

第 八 章

家庭共有财产

第一节　家庭共有财产概述

一、深入研究家庭共有财产的重要意义

家庭共有财产，既是婚姻家庭法的概念，也是物权法的概念。在婚姻家庭法的研究上，人们着重于研究夫妻共同财产，很少注意对家庭共有财产的研究；在物权法的研究中，学者只在研究共有时偶而涉及家庭共有财产。因而，家庭共有财产是一个受到忽略的问题。随着现代社会大家庭的逐渐瓦解和小家庭日渐盛行，家庭共有财产已经不再是家庭财产关系的主要形式，学者的注意力不再集中在家庭共有财产上是必然的。

但是，既然家庭共有财产还作为一种财产所有权的存在形式，就应当进行研究，揭示其规律，加强法律调整，使其更好地发挥社会功能。同时还应当看到，在司法实践中家庭共有财产纠纷还是大量的，而且这种财产纠纷总是和夫妻共有财产、共同继承财产纠缠在一起，很难区分。法官缺乏理论指导和实践经验，就会在处理这样的纠纷案件中难辨真伪，造成错判。因此，认真深入地研究家庭共有财产规则，对于指导实践、解决纠纷、

促进社会和谐发展有重要意义。

二、家庭共有财产的概念

家庭共有财产也叫家庭共同财产,一般认为两者为同一的概念,其实是有区别的。区别在于,一个侧重于法律关系的形式,一个侧重于法律关系的客体。本书使用家庭共有财产的概念,是指家庭共有这种权利义务关系;使用家庭共同财产的概念,是指家庭共有财产的客体即共有的财产。这种做法,与本书前一章研究夫妻共有财产时对夫妻共有财产和夫妻共同财产两个概念的方法是一样的。

我国民法学者对家庭共有财产概念主要有三种界定方法:一是认为,家庭共有财产是指在家庭中,全部或部分家庭成员共同所有的财产,换言之,是指家庭成员在家庭共同生活存续期间共同创造、共同所得的共有财产;①也是指家庭成员在家庭共同生活关系存续期间共同创造、共同劳动所得的共有财产。② 二是认为,家庭共有财产是家庭成员个人财产的联合,是指家庭成员在家庭共同生活关系期间共同创造、共同所得的一切财产的联合。③ 三是认为,所谓家庭共有,是指家庭成员基于共同生活与共同经营而发生的共有。④ 这三种定义都从不同角度揭示了家庭共有财产的内涵,不过,界定家庭共有财产的概念究竟是着眼于财产本身,还是着眼于财产的所有权形式,还需要进一步明确。

在上述三种对家庭共有财产概念的界定中,第一种界定强调家庭共有财产是某种共有财产,显然着眼于财产的本身,是明显的从共有财产的角度作出的界定,侧重的是权利客体。第二种界定方法较为陈旧,讲的是财

---

① 参见王利明等:《民法新论》(下册),中国政法大学出版社 1988 年版,第 11 页;王利明:《物权法论》,中国政法大学出版社 1998 年版,第 346 页。

② 参见陈华彬:《物权法原理》,国家行政学院出版社 1998 年版,第 479 页;梁慧星主编:《中国物权法研究》(上),法律出版社 1998 年版,第 560—561 页。

③ 参见陶希晋主编:《民法文集》,山西人民出版社 1985 年版,第 208—209 页,文章作者杨振山。

④ 参见申卫星等:《物权法》,吉林大学出版社 1999 年版,第 214 页。

产的联合,还没有提到共有的性质上,不够准确。强调家庭共有财产为某种财产的联合,似乎注意了这种财产的体制,但是,"联合"不是严格的法律概念,界定民法概念用这一词汇不妥。第三种界定方法虽然简单,却是从共有的角度即权利的角度界定,是比较准确的。立法机关的官员认为,"家庭共有财产是指家庭成员在家庭共同生活关系存续期间,共同创造、共同所得的财产",这个意见不够准确,并且与下文所说的"家庭成员交给家庭的财产,家庭成员给他受赠的财产,以及在此基础上购置和积累起来的财产等"①相冲突,因为家庭成员交给家庭的财产,并不是共同创造、共同所得。

家庭共有财产这一概念的本身,并不是指的财产,因为财产只是物权的客体,这一概念显然不是指的某种物权的客体,而是指的某种物权形式。因此,界定家庭共有财产的概念,其落脚点必须落在所有权上,落在所有权的权利义务关系上。本书之所以使用家庭共有财产和家庭共同财产这两个概念,就是要区分它们的不同,使之明确分工、各负其责。

仔细研究上述定义,还会发现一个不准确的问题,即是否家庭成员共同创造、共同所得的财产,方为家庭共有财产呢? 共同创造、共同所得,严格地说,是指成员在一起共同进行劳动,创造成果,取得收益,其成果和收益均为共同的;如果强调家庭成员虽有不同工作而都在创造成果,获得收益,用共同创造和共同所得来概括,显然不合适。绝大多数的家庭共有财产不是共同创造、共同所得,而是各自劳动所得聚集在一起构成的共同财产。

界定家庭共有财产还应当注意一个问题,就是家庭共有关系的产生。家庭共有财产不是法定的财产所有形式,而是家庭成员基于某种形式的约定而产生的共同共有关系。如果对这一点不加注意,会混淆家庭共有财产的性质。

基于以上理由,本书认为,家庭共有财产是指全体或部分家庭成员在家庭共同生活关系存续期间,对共同所得和各自所得的财产约定为共同共有的权利义务关系。

---

① 黄薇主编:《中华人民共和国民法典物权编解读》,中国法制出版社 2020 年版,第320 页。

三、家庭共有财产的特征

学者对家庭共有财产的特征很少论及。有的学者认为,这种共同共有形式的特征,一是家庭共有财产的主体是对家庭共有财产的形成做出过贡献的家庭成员,二是家庭共有财产的形式主要是家庭成员在共同生活期间的共同劳动收入,三是家庭共有财产是以维持家庭成员共同的生活或生产为目的的财产,四是家庭共有财产以家庭共同生活关系的存在为前提。[①]

家庭共有财产的法律特征主要有以下几点:

第一,家庭共有财产的发生以家庭共同生活关系为前提,依家庭成员的约定而发生。任何共同共有关系的产生均须依一定的法定共同关系的存在为依据,家庭共有财产同样如此。家庭共有财产关系并非因存在家庭共同生活关系而必然发生,即"共居"并不必然"同财"。在很多家庭中,老一辈夫妻和少一辈夫妻在一个家庭共同生活,却不是一个财产单位,而是少一辈夫妻向老一辈夫妻交纳生活费,剩余的收入归自己所有。少一辈交纳的生活费只是解决伙食问题,其余的财产不发生共有,将来也不存在分家析产问题。甚至少一辈夫妻根本不交纳生活费,是白吃白住的"啃老"。可见,产生家庭共有财产必须还要经过家庭成员的协商选择,进行约定,而不是有了家庭共同生活就自然依照法律发生了。

第二,家庭共有财产的权利主体可以是家庭全体成员,也可以是家庭部分成员。构成家庭共有财产的权利主体,一是对家庭财产要有贡献,即将所得财产交给家庭共有,二是有愿意成为家庭共有财产权利主体的主观意愿。这两个条件实际上是一致的,只有具备"同财"的意愿,又有"同财"的行为,才可以成为家庭共有财产的权利主体。那种认为所有家庭成员均对家庭财产享有所有权,幼年子女可以和父母共享所有权的观点,[②]是不正确的。同样,认为家庭共有关系只依家庭共同生活关系发

---

① 参见王利明:《物权法论》,中国政法大学出版社 1998 年版,第 346—347 页。
② 参见佟柔主编:《民法原理》,法律出版社 1983 年版,第 168 页。

生,无须经家庭成员约定而发生的观点,也是不正确的。

第三,家庭共有财产的来源为家庭成员的共同所得和各自所得。形成家庭共同共有的财产首先是家庭成员的共同所得,如共同创造的成果,共同经营的收入,共同继承的遗产,共同接受的赠与等。其次是家庭成员个人所得而按协议纳入共有的财产。在一般情况下,家庭共有财产包括夫妻共同财产,夫妻共同财产是家庭共有财产的主要部分或基本成分。也正因为如此,家庭共有财产呈复杂状况,尤其是在分家析产时更为复杂。

第四,家庭共有财产的性质为共同共有。在家庭共有财产关系存续期间,各共有人不分份额,共同享有财产的所有权,不到共同共有关系消灭,家庭共同财产不得分割。

在研究家庭共有财产概念时,应当严格掌握家庭共有财产与家庭财产的区别。1950年《婚姻法》曾经有过把家庭财产与夫妻共同财产相混淆的问题,在嗣后的一些司法解释中也存在这种现象。① 近几年,也有将家庭共有财产与夫妻共有财产相混淆的意见,认为在由夫妻和未成年子女组成的家庭中,家庭共有财产一般以夫妻共有财产的形式存在。② 这种界定,是将家庭共有财产和夫妻共有财产混淆在一起,没有分清界限。存在这些问题,都是因为没有真正弄清家庭财产和家庭共有财产的界限。家庭财产实际上包括夫妻共有财产、个人财产和家庭共有财产,家庭共有财产只是家庭财产的一部分。在家庭财产只是由夫妻共同财产构成的情况下,该财产只能称为夫妻共有财产而不能称为家庭共有财产。

四、家庭共有财产的历史沿革

在历史上,家庭财产的共有权是最早出现的共有权。在原始公社解体之初,首先出现了家庭,并由家庭掌握私有的财产,因而在私有制刚一

---

① 1950年《婚姻法》第10条规定:"夫妻双方对于家庭财产有平等的所有权与处理权。"这一规定中的家庭财产是指夫妻共同财产。司法解释的混淆请见1977年11月7日批复,载《中华人民共和国法律规范性解释集成》,吉林人民出版社1990年版,第1136页。

② 参见唐德华主编:《民法教程》,法律出版社1987年版,第171页。

出现时,就出现了家庭共有财产这种共有权的最初形态。

《汉穆拉比法典》规定的"份地"制度,是将土地分给各家使用,允许世袭和出卖,把土地作为家庭共有财产的基础,是家庭财产较早阶段的共有形态。

在中国古代,家庭共有财产的传统根深蒂固,是中国最重要的封建传统之一。《礼记》作为我国奴隶社会的法典,就规定:"子妇无私货,无私畜,无私器,不敢私假,不敢私与。"《朱子家礼》也称:"凡为子为妇者,毋得蓄私财,俸禄及田宅所入,尽归之父母舅姑。当用则请而用之。"其家庭共有权至上,不许子女、儿媳私有。

现代立法关于家庭财产有两种立法例。

一是明确承认家庭共有财产制,并对家庭共有财产关系制定详细规则。例如《瑞士民法典》在"家庭的共同生活"一章中专设"家产"一节,其中专门规定"家庭共有财产关系",分设立、效力、管理及代理、终止、收益的共有关系等共 13 条,确认"家庭成员有权将其继承的财产,全部或部分地作为共有财产保存,或汇集一定财产作为共有财产,该财产即为家庭共有财产",①规定家庭共有财产使共有人产生平等的权利、义务,这种共有关系因法定原因而终止,并导致该共有财产的分割。

二是法律不禁止家庭共有财产,但亦不明确规定。法律明文规定,夫妻财产由夫妻共有、分别所有或联合所有,子女财产由子女个人所有,父母在子女未成年时依亲权中的财产管理权管理该财产。事实上,未经家庭同意,不可能产生家庭共有财产。这种立法例,更尊重民事主体的独立性和财产的处置权利,更具民主性。

目前,在立法上明确规定家庭共有财产的已属少见。

五、我国家庭共有财产的现状

(一)立法状况

我国目前家庭共有财产的立法和现实状况是:以往的《婚姻法》对家

---

① 《瑞士民法典》第 336 条。

庭共有财产没有加以规定,只对夫妻共有财产作了规定,对子女财产权也没有加以规定,《民法典》对此也没有规定。在司法解释上,最高人民法院曾经作过两个关于家庭共有财产的司法解释。一是 1955 年 10 月 18 日《关于转业军人带回的资助金分家时应如何处理的复函》,明确规定转业军人由部队带回的资助金,应归军人所有,在分家时,其他家庭成员不应将该资助金视为家庭共有财产而共同分享。二是 1979 年 3 月 21 日《关于复员、转业军人的复员费、转业费、医疗费能否按家庭共有财产处理问题的批复》,亦认为不属于家庭共有财产。《关于贯彻执行〈中华人民共和国民法通则〉若干问题的意见(试行)》第 88 条至第 92 条关于共同共有的解释,准用于家庭共同共有关系。

(二)理论研究状况

在理论上,民法学者都普遍承认家庭财产的共同共有,几乎任何一本民法教材和专著都是如此,有的还专设节目进行论述。

(三)现实生活状况

在我国现实生活中,家庭共有财产大量存在,是一种比较普遍的社会经济现象,具有相当的复杂性。具体分析,有以下类型:

1.同财共居

包括由父母、子女共同生活、共同共有财产,祖父母、父母、子女等共同生活、共同共有财产。这是典型的家庭共有财产关系,在城市已比较少见,在农村还有,如父母组织数名子女、媳妇、孙子女等组成大家庭,几代人同堂,同财共居,财产共同共有。

2.同财不共居

有些家庭的家庭成员虽不居住在一起共同生活,但是,将收入除留下部分作生活费外,其余交由家庭作共同共有财产。这种情况在农村多见,如子女在城里工作,家居农村,工资交由家庭共有。在城市,子女在工作单位居住,而与父母同财者,也是此种类型的共同共有。

3. 共居不同财

这种情况在城市比较普遍，多表现为子女与父母共同生活，但是，所得收入归子女所有，或者仅向父母交伙食费；子女婚后，与父母共同生活，亦只交生活费，其余财产自己所有。这并未形成家庭共有财产，所交伙食费或生活费只为支付共同生活所需，在共同生活中所消耗。如果严格把握，只有共同的伙食费及为伙食而购买的物品才是家庭共有财产，范围十分狭窄。

（四）前景展望

我国的家庭共同共有关系还是较为普遍的，关于调整家庭共有财产关系的立法落后于现实生活的需要，有关家庭共有财产的理论研究具有一定的规模，但亦缺乏深度，还应进一步深入发展。随着社会的进步，家庭共有财产关系可能会逐步弱化和减少，但是在一个相当长的历史时期内不会消亡，所以，应当加强立法，调整好这种财产共有关系。好在不论立法是不是对家庭共有财产作出明确规定，对家庭共有财产都可以依照《民法典》关于共同共有的规定进行调整，因此，只要在理论上深入研究，加强指导，就能够达到这样的效果。

第二节　家庭共有财产的发生和家庭共同财产的范围

一、家庭共有财产的发生

（一）家庭共有财产发生的特点

家庭共有财产关系的发生，依据共同共有关系依法律规定的共同关系而发生的原则，是基于家庭共同生活关系的存在。但是，仅基于家庭共同生活关系这一条件的存在，并不必然发生家庭共同共有关系，还须有财产的家庭成员就发生家庭共有财产关系协商一致,达成协议,才具备发生家庭共有财产的全部条件。在这一点上,家庭共有财产与夫妻共有财产发生的条件正相反,夫妻共有财产的发生是双方不选择其他夫妻财产所有形式,为消极行为构成要件;家庭共有财产为家庭成员约定采用财产共有形式,为积极行为构成要件。这是两种共有财产关系的重要区别。

(二)家庭共有财产发生的要件

家庭共有财产发生的要件是:

1. 家庭共同生活关系存在

没有家庭共同生活关系存在,不发生家庭共有财产。家庭共同生活关系,是指所有家庭成员共同在一个家庭,为生存和发展进行各种活动的关系。

《民法典》第 1045 条第 3 款使用了"共同生活"的概念,即"配偶、父母、子女和其他共同生活的近亲属为家庭成员"。家庭共同生活的基本标志是共居一起。对"共同生活"应作广义理解,对于在外地工作,而以家庭为基本生活单位的,也应认为是共居。共居的家庭成员应是近亲属,包括父母、子女、祖父母外祖父母、孙子女外孙子女、兄弟姐妹。对于其他亲属乃至收留他人共同生活,只要在一个户籍登记的,也视为家庭成员。

值得研究的是那些"SOS 儿童村"的"家庭"。在那里,有一个"母亲",其余每个家庭有十余名儿童,组成一个共同居住、共同生活的家庭,这些儿童都是这个家庭的孩子,按照年龄的大小,相互称为姐妹兄弟。在他们之间没有血缘关系,却有着浓重的亲情。笔者认为,这些家庭应当认为具有拟制血缘,承认他们为拟制血亲关系,产生亲属关系,是一个真实的家庭。在法律上这样处理,会使这种家庭的法律地位更稳固,有利于孩子的健康成长,对社会和个人都是有益的。笔者到过"SOS 儿童村"考察过,那里管理得很好。为了救助更多的孤儿,社会需要更多这样的儿童村,将这种家庭认定为法律上的家庭,产生亲属关系,依法规范这种儿童村的管理,是十分必要的。

2. 家庭成员协议实行家庭财产共同共有的约定

这种约定的内容,是就家庭财产的全部或部分实行共同共有关系。其约定的形式可以是书面的,也可以是口头的;可以载于书面合同中,也可以由默示行为表现出来。在现实中,全家的成员共同签署一项协议约定财产的共同所有,是极少见的,这不大符合我国国情。多数是在一起共同说明即可,甚至根本不说,在实际行动上表现了愿意共同共有的意愿。如子女将其所得交给父母,需用从父母处支出,如果无相反证据,即为默示同意实行家庭共有财产制,成为共有人。正是由于这样的原因,使现实中出现的纠纷更多的是没有约定,没有协议,是否构成家庭共有财产,需要法官根据证据判断。对此,法官要认真审查、核对双方当事人提供的证据,作出准确的判断。

至于同意实行家庭共有财产制请求的性质,《瑞士民法典》认其为权利是正确的。因而是否实行家庭共有财产制,完全由家庭成员自己作主,任何人不得干涉或强迫,更不是由法律强制性规定而产生的。

(三)确定家庭共有财产的主体

在一个家庭中,一个特定的家庭成员究竟是不是家庭共有财产的主体,需要准确判断。这是确定在一个家庭中究竟谁是家庭共有财产的权利主体,谁不是家庭共有财产的权利主体,是在谁的身上发生财产共有的权利义务关系的问题。

最简便、最实用的标准,就是确定究竟是谁对家庭共有财产的形成作出贡献。为家庭共有财产作出过贡献的,就是家庭共有财产的权利主体,没有作出过贡献的,就不是家庭共有财产的权利主体。这是因为,在家庭成员中,并不是每一个家庭成员都享有对家庭共有财产的共有权,只有以自己的财产参加到了家庭共有财产之中的,才可以成为家庭共有财产的权利主体。

首先,没有财产的家庭成员,不可能成为家庭共有财产的权利主体。没有自己的财产,就没有办法对家庭共有财产的形成作出贡献,不可能成为家庭共有财产的权利主体。

其次,就是有了自己的财产,或者是接受赠与、遗赠,或者是自己通过劳动获得的财产等,如果没有将自己的财产贡献给家庭,对家庭共有财产的形成没有作出贡献,也不能成为家庭共有财产的权利主体。例如,未成年子女接受了赠与或者遗赠,没有把这些财产贡献给家庭,而且也不应当贡献给家庭,因为他们还没有完全民事行为能力,无法确定自己的行为后果,他们的财产还是自己独立所有的财产,不能成为家庭共有财产的权利主体。又如,子女已经通过劳动获得了自己的财产,不愿意参加家庭共有财产,或者父母不愿意他们参加家庭共有财产,他们没有向家庭共有财产作出贡献,也不能成为家庭共有财产的权利主体。

最后,只有成年、有自己财产的家庭成员,对家庭共有财产的形成作出贡献的家庭成员,才能作为家庭共有财产的权利主体。

值得注意的问题是,未成年子女和患有精神病的家庭成员是不是可以作为家庭共有财产的主体?

对前者有两种意见。一种意见认为,任何家庭成员都对家庭共同财产享有共有权,未成年子女也不例外;另一种意见认为,未成年子女不能享有对家庭共同财产的共有权,只有那些对家庭共同财产的产生、积累和增值作出过贡献的人,才享有对家庭共同财产的共有权。[1] 从原则上说,未成年人在没有劳动能力之前,不应当成为家庭共同财产的共有人,一方面,他们不具有劳动能力,不能通过自己的劳动为家庭共同财产作出贡献;另一方面,即使是他们有自己的财产,也不宜将他们的财产作为家庭共同财产的组成部分,应当为他们保留这些财产,父母作为他们的亲权人对这些财产进行照护。如果有特别必要,或者未成年子女与父母共同受赠财产又不宜分割,可以作为家庭共同财产,使未成年子女成为共有人。在农村,土地承包经营权是一种财产权,无论成年人还是未成年人,只要是在分配承包土地时作为一个主体参加分配土地的,就都是家庭共有财产的主体,因为承包经营权本身就是家庭承包,未成年人也有主体资格的。宅基地使用权同样如此。

---

① 参见王利明:《物权法论》,中国政法大学出版社 1998 年版,第 349 页。

对后者,这里所说的精神病人不包括未成年的精神病人。成年的精神病人,只要有财产,对家庭共同财产作出了贡献,应当作为家庭共同财产的共有人。

(四)家庭共有财产发生的时间

关于家庭共有财产发生的时间,与夫妻共同财产发生的时间不同,不是从缔结家庭关系时发生,而是在家庭成员有了财产并愿意成立家庭共有财产关系的约定生效时发生。

没有财产的家庭成员,无权进行此约定。

实际发生家庭共有财产的过程,往往是先存在夫妻共同财产,然后子女等家庭其他成员有了财产收入,将其收入的财产纳入家庭共有财产中来,发生家庭共有财产。因此,在一般情况下,家庭共有财产中包含着夫妻共有财产。

二、家庭共同财产的范围

(一)确定家庭共有财产的一般方法

家庭共有财产关系产生之后,家庭共同财产就发生了。从理论上说,从这个时候起,家庭共同财产的范围就确定了。但是,在现实生活中,更多的纠纷不是从这个时间确定家庭共同财产的范围,而是在纠纷发生后的处理过程中,才来划清家庭共同财产的范围的。在此之前,多数家庭的共同财产并不是清晰的、确定的。在司法实践中,处理家庭共有财产纠纷案件,最重要的就是依照确定的方法和规则,准确认定家庭共同财产的范围。

确定家庭共同财产范围的基本规则是:

第一,确定家庭共有财产的范围应以共有人的约定为准。共有人约定全部财产均为家庭共有财产的,应依其约定,将全部家庭财产均作为家庭共同财产;共有人约定部分财产为家庭共有财产的,则只以约定的这部分财产为家庭共同财产。

第二,家庭共有财产共有人对共同财产范围没有约定的,按照实际发生的财产共有部分,认定为家庭共同财产。如果家庭成员对共同财产的范围没有约定(在现实生活中多数是这样的情况)或者约定不明确,能够确定每个共有人贡献的范围的,按照实际发生的贡献作为标准,认定为家庭共同财产。

第三,通过以上方法无法判明家庭共同财产范围的,共有人主张为共同共有的,认定为家庭所有的财产为家庭成员共同共有。

第四,通过以上方法无法判明家庭共同财产范围的,共有人一致主张为各自单独所有的,认定为各自所有,没有发生家庭共有财产关系。

(二)夫妻共同财产对家庭共同财产范围的影响

在发生家庭共有财产的情况下,夫妻共同财产是家庭共同财产的主体部分,除非有特别约定,否则全部夫妻共同财产就都是家庭共同财产。

按照共同共有的原理,共同共有存续期间共有财产不分份额,为全体共同共有人共同所有。因此,在这时,夫妻共同财产包容在家庭共同财产之中,并且不分应有部分,只在潜在的意识上可以计算出潜在的应有部分,并且为共同财产的分割打下基础。

在家庭共同财产中,夫妻共同财产的存在以及它的潜在应有部分,有十分重要的影响。这是因为,一是夫妻共同财产是家庭共同财产的基础,差不多的家庭共同财产都是在夫妻共同财产的基础上发生的,都是在父母的夫妻共同财产之上,再增加子女向家庭投入的财产,发生家庭共同财产。二是夫妻共同财产在夫妻关系没有消灭之前是不会消灭的,而家庭其他成员的家庭共有财产权利主体地位是随时可以消灭的,这就是其他成员可以请求分家析产,从家庭共有财产中分离出来,成为独立的所有权主体,而不是永远存在。三是夫妻共同财产的潜在应有部分是等分的,在婚姻关系存续期间不分应有部分,在离婚的时候按照法律规定的原则分割,而其他家庭成员在家庭共同财产中的潜在应有部分是按照贡献大小确定的,分割时,不能分割夫妻共同财产。

（三）共同继承遗产对家庭共同财产的影响

共同继承的遗产对家庭共同财产也有重要影响。

首先,共同继承的遗产是家庭共同财产的重要组成部分。在原来就实行家庭共有财产的家庭中,共同继承的财产加入到家庭共同财产中,成为家庭共同财产的组成部分。在原来没有实行家庭共同财产的家庭,共同继承财产也发生家庭共同财产。

其次,共同继承的遗产是有继承份额的,在将来分割遗产时,还是要对遗产按照遗产继承份额进行分割,因而共同继承的遗产的潜在应有部分十分明显。家庭共有财产关系消灭之后,分割家庭共同财产不是将共同继承的财产作为家庭共同财产的整体参加分割,而是要从家庭共同财产中分割出来,按照《民法典》的规定进行析产,由各继承人继承。其他的共同财产才按照共同财产分割。因此,共同继承的遗产在家庭共有财产中的地位很特殊,具有相当的独立性。

再次,我国的传统习惯是在父母一方死亡之后并不立即发生继承,而是由父母的另一方与其他继承人共同共有这些遗产,直到父母的另一方也死亡之后,才开始分割遗产。这是十分普遍的做法。正因为如此,也给家庭共同财产范围的界定带来相当的困难。

因此,在司法实践中要特别注意共同继承遗产的地位和具体分割方法,即使它已经成为家庭共同财产,也还具有特殊地位,不能混同于一般的家庭共同财产。

（四）划出个人财产范围

在确定家庭共同财产的范围时,在注意了夫妻共同财产和共同继承遗产的影响之后,还要注意属于个人财产的那一部分财产。在一般情况下,下列财产是家庭成员的个人财产,不能计入家庭共同财产的范围:

1. 夫妻个人财产

夫妻个人财产包括婚前的个人财产和婚后的个人财产。这种财产是个人所有的财产,且不计入夫妻共同财产范围,也不作为家庭共同财产。

除非个人同意将其加入家庭共同财产,否则永远为个人财产。

这一部分夫妻个人财产包括父母一代夫妻的个人财产,也包括子女一代的夫妻个人财产。这两部分个人财产都不计入家庭共同财产范围,作为个人独立所有的财产。

判断夫妻个人财产的范围,应当按照界定夫妻共同财产范围的方法进行,法律标准是《民法典》第1063条规定:"下列财产为夫妻一方财产:(一)一方的婚前财产;(二)一方因受到人身损害获得的赔偿或者补偿;(三)遗嘱或者赠与合同中确定只归一方的财产;(四)一方专用的生活用品;(五)其他应当归一方的财产。"

2. 子女给付父母的赡养费

子女向父母给付赡养费,是子女履行法定赡养义务,不是向家庭共同财产作贡献,这种义务的履行具有严格的身份关系,因而子女给付的赡养费属于父母个人所有,不能作为家庭共有财产。即使是父母以子女给付的赡养费积蓄而购置的财产,也属于父母个人或者共同所有财产,不是家庭共同财产。

3. 父母给付子女的抚养费或赠与子女的财产

父母给付子女的抚养费和父母赠与子女的财产,都是转移所有权的行为,所有权从父母转移到子女身上,子女享有了该财产的所有权。前者是父母履行抚养义务,后者是赠与财产行为,均转移了所有权,应归子女个人所有,都不再是家庭共同财产。

在实践中,经常出现父母以向子女赠与财产的名义将自己所有的财产登记为子女的财产,一方主张父母已经将财产赠与自己,对方主张只是将财产登记为子女所有并不是真正转移所有权,双方都主张所有权而引起纠纷。处理这样的纠纷,应当依据证据确认。如果能够证明这一项财产确实是家庭共同财产或者夫妻共同财产的,可以认定;如果没有证据推翻登记行为确认的所有权权属,则应当按照登记行为证明的权属确认权利,认定为子女所有的个人财产。其他子女主张的,也按此办理。对此,应当依照《民法典》第220条规定,用更正登记和异议登记的办法处理。

4. 子女按约定不作为家庭共同共有的劳动收入及其他财产

劳动收入包括工薪收入、奖金、其他劳动报酬、经营活动的收益等。

这一部分财产是不是作为家庭共同财产,应当根据约定。约定全部不作家庭共有的,则全部收入均为个人所有;约定部分作为家庭共有的,剩余部分为个人所有。没有约定或者约定不明确的,按照前述的确认家庭共同财产的一般办法认定。

5.子女的其他所得

这一部分财产内容较多,也比较复杂,诸如:

(1)接受继承、赠与、遗赠等合法途径而取得的财产,原则上应为子女个人财产,不列入家庭共有财产。有特别约定的除外。

(2)一方因人身损害获得的赔偿或者补偿,是因受到人身伤害而得到的赔偿或者补偿费,具有人身性质,是用于保障受害人生活的基本费用,必须归个人所有,不能作为家庭共有财产。

(3)一方专用的生活物品,如个人衣物、书籍、资料等,为个人财产,都是极具个人属性的财产,应当归个人所有。

(4)复员、转业军人的复员费、转业费、医疗补助费和回乡生产补助费,永远归个人所有。

(5)一方的人身保险金、人寿保险金、伤害保险金等,具有人身性质,只能作为个人财产。

(6)其他个人财产,如与个人身份密切相关的奖品、奖金,国家资助优秀科学工作者的科研津贴,一方创作的手稿、文稿、艺术品设计图、草图等,永远为个人所有。

(五)家庭共同财产的具体范围

在以上的论述中,作者阐释了确定家庭共同财产范围的一般方法,说明了夫妻共同财产和共同继承财产对家庭共同财产的影响,也排除了不属于家庭共同财产、仅属于个人所有的财产,其实家庭共同财产的范围已经明确了,家庭共同财产包括的内容是:

1.父母的夫妻共同财产

这是构成家庭共同财产的基础,在构成家庭共同财产之后,成为家庭共同财产的主体,在没有分割家庭共同财产之前,都由全体家庭共同财产的共有人享受权利,承担义务,不作为夫妻共同财产对待。但是这一部分财产将在分割家庭共同财产时分离出来。

2. 共同继承财产

这一部分财产也是作为家庭共同财产的一部分,在成为家庭共同财产以后,由全体家庭共同财产的共有人享有权利,承担义务,不分为特别的共同继承财产。在分割家庭共同财产时,这一部分财产要从家庭共同财产中分离出来,作共同继承遗产的分割处理。

3. 其他家庭成员投入家庭的财产

除此之外的其他家庭成员向家庭共同财产投入的财产,都是家庭共同财产,由全体家庭共同财产的权利人享有共有权。

4. 其他列为家庭共同财产的财产

其他没有列入上面三项内容的家庭共同财产,也是家庭共同财产的组成部分,全体家庭共有财产的权利人享有共有权。

第三节　家庭共有财产的效力

一、家庭共有财产共有人的权利

家庭共有财产共有人的权利义务,原则上与一般共同共有人的权利和义务相同,但是仍有其特点。其权利的内容是:

(一)平等的所有权

家庭共有财产的权利主体即各共有人,对于家庭共同财产一律平等地享有所有权,不得歧视任何共有人。

共有人对于共有财产享有平等的使用、收益权,既可以共同使用共同财产,也可以单独使用共同财产,共同享有共有物产生的收益。尽管家庭共同财产具有明显的潜在应有部分,但是共有人不得主张就共同共有财产划分特定的部分。家庭成员自己划分自己的应有部分无效,对其他共有人没有拘束力。

家庭共有财产往往是集合物,由全体共有人占有,对具体的物的占有,可以由个别共有人为之。

（二）共同处理权和单独处理权

每一个共有人对家庭共同财产均有共同处理权和单独处理权。

共同处理权,是针对处分家庭共同财产的重大事务的权利,如变卖家庭共同财产,以及其他使家庭共同财产发生重大变化的事务,均应由全体共有人共同决定处理,任何人不得独断专行。

单独处理权,是指对某些具体的,不涉及家庭共同财产发生重大变化的事务,以及全体共有人委托进行的事务的,单个共有人享有的处理权。这种可以由共有人单独处理的事务称为普通事务。

应当注意的是,按照共同共有的基本规则,在共同共有关系存续期间,对于全部共同财产不能全部处分,只能处分部分共同财产。共同共有人享有的共同财产处分权,只及于部分共同财产,不能及于全部共同财产。[①] 在家庭共有财产中,也应当遵守这个规则,只能处分部分家庭共同财产,不能处分全部家庭共同财产。

（三）代表权和推举权

对家庭共有财产,全体共有人可以推举一名共有人作为全体共有人的代表。该代表人享有代表权,在家庭共有关系的范围内行使代理权,并主持家庭共有关系的各项经济活动,处理日常事务。代表权只由代表人一人行使,其他共有人无权代理其他共有人为民事法律行为。

在实际生活中,代表权一般总是由家庭中的长辈尊亲属行使,作为家庭共有财产的代表人。因此,这个代表权与以往的家长权相似,但绝不是

---

① 对此,《瑞士民法典》有不同规定,认为不能处分部分共有财产。笔者认为不够妥当,已见前述。

家长权。家长权是封建家长制的内容,早已经被废除,退出了历史舞台。现在经常在生活中出现的"家长"的称呼,早已经不是原来意义上的家长了,而是一种对家庭代表人的称呼,作为家庭事务的代表者对家庭共同财产实施管理行为。因此,这种意义上的"家长"与家庭共有财产中的代表权有一定的重合,即在处理家庭共同财产上"家长"行使的权利就是代表权,而在其他方面,即一般家庭管理事务上的"家长"不是这种代表权。

应当注意的是,代表权的范围是有限度的,并不能在一切方面都能代表。对家庭共同财产的处分权属于全体共有人,处分家庭共同财产的重大行为必须经全体共有人一致同意,否则为无效。

(四)物权请求权

物权请求权包括所有物被他人非法侵占时的返还原物请求权、所有物受到妨害时的排除妨害请求权以及所有物有受到危险威胁时的消除危险请求权。当家庭共同财产受到不法侵夺时,任何共有人均享有物权保护请求权,可以独自行使这一权利,以保全共有物。行使此种权利,必须为全体家庭共有财产共有人的利益而行使,不得仅为个人或者部分共有人的利益而行使。

(五)在家庭共同财产上设置负担的权利

行使此权利,应由家庭共有财产的全体共有人协商一致,由有代表权的共有人与他人以法律行为设立。例如在共有物上设立担保物权、用益物权。这涉及共有物的命运,必须由全体共有人同意才能够实施。

二、家庭共有财产共有人的义务

家庭共有财产的共有人负有如下义务:

(一)履行约定的义务

家庭成员允诺以自己的财产参加家庭共有财产,即成为共有人。家庭共同财产的共有人与其他共同共有人不同,负有履行约定的义务,即按时将自己的所得按照约定,交付家庭共有财产的代表人,使该财产成为家庭共有财产。例如在合伙共有关系中,各合伙人的财产都在合伙人全体掌握之中,个人无法取得合伙的财产,不需承担此项义务。家庭共有财产的共有人多数是自己进行劳动,取得自己的收入,参加家庭共有财产关系就必须按照约定兑现自己的承诺,向共有财产投入财产。共有人违背该义务,在一定期限内不交付其承诺的财产所得的,可以取消其共有人的资格,无权从家庭共同财产中支付费用。

(二)对共有物进行维修、保管、改良义务

这项义务为全体共有人的义务,均应承担。具体操作,可由部分共有人负责,所支出的费用由共同财产支付。在实际管理中,维修、保管、改良的行为,还是由家庭共有财产的代表人进行,或者由代表人委派具体的共有人实施,其后果归于全体共有人,而不能由个人负责。

(三)保持共有关系的义务

按照共同共有的基本规则,共同共有人负有保持共有关系的义务,约束共有人保持共有财产的完整性和统一性,这就是在共同共有关系存续期间,不得分割共同共有财产或者处分全部共同共有财产。在家庭共有财产关系存续期间,各共有人也承担这种义务,不得在共同共有财产中要求划分自己的份额、分割共有财产、擅自处分共有财产。

(四)对所欠债务的连带清偿义务

因家庭共同生活、共同经营中所欠债务,为家庭共同债务,须负连带清偿义务,各共有人均为连带债务人。连带的方法,首先是债权人可以向任何一个家庭共有财产的共有人要求清偿,清偿债务的财产应从家庭共同财产中支付。

家庭共有财产的共有人承担连带债务,究竟是有限连带责任还是无限连带责任? 一般认为,家庭共有财产的共有人应当承担有限连带责任。

但是,家庭共有财产的性质与合伙共有财产性质相同,参照合伙共有财产的做法,家庭共有财产共有人承担连带债务,应当是无限连带义务。家庭共同财产不足以清偿的,共有人有其他财产的,亦应清偿。家庭共有财产的共有人没有其他财产的,以家庭共同财产承担债务。

(五)共同赔偿义务

家庭共同财产致他人损害,如家庭饲养的动物致人损害,家庭共有的房屋坍塌致人损害等,属于共有财产管理不善造成他人损害,为物的替代赔偿责任,[1]应以家庭共同财产承担赔偿义务。

家庭成员致人损害,均须由家庭共同财产承担赔偿责任,即从共同财产中支付赔偿金。

这种赔偿义务也是连带义务,应当由全体家庭共同财产的共有人作为连带债务人,任何人都有责任向债权人承担债务,履行债务。这种连带债务的形式与其他家庭共同债务一样,也是无限连带责任,在家庭共同财产不足以清偿债务时,各共有人有个人财产的,应当以其个人财产清偿。

第四节　家庭共有财产的终止及分割

一、家庭共有财产的潜在应有部分

(一)一般表现

在研究家庭共同财产范围时,已经注意到了一个很重要的现象,即在家庭共同财产中,夫妻共同财产和共同继承财产的特殊地位。

在任何共同共有财产中都会存在潜在的应有部分。家庭共有财产同

---

① 在侵权行为法中,关于特殊侵权责任分为对人的替代责任和对物的替代责任。这种分法,从《法国民法典》就开始了。请参见《法国民法典》第 1384 条规定。

样是共同共有,其中必然存在潜在应有部分。不过,家庭共有财产中的潜在应有部分具有特殊之处,这就是它的表现更明显,起的作用更突出。尤其是表现在家庭共有财产中作为家庭共有财产组成部分的夫妻共有财产和共同继承财产之上。

（二）具体表现

1. 夫妻共有财产的潜在应有部分

在通常的家庭共同财产中,夫妻共同财产是作为一个组成部分存在的。尽管夫妻共同财产已经融入家庭共同财产中,并不作为独立的形式表现出来,但是,它的潜在应有部分却始终存在,并不随着家庭共同财产的变化而弱化。当家庭共有财产关系消灭,家庭共同财产分割时,夫妻共同财产的潜在应有部分就公开表现出来,成为分割家庭共同财产的主要份额。

从具体的表现情况看,一方面,夫妻共同财产在家庭共同财产中,潜在应有部分的构成几乎是固定的,是不改变的。这就是夫妻共同财产始终在家庭共同财产中稳定地存在着,不因外来的变化而变化,也不因为其他财产的增加、减少而变化。另一方面,夫妻共同财产的具体数量也是在变化的,随着夫妻财产的增加和减少而不断地增加或者减少。

2. 共同继承财产的潜在应有部分

在家庭共同财产中,共同继承财产也会成为家庭共同财产的组成部分,存在于家庭共同财产中。共同继承财产在家庭共同财产中,其潜在应有部分不但始终存在,而且很稳定。发生继承事实时的这部分财产是多少,以后不会有大的变化,基本维持原来共同继承时的形态,这一部分财产就保持在家庭共同财产中。

其实,财产终究是会发生变化的。这不仅是指这一部分财产在数量上会随着使用而增值或者折旧、减损,也是指继承下来的财产也不会完全保持原样。但是在观念上的财产处理,人们不让它发生变化,直到分割家庭共同财产时,或者在对共同继承财产进行析产时,总是要将确定继承财产的界限上溯到继承财产当时的状况,确定遗产的总额是多少,每个人继承的份额是多少,进行析产,分配到每个继承人。正是从这个观念和处理共同继承财产析产的角度上观察,共同继承财产的潜在应有部分具有超稳定的特点。在家庭共有财产消灭、家庭共同财产分割时,就会非常明显地表现出来,并主导着财产的分割。

3. 家庭共有财产其他组成部分的潜在应有部分

相对于夫妻共同财产和共同继承财产这两种家庭共有财产的组成部分而言,其他家庭共有财产的组成部分,虽然也存在潜在应有部分,但是,这个潜在应有部分是变动的、动态的。一方面,他们随着具体的共有人对家庭共同财产的贡献大小而发生变化,并不是一个相对稳定的潜在应有部分;另一方面,它们受着夫妻共同财产和共同继承财产潜在应有部分的影响,从比例上在不断地变动着,不会固定不变。

(三)具体影响

正是由于在家庭共同财产中不同组成部分的潜在应有部分的情况不同,从表面上看,它对家庭共同财产的存在并不发生质的变化,但是,却在潜在地发生着决定性影响。这种影响,直到家庭共有财产关系消灭,家庭共同财产分割时,最终地表现出来,其潜在发挥的作用变成了实实在在的发挥决定的作用。这就是,在分割家庭共同财产时,应当特别注意家庭共同财产构成的各个部分潜在应有部分的影响,准确分割家庭共同财产,而不是像一般共同共有财产分割那样进行平均分割。

二、家庭共有财产的终止

家庭共有财产关系终止的原因,是作为家庭共同生活成员请求终止家庭共有财产关系,致使家庭共同生活关系消灭。只要家庭共同生活关系消灭,就引起家庭共同共有关系终止,家庭共同财产就要被分割,转变为个人单独所有等其他财产所有形式。

家庭共同生活关系的消灭,可以分为全部消灭和部分消灭。家庭共同生活关系与婚姻关系不同,婚姻关系只由两个人构成,夫妻双方只要离婚或一方死亡,婚姻关系即行消灭。而家庭关系由父母子女等近亲属构成,一般有三人以上,父母离婚或者某一家庭成员死亡,不可能引起家庭关系的全部消灭,只是引起部分消灭;只有家庭成员剩下一人时,家庭共同生活关系才全部消灭。由于必须具备同财、共居两个条件才发生家庭共有财产,因此,并非家庭共同生活关系消灭就一律引起家庭共有财产的终止,只有共居关系消灭,且是由同财的家庭成员的原因而引起时,才使家庭共有财产发生终止的法律后果。

家庭共有财产关系依下列事实而消灭:

（一）实行家庭共有财产关系的约定终止

家庭共有财产的建立,是在家庭共同生活关系存在的前提下,依约定发生的。当该约定的情事出现时,家庭共有财产关系消灭。例如,该约定有一定期限的,以该期限到来为家庭共有财产关系的终期;约定一定条件的,以该条件成就的日期为家庭共有财产关系的终期。如果该约定未设定共同共有关系消灭的期限或条件,则家庭共有财产的共有人另行约定终止家庭共有财产关系的,依约定而终止共有关系,使全部共有关系消灭。

（二）家庭共有财产的共有人分出

共有人从家庭共有关系中分出,如果家庭共有财产关系中还有两个以上的共有人,为部分消灭共有关系;如果剩下的两个人是夫妻,也消灭家庭共有财产关系,仅剩下夫妻共有财产关系;如果仅剩一个共有人,则全部消灭共有关系。

共有人从家庭共有中分出,最常见的是已婚子女分家另过。《瑞士民法典》第344条第2款规定:"共有人中一人,在其结婚时,可无需通知终止而请求清算。"这一规定可以参考。

子女调外地工作,虽未成婚但因无共居条件且不同财的,亦为分出,终止共有关系,但约定继续同财的除外。

共有人之一因重大原因请求终止,也是一种分出的情况,是指在家庭共有财产关系存续期间,共有人因其他重大原因而要求从共有关系中分出,终止共有关系。这种请求是当然发生终止共有关系的效力,抑或还须其他共有人同意,当取前者。

(三)家庭共有财产的共有人死亡

共有人中的一人死亡,部分消灭家庭共有财产关系。如果在共有人之一死亡后,只剩一个共有人时,则家庭共有关系全部消灭。

共有人死亡的,如果他的继承人不是共有人时,该继承人有权请求分割家庭共同财产,从中析出该共有人的遗产予以继承。如果死亡的共有人遗有有继承权的直系卑血亲时,经其他共有人同意,该直系卑血亲可以代替其被继承人,继续共有关系,成为新的共有人,或者增加自己在共有财产中的潜在应有部分;也可以要求继承遗产,独立享有所有权。

继承人是共有人的,继承的遗产是否仍作为共有财产,依原约定,没有约定的,依继承人的意思表示为之。

(四)其他事由

在《瑞士民法典》中,还规定如下终止家庭共有关系的事由:一是共有人中一人的共有财产被扣押,且已受作价处分时;二是共有人中一人破产时,对此,其他共有人可以开除上述共有人,或替其清偿债务,终止该共有人的共有关系。这种规定可以借鉴,倾向采纳这种做法,或者由家庭共有财产的各共有人协商决定。

家庭共有财产关系全部消灭的,分出的原共有人和尚在一起共同居住的原共有人可以组成新的共有关系,建立新的家庭共有财产。在其他共有人分出,只剩下夫妻以及没有财产收入的子女共同生活时,构成夫妻共同财产,原家庭共有财产应视为全部消灭。部分共有财产消灭,剩余的部分共有财产继续存在,继续实行共有关系。

三、家庭共同财产的分割

对家庭共同财产的分割也称作分家析产。分家是说家庭共同生活关系的解体和家庭共有财产关系的消灭,析产才是指家庭共同财产的分割。

我国民间存在两种分家析产。一是分割家庭共有财产,即真正意义上的析产,终止家庭共有关系。二是父母出于防止子女间在日后发生纠纷的动机,把自己积蓄的财产分给子女或其他家庭成员。后一种情况,是父母把自己的财产赠与给子女或其他家庭成员,并不是分割家庭共有财产。这两种不同情况在现实生活中往往交织在一起,应当认真加以区分。

分割家庭共同财产,应当遵循以下方法:

（一）确定家庭共同财产范围

这是确定应当分割的财产的范围,如果家庭共同财产范围不能分清,则可能使分割不完全,或者分割了不属于家庭共同财产的财产。确定家庭共同财产范围,应首先确定家庭共有关系终止的时间,以此时间为准,以后的财产不再作为家庭共同财产。其次,应将家庭成员个人的财产分开,防止将个人财产混入共同财产中一起分割而损害个人的财产权益。再次,还应当将混入家庭共同财产的其他财产,如寄托的他人财产、代管的他人财产等,从家庭共同财产中分离出去。

（二）确定家庭共同财产的权利主体

该权利主体即共有人,以为家庭成员和将所得财产归入共同财产为必要条件。在理论研究和实务中,一般称家庭财产共有人为对家庭共同财产作出贡献的家庭成员。虽然是家庭成员,但是如果没有财产所得,或者有财产所得却未纳入共同财产范围,均不是家庭共有财产的权利主体,对家庭共同财产不享有共有权,因而也无分割家庭共同财产的权利。分割家庭共同财产只在有分割权的共有人中进行。

（三）确定各共有人应当分得的份额

共同共有不分份额,家庭共有财产也同样如此。但是,家庭共同共有与合伙共同共有、夫妻共同共有有所不同,即夫妻共同财产没有份额的概念,而家庭共同共有按贡献、合伙共同共有按约定或按出资额,存在潜在的应有部分。当分割家庭共同财产时,要依各共有人的贡献大小区分差别。苏联的做法是,全体成员之间均等划分;由于有劳动能力的成员生产时间短,或者自己投入劳动和资金数量不大,该成员的份额应该减少,减少的部分财产分配给其他成员。① 这种办法不仅繁琐,亦不合理。事实上,父母和子女共同生活,在一般情况下,父母的收入要超过子女的收入,完全均等分割是不合适的。

应当结合贡献大小,计算出各共有人的份额,首先分出父母的夫妻共同财产,如果有共同继承财产的,还要分出共同继承财产,对遗产在继承人中进行析产;然后分出各其他共有人的份额。

确定上述份额时,对于负担抚养、赡养、扶养其他家庭成员义务的共有人应当适当考虑多分。

具体分割家庭共有财产的办法,应依分割共同财产的一般办法,主要是:

1. 实物分割

家庭共有财产均为集合物,可按实物进行分割。对于可分物,也应进行实物分割,每人分得若干部分。

2. 变价分割

对于某些不可分或分割后损害其经济价值的共有物,或者共有人均不愿采取实物分割的共有物,可以变价出卖,将变价款进行分割。

3. 作价补偿

对于某些不能分割,或虽可分割但有的共有人愿意取得实物、有的共有人不愿意取得实物的,可以将该共有物归愿意取得实物的共有人所有,对其他共有人作价补偿。

【典型案例】

潘某某与李某某婚后一直与潘某某的母亲王某某共同生活,后生育

---

① 参见[苏]B.T.斯米尔诺夫等:《苏联民法》(上卷),黄良平、丁文琪译,中国人民大学出版社1987年版,第334页。

一子潘某。15年后,潘某某向李某某提出离婚,李不同意,潘某某向法院起诉。经调解,双方同意离婚,子女抚养也达成协议,但对潘某某祖上遗留的16张古画归谁所有发生争议,潘认为应归自己所有,李认为这些古画是夫妻共同财产,应归自己一半。诉讼中,王某某和潘某以有独立请求权的第三人的身份参加诉讼,主张该古画是王某某和潘某的共同财产,理由是潘某某的父亲去世时留有口头遗嘱,所遗古画,一半由王某某所有,一半归自己的孙子潘某所有。李某某仍主张自己也对古画享有权利,为家庭共同财产。

【案例分析】

对本案有不同的处理意见。第一种意见认为,该古画是潘家祖上遗留的财产,在没有其他证据的情况下,应认定为是王某某夫妇共同共有。王某某丈夫死亡时口头遗嘱王某某有一半的所有权,潘某有一半的所有权,等于将自己的份额遗嘱继承给了孙子,遗嘱内容有效。故这10余张古画既不是潘某某、李某某的夫妻共同财产,也不是家庭共有财产,权属明确,潘某某和李某某均无权分割。第二种意见认为,李某某的主张也有道理,这批古画既然是潘某某祖上所遗留,视为家庭共有财产不无道理,潘父将遗产遗嘱继承给其孙子,剥夺了儿子的法定继承权,是无效的。故对潘某某享有的份额,李某某有权要求分割。

这个案件从表面上看,是离婚案件的财产分割,实际上是请求对家庭共同财产的分割,这就是应当先析产,即在家庭共同财产中析出争议的夫妻共同财产,然后再进行分割。这就是"先析产,后分割"原则。在夫妻与其他亲属共同生活的家庭,分割家庭共同财产,必须先将夫妻共同财产在家庭共有财产中分开,然后才能进行分割。

这个案件还有一个特点,就是争议案件的事实虽然简单,就是16张古画,反映的家庭共同财产分割的问题却十分全面,几乎涉及家庭共同财产分割的所有问题。

处理本案,应当从以下方面着手:

首先,要确定家庭共同财产的范围。本案当事人争议的财产分割,是一个家庭共同财产分割的问题,是小一辈夫妻从家庭中分割出来,然后再离婚分割夫妻共同财产。因此,首先必须确定家庭共同财产的范围,然后才能进行财产分割。

就本案而言,对家庭共同财产的整体,双方当事人没有争议,意见是一致的,因此不必研究。现在争议的是潘父遗留的16张古画权属问题,涉及家庭共同财产的范围,要界定这些古画是不是属于家庭共同财产。

在潘母一方,主张这些古画是潘父遗嘱已经处分了的遗产,已经被潘母和潘孙继承为共同财产。但是,这只是一方的主张,是口头遗嘱,没有他人证实,不能认定为有效遗嘱。但潘某某和李某某称其为夫妻共同财产,亦无根据,也不能认定。故这些主张都不能得到证明,推定为家庭共同财产是最为公平的,因此,应当认为该批古画为家庭共有财产。

其次,应当确定共同继承遗产的范围。在家庭共同财产中,会存在共同继承的财产。本案就是一个例证。尽管将这些古画已经认定为家庭共同财产,但是,它是共同继承所得,在家庭共同财产中具有稳定的潜在应有部分,一般不会变化。在分家析产时,应当确定遗产范围,在家庭共同财产中分析出来,按照法律规定分割。争议的古画是潘家所传,因而,可视为原为潘父与其妻王某某共同共有,潘父死亡后,王某某享有一半的所有权,即8张,另一半的8张应由潘某某和王某某各继承一半,即王某某原来拥有8张,加上继承的4张,共12张;潘某某继承4张。这样,争议的古画就完成了遗产的析产问题,所有权明确了。

再次,应当确定夫妻共同财产的范围。在少一辈夫妻的夫妻共同财产中,双方当事人也没有争议,说明其范围也是清楚的,争议的只是古画的权属。潘某某继承所得4张古画,其所有权究竟是单独所有,还是与李某某共同共有是要解决的问题。按照法律规定,能够证明这份遗产只是由潘某某自己继承,可以认定为其个人所有,不能证明的,应当认定为夫妻共同财产。

最后,进行夫妻共同财产分割。在古画问题上,属于夫妻共同财产的就是4张,李某某主张分割共同共有部分,按照均等分割的规则,可分得2张古画。

第 九 章

共同继承财产

第一节　共同继承财产概述

一、研究共同继承财产的必要性

在共同共有中，共同继承财产是一个特殊问题，需要进行深入研究。这不仅是共同继承财产是由不同的民事主体对被继承人的遗产进行继承而发生的共同共有财产，而且还具有以下特殊的原因：

第一，共同继承财产发生在家庭中，或者发生在具有近亲属关系的成员之间，关系复杂，理清近亲属之间的关系，确定继承人与被继承人之间的关系，本身就是一个复杂的问题，并且在近亲属关系中总是存在各种各样的纷争和意见。

第二，由于共同继承财产发生在家庭和近亲属之间，因而共同继承财产与夫妻共同财产、家庭共同财产总是混在一起，很难理清各自的界限，财产的范围和权利界限不容易理清。

第三，在中国现实生活的家庭中，如果被继承人是尊亲属，其配偶在世，一般不进行继承析产，夫妻共同财产没有分割，家庭财产没有界限，共同继承财产的继承份额没有确定。多种财产关系混在一起,更增加了确定共同继承财产范围的难度。很久以后开始进行共同继承财产的分割,还要先对夫妻财产进行分割,对家庭财产进行分割,更增加了共同继承财产分割的难度。

第四,共同继承财产面临着两种法律的调整:首先,要遵守《民法典》继承编规定的规则和程序进行继承。其次,由于共同继承财产是共有财产,属于共有的范畴,应当适用《民法典》物权编关于共有的规定。面临着这两种民事法律的调整,使其适用法律的问题更复杂。

共同继承财产是客观存在的,其性质也是确定的,在共同继承财产关系消灭之后,要进行财产分割,使共有财产变为单独的所有权,都必须依靠《民法典》物权编的共有规则和继承法编的继承规则来调整。所以,在理论上和实践上加强研究共同继承财产,不仅有利于纠纷的解决,更有利于平衡家庭成员之间的财产利益关系,稳定社会秩序,促进社会发展。

二、共同继承财产概念

共同继承财产是一个继承法的概念,也是一个物权法的概念。对此,有的学者将其称为遗产分割前的共有,[1]道理是一样的。这就是,被继承人死亡的,其遗产无论在谁的占有下,在法律上皆作为遗产由继承人所有,但有数个继承人且在遗产未分割前,理论上由其继承人共有。因遗产分割前,不能确定各继承人对遗产的份额,理论上认为该共有为共同共有。[2]

将共同继承财产称为遗产分割前的共有,具有临时的形态,更多的是强调从继承开始之后到遗产分割之时,因而持续的时间不会很长。而在事实上,这只是共同继承财产的表现形式之一。更常见、更典型的共同继承财产是在继承开始之后,长期保持遗产共有的形态,即所有的继承人共

---

[1]　参见陈华彬:《物权法原理》,国家行政学院出版社1998年版,第480页。

[2]　参见黄薇主编:《中华人民共和国民法典物权编解读》,中国法制出版社2020年版,第321页。

同保持着共同共有遗产的所有权形式,形成一种共同共有的特殊形式。

从实质上看,共同继承财产既包括后者即长期保持遗产共有形态,也包括短时的没有分割遗产之前的遗产共有的状况,因为不管长期还是短期存续这种状态,其性质是一样的,都是共同共有,其区别只是时间的长短,是时间的量而不是质的问题。因此,共同继承财产与遗产分割前的共有基本上是一样的。

共同继承财产的概念应当如何界定,在物权法研究中,很少有学者下这个定义。有的学者提到,在继承开始后,如继承人有数人时,其中任何一个继承人均不能单独取得遗产的所有权,而只能为全体继承人所共有,此即遗产分割前的共同共有。[①] 这不是一个对法律概念的严格界定,却也说明了共同继承财产的基本情况,对界定共同继承财产概念提供了有益的启发。

共同继承财产是指继承开始后,数个继承人共同继承遗产,或者数个继承人在没有分割遗产前,对继承的遗产共同共有的财产所有形式。

这个概念既是指一种法律关系,也是指法律关系的客体即财产。按照上述定义,共同继承财产是一种权利义务关系,即共同继承人就共同继承的遗产所产生的共同共有的权利义务关系。有时候,这个概念也是指这个法律关系的客体,是被共同共有的财产,即由遗产转化而来的财产。在使用共同继承财产概念时,是在前者的范围上使用,而不是后者。在后者,本书使用"共同继承的财产"这个概念来加以区别。

三、共同继承财产的法律特征

共同继承财产具有以下法律特征:

(一)共同继承财产是一种所有权形态

共同继承财产是一种所有权形态。之所以没有使用"遗产"而是使

---

① 参见陈华彬:《物权法原理》,国家行政学院出版社 1998 年版,第 480 页。

用"财产"的表述,是因为这时的遗产已经转移到了继承人的手中,变成了财产,不再是遗产的形态。因此,它是财产的所有权形态,而不是遗产的形态,不是共同继承的遗产。事实上,遗产的概念存在的期间是极为短暂的,几乎为零。那就是,被继承人死亡,其财产就变为遗产,而遗产一经存在,如果是被继承人有数个继承人,这个遗产就马上成为共同继承人的共有财产。如果只有一个继承人,则该继承人马上接受遗产,变为继承人的财产。只有两种情形例外,一是在无人继承的情况下,遗产的形态要保持一段时间,直到被收归国有或者被集体所承受,之后才变为国家或者集体所有的财产;二是受遗赠人在确定接受遗赠之时,遗产才转变为受遗赠人的财产,受遗赠人才取得受遗赠财产的所有权,在此前的这一段时间里,遗产处于未确定所有权的形态。

(二)共同继承财产是数个继承人接受遗产所形成的所有权形态

成立共同继承财产的前提,是被继承人有数个继承人,在财产所有权的主体上,不是一个人享有的所有权,而是数人享有的所有权。只有在这种情况下,才会发生共同继承财产。如果被继承人仅有一个继承人,则发生遗产所有权转变为私人所有权的后果,不会成为共同继承财产。因此,这种所有权形态是共有,即在数个继承人身上发生对被继承人所遗留的遗产共同共有的所有权形态。每一个继承人都享有所有权,而不是分为各个不同的部分成为单独的所有权。所以,共同继承财产符合共有的所有特征,为财产共有的所有权形态。

(三)共同继承财产是遗产分割前的一种所有权形态

共同继承财产的这个特征,说明它具有时间的限制,不是永久存续的。它存在的期间,是在被继承人死亡之后,数个继承人对遗产进行分割之前的这一段时间。首先,它是在被继承人死亡之后发生,在其没有死亡之前,财产还是被继承人的财产,不会成为遗产。其次,在共同继承财产被分割之后,也不会存在这种共有的财产形式,共同继承财产由于被分割而成为单独的所有权。再次,共同继承财产并不会永远存在,总有一天会被继承人分割,因而就像所有的共同共有财产一样,最终的结果总是要被分割,变成为个人单独的所有权。

四、我国共同继承财产的基本情况

在我国,基于传统的社会观念和思想影响,在继承问题上思想还是较为保守的。最典型的表现,就是一般人都不愿意在活着的时候用遗嘱的方式处分自己的遗产。在社会上,如果一个继承人在被继承人还在世时就让他写遗嘱处分身后的遗产,会被斥之为"不孝"! 就是在父母一方死亡、另一方还在世时,也是习惯于不进行继承,而是由所有的继承人共同继承财产。正是由于这些原因,我国的共同继承财产的形式多样,较为复杂。

由于产生共同继承财产的原因不同,共同继承财产的表现形式分为三种。

(一)暂存的共同继承财产

这种类型的共同继承财产,表现为只是在共同继承人分割遗产之前的短暂时间内存在的共同继承财产,随着遗产被分割,这种共同继承财产迅速被消灭,因此,这种共有是短暂的共有形式。

(二)明示的共同继承财产

这是在继承的事实发生、继承开始之后,共同继承人共同商定,协议共同继承,将继承的遗产作为共同财产所共有。这是因继承人的共同意志而发生的共同继承财产。

(三)默示的共同继承财产

这是在被继承人死亡、继承开始以后,共同继承人都没有明确表示接受遗产或者放弃遗产,大家都默认发生共同继承财产,因而发生了默示的共同继承财产。

上述这些不同的共同继承都发生共同继承财产,形成共有的财产关系。面对这些不同类型的、复杂的共同继承财产,应当认真研究共同继承财产的权利义务内容,确定正确的规则。当出现纠纷时,正确适用法律解决纠纷,维护正常的继承秩序,保障被继承人处分遗产的愿望的实现,保护所有权。

第二节　共同继承财产关系的发生

一、共同继承财产的发生条件

按照共有理论,共同继承财产应当依据共有关系的存在和基于法律的规定而发生。这是一般情况。共同继承财产表现得较为特殊的是,不仅要具有共同关系的存在和法律的规定,还要表现为具体的发生条件,只有这些条件具备时,才发生共同继承财产。

共同继承财产依据以下条件发生:

第一,被继承人死亡、继承已经开始,是共同继承财产发生的前提条件。被继承人死亡,包括自然死亡和宣告死亡,都发生遗产开始继承的效果。这时,遗产的范围已经确定,只要被继承人有继承人,必然发生继承的后果,遗产就转化为继承人所有的财产,因而共同继承财产就有共同继承遗产发生的可能。

第二,继承人为二人或者二人以上,构成共同关系。仅有被继承人死亡、继承已经开始的条件还不能发生共同继承财产的后果,还必须具有继承人的量的条件,即继承人必须是二人或者二人以上,只有继承人在数量上符合要求,才能在数个继承人身上发生财产共有的效果。这个条件,是共同继承财产的量的要求。

第三,遗产由于共同继承或者尚未进行遗产分割而整体存在。客观上,共同继承财产的发生就是遗产还没有被分割、没有被分别继承,没有成为各个继承人单独所有的财产。正如学者指出的那样:遗产的公同共有,唯在分割遗产前一时的成立,构成特别财产。① 至于其原因,则有主观原因或者客观原因。在前述三种类型的共同继承财产中表明了这些原因,即正在等待遗产分割在没有分割遗产之前存在着的共同继承财产,或者明示共同继承遗产,或者默示共同继承遗产。

在具备上述三个条件时,共同继承财产就依照法律的规定发生了,在各个继承人之间产生共同继承财产的共有关系。

二、共同继承财产的性质和潜在应有部分

共同继承财产的性质是没有争议的,都认为是共同共有财产,由全体共同继承人对该财产共同享有权利,承担义务,符合《民法典》第 297 条关于"不动产或者动产可以由两个以上组织、个人共有"的规定。

在确定共同继承财产的性质为共同共有财产的性质后,应当着重研究各个共同共有人即共同继承人在共同共有关系中的潜在应有部分的问题。因为在共同共有关系中,共同继承财产的潜在应有部分表现得最为突出。深入研究这个问题,对于确定共同继承财产的权利义务关系具有重要意义。

共同共有存在潜在应有部分是一个客观事实。在共同继承财产中,这种潜在的应有部分有更明显的表现,这就是共同继承财产中的应继份。

遗产继承的应继份即遗产分割的份额,是指各个法定继承人应当分得的遗产的数额。② 在继承开始之后,只要存在数个继承人,就发生共同继承财产,就存在应继份。例如,夫妻二人加上两名子女,丈夫死亡,共同继承人就是妻子和两名子女共三个共同继承人。在夫妻共同财产中分出一半,为妻子所有的财产,另外的一半为丈夫的遗产,发生继承问题。这

---

① 参见史尚宽:《物权法论》,台北荣泰印书馆 1979 年版,第 164 页。
② 参见刘素萍主编:《继承法》,中国人民大学出版社 1988 年版,第 239 页。

时候,妻子和两个子女都是第一顺序继承人,都享有继承权,为共同继承人,继承的份额应当是一样的,即各三分之一。这个三分之一就是每个共同继承人的应继份。

共同继承财产中的应继份,就是这种共同共有财产的潜在应有部分。在与其他共同共有的潜在应有部分相比较,共同继承财产中的潜在应有部分表现更充分。在其他共同共有财产中,例如在夫妻共有财产和家庭共有财产中,潜在的应有部分确实是"潜在"的,并不表现出来,直到最后共同共有关系消灭时才表现出来,发挥作用。而共同继承财产的应继份不这样"含蓄",而是在继承开始时就显形表现着;即使在共同继承财产关系存续期间,它也坚持地表现着,说明继承是要按照应继份进行的;直到共同继承财产关系消灭,对遗产进行分割时,应继份就最终地发挥作用,按照应继份分割共同继承的财产。

共同继承财产潜在应有部分的这种表现,与合伙共同共有财产的潜在应有部分相似。合伙的投资是有份额的,在合伙的收益中,尽管不分份额,但是,分配红利是按照潜在应有部分进行的。因此,在研究共同继承财产中,要特别注意潜在应有部分的影响和作用。正如学者指出的那样:"各继承人对于遗产为公同共有,惟不得援用民法关于应有部分均等之推定,另设应有部分以确定其范围。"①

三、共同继承财产的主体

共同继承财产的主体是共同共有的共同继承财产的权利主体,是作为共同共有人的具有合法继承人身份的法定继承人。

在法定继承中,法定继承人的范围是由法律规定的,作为共同继承财产的权利主体,必须是法定继承人,享有继承权,并且没有丧失继承权的法定事由。

首先,共同继承财产的权利主体必须是法定继承人。按照《民法典》

---

① 史尚宽:《物权法论》,台北荣泰印书馆 1979 年版,第 165 页。

继承编的规定,法定继承人为配偶、子女、父母以及兄弟姐妹、祖父母、外祖父母。其中配偶、子女和父母为第一顺序继承人,兄弟姐妹、祖父母、外祖父母为第二顺序继承人。对公婆或者岳父母尽了主要赡养义务的丧偶儿媳或者丧偶女婿,可以作为第一顺序继承人,为合格的继承人。作为共同继承财产的权利主体,不仅是合格的法定继承人,而且还必须顺序在先,或者是第一顺序的继承人,或者虽然是第二顺序继承人但是不存在第一顺序的继承人。

其次,共同继承财产的权利主体应当具有继承能力。继承能力,是指能够作为继承人取得继承权的能力,即能够作为继承人取得继承权的法律资格。具有民事权利能力的人都具有继承能力。应当注意的是,尚未出生的胎儿在继承问题上视为已经出生,具有部分民事权利能力,应当对其保留应继份。即使是失踪的人也具有继承能力,在继承时也为合格的继承人。

再次,共同继承财产的权利主体必须是享有合法继承权,没有丧失继承权的法定事由。《民法典》第1125条规定了丧失继承权的法定事由:(1)故意杀害被继承人;(2)为争夺遗产而杀害其他继承人;(3)遗弃被继承人,或者虐待被继承人情节严重;(4)伪造、篡改、隐匿或者销毁遗嘱,情节严重;(5)以欺诈、胁迫手段迫使或者妨碍被继承人设立、变更或者撤回遗嘱,情节严重。凡是具有这些法定事由之一的继承人丧失继承权,不能作为共同继承财产的权利主体。对于后三种情形,如果继承人确有悔改表现,被继承人明示或者默示宽宥的,则不丧失继承权。

最后,共同继承财产的权利主体没有放弃自己的继承权。按照《民法典》第1124条第1款规定,继承人可以在继承开始后、遗产处理前,以书面形式作出放弃继承权的表示。没有表示的,视为接受继承。在遗产处理前,继承人明示表示放弃继承权的,也不能成为共同继承财产的权利主体。

四、共同继承的财产的范围及其特点

（一）共同继承的财产的范围

共同继承的财产的范围，是被继承人的遗产范围。共同继承的财产不是指共同继承财产关系中的权利义务关系，而是指共同继承财产关系的客体，即这种共同共有财产关系中权利义务所指向的对象，即共同共有的财产。

《民法典》第1122条对遗产范围作了明确规定：“遗产是自然人死亡时遗留的个人合法财产。”“依照法律规定或者根据其性质不得继承的遗产，不得继承。”依照上述规定，自然人遗产的范围，是在其死亡时遗留的个人合法财产。

遗产范围，是指被继承人在其死亡时遗留的可以作为遗产被继承人继承的财产范围。对遗产范围的界定有不同的立法例：一是概括式，笼统规定死亡人所有的财产在其死亡时为遗产；二是排除式，仅规定何种权利义务不能继承，将不能继承的权利义务排除在遗产范围之外，未被排除的权利义务可为遗产；三是列举式，规定何种权利义务可以继承，列举出遗产包括的权利义务的范围，未被列举为遗产的权利义务不属于遗产。原《继承法》采取的是“概括式+列举式”，既概括地规定遗产范围，又列举可为遗产的财产范围。《民法典》采取的是“概括式+排除式”，在概括规定遗产是自然人死亡时遗留的个人合法财产之后，再规定法律规定或者按照其性质不得继承的财产，不得继承。

《民法典》规定的遗产范围如下：

1. 自然人死亡时遗留的个人合法财产，都属于遗产。只要属于个人的合法财产，在其死亡时，就全部转化为遗产。

2. 排除的是：第一，依照法律规定不能继承的财产，如国有资源的使用权，自然人可以依法取得和享有，但不得作为遗产继承，继承人要从事被继承人原来从事的事业，须取得国有资源使用权的，应当重新申请并经主管部门核准,不能基于继承权而当然取得。第二,依照其性质不得继承的财产,如与自然人人身不可分离的具有抚恤、救济性质的财产权利,如抚恤金、补助金、残疾补助金、救济金、最低生活保障金等,专属于自然人个人,不能作为遗产由其继承人继承。

(二)共同继承的财产的特点

1.共同继承的财产的范围相对固定

一方面,共同继承的财产范围是法定的,应当按照《民法典》的规定确定遗产继承的范围;另一方面,遗产在被继承人死亡的时候就已经固定化了,不会改变。遗产就是遗产,其范围既不会增加,也不会减少。在这个问题上,由于共同继承的财产的范围相对固定,因而给共同继承财产权利义务的确定以及共同继承的财产的分割创造了有利条件,变得较为容易。但是,这只是共同继承财产的一个方面,是一个有利因素。

2.共同继承的财产数额不是绝对不变,会随着保持共有关系的延长而增加或者减少

共同继承的财产尽管其总的范围不会改变,具有相对固定的特点,然而在一般情况下,共同继承的财产的具体数额会随着共有关系存续期间的延长而发生变化。这就是,共同继承的财产保持共有关系的时间越短,共同继承的财产的数额变化越小,分割共同继承的财产就越容易;反之,共同继承的财产保持共有关系的时间越长,共同继承的财产的数额变化就会越大,分割共同继承的财产的难度就会变得越大。这是因为,共同继承的财产在共有关系存续期间,会因为使用而增值,也会因为使用而减损、灭失或者贬值,这种财产数额的变化是必然的。因而,法律并不鼓励更长时间地保持共同继承财产的共有关系。

3.共同继承的财产经常与夫妻共同财产和家庭共同财产交叉在一起,较难分清

在共同继承的财产中,大部分是与夫妻共同财产和家庭共同财产交叉在一起,因而权利的界限不清,财产的界限不清。在决定进行继承只是遗产尚未分割的暂存共同继承财产中,这些界限较为清楚。因为继承刚

刚发生,一切情况较为明确。在明示的共同继承财产中,由于共同继承人对于共同继承财产有明确的意思表示,愿意接受共同共有遗产的现实,因而对遗产的范围也就是共同继承的财产范围也基本上是清楚的,即使是要终止共同共有关系,也比较容易分清共同继承的财产界限。最难的是默示的共同继承财产,共同继承的财产与夫妻共同财产、家庭共同财产完全交叉在一起,容易酿成纠纷,在分割财产和处理纠纷时都会增加难度。

4. 由于众多的民营企业的出现,集合财产的共同继承较为普遍

民营企业规模大小不一,都属于私人所有,多数都是以企业的集合财产出现。在发生继承时,往往由数个继承人共同继承,共同经营。这样做,既有利于企业的发展,也有利于稳定家庭关系,对社会是有利的,只是在处理上较为复杂。另外,很多民营企业是合伙企业,被继承人是合伙人之一,其死亡之后,继承人存在继承合伙的股份或者从合伙企业中退伙清算的问题,也给共同继承的财产的处理带来困难。

第三节 共同继承财产共有人的权利与义务

一、共同继承财产共有人的权利

共同继承人对于共同继承的财产享有以下权利:

(一)共同的使用收益权

共同继承人对于共同继承的财产享有平等的用益权,可以共同或单独使用共同继承的财产,共同享用共同继承的财产产生的收益,不得主张就共同继承的财产有其特定的部分。① 因此,共同继承人自己划分自己

---

① 在此,要特别注意夫妻共同财产中的特别现象,即夫妻在夫妻关系存续期间,对于个人使用的物品属于个人财产。这不是对共同共有规则的破坏,而是法律的特别规定。

的应有部分,对其他共有人没有拘束力。

共同继承的财产往往是集合物,由全体共同继承人占有,对具体的物的占有,可以由个别继承人为之。在使用和收益中尽管可以由某继承人对某物的单独使用或将某一收益分给某继承人,但与共同使用和共同收益的原则不相冲突。

(二)共同继承的财产的部分处分权

在共同继承财产关系存续期间,对于全部共同继承的财产不能全部处分,只能处分部分共同继承的财产。

这种对共同继承的财产的处分权,属于全体共同继承人,处分部分共同继承的财产也必须经全体共同继承人一致同意,否则为无效。如果部分共同继承人擅自处分共同继承的财产,其他继承人明知而不提出异议的,应当视为同意,发生所有权转移的后果。如果其他共同继承人对处分的情况不知情,但是受让的第三人是善意、无过失,依照《民法典》第311条规定,也发生所有权转移的效力,受让人取得受让之物的所有权。

(三)物权请求权

共同继承人享有共同继承的财产的物权请求权。当共同继承的财产受到不法侵夺时,任何共同继承人均可独自行使这一权利,以保全共同继承的财产。行使此种权利,必须为全体共有人的利益而行使,不得仅为个人或者部分共有人的利益而行使。

在程序上,共有人的一人或数人正当行使物上追及权的,为适格当事人,法院不必追加其他共同继承人为共同当事人。

(四)设置共同继承的财产物上权的权利

行使此权利,应由全体共同继承人协商一致,或者由有代表权的继承人与他人以法律行为设立。例如在共同继承的财产上设立担保物权、用益物权,这种行为涉及共同继承的财产的命运,必须由全体共同继承人同意才能够实施。

（五）代表权

共同继承人行使权利可以共同进行，也可以推举一个继承人作为代表，其行为代表全体共同继承人的意志。约定推举产生的代表人，有权代表全体共同继承人处分共同继承的财产，有权代表全体共同继承人与他人实施民事法律行为，就共同继承的财产设定民事法律关系。

（六）可以请求分割自己的应有部分

在共同继承财产关系中，如果是暂存的共同继承财产关系，各个继承人不得提出分割自己应有部分的请求，须等到继承开始时，对遗产进行分割，然后取得自己应当继承的那一部分财产。《民法典》第1157条关于"夫妻一方死亡后另一方再婚的，有权处分所继承的财产，任何组织或者个人不得干涉"的规定，就是这个意思。

在明示的共同继承财产关系和默示的共同继承财产关系中，共同继承人可以请求分割属于自己的那一部分应有部分。这时，如果其他共同继承人还有数人，则共同继承财产关系仍然存在，只是进行清算分出其应有部分即可。如果除了要求分割的继承人之外，继承人只有一人，则不再存在共同继承财产关系，共同继承财产关系消灭，开始进行共同继承财产分割。

（七）优先购买权

《民法典》只规定按份共有人享有优先购买权，未规定共同共有人享有优先购买权。对于共同继承财产，部分共同继承人可以主张分割自己的应有部分并予以转让第三人时，可以借鉴《民法典》第305条规定。对此，《德国民法典》第2034条规定："如果一名共同继承人将其份额出卖给第三人，则其余的共同继承人有先买权。""行使先买权的期限为二个月。先买权可以继承。"也可以借鉴《日本民法典》第905条规定，即共同继承人与一继承人让与其应继份于第三人时，他继承人有买回权。对此，可以参照《民法典》第305条规定，部分共同继承人处分其共同继承财产中的应有部分,其他共同继承人享有优先购买权,在同等条件下,应当由其他共同继承人购买。

(八)管理权

对共同继承的财产的管理,既是权利也是义务,原则上应当由全体继承人共同进行,也可以由继承人中推举一人进行管理。[①]

二、共同继承财产的共有人的义务

共同继承人对于共同继承的财产承担如下义务:

(一)对共同继承的财产进行维修、保管、改良的义务

此项义务是全体共同继承人的义务,均应承担。具体履行这项义务,可由部分继承人负责,所支出的费用由共同继承的财产或者其使用的收益中支出。

(二)对被继承人所欠债务承担清偿责任

共同继承被继承人的遗产,也包括继承其债务。《民法典》第 1161条规定:"继承人以所得遗产实际价值为限清偿被继承人依法应当缴纳的税款和债务。超过遗产实际价值部分,继承人自愿偿还的不在此限。""继承人放弃继承的,对被继承人依法应当缴纳的税款和债务可以不负清偿责任。"共同继承人既然共同继承了被继承人的遗产,构成了共同继承财产关系,当然应当偿还被继承人生前负担的债务,各共同继承人对该债务应当负清偿责任。在共同继承的财产没有分割的,用共同继承的财产清偿即可。

(三)对共同继承的财产所欠债务的连带清偿责任

依照《民法典》第 307 条规定,因共同继承的不动产或者动产产生的

---

① 参见史尚宽:《物权法论》,台北荣泰印书馆 1979 年版,第 166 页。

债务,包括修缮、管理、改良共同继承的财产,或者共同继承的财产造成他人损害,或者各共同继承人为共同继承财产事务造成他人损害所产生的债务,在对外关系上,共有人享有连带债权、承担连带债务;在共有人内部关系上,共同共有人共同享有债权、承担债务。

第四节　共同继承财产关系消灭和析产分割

一、共同继承财产关系消灭

（一）共同继承财产消灭的原因

共同共有财产关系的消灭,在于产生这种共同共有财产关系的基础关系的终止。在共同继承财产关系消灭问题上,原则上也适用这个规则,但有其特点。这就是,共同继承的关系消灭,例如所有的共同继承人协议不再保持共同继承关系;但在一个共同继承人主张分割自己应有部分时,这个主张也可能会导致共同继承财产关系的消灭。

共同继承财产关系消灭的原因是:

1. 暂存的共同继承财产分割遗产

暂存的共同继承财产,是一种继承的过渡阶段,是连接被继承人死亡到遗产被分割完毕之间的过渡阶段,也是连接继承发生到继承开始的这个阶段的过渡。因此是一种暂时的状态。当遗产清理完毕之后,开始进行遗产分割,共同继承财产的这种共同共有关系就消灭了。

这种共同继承财产的消灭原因是继承的一般程序,不涉及严格的、典型的共同继承财产分割的问题,仍然属于一般的财产继承问题。

2. 部分共同继承人请求分割共同继承财产

在部分共同继承人提出分割共同继承财产时,也消灭共同继承财产关系。除了被继承人有禁止分割遗产的遗嘱或者契约另有约定之外,各

继承人可以随时请求分割共同继承财产。① 部分共同继承人提出分割共
同继承的财产的请求，如果不主张分割共同继承的财产的继承人还有数
人的话，那么分割出去部分共同继承人的共同继承财产应有部分，其余的
部分还可以继续存在共同继承财产关系，这种情况是部分消灭共同继承
财产关系。如果只剩下一个继承人，或者剩下的数个继承人也不再保持
共同继承财产关系，那时，共同继承财产关系就完全消灭了。

3. 全体共同继承人协议终止共同继承财产关系

在共同继承财产关系存续期间，全体共同继承人协议终止共同继承
财产关系，发生消灭共同继承财产关系的后果。这种消灭共同继承财产
关系的原因，是最典型的共同继承财产关系消灭的原因。

4. 其他原因

其他消灭共同继承财产关系的原因还有，共同继承的财产灭失，共同
继承的财产被转让等，这些原因也都消灭共同继承财产关系。例如，父母
一方死亡时没有继承，形成共同继承遗产关系；待父母另一方死亡时，开
始分割共同继承的遗产。

(二)共同继承财产关系消灭的后果

共同继承财产关系消灭的后果，一般认为是"其分割溯及于继承开
始时，发生效力"②。可以参考的立法例是《日本民法典》第 909 条："遗产
的分割，溯及到继承开始时生效。"这就是说，不论共同继承财产关系存
续多久，其一旦消灭，其分割遗产的效力一直溯及到继承开始之时，从那
时候起，计算共同继承的财产的分割问题。不过，我国台湾地区民事有关
规定第 1167 条作这样规定，此条已经删除，理由是，作这样的规定，等于
根本否定共同共有存在的实际情况，并且与共同继承财产存续期间各共
同继承人应负担保责任的规定相矛盾。这种意见是正确的。这就是，既
然承认共同继承财产的共有性质，就应当承认分割共同继承的财产就是

① 参见史尚宽：《物权法论》，台北荣泰印书馆 1979 年版，第 166 页。
② 史尚宽：《物权法论》，台北荣泰印书馆 1979 年版，第 166 页。

分割共同共有财产,效力并不溯及既往。

不过,对于暂存的共同继承遗产,分割遗产时,其效力追溯至继承开始之时。

二、析　产

在共同继承财产关系消灭之后,共同继承的财产分割之前,须对共同继承的财产进行析产,确定共同继承的财产的具体数量,为共同继承的财产进行分割做好准备。

由于社会生活的复杂性和共同继承的财产的广泛性,决定了某一个人可能会出于满足家庭生活需要的目的或者其他各种目的而与家庭其他成员或者其他社会成员建立共有关系,形成了各种不同形式的共有财产混合在一起的情况。在该自然人死亡之后如果不进行析产,就没有办法确定遗产的范围,就无法进行继承。

所以,在共同继承财产关系消灭之后,必须进行析产。在司法实践中流行"先析产、后继承"的说法,就说明了析产在继承中的重要性和必要性,对此,司法实务工作者务必重视。

(一)共同继承的财产与夫妻共同财产的分析

《民法典》第1153条第1款规定:"夫妻共同所有的财产,除有约定的外,遗产分割时,应当先将共同所有的财产的一半分出为配偶所有,其余的为被继承人的遗产。"这一规定,就是在夫妻共同财产中析出死亡的一方配偶的遗产,确定遗产的范围。在我国,法定的夫妻财产性质是共同共有,除非当事人另有约定。只要没有其他的约定,夫妻财产制就是法定的夫妻共有财产制。因此,分析夫妻共同财产与共同继承的财产,就是要将夫妻一方的财产分开,确定死亡的一方配偶的财产为遗产。

在进行这种析产时,应当把握如下规则:

首先,要析出夫妻个人财产,将夫妻一方的婚前财产和婚后所得的依照法律应当为个人所有的财产分出来,作为生存一方的财产和死者的遗产。

其次,确定夫妻共同财产的范围。将凡是属于夫妻共同财产的财产都放在一起统计,确定夫妻共同财产的范围。

最后,将确定为夫妻共同财产的财产一分为二,一半作为生存一方当事人的个人财产,另一半确定为遗产。

如果夫妻双方约定为分别财产制的,则不存在这种析产问题。

(二)共同继承的财产与家庭共同财产的分析

《民法典》第1153条第2款规定:"遗产在家庭共有财产之中的,遗产分割时,应当先分出他人的财产。"这一规定,是规定在家庭共有财产中析出遗产,确定遗产的范围。

分析家庭共同财产和共同继承财产,是因为死者的遗产与家庭共同财产混合在一起,需要分清,确定遗产范围。这就要在家庭成员共同创造、拥有的财产中,将死者应有部分分析出来,确定是他的遗产。

首先,应当析出家庭成员个人的财产。属于个人所有的财产为个人所有,不能作为家庭共同财产分割。例如,个人的生活用品,未成年家庭成员接受遗赠、赠与所得的财产,转业退伍军人的生活安置费、治疗费等费用,用于个人治疗的损害赔偿金等,这些都是个人财产,不能作为家庭共同财产。

其次,析出家庭共同财产中属于子女的财产。对家庭共同财产作出贡献的子女,在家庭共同财产中享有权利,析产时应当将他们的财产应有部分析出,不能当成父母的共同财产作为遗产一起分割。对于其他家庭成员的财产也应当分出,不能作为遗产的组成部分。此外,还应当将混入家庭共有财产的其他财产,如寄托的他人财产、代管的他人财产等,从家庭共有财产中分离出去。

再次,在家庭成员一起出资建立的财产,不论是按份共有,还是共同共有,都要按照应有部分或者潜在的应有部分,分出死者的部分,作为遗产分出,打入遗产的范围。

最后,析出被继承人的个人债务。被继承人生前所欠的债务,有的是家庭共同债务,有的是个人债务。应当区分开,用于满足家庭共同生活需要所欠债务,为家庭共同债务,应当作为家庭共同财产的一部分,被继承人只承受属于自己的那一部分,作为遗产的负担。用于被继承人为了个人某种需要所欠的债务,为个人债务,为遗产的组成部分,用遗产中的其他财产清偿。

经过这样的析产过程,就确定了家庭共同财产中的遗产部分,分出来为遗产范围。

(三)共同继承的财产与其他共同财产的分析

共同继承的财产与其他共同财产的分析,主要是指共同继承的财产与合伙共同财产的分析。在实践中,被继承人与他人合伙经营,其投资和创造的经营所得都有被继承人的潜在应有部分。被继承人死亡,如果分割共同继承的财产,就必须从这个合伙中分析出死者的财产作为遗产,才能够进行分割。

首先应当确定被继承人的投资数额,其次应当确定在合伙收益中被继承人的应有部分。将两项财产份额加到一起,就是被继承人的全部遗产。将这一部分财产析出,就是共同继承的财产部分。

三、分　割

遗产的分割就是在共同参与继承的继承人之间,按照继承人应当继承的份额予以分配。遗产在分割前由全体继承人共有,分割之后,各继承人所获得的遗产即转为其个人财产。[1]

分割共同继承财产,应当遵守《民法典》第 1156 条规定的不得损害遗产效用的原则,坚持发挥遗产的实际效用,以有利于生产和生活需要。[2]

---

[1]　参见黄薇主编:《中华人民共和国民法典继承编释义》,法律出版社 2020 年版,第 139 页。

[2]　参见杨立新:《中国民法典释评·继承编》,中国人民大学出版社 2020 年版,第 223 页。

（一）确定共同继承的财产的增减

对共同继承的财产进行分割,遗产的范围应当按照继承开始的时候确定。在现实中,尤其是在明示或者默示的共同继承财产关系中,这种状态已经延续了很长时间,财产必然会出现变化。当对共同继承的财产进行分割时,不仅要将遗产的范围确定清楚,同时还要将遗产的增减数额及其原因分析清楚,为共同继承的财产的分割做好准备。

分清共同继承的财产的自然消耗和折旧。这些因素应当从共同继承的财产中予以扣除。其中包括知识产权所交纳的年费等费用。

分清共同继承的财产的增值。共同继承的财产在经营中发生增值的,应当将增值部分计算清楚,也作为共同继承的财产的范围,参加分割。如果共同继承的财产增值较大或者巨大,则应当成为一般的共同共有财产,按照共同共有财产分割,而不再考虑以共同继承的财产的分割方法进行分割。

分清个人对共同继承的财产的占用或者侵占。在共同继承财产关系存续期间,有的共同继承人占用共同继承的财产或者对这一部分财产非法侵占的,应当准确确定,追回作为共同继承的财产参加分配;也可以将其价值作为分割给该人的部分,而不予追回。

（二）在共同继承的财产中分出保留的部分

按照《民法典》第 1155 条规定:"遗产分割时,应当保留胎儿的继承份额。胎儿娩出时是死体的,保留的份额按照法定继承办理。"这种保留,只是对于暂存的共同继承财产发生作用。对于明示的或者默示的共同继承财产关系,由于存续的时间较长,继承发生时的胎儿已经出生,成为有继承权的人,已经加入到共同继承人的行列,或者娩出时为死体的不再作为继承人存在,或者出生后已经死亡又发生继承的问题。因而不必再保留应继份。只有在对暂存的共同继承财产关系进行遗产分割时,一定要保留胎儿的应继份。

（三）确定各人应当分得的份额

对此，应当按照《民法典》第 1130 条规定进行。该条的内容是："同一顺序继承人继承遗产的份额，一般应当均等。""对生活有特殊困难又缺乏劳动能力的继承人，分配遗产时，应当予以照顾。""对被继承人尽了主要扶养义务或者与被继承人共同生活的继承人，分配遗产时，可以多分。""有扶养能力和有扶养条件的继承人，不尽扶养义务的，分配遗产时，应当不分或者少分。""继承人协商同意的，也可以不均等。"

1. 在一般情况下应当均等分割

一般情况，是指同一顺序的各个继承人在生活状况、劳动能力，以及对被继承人所尽赡养（扶养）义务等情况基本相同，没有大的区别。在这种情况下，应当均等分割。

2. 在特殊情况下可以不均等分割

对生活有特殊困难的缺乏劳动能力的继承人，对被继承人尽了主要扶养义务或者与被继承人共同生活的继承人，可以多分财产；对于有扶养能力和扶养条件却不尽扶养义务的继承人，可以不分或者少分。各继承人协商同意不均等分割的，也可以不均等分割。

（四）具体的分割方法

具体分割共同继承的财产的办法，应当按照《民法典》第 1156 条和第 304 条规定的方法进行。第 1156 条规定："遗产分割应当有利于生产和生活需要，不损害遗产的效用。""不宜分割的遗产，可以采取折价、适当补偿或者共有等方法处理。"第 304 条规定："共有人可以协商确定分割方式。达不成协议，共有的不动产或者动产可以分割且不会因分割减损价值的，应当对实物予以分割；难以分割或者因分割会减损价值的，应当对折价或者拍卖、变卖取得的价款予以分割。""共有人分割所得的不动产或者动产有瑕疵的，其他共有人应当分担损失。"具体的分割办法主要是：

1. 实物分割

共同继承的财产均为集合物,可按实物进行分割。对于可分物,也应进行实物分割,每人分得若干部分。

2. 变价分割

对于某些不可分或分割后损害其经济价值的共同继承的财产,或者各个继承人均不愿采取实物分割的共同继承的财产,可以变价出卖,将变价款进行分割。

3. 作价补偿

对于某些不能分割,或虽可分割但有的继承人愿意取得实物、有的不愿意取得实物的,可以将该财产归愿意取得实物的继承人所有,对其他继承人作价补偿。

对于知识产权的分割,可以约定在以后发生经济效益时,按照份额分配,也可以作价分割。

对于合伙股权的分割,可以分割股权,每一个共同继承人享有不同的股份,作为合伙人参加合伙。不过这种办法应当经过其他合伙人同意。也可以将股权作价,对价款进行分割。

【典型案例】

耿某甲系被继承人耿某某与前妻所生之女,贲某系被继承人耿某某之妻,耿某乙、耿某丙、耿某丁系贲某与前夫所生子女。贲某与耿某某双方均系丧偶再婚,二人结婚时贲某的子女即耿某乙、耿某丙、耿某丁均已成年,与耿某某未形成抚养关系。2017 年 3 月 22 日,耿某某因病去世。耿某某婚前有房屋两间,与贲某婚后又加盖坯房两三间,面积不详。2014 年上述房屋拆迁,以耿某某名义签订拆迁协议,并申购"西柿路 203 室""西柿路 703 室"两套安置房,均登记在耿某某名下。西柿路 203 室交付后,由耿某甲装修并交纳物业费用,双方当事人一致认可花费约 5 万元。2015 年 9 月 22 日,耿某某在两律师的见证下立下遗嘱,载明:其百年后,西柿路 203 室由耿某乙、耿某丙、耿某丁继承,其余财产按法律规定继承。遗嘱由耿某某签名捺印,另附有两律师的律师见证书等附件。耿某乙、耿某丙、耿某丁向法院起诉,请求继承西柿路 203 室房屋 50%,耿某甲协助过户。

【案例分析】

对于本案,一审法院认为,夫妻在婚姻关系存续期间所得为共同财产,争议房产虽登记在被继承人耿某某名下,但是,确实为夫妻共同所建,安置房的安置对象也应为夫妻二人,耿某甲对房屋的装修款应从该房产中析出,而以有效遗嘱将个人财产赠给国家、集体或者法定继承人以外的人实为自己的权利。耿某某在遗嘱中未涉及的其他遗产方可依法定继承办理。耿某甲不服一审判决,提出上诉。二审法院经审理,认为一审认定事实清楚,适用法律正确。

本案的共同继承财产,是暂存的共同继承财产,而不是明示的或者默示的共同继承财产。对此,应当依照继承的遗产分割的一般规则处理。

案中诉争房屋产权虽然登记在被继承人耿某某名下,但被拆迁房产含有耿某某与贲某婚后所建部分,安置房的安置对象也应为夫妻二人。根据案发时有效的原《继承法》对遗产分割前析产的规定,该房屋为夫妻二人共同所有的财产,二人之间又无特别约定,所以在分割遗产时,均应当先将共同所有的财产的一半分出为生存一方的配偶所有,其余一半方为被继承人的遗产。故该房产中能作为遗产被继承的部分仅应为 50%,另 50% 应归贲某所有,而非仅为耿某某个人所有。同理,如果被继承人死亡时其遗产在家庭共有财产当中,那么在遗产分割时,也应当先将其他人的财产分割出来,剩下的才是被继承人的遗产,即遗产只能是属于被继承人个人所有的那部分财产。

第 十 章

合伙共有财产

第一节 合伙共有财产概述

一、研究合伙共有财产的必要性

合伙共有财产是共有权中的一种重要形式,应当进行深入研究。

以往对于合伙共有财产的研究,一般从两个角度出发进行研究:一是从合伙的民事主体角度出发进行研究,主要是我国大陆民法学者的做法,原因是原《民法通则》将合伙规定在民事主体制度中,是从研究民事主体制度的角度,对合伙这种准民事主体进行研究,涉及合伙的财产制度,指出其财产制度的形式是合伙共有财产。二是从合伙合同角度出发进行研究,主要是我国台湾地区民法学者以及国外多数学者的做法,原因是我国台湾地区民事有关规定和国外民法将合伙规定在债法中,作为有名合同,当事人缔结合伙合同产生了合伙的共有财产,并对此展开研究。《民法典》合同编第二十七章专门规定了"合伙合同",使合伙回归合同领域。

对合伙的研究,很少从物权特别是共有权的角度专题研究合伙共有财产。事实上，对合伙从财产所有的角度，即从物权法的角度进行研究，是重要而且是必要的，理由是：

首先，合伙作为享有财产所有权的权利"主体"与其他主体不同。在民法的主体制度上，只有自然人、法人和非法人组织。而合伙作为财产所有权的主体，却与这些法定的所有权主体都不相同，既不是法人、非法人组织，又不是自然人，而是一种特别的"主体"。这就是，合伙是一种近似于民事主体又不是民事主体的自然人组合。这样一种独特的自然人组合享有财产所有权，必定存在自己的特色。

其次，合伙作为所有权的权利"主体"，其产生以及存在形式都是基于合同，而不是基于主体自己。合伙既不是自然人本人的所有权，又不是法人、非法人组织的所有权，作为一个组合的多主体享有的财产权，就是财产共有。

再次，在共同共有财产关系中，合伙共有财产也有自己的特色。这不仅是由于合伙财产的一般形式是共同共有而不是按份共有，更重要的是，合伙共有财产既不分份额，又有份额的因素；既有份额的因素，又没有应有部分；在合伙投资的财产中，有着明显的份额因素，在收益的财产中，则完全没有应有部分；在全部财产中不存在应有部分，但在分红时，又完全按照份额进行。因此，尽管合伙共有财产的性质一般认为是共同共有，但是，合伙在适用共同共有的基本规则时，却存在很多具体问题需要进行研究。

应当看到的是，《民法典》规定合伙合同，使民法对合伙的规制回归正确的轨道，是对的。但是，《民法典》关于合伙合同的规定又过于拘泥于合同的规定，对合伙的很多问题没有规定，包括合伙财产的规则也不够具体，都需要进一步完善。

正是由于合伙财产具有这些特殊的问题，对合伙应该更加重视从财产的角度、从物权法的角度进行研究。要从共有权的角度研究合伙共有财产，观察合伙共有财产发生、发展的现象，揭示其运行的规律，提出规范合伙共有财产的规则和对合伙共有财产纠纷的处理意见。

二、合伙共有财产的概念及特征

（一）合伙共有财产的概念

合伙共有财产与合伙财产这两个概念没有原则的差别,这是因为就一般情况而论,合伙的财产由合伙人共有,合伙财产即为合伙共有财产。有的学者根据原《民法通则》第 32 条关于"合伙人投入的财产,由合伙人统一管理和使用"的规定,认为在某些情况下,合伙人投入的某些财产如不以所有权为出资或出资而不形成共同财产,[①]就有一部分合伙财产不是合伙共有财产,因而合伙财产与合伙共有财产仍有些许差别。这样的意见是不正确的。对此,《民法典》第 969 条第 1 款已经明确规定:"合伙人的出资、因合伙事务依法取得的收益和其他财产,属于合伙财产。"就实际情况分析,无论怎样,合伙财产是合伙共有财产,将合伙共有财产与合伙财产两个概念等同使用,并无大的错误。

但是,应当特别区分这两个概念的差别。合伙共有财产指的是合伙人在合伙财产上产生的权利义务关系,因此,合伙共有财产就是合伙的共有财产关系。而合伙财产则作为合伙共有财产关系的客体,即具体财产,合伙人的投资和合伙经营的积累的总和。本书从这样的界定上严格区别这两个概念。

关于合伙共有财产概念的界定,主要有以下见解:一是认为合伙财产是合伙人因出资而直接构成的共有财产和合伙经营积累的共有财产。[②]二是认为合伙人在组织合伙时按照合伙合同投入的财产以及合伙在经营中积累的财产是合伙财产。[③]三是认为合伙财产即合伙基于共同经营的事业的目的所构成的集体财产。[④]

上述第三种意见的不准确之处,是显而易见的。首先,强调合伙财产

---

① 参见王利明等:《民法新论》(上册),中国政法大学出版社 1988 年版,第 331 页。

② 参见王利明等:《民法新论》(上册),中国政法大学出版社 1988 年版,第 330 页。

③ 参见王家福等:《民法基本知识》,人民日报出版社 1987 年版,第 73 页。

④ 参见王铿:《论合伙财产与合伙债务》,《上海法学研究》1994 年第 2 期。

是"集体"财产是不准确的。使用"集体"的概念，如果是指财产的集合，应当使用"集合"这一用语，如果是指财产具有集体所有的性质，则是错误的。在研究财产所有的领域中使用"集体"这个概念，本身就是具有"集体所有"的含义。其次，强调合伙财产基于共同经营事业的目的而构成，并没有表述其怎样构成，不合法律概念定义的规则。

前两种意见均指出了合伙共有财产的两种来源及构成，是准确的，其差异在于，前者强调共有性，后者未明确强调其共有性；其用意，前者希望强调合伙财产构成的两部分共有性质不同，后者希望指出合伙共有财产为同一种共有。对这种分歧意见，本书将在后文进行讨论。

界定合伙共有财产这一概念，应当特别注意以下三个方面的问题：

第一，应当揭示合伙共有财产的两个不同来源，也就是合伙共有财产的两个构成因素。合伙财产并不是一个完整的财产。这样表述，是说它的构成是两个部分，一部分是合伙人的投资，一部分是经营积累。没有这两部分的财产构成，就没有完整的合伙财产，也就没有合伙共有财产关系的发生。

第二，应当揭示合伙共有财产的共有性质。合伙共有财产的性质是共有，而不是一般的单独所有，这是在所有权形式上合伙财产关系的基本特点。如果在界定合伙共有财产概念对共有这个基本性质不加以说明，这个定义就不准确。

第三，应当揭示合伙共有财产是一种所有权的形式，构成共有的权利义务关系，它反映的不是作为共有客体的物，而是要反映合伙共有关系。这正是本书严格区分合伙财产和合伙共有财产两个概念的基本立场和用意。

基于以上分析，给合伙共有财产下一个定义是：合伙共有财产是指由合伙人依照合伙合同向合伙投资的财产和合伙在共同经营中积累的财产所构成的共有物，由全体合伙人所共有的权利义务关系。这一定义符合《民法典》第996条规定的要求。

（二）合伙共有财产的特征

合伙共有财产具有以下法律特征：

1. 合伙共有财产基于合伙关系根据法律规定而产生

合伙共有财产的产生须具备两个条件,一个是其前提条件,是合伙财产关系发生的事实基础,即合伙关系的存在。没有这个事实基础,就没有合伙共有财产的产生基础。合伙关系依合同而产生,合伙合同生效,合伙财产关系就具有了产生的基础。另一个是法律条件,当合伙关系产生以后,合伙共有财产的产生不是依合伙人的合意,而是依法律规定,基于合伙关系的存在而必然发生。

证明这一观点的证据,就是合伙人如果约定合伙财产为个人所有,则该约定无效。合伙共有财产的发生具有法定性,这是一种强行法规定,任何合伙的财产关系均须接受法律的约束。

2. 合伙共有财产的客体构成具有组合性

合伙共有财产的客体是合伙财产由两部分组成,一部分是合伙人的投资,是各合伙人从自有财产中拿出来投入到合伙财产当中的,是合伙财产的原始积累;另一部分是合伙经营的收益积累,即在合伙财产的基础上开展经营活动,创造出来的新价值。在这一点上,合伙共有财产与其他共有财产具有明显的不同。其他共有财产一般没有这种财产的区别,有的有这两种财产却不能区分得这样截然。前者如共同继承财产,全部共有财产均为共同关系产生之后所取得,后者为夫妻共有财产和家庭共有财产,有的是婚后夫妻共同劳动所得,或者家庭成员劳动所得,有的也有婚前财产或者参加家庭共有财产之前的所得部分。合伙共有财产客体的这种构成的组合性,即具有较强的人合性和一定的组织性,[①]使它的财产关系更加复杂。

3. 合伙共有财产的权利是全体合伙人享有一个所有权

对合伙财产,全体合伙人都是共有人,平等地享受权利,承担义务。这种权利义务关系与其他共有一样,在共有关系存续期间,各合伙人对全部共有财产平等地享有占有、使用、收益的权利,具有平等的处分权,同时

---

①　参见黄薇主编:《中华人民共和国民法典合同编释义》,法律出版社 2020 年版,第999 页。

也要平等地承担义务。在这个基础上,产生合伙共有财产的对内对外关系。

4.合伙人对合伙共有财产对外享有连带权利承担连带义务

合伙共有财产是共同共有财产关系,基于共同共有关系而设定的权利为连带权利,每个合伙人都是连带债权人;基于共同共有关系发生的债务为连带债务,每个合伙人都是连带债务人。因此,合伙共有财产关系所产生的权利义务,都是连带权利和连带义务。《民法典》第973条规定:"合伙人对合伙债务承担连带责任。清偿合伙债务超过自己应当承担份额的合伙人,有权向其他合伙人追偿。"

第二节　合伙共有财产的性质

一、合伙共有财产性质的比较

(一)古代的合伙共有财产

合伙具有悠久的历史。在罗马法时,合伙关系就已经相当发达,不仅合伙有相当复杂的分类,而且要求每个合伙人均有义务提供已允诺的投资标的。合伙设置管理人,该管理人有义务提供所获得的红利,为延迟分红而支付利息,并必须汇报账目,也有权为对共同物支付的必要费用和有益费用获得补偿。① 这种合伙财产的共有为按份共有。

我国古代关于合伙的记载比罗马法还要早。在春秋时期,管仲与鲍叔牙之间就在合伙经商,产生合伙共有财产。《史记·管晏列传》记载:"管仲曰:吾始困时,尝与鲍叔贾,分财利多自与,鲍叔不以我为贪,知我贫也。"生动地记载了这个时期的合伙共有财产关系。直至民国民法,才

---

① 参见[意]彼德罗·彭梵得:《罗马法教科书》,黄风译,中国政法大学出版社1992年版,第380页。

对合伙共有关系作了详细规定,建立了现代的合伙共有关系法律制度。

（二）现代的合伙共有关系

在现代经济活动中,合伙已经是典型的经营形式,现代民法都对合伙形式及其财产共有形式进行规制。各国民法规定合伙共有财产关系,分为以下三种不同的立法例:

1. 确认合伙具有法人地位,合伙财产为合伙独立财产

《法国民法典》原来并没有合伙具有独立民事主体地位的规定,1978年对民法典进行修订,在第1842条作了新规定:"除第三章规定的隐名合伙以外的合伙,自登记之日起享有法人资格。"具有法人资格的合伙,其财产即为独立财产,合伙作为独立的民事主体,对合伙财产享有独立的所有权。依照《法国民法典》的规定,除了隐名合伙以外,合伙的财产是单独所有权。

2. 确认合伙性质为合同关系,合伙财产为共同共有财产

德国法、瑞士法及我国台湾地区民事有关规定均采这种立法例。《德国民法典》第718条规定:"各合伙人的出资以及通过合伙执行事务而取得的物件,均为全体合伙人的共同财产。"《瑞士债法典》第531条规定:"每一个合伙人应当提供出资,出资可以为资金、货物、债权或者劳务。但另有约定的除外。"第532条规定:"合伙人共同分享实质上属于合伙之利润。"我国台湾地区民事有关规定第668条规定:"各合伙之出资,及其他合伙财产,为合伙人全体之公同共有。"这种立法例确认合伙的性质是合同关系,不具有独立的民事主体地位,其所享有的所有权就是共同共有。

3. 确认合伙性质为合同关系,合伙财产为按份共有财产

日本法采此种立法例。《日本民法典》第668条规定:"各合伙人的出资及其他合伙财产,属全体合伙人共有。"该立法沿习罗马法,个人色彩特强,突出各个合伙人的财产份额,突出各个合伙人的地位,因而对于合伙的团体性不能适应。近世日本学说渐改为合伙共有财产以合有说为通说,认为合伙共有财产属于全体合伙人的合有,即共同共有。①

---

① 参见郑玉波:《民法债编各论》(下),台北三民书局1981年版,第655页。

二、对合伙共有财产性质的不同观点

在我国，合伙共有财产究竟是什么性质，始终存在争议。

在原《民法通则》公布施行之前，法学界存在两种意见。一种意见认为，合伙财产是集体所有制性质的社会主义公有财产。[①] 另一种意见认为，国家有关行政法规认为合伙财产仍属于个人所有，如 1983 年《国务院关于城镇劳动者合作经营的若干规定》认为：合作经营组织成员入股的资金或其它财物仍属个人所有，归合作经营组织统一使用和管理。

《民法通则》公布施行以后，认为合伙财产为共有财产已成为学术界的共识，但是，关于合伙共有财产究竟是按份共有还是共同共有，合伙投资与合伙积累究竟是否为同一性质的共有，意见分歧，有以下四种不同主张：

（一）"统一共有"说

这种主张认为，合伙财产同各合伙人自己所有的其他财产是划分开的，具有相对的独立性，合伙财产属于全体合伙人共有。合伙财产的出资与积累是一个统一的整体，立法虽作两款规定，但不能解释合伙财产可以分成不同性质的两部分。[②] 学者认为，这两部分财产都是全体合伙人的共有财产，必须按照财产共有关系的法律要求，由全体合伙人对合伙财产进行统一管理和使用。[③] 这种主张虽然没有指出共有是何性质，但实际上是指共同共有。

（二）"出资与积累两立"说

这种主张认为，《民法通则》第 32 条对合伙共有财产之所以分为第 1 款与第 2 款的不同而作出规定，就是为了体现出资与积累这两种财产性质的差别，且第 1 款未对合伙投资的法律性质作出明确规定，这意味着不

---

① 参见袁建国：《合伙财产的法律性质种类》，《法学研究》1985 年第 5 期。
② 参见王家福等：《民法基本知识》，人民日报出版社 1987 年版，第 23 页。
③ 参见佟柔主编：《民法总则》，中国人民公安大学出版社 1990 年版，第 142 页。

否认出资可以构成按份共有,也不排除出资仍归个人所有。至于合伙积累,则为共有财产,性质当属共同共有。① 学者进一步认为,应当改变合伙财产性质的一般理解,承认合伙财产可能由合伙人个人所有而不形成共有的财产组成,或由合伙人个人所有与合伙人共有的两部分组成。②

(三)"按份与共同两立"说

这种主张认为,合伙共有财产分为两种性质,即共同共有和按份共有。在多数情况下如营利性商业合伙的合伙财产属于共同共有,少数情况下如非营利性合伙的合伙财产属于按份共有。③

(四)"按份与共同结合"说

这种主张认为,合伙共同财产的性质是共有,基于合伙出资和合伙经营积累的不同,而分为两种不同的共有性质。合伙投资是按份共有,按照各合伙人实际投资的比例,确定的就是应有部分,享有份额权;经营积累则是共同共有,各共有人不分份额地共同享有权利,共同承担义务,直到合伙关系消灭之前,这种共同共有关系不得改变。

三、合伙共有财产的性质是共同共有

上述四种主张各有不同特点。笔者基本同意第一种意见,但是有所修正:

(一)将合伙财产分成两种不同的共有没有理论、实践根据

合伙,按照《民法典》第 967 条规定,是"两个以上合伙人为了共同的事业目的","共享利益、共担风险"的组织。合伙经营、共同劳动的目的,是为共享利益。可见,营利是合伙的基本目的。如果两个以上的自然人

---

① 参见王利明等:《民法新论》(上册),中国政法大学出版社 1988 年版,第 330—333 页。
② 参见佟柔主编:《中国民法》,法律出版社 1990 年版,第 145 页。
③ 参见戴淳隆等:《论合伙》,《法学研究》1986 年第 5 期。

出资经营、劳动,并不意图获取利益,似乎不是原本意义上的合伙。即使仍然将这种合伙认定为合伙,这种非营利性合伙的财产作为共有也没有实际意义。须知,之所以将合伙财产确定为共同共有,就是要增强合伙的团体性,使其个人色彩降低,以适应现代社会对合伙的要求。

(二)出资和积累不能分为两种性质

出资和积累对于合伙来说,是否就是不同性质的共有,甚至是不同性质的所有权呢? 对此,应当持否定态度。理由是:

1. 合伙之所以在社会生活中历久不衰,在当代社会经济中日益发达,除了它的组织性之外,在于它的财产共有性。各合伙人出资,虽然都是个人财产,但是,它们聚集在一起,形成新的共有权,就构成了合伙基础财产的团体性、共同性,使合伙可以利用这一财产去经营事业,应付风险,创造财富,承担责任。缺乏这样的财产基础,合伙难以发展它的事业。如果在出资的财产中,有的仍属于合伙人个人所有,尽管可以用所有权与权能相分离的理论来解释,但这种理论似与确定合伙财产为共有的目的不合,降低合伙的团体性质和社会信誉,不适应市场经济对合伙的要求。

2. 合伙财产的全部特征都符合共有的特征,难以将合伙财产分成出资和积累这样两种不同的共有乃至所有形式。一般认为,共同共有的特征,一是共同共有依共同关系而发生,二是在共有财产中不分份额,三是共同共有人平等地对财产享有权利承担义务,四是共同共有人享有连带权利承担连带义务。如前所述:(1)合伙财产依合伙关系而发生,符合共同共有的第一个特征;(2)合伙财产有组合性,在积累的财产中自然不分份额,在投资的财产中虽然在各个出资中各有份额,但其构成合伙投资的整体财产以后,它的份额就变成潜在的份额,不到合伙终止,不再分其份额大小,况且待投资与积累融为一体时,也难以分出投资和积累的界限,因而符合共同共有的第二个特征;(3)合伙人财产体现全体合伙人的共有权,全体合伙人对共有财产平等地共享权利,共负义务,符合共同共有的第三个特征;(4)合伙人对合伙共有财产对外享有连带权利,承担连带义务,符合共同共有的第四个特征。可以看出,无论是合伙出资和合伙积累,都完全符合共同共有的法律特征。相反,按份共有的最基本特征是共有人的应有部分以及相应的份额和份额权,具体表现为共有人可以按照其份额行使权利,并可以要求分割份额,予以转让。在合伙中,即使是对投资,各合伙人也不具有这种权利。因而,投资也不可能是按份共有。同样,即使投资为所有权分离的权能,分离的权能则构成用益权,而用益权本身就是财产权,且用益权完全可以构成共有权的客体,民法理论称为准共有。当以用益权投资于合伙时,用益权与其他投资财产构成完整的合伙共有财产的组成部分,而不属于用益物所有人自己享有。以所有权权能分离为理由而认定某些共有投资为个人所有,是不充分的。如果是合伙人出资货币、实物而约定为个人所有,排斥共有权的适用,则违背合伙规则,为合伙法律所禁止。

3. 主张投资、积累分立,没有立法例作为借鉴。在把合伙财产作为共有财产的立法例中,或者均为共同共有,或者均为按份共有,各国均采一制,都没有将合伙财产的性属分成几种共有。日本立法认合伙财产为按份共有,已经受到批评,在理论上合伙财产为共同共有已成通说。至于将合伙人的投资作为个人所有,更是为立法所反对,违背合伙立法的旨趣。

(三)合伙的投资和收益积累都是共同共有财产

统一共有论认为合伙的投资和积累均为合伙共有财产,必须按照财产共有关系的法律要求,由全体合伙人对合伙财产进行统一管理和使用,是完全正确的。《民法典》第 969 条对此已经作出明确规定,合伙人的出资、因合伙事务依法取得的收益,都属于合伙财产。

综上,合伙共有财产的性质,无论是合伙投资还是合伙积累,无论是营利性合伙的财产还是非营利性合伙的财产,都是共同共有财产,在该财产之上构成的关系,是共同共有关系。

四、合伙共有财产的潜在"应有部分"

在以上论述中,并没有看出笔者的主张与第一种意见有什么区别。

下面要说的,就是笔者意见的主要部分。

合伙共有关系的最主要特点,也是与一般的共同共有存在的显著差别,就在于合伙共有财产具有明显的潜在"应有部分"。

(一)一般共同共有中的"潜在应有部分"

共同共有是基于共同关系而共有一物。共同共有物的所有权属于共有人全体,而非按照应有部分享有所有权,故对该共同共有物的全部,共有人并无应有部分存在。继承人对于应继财产的应继份,合伙人对合伙财产的股份,是就抽象的总财产而言,而不是对个别的共同共有物,学说上称之为共同共有的潜在应有部分。① 这一论述,说明了在共同共有关系中,没有应有部分但是应有部分又在暗中发挥影响的现象。这说明,共同共有虽然没有应有部分,但并不是说就绝对没有任何应有部分。实际上,共同共有既然是财产权,既然是几个共有人共同享有共有财产的所有权,在市场经济条件下,不可能就绝对的共同所有,绝对的不分份额,那样就没有各个共有人的利益了。当然,共同共有的这种潜在应有部分是在暗中存在,不是公开表露出来的。

(二)合伙共有财产的潜在应有部分更为明显且起到更重要的作用

在一般的共同共有中,潜在应有部分确实是"潜在"的,没有公开表现出来。例如在夫妻共有财产中,双方共同行使权利,承担义务,各自的应有部分极不明显,潜在的应有部分隐藏很深,不到婚姻关系解体共同共有关系消灭不会表现出来。但是,合伙共有财产的潜在应有部分却是公开表露出来的。这表现在,参加合伙的每一个人都有固定的投资份额,每一个合伙人都有相应的股份。这个份额和股份,就是每一个共有人的应有部分。合伙共有财产不但将这个潜在应有部分隐隐约约地"浮出水面",并且公开表露出来,这就是在约定的期限到来时,就要按照这个应

---

① 参见王泽鉴:《民法物权(1):通则·所有权》,中国政法大学出版社 2001 年版,第 377 页。

有部分分配红利或者承担亏损。这就与一般的共同共有只有在共有关系消灭时应有部分才表现出来的情况迥异。因此,合伙共有财产与一般的共同共有虽然都是共同共有,但合伙共有财产的潜在应有部分更为明显和外露,形成鲜明的对照。

(三)合伙共有财产的投资和经营积累各自的潜在应有部分各不相同

不仅如此,合伙共有财产的潜在应有部分在投资和经营积累两个部分的财产构成上,有着更为不同的表现。在经营积累方面,潜在应有部分是比较"潜在"的,虽然与一般的共同共有有所区别,却没有特别大的区别。但是,投资这一部分财产的潜在应有部分就是公开地表现为某个具体的财产即某个合伙人的财产。而且在合伙散伙时,如果投资的财产可以分清,还可以将这个财产分割给原来投资的合伙人。合伙共有财产的共有人潜在应有部分在投资和积累中的鲜明不同,说明了这种共有财产关系与其他一般的共同共有的区别是明显的。

基于这些理由,结论就是,合伙共有财产的性质是共同共有财产,但是具有潜在应有部分极为明显的特点;合伙共有财产是统一的共同共有财产,但是在投资和积累两个不同的财产构成上,潜在应有部分表现得极为不同。这两个"极为"明显和不同,构成了合伙共有财产的基本特点。

第三节　合伙共有财产的产生及效力

一、合伙共有财产的产生

合伙共有财产的产生必须具备基础条件和法律条件这两个条件。在合伙关系发生的事实基础这个条件上,须具备合伙关系成立和各合伙人按照约定投资这两个条件成立,然后才能依照法律规定产生合伙共同财产。对此，《瑞士民法典》第652条前段规定非常清楚，即："若干人依法律或契约而成立共同共有关系，并依共同共有关系对某物有所有权时，为共同共有人。"

（一）合伙关系成立

与任何共同共有关系的发生一样，合伙共有财产基于合伙关系的成立而发生。各合伙人就组织合伙而达成协议，签订合伙合同，该合同一经生效，合伙关系即告成立。

合伙关系成立是合伙共有财产发生的必要条件，不是充分条件，因为它只是合伙共同财产发生的事实根据的一个条件，只有合伙关系的发生这个单一的条件并不能自然发生合伙共有财产，还必须有财产的投入才可能发生合伙共有财产。这一点，合伙共有财产与夫妻共有财产的发生大不相同。

（二）各合伙人按照约定投资

合伙人投资是合伙财产的最初来源。没有合伙人的投资，合伙只能是一个"空壳"，不能具有从事经济活动等民事行为的经济能力，不能从事经营活动，不会发生合伙共同财产。

合伙关系发生之后，各合伙人必须按照约定向合伙投资，这些投资进来的财产构成合伙共有财产的基础，从这个财产的基础上，发生财产所有的权利义务关系，合伙共有财产因此而发生。

合伙人的投资可以是资金，也可以是设备；可以是财产，也可以是其他用益物权，例如将地上权、使用权等投资入股；可以是知识产权，也可以是技术。

合伙具有了上述事实根据，按照法律的规定，合伙共有财产即行发生。合伙共有财产一经发生，合伙即可进行经营活动。

二、合伙共有财产的效力

合伙共有财产发生之后，发生两方面的效力，一是在合伙人之间就合伙财产发生权利义务关系,二是对合伙共有财产产生保全效力。

（一）各合伙人就合伙财产发生的权利义务

合伙人在合伙共有财产上的权利是:

1. 享有合伙共有财产的完整所有权

合伙人作为合伙共有财产的共有人之一,对于合伙共有财产享有完整的所有权。合伙共有财产是集合物,按照一物一权原则,只有一个共有权,共有人却为数人。所有的合伙人都对该财产平等地共享整体权利。在合伙财产中尽管都有潜在的应有部分,但不是按份共有的份额,不发生份额权,而是合伙共有财产的潜在应有部分,每一个合伙人的权利仍及于整个合伙财产。这就是《民法典》第299条关于"共同共有人对共有的不动产或者动产共同享有所有权"规定的基本含义。正如《瑞士民法典》第652条规定:"若干人依法律或契约而成立共同共有关系,并依共同共有关系对某物有所有权时,为共同共有人。各共有人的权利及于全物。"合伙人对于合伙财产的权利,就是这样完整的所有权含义。

2. 共同的处分权

按照共同共有的基本规则,在共同共有关系存续期间,对于全部共有财产不能全部处分,只能处分部分共有财产。共同共有人享有的共有财产处分权只及于部分共有财产,不能及于全部共有财产。合伙共有财产同样必须遵守这个基本规则。因为一旦将全部合伙财产予以处分,将使合伙解体,不复存在,合伙共有财产就消灭了。

合伙共有财产的处分权属于全体合伙人,《民法典》第301条规定,处分共有的不动产或者动产,应当经"全体共同共有人同意",因此,处分合伙财产必须经全体合伙人一致同意,否则为无效。各合伙人对于共有财产的处分必须共同决定,个别合伙人无此权利。在推举代表人的合伙中,合伙人可以部分地处分共有财产,但必须经全体合伙人授权。个别合伙人处分合伙财产,一律无效。

3. 分取红利权

合伙共有关系的分取红利权,就是共同共有中的收益权。在合伙经营过程中,对于经营盈余,合伙除留下足够的积累以供发展外,其余盈余可以按红利分配给合伙人,各合伙人均享此权利。

分红的方法原则上应依约定,无约定的按投资比例分配。这种约定的分红比例和出资额比例,都是合伙共有财产的潜在部分,是潜在的份额权。同样,合伙经营亏损,各合伙人均应分担损失,办法同分红办法相同。《民法典》第 972 条关于"合伙的利润分配和亏损分担,按照合伙合同的约定办理;合伙合同没有约定或者约定不明确的,由合伙人协商决定;协商不成的,由合伙人按照实缴出资比例分配、分担;无法确定出资比例的,由合伙人平均分配、分担"的规定,说的就是这个意思。

4. 物权请求权

按照共同共有的基本规则,当共同共有物受到不法侵夺时,任何共同共有人均享有物权保护请求权,可以独自行使这一权利,以保全共有物。行使这一权利不必由全体共有人共同行使,而是所有的共同共有人均可单独行使,亦可共同行使。同样,对于合伙共有财产的侵害行为,各合伙人都享有物权保护请求权,依照法律规定,保全合伙财产。此项权利每个合伙人均可行使。同样,行使此种权利,必须为全体合伙人的利益而行使,不得仅为个人或者部分合伙人的利益而行使。

在程序上,一个合伙人或者数个合伙人正当行使上述权利,均为适格当事人,不必追加全体合伙人作为共同当事人。

5. 设置合伙财产物上权的权利

在合伙经营中,合伙人可以在合伙财产上设置其他物上权,对合伙财产设置负担。行使此权利,应由全体合伙人协商一致,或者由有代表权的合伙人与他人以法律行为设立。例如在合伙财产上设立担保物权、用益物权。这种行为涉及共有物的命运,也涉及合伙财产的利用问题,须经全体共有人同意才能够实施。

6. 代表权

在合伙人中推举一个合伙人作为代表,其行为代表全体合伙人的意志,就是合伙代表权。我国法律没有在合伙中设置代表人的规定,但也没有禁止。在现实中,合伙存在两种形式:一种是合伙共同经营;一种是设置代表人,经过全体合伙人推举,合伙人中的一人作为合伙的代表,对内主管合伙事务,对外代表全体合伙人。后一种做法就是合伙代表权制度。

合伙约定推举产生的代表权人,有权代表全体共有人处分共同共有物,有权代表全体共有人与他人实施民事法律行为,就共有物设定民事法律关系。

7. 费用补偿权

合伙人为保全、养护、维修、改良合伙共有财产所支出的费用,应从合伙财产中支付,各合伙人对合伙财产进行维修、保管、改良所支付的费用,可以从合伙共同财产中请求补偿。合伙人在执行合伙事务中所受损失亦可请求补偿,例如,合伙人在执行合伙事务中因工造成人身损害或者财产损害,属于工伤事故,受害的合伙人有权请求从合伙财产中支付损害赔偿金。

合伙人在享有合伙人的权利的同时,还要承担应尽的义务。这些义务是:

1. 对共有物进行维修、保管、改良义务

《民法典》第300条规定:"共有人按照约定管理共有的不动产或者动产;没有约定或者约定不明确的,各共有人都有管理的权利和义务。"合伙人对合伙财产的管理,既是义务也是权利。此项对合伙财产维修、保管、改良义务,是全体合伙人的义务,均应承担。具体履行,可由部分合伙人负责,所支出的费用由共同收益中支出。

2. 对所欠债务的连带清偿责任

合伙在经营活动中所欠的债务,各合伙人须负连带清偿责任,为连带债务人。连带的方法,首先是债权人可以向任何一个合伙人要求清偿,应从合伙财产中支付;其次,合伙财产不足清偿的,各合伙人承担无限连带义务。对此,《民法典》第973条规定合伙人对合伙债务承担连带责任,似乎没有规定承担无限连带责任。其实,合伙人承担连带责任,就是合伙人以自己的财产承担连带责任,而不是以合伙财产承担责任,就表明是无限连带责任。

3. 合伙财产和各合伙人执行合伙事务造成他人损害的赔偿义务

合伙财产因管理不善造成他人损害,构成侵权赔偿责任,应由全体合伙人承担。如合伙饲养的动物致人损害,合伙共有的房屋坍塌致人损害,合伙经营企业排污造成他人损害等,构成合伙致人损害的侵权责任。合伙人执行合伙事务致人损害,侵害他人权利造成损害,须由全体合伙人承担赔偿责任,即从合伙财产中支付赔偿金。

4. 为部分共同共有人擅自处分共有财产的后果承担义务

在共同共有中适用这一规则,共有人为部分共有人擅自处分共有财产的后果承担义务。其依据是《最高人民法院关于贯彻执行〈中华人民共和国民法通则〉若干问题的意见(试行)》第89条关于"在共同共有关系存续期间,部分共有人擅自处分共有财产的,一般认定无效。但第三人善意、有偿取得该财产的,应当维护第三人的合法权益,对其他共有人的损失,由擅自处分共有财产的人赔偿"的规定。

这一规定对合伙共有关系的合伙人是否适用,值得研究。有的学者认为,为了保护合伙的经营能力和合伙人的利益,对部分合伙人擅自处分合伙财产的,不适用善意取得制度。这种意见是不对的。善意取得制度是一个普遍适用的物权法制度,有着普遍适用的效力,不是说哪个领域不适用就不适用。部分合伙人擅自处分合伙财产,当然不发生所有权转移的效力,但是,第三人善意、无过失而受让财产,符合善意取得的要件,应当发生所有权转移的效果。依据《民法典》第311条规定,当部分合伙人擅自处分共有财产,为无权处分,但第三人善意、有偿取得的,为善意取得,即时取得该财产的所有权,其他合伙人不享有物上追及权,其后果,全体合伙人产生承担后果的义务,而擅自处分财产的合伙人有对全体合伙人赔偿因此造成损失的义务。受损害的合伙人不得追夺共有财产,只能向处分财产的合伙人要求赔偿损失。

(二)对合伙财产的保全效力

合伙共有关系对合伙财产的保全效力,是指法律设置各种规定,保全合伙财产,以维持合伙的共同事业,保护合伙的债权人的合法权益。

其具体效力是：

1. 合伙人在合伙解散前不得请求分割合伙共同财产

建立合伙共有财产的目的是为了经营合伙事业。共同共有的基本规则之一，就是在共同共有关系存续中，各共有人不得请求分割共有财产。正因为如此，如果合伙人在合伙未解散前请求分割合伙财产，不仅与合伙的目的有违，也违背共同共有的基本规则，法律对此一般都设有禁止性规定。《瑞士民法典》第 653 条第 3 款规定："在共同共有关系存续期间，不得分割共同共有物或处分共同共有物中的任何部分。"在这一规定中，后一部分不得处分共同共有物中的任何部分有些过分，不符合实际情况。我国台湾地区民事有关规定的规定是准确的，即第 829 条："公同关系存续期间，各公同共有人，不得请求分割其公同共有物。"对此，《民法典》第 969 条第 2 款规定："合伙合同终止前，合伙人不得请求分割合伙财产。"

2. 禁止合伙债权的抵销

合伙债权是合伙的财产，属于合伙人共同共有，各合伙人虽然对此享有权利，但不是个人的债权，应当全体享有。所以，此种债权的债务人必须对合伙履行债务，如果某个合伙人个人对该债务人负有债务，则禁止该债务人将合伙债权与该合伙人的个人债务相抵销。这是因为，合伙人个人债务应以个人财产清偿，如果直接以全体合伙人享有的债权相抵销，则该合伙人即侵害了全体合伙人的共有权。

3. 限制合伙股份的转让

法律并非绝对禁止合伙人转让其股份，但对某种转让加以限制。《民法典》第 974 条规定："除合伙合同另有约定外，合伙人向合伙人以外的人转让其全部或者部分财产份额的，须经其他合伙人一致同意。"合伙人将其股份转让给其他合伙人，法律不予以限制。对于合伙人将其股份转让给合伙人以外的人，则必须经全体合伙人一致同意，否则不得转让，这是因合伙人之间具有人格信用关系，而合伙股份的转让具有入伙和退伙的双重性质，属于一种人的变动，①应当严格履行程序。

---

① 参见郑玉波：《民法债编各论》（下），台北三民书局 1981 年版，第 657 页。

4. 限制合伙人的债权人代位

债权人为保全其债权,可依债权人代位权,代位行使债务人对他人行使的权利。对此,《民法典》第 975 条规定:"合伙人的债权人不得代位行使合伙人依照本章规定和合伙合同享有的权利,但是合伙人享有的利益分配请求权除外。"对于合伙人的债权人代位一般予以禁止,即合伙人的债权人在合伙存续期间,该合伙人对于合伙的权利,该债权人的债权人不得代合伙人的债权人之位行使债权人代位权。这是因为合伙人对于合伙的权利有专属权性质,不能与合伙人的地位分离。但是,对于合伙人享有的分取红利权,因已成为合伙人的独立权利,无专属性,所以可以对其代位行使。

5. 限制合伙人的债权人扣押

对此,《德国民法典》第 725 条规定:"合伙人中的一人的债权人,就该合伙人在合伙财产中的份额实行扣押者,以债务名义非单纯可以假扣押者为限,该债权人得不遵照先期通知期限对合伙为声明退伙。"我国台湾地区民事有关规定第 685 条规定得更明确,即"合伙人之债权人,就该合伙人之股份,得声请扣押;但应于两个月前通知合伙人;前项通知,有为该合伙人声明退伙的效力。"《民法典》对此没有规定,这些规定可以借鉴。个别合伙人的债权人对于该合伙人的股份,原则上有实行扣押的权利,但是应当提前通知合伙。对合伙人的股份一旦实行了扣押,就产生该合伙人退伙的效力,合伙应当清算其股份,按照退伙的规定进行。

三、合伙债务的清偿

(一)一般原则

合伙债务属于合伙的消极财产,合伙关系存续期间,合伙共有财产对于合伙债务亦发生效力。

合伙债务是合伙对他人所负的债务。合伙债务产生于合伙关系存续期间,产生债务的原因是合伙人对第三人的合同行为或侵权行为,以及不当得利和无因管理等发生债务的原因。对于合伙债务,承担债务的主体是合伙,履行债务的担保或承担债务的财产范围是合伙财产和每个合伙人的个人财产。[①]

合伙债务与合伙人的债务完全不同。合伙人的个人债务是合伙人个人对他人所欠的债务,合伙人与债权人是债权债务关系的当事人,与合伙事务和合伙团体毫无关系,应当由合伙人个人承担清偿责任。

(二)不同立法例

关于合伙债务的清偿,有以下三种不同的立法例:

1. 无限连带责任

德国法、瑞士法认为合伙为共同共有的团体,合伙债务为合伙人的共同债务,由合伙团体承担。各合伙人除负共同债务外,并连带的负与合伙债务同一内容的个人债务,即合伙人除以合伙财产为一般担保负有限责任外,并负以自己的财产为担保的无限责任。

2. 分担无限责任

《日本民法典》规定,各合伙人就合伙债务,仅就其分担部分负清偿的无限责任,原则上依分担损失的成数定之。这是日本法规定合伙共有财产为按份共有的缘故,既然是按份共有,合伙人当然不能承担无限连带责任。

3. 连合分担无限责任

在民国民法颁布之前,大理院判例唯认合伙人对合伙债务有按股份分担之意,如合伙人中有无力清偿者,应由其他合伙人按股份分担偿还,即连合分担。[②]

(三)清偿合伙债务的规则

按照《民法典》第 973 条的规定,我国合伙债务的清偿责任形式是无

---

① 参见王利明等:《民法新论》(上册),中国政法大学出版社 1988 年版,第 335 页。
② 参见史尚宽:《债法各论》,台北荣泰印书馆 1981 年版,第 666 页。

限连带责任。

合伙债务的清偿具体规则是:首先,合伙债务由合伙财产承担;其次,合伙财产清偿不足,各合伙人以自己的全部个人财产,连带承担,个人财产清偿不足部分,由其他合伙人承担;再次,各合伙人以个人财产偿还合伙债务超过自己股份份额的合伙人,有权向其他合伙人追偿。

当合伙人应当以自己个人财产承担无限责任时,又负有个人债务应当清偿的,应当以合伙的债权优先还是以个人的债权优先? 有的认为应当合伙债务优先清偿,有的认为个人债务优先清偿,有的认为同等清偿。事实上,合伙或者合伙人负担债务的这两种债权具有同等的效力,能够清偿的,分别清偿;不足清偿的,按比例清偿。

第四节　合伙共有财产的消灭及其分割

一、合伙财产关系的消灭

合伙共有财产的消灭原因分为两种,即合伙解散和合伙人退伙。合伙解散引起合伙共有财产的全部消灭,合伙人退伙引起合伙共有财产的部分消灭。

合伙共有财产全部消灭,应当对合伙共有财产进行清算;合伙共有财产部分消灭,应当对退伙人的应有部分进行结算。这种清算和结算在共有关系理论上,都是对共有财产的分割。

二、合伙共有财产部分消灭及结算

(一)声明退伙与法定退伙

合伙人退伙是合伙共有财产部分消灭的法定原因。退伙分为声明退伙和法定退伙。这两种退伙都引起合伙共有财产的部分消灭。

声明退伙是合伙人以其一方通过声明的意思表示退出合伙的行为。这种行为无须得到其他合伙人的承诺,仅该退伙的合伙人一方表示即生效力。退伙的规则是,合伙规定有存续期间的,合伙人如有非可归责于自己的重大事由,可以声明退伙;合伙未定有存续期间或经订明以合伙人中一人的终身为其存续期间的,各合伙人可以声明退伙,但是,应于两个月前通知其他合伙人。《民法典》第976条第3款关于"合伙人可以随时解除不定期合伙合同,但是应当在合理期限之前通知其他合伙人"的规定,说的就是这个意思。

(二)法定退伙的事由

法定退伙是不须任何声明,而遇有法定事由的发生即当然发生的退伙。法定退伙的事由是:

1. 合伙人死亡

合伙人死亡并非一律发生法定退伙的后果,因为合伙人死亡以后,如果合伙协议规定或其余合伙人同意,其继承人可以继承该合伙人的合伙地位及合伙共同财产的股份,就不发生法定退伙的后果。只有死亡的合伙人没有继承人继承或其继承人不得继承的,才发生法定退伙的后果。

2. 合伙人破产

合伙人一经受破产宣告,则失其支付能力,其总财产依破产规定处理,而其合伙股份为其总财产的一部分,应列入破产财产,所以发生法定退伙的后果。

3. 合伙人丧失民事行为能力

合伙人一旦丧失民事行为能力,即无法从事合伙事业,一般应发生法定退伙的后果,但合伙协议约定不退伙或可以由其近亲属代替其合伙地位的,不在此限。

4. 合伙人被开除

合伙人违反合伙的宗旨,由其他合伙人决议,可以将该合伙人开除,剥夺其合伙人的资格。开除的法定要件是:(1)须有正当理由;(2)须以其他合伙人全体的同意;(3)须通知被开除的合伙人。

合伙人无论是声明退伙还是法定退伙,都使该合伙人丧失合伙人的资格,在合伙共有财产关系上,则表现为失去共有人的资格,应对其在合伙共有财产中的股份进行结算,分配其应得的损益。除此之外,整个合伙关系及合伙共有财产继续存在。

退伙的财产结算,其标准时期分为原则标准时期和例外标准时期。原则标准时期,是指退伙的财产结算应以退伙时合伙的财产状况为准,以该时期的资产及负债情况,计算退伙人应得的份额。例外标准时期,是指合伙人担负的合伙事务于退伙时尚未了结者,于事务了结之时计算,分配其损益。

具体的结算,应以结算标准时期的合伙状况为准,计算合伙的现存财产和所负债务,综合计算余额,按退伙人应有的份额计算,盈余则分得财产,亏损则分担债务。

对退伙人分配结算的财产,应以金钱计算。对于其投资,可以退还原物,也可以折价退还;以用益权投资的,应一律退还原物,以专利权、商标权等投资的,也应退还该权利,或协商处理;以技术出资的,因其技术已经应用,应协商处理,可以作价退还,也可以禁止合伙继续使用该技术。

三、合伙共有财产全部消灭及清算

合伙解散,是合伙共有财产全部消灭的原因。合伙一经解散,发生合伙共有财产的必要前提即不存在,合伙共有财产当然消灭,因此发生合伙共有财产的清算后果。

(一)合伙解散的原因

合伙解散的原因是:

1. 合伙存续期限届满

合伙协议约定合伙存续期限届满,合伙即归解散,应当终止合伙共有关系,进行清算。但是,合伙存续期限届满后,合伙人继续经营合伙事业时,法律视为以不定期限继续其合伙协议,不发生合伙解散的后果。《民法典》第976条2款关于"合伙期限届满,合伙人继续执行合伙事务,其他合伙人没有提出异议的,原合伙合同继续有效,但是合伙期限为不定期"的规定,就是对后者的规定。

2.合伙人全体同意解散

这种解散,不论合伙是否定有存续期限,均可适用。同意解散的性质属于合意终止合同,必须经全体合伙人一致同意。如果一部分合伙人同意解散,另一部分人不同意解散,则应由同意解散的合伙人退伙,合伙关系在其他合伙人中继续存在。当不同意解散的合伙人只有一人时,合伙关系消灭。

3.合伙的目的已完成或不能完成

合伙的目的已完成,是指合伙约定具体事业已经做完,合伙经营的目的已经实现,如一次性经营某事业,或为某事业服务,该项事业结束,即为完成。合伙目的完成,合伙归于解散。

合伙的目的不能完成,包括该事业自始不能完成和中途不能完成,是指合伙经营的事业因主观预测错误或者客观情况变化,而使合伙经营的目的不能实现。据此,合伙归于解散。

(二)清算

合伙解散,合伙共有财产终止,应对合伙财产进行清算。合伙至清算结束时,为完全消灭。因此,在合伙解散至清算结束之前,应当认为合伙还在存续。

对合伙共有财产的清算办法,应以书面协议为准。有书面协议的,按协议处理;没有书面协议,又协商不成的,如果合伙人出资额相等,应依多数人意见处理;合伙人出资额不等的,可以按出资额占全部合伙出资额多的合伙人意见处理,但要保护其他合伙人的利益。

另一种办法是确定清算人,由全体合伙人推举合伙人中的一人或数人,或者推举合伙关系以外的第三人一人或数人,担任清算人,由清算人主持清算并决定清算办法。

具体的清算应当依以下办法进行:

1. 了结现务

即了结现存的合伙事务。这种事务,应以已着手者为限,未着手的事务不再执行。已着手的合伙事务,至合伙解散时尚未完结,应当在清算中执行完结,或采取其他办法了结。

2. 收取债权

即将已届清偿期的债权予以实现。尚未届清偿期的债权,可以采取转让他人或换价的方法收取,也可以划入剩余财产之中。

3. 清偿债务

对于已届清偿期的合伙债务,用合伙财产予以清偿。对未届清偿期的合伙债务,应将其清偿所必需的数额,由合伙财产中划分出来予以保留,或者进行期前清偿。

4. 退还出资

在清偿债务后所余的合伙共有财产中,应先退还各合伙人的出资。偿还出资应以财物出资为限,出资为现物并尚存的,应退还原物,金钱出资或原物已无法退还者,以金钱退还。如果清偿债务后所余的合伙共同财产不足以偿还全部出资者,则以各合伙人的出资比例平均退还。

5. 分配剩余财产

该剩余财产,是合伙共同财产在清偿合伙债务、退还出资以后所剩的财产。对于剩余财产,由全体合伙人分配,而无论各合伙人以何种方式出资。分配的原则,按各合伙人的约定、协议或者应受分配利益的比例进行分配。《民法典》第 978 条规定:"合伙合同终止后,合伙财产在支付因终止而产生的费用以及清偿合伙债务后有剩余的,依据本法第 972 条的规定进行分配。"

经清算,如全部合伙共有财产不足以清偿合伙债务的,是亏损。对该亏损,对内由各合伙人按比例分担,对外连带负责清偿。

【典型案例】

原告常某与被告朱某合伙承建某中学食堂工程,并挂靠在某甲公司名下,朱某系某公司的合伙人。常某与朱某对出资比例、如何出资、盈余分配均未进行明确约定。常某认为,在案涉项目工程款到位后,朱某私自截留,故起诉请求朱某向其支付合伙利润40万元。在庭审中,原被告一致认可涉案工程成本尚未进行核算、涉案工程总价款尚未支付完毕、双方合伙出资具体数额亦未进行确认。

【案例分析】

对本案,一审法院认为,原告主张支付合伙利润40万元,实质即为合伙财产分割。庭审中,双方均未能提供合伙期间完整、真实无异议的合伙账目或其他可供清算的依据,且原告与被告一致认可涉案工程成本尚未进行核算、涉案工程总价款尚未支付完毕、双方合伙出资具体数额亦未进行确认。在合伙事务未经清算、出资不详、盈亏不明的情况下,原告主张分配合伙利润,无事实与法律依据,不予支持。二审法院认为,本案中,各方当事人均未能提供合伙期间完整、真实无异议的合伙账目或其他可供清算的依据,且一审中常某与朱某一致认可涉案工程成本尚未进行核算、工程总价款尚未支付完毕、双方合伙出资具体数额亦未进行确认。现合伙事务属于未经清算、出资不详、盈亏不明的情况,二审期间上诉人亦未提供证据证实合伙工程可供分配的盈余已达80万元,因此上诉人的上诉理由不能成立,本院不予支持。一审判决驳回上诉人分割合伙财产的诉讼请求并无不当。

本案应当适用《民法典》第969条第2款关于合伙合同终止前禁止合伙财产分割的规定。合伙财产是合伙运行的基础,合伙合同终止前,合伙人不得请求分割合伙财产,且合伙财产的分割应在合伙事务清算后。依据《民法典》第969条第2款规定,合伙合同终止前,合伙人不得请求分割合伙财产,常某请求支付合伙利润的请求,其实就是请求对合伙财产予以分割,由于合伙事务属于未经清算、出资不详、盈亏不明的情况,且常某未能举证证明合伙可供分配的盈余数额,因此对常某的诉请不予支持。

第十一章

优先购买权

第一节　优先购买权概述

一、研究共有关系的优先购买权的必要性

优先购买权,是在物权法中与共有具有密切关系的一个概念。它尽管与其他民法领域也有密切关系,例如在租赁关系中的承租人的优先购买权也是这种性质的权利,但是,优先购买权与共有之间的联系远比租赁关系中的优先购买权的联系要紧密得多。优先购买权不仅适用于共有关系,而且也依法适用于其他法律关系,但是在共有中的优先购买权更具有典型意义。

在按份共有关系中存在优先购买权。《民法典》第 305 条规定:"按份共有人可以转让其享有的共有的不动产或者动产份额。其他共有人在同等条件下享有优先购买的权利。"对于共同共有,《民法典》虽然没有规定有优先购买权,但是,在最高人民法院的司法解释中有明确的规定,《最高人民法院关于贯彻执行〈中华人民共和国民法通则〉若干问题的意见(试行)》第 92 条规定:"共同共有财产分割后,一个或数个原共有人出

卖自己分得的财产时,如果出卖的财产与其他原共有人分得的财产属于一个整体或者配套使用,其他原共有人主张优先购买权的,应当予以支持。"可见,在司法实践中承认在共同共有财产关系中也适用优先购买权。事实上,在家庭共有财产以及共同继承财产中,只要分割出了共有人的份额并且出让的,在具有司法解释规定的条件的,其他共有人都享有优先购买权。[①] 即使在准共有关系中,只要是不动产所有权发生的他物权,都有发生优先购买权的问题。《民法典》实施后,最高人民法院的上述司法解释是否还有适用的效力,笔者认为还应当继续适用,因为这一规定符合实际情况,有利于解决纠纷,保持财产的统一性,更好地发挥财产效益。

传统的共有关系差不多都与优先购买权有联系,例如共同继承遗产后继承人之一在特定情形下享有优先购买权,只有建筑物区分所有权的业主不享有优先购买权。

正因为如此,研究共有问题,就不能不研究优先购买权;同样,研究优先购买权,也不能离开共有关系的基础。

二、共有中的优先购买权的概念

(一)共有中的优先购买权的概念

优先购买权,也称为先买权,是特定的民事主体依照法律规定享有的先于他人购买某项特定财产的权利。[②] 简言之,先买权指的是排除他人而优先购买的权利。[③] 共有中的优先购买权,是共有人在其他共有人有偿转让其共有份额或者已经分割的应有部分,所享有的在同等条件下优先于其他第三人购买的权利。

---

① 对此,有的学者认为不妥,因为这种情况已经不是共有关系,而是变成了个人所有,不存在优先购买权问题。参见王利明等:《中国民法案例与学理研究》(物权篇)修订本,法律出版社 2003 年版,第 152 页。

② 参见王利明:《物权法研究》,中国人民大学出版社 2018 年版,第 736 页。

③ 参见孙宪忠:《德国当代物权法》,法律出版社 1997 年版,第 169 页。

（二）共有中优先购买权的法律特征

共有中优先购买权的法律特征是：

1. 共有中的优先购买权是共有人的权利

共有中优先购买权发生在共有领域，是共有人享有的权利。在共有中，共有人享有不同的权利，负有不同的义务。在这些权利中，有的是针对共有人内部的相互关系，有的是针对与外部第三人的关系。优先购买权是这些权利中的一种，它表明的是，在针对其他共有人而言，是共有人的权利，其他共有人负有优先将自己的份额出卖给享有优先购买权的共有人的义务；同时，这种权利对抗第三人，在同等条件下，共有关系以外的第三人无法购买到这个财产的所有权，只能由享有这个权利的共有人优先购买。

2. 共有中优先购买权针对的是对共有财产的处分

优先购买权购买的财产是特定的财产。在共有中的优先购买权购买的财产，只能是共有财产，并且是共有财产中的已经分割为共有人自己所有的那一部分共有财产。在这个特定的财产中，或者是按份共有的共有人之一的应有份额，或者是共同共有中共有人之一已经从共同共有中分割出来的应有部分。总之，能够成为优先购买权的标的，一定是已经在共有财产中分离出来或者可以分离出来的部分，没有与共有财产分离或者不可分离的财产，即使是共有财产，也不能成为优先购买权的客体。

3. 共有中优先购买权发生的场合主要是不动产交易

优先购买权原则上适用于共有财产交易的一切场合，但在事实上主要适用于不动产交易或者不动产权利交易的场合，是规范不动产交易或者不动产权利交易秩序的物权制度。在特定的动产交易中，例如在机动车、船舶、飞行器的交易中，优先购买权也有其效力。在准共有中，也存在优先购买权的适用，同样，这个权利也不是针对一般的权利交易，主要是针对在不动产所有权之上设立的准共有权的应有部分。

4. 共有中优先购买权限定的是同等条件

所有的优先购买权都不是绝对优先，都有严格的限定条件，这就是同等条件。当共有人之一处分自己共有财产的应有部分，其他共有人只有在与第三人购买的条件是同等时,才具有对抗第三人而优先购买的效力。不讲同等条件,就不存在优先购买权,没有同等条件,就没有优先购买权。

5. 共有中优先购买权具有时效性

优先购买权与其他权利不同,有严格的时效性,只能存在于一个法律所约束的时间之内,超过了这个时限,这个权利也不发生效力或者效力丧失。可惜的是,原《民法通则》和《民法典》物权编在规定优先购买权时,都没有规定它的期间,致使在实践中无法确认这个权利存续期间。

三、在共有关系中设定优先购买权的意义

在共有关系中设定优先购买权的意义在于:

第一,保证物尽其用。民法设置物权制度的基本宗旨之一,就是更好地配置物质资源,促进物尽其用,充分发挥财产的效益,创造更多的社会财富。设立共有关系中的优先购买权的意义之一,就是实现这个宗旨,发挥财产的使用价值,保证物尽其用。其理由在于,共有人对共有财产是最熟悉的,是实际使用共有财产的人之一,掌握共有财产的性质和状况,了解共有财产的使用方法,知道怎样才能更好地利用共有财产,发挥其最大的效益,最有利于创造新的财富。如果允许共有人自由处分其财产的做法使得任意第三人均可以通过处分行为加入共有权关系,这无疑将共有人之间的法律关系复杂化,同时也使得各共有人为达到协商一致的状态将付出更多的时间和金钱成本。[①] 优先购买权人取得共有人之一处分的这份财产,当然是对资源的最有效的配置,最能够发挥共有财产的使用价值。同时,处分的共有财产应有部分总是与共有财产的整体相联系的,原来存在的共有关系一般总是主体较为熟悉,便于经营共有财产。让其他共有人优先取得共有财产的应有部分,显然具有更为便利的经营条件,而比新增加一个陌生人来经营与共有财产有紧密联系的这部分财产,具有更有利的条

---

① 参见刘道远、徐蓓:《按份共有人优先购买权规则的适用——基于规则内在统一性的分析》,《社会科学家》2016 年第 7 期,108 页。

件。共有人享有优先购买权,就存在着通过优先购买权的行使而促使共有向单独所有转化,改变对财产共有不便于发挥财产利用的状况。因为共有本身就存在很多不利的因素,比如对财产的管理、使用和处分都要通过全体共有人的一致意见而决定,不仅决策的时间漫长,而且一旦不能达成统一的协议就无法作出决策,无法对共有财产进行有效的使用和收益。这也正是各国法律对共有关系存续时间有所限制的原因。共有人享有优先购买权,显然符合《民法典》保障物尽其用的宗旨,具有重要的意义。

第二,稳定财产秩序。尽管共有对于充分发挥财产效益有一定的不利因素,但是共有却是一个不得不设立的物权制度,其原因就在于存在共有的共同关系是人的一种普遍存在的关系,是不能不存在的。那么,在共有关系存在的时候,对于共有关系还是要维护其稳定。对共有人设立优先购买权,目的正是通过稳定共有财产的秩序,而稳定共有的共同关系,达到稳定社会的目的。共有人享有优先购买权,就可以尽可能少地避免加入新的共有人,或者避免共有人以外的人与共有财产发生关系,这样就可以避免发生纠纷,稳固财产秩序。反之,其他第三人加入共有关系成为新的共有人,或者虽然没有成为新的共有人,但是第三人取得了原来的共有财产的一部分,通过财产与财产的联系,与共有人发生相应关系,容易发生摩擦,酿成纠纷,使财产秩序发生混乱。共有人享有优先购买权,可以优先取得处分的共有财产的部分,就保障了共有财产不被分割,保持共有财产的统一状态,使共有财产秩序得到充分的保障。

第三,保护共有人的团体利益。共有关系的存在绝大多数是基于人的共同关系而发生的,而具有共同关系的人之所以具有这种共同关系,都是具有相当的利益关系,因此构成具有共同关系的人的团体利益。例如,最典型的就是夫妻关系和家庭关系。这两种共同关系是人的最亲近的亲属关系,他们之间具有最直接的利益关系,构成结构严密的利益团体。合伙也是这样的团体,尽管他们不以亲属关系作为基础,但是,他们基于相互信任和相互协作而组合在一起,共同进行经营活动,使每个人的经济利益结合在一起,构成团体的利益。这些共同关系的团体利益与社会的基本利益是一致的,夫妻关系和家庭关系越稳固,社会也就越稳定、和谐,合伙关系越稳定,就会创造出更多的社会财富。因此,对于共有关系的团体利益予以法律保护,符合社会发展的要求。共有人享有优先购买权,正是体现了保护团体利益的精神,尽量不破坏存在的共同关系,保护共有关系,使共有的团体利益得到有效的保护。这是符合社会整体利益的。

当然,共有人享有优先购买权也存在一定的弊病。例如,优先购买权对于所有权的行使构成一定的妨碍。所有权是最充分的物权,是最没有限制的物权,不应当受到限制和妨碍。但是,共有人所享有的共有权在处分时,尤其是在共同共有中部分共有人的应有部分已经分割的情况下,已经是享有了单独的所有权了,但是,还要在处分时受到优先购买权的约束,在同等条件下只能出卖给其他共有人而不能出让给第三人,等于是限制了所有权,使不应当受到限制的所有权实际上受到了限制和妨碍。同时,优先购买权也对正常的交易造成了妨碍,不利于鼓励交易。因为部分共有人处分自己的应有部分,在寻找买主、商定价格的缔约过程中是要花费代价的,却因为其他共有人享有优先购买权,可以轻而易举地从确定的买主手中夺去购买这一财产的机会,损害了出让人和第三人的利益,剥夺了第三人购买的权利,限制了公平交易和正当的商业竞争,对正常的交易秩序有损害,对交易不利。应当说,这种情况是有可能出现的。但是,优先购买权的设定只是给予了共有人某种优先购买的机会,并没有剥夺非优先购买权人的交易机会,尽管在同等条件下购买共有物的机会给予了共有人,但这本身是物权效力的体现,优先购买权人和非优先购买权人仍然可以在同等条件之外形成一种公平的交易和竞争,因此,优先购买权并没有违反市场经济的自由公平竞争原则,而是在此基础上加强了对共有秩序及共有人利益的保护。综合衡量,对共有人赋予优先购买权的做法,利大于弊,对社会的总体利益是有益的,因此应当坚持。

四、共有中优先购买权的发展历史

(一)外国民法史上的优先购买权

在国外,优先购买权具有悠久的历史,可以溯及古希腊、古罗马时代的法律。在拜占庭时代的古罗马法上就有优先购买权的规定,之后的中世纪意大利法也规定了优先购买权。

在法国,优先购买权渊源于旧时代最高法院设定,《法国民法典》原第 841 条规定,有关遗产的撤销权,不论何人,即使死者的血亲,其本人并无继承权而受让某一共同继承人的继承权利时,得由其他共同继承人全体或一人偿还其所支出受让的价额而排除其参与分割。这一规定具有优先购买权的性质,但是这一制度不完善,而且由于其涉及的期限太长,其溯及效力对第三人的利益有可能产生不当危害,因此这一规定被废除,而优先购买权对其取而代之。①

德国普通法原来就有关于优先购买权的规定,《德国民法典》对优先购买权又作了更详细的规定,在债权编和物权编中用了大量的条文作出规定,使优先购买权制度非常完善和健全。

(二)中国民法上的优先购买权

中国古代就有关于优先购买权的法律规定。《唐律》规定,房地产买卖转让,必须先问近亲,次问四邻,近亲四邻不要,才得卖与他人。《五代会要》也有关于优先购买权的记载,例如后周广顺二年奏准:"如有典卖庄宅,准例:房亲、邻人合得承当;若是亲人不要,及着价不及,方得别处商量。"这都是规定优先购买权。②

在清末民初的民事立法中,《大清民律草案》和《民国民律草案》都没有规定共有的优先购买权,只是在买卖合同的规定中规定了买回权,与优先购买权相似。《大清民律草案》第 615 条和第 616 条规定:"不动产共有人之一以特约保留其买回权,而卖出其应有部分者,至其不动产之分割或拍卖时,卖主就买主所受之部分,或价金,得行使其买回权。""前条情形,买主若为不动产之拍卖人时,卖主得支付拍卖价金及依第 609 条规定应偿还之费用,而行使其买回权,其不动产之全部所有权即由卖主取

---

① 参见尹田:《法国物权法》,法律出版社 1998 年版,第 295 页。
② 参见孔庆明等:《中国民法史》,吉林人民出版社 1996 年版,第 256 页。

得。""因他共有人请求分割而买主为拍卖人者,卖主不得专就其应有部分行使买回权。"《民国民律草案》的上述内容规定在第 477 条至 479 条。国民政府制定民法,采用同样的办法规定。后来为了解决这个问题,在土地法中专门规定了共有人的优先购买权,作为补充。

1949 年以来,民事立法早期对优先购买权没有规定,但是在实践中是承认这一制度的。原《民法通则》规定了按份共有的优先购买权,即第 78 条第 3 款。为了补充立法的不足,最高人民法院在司法解释中,对共同共有人是否享有以及如何行使优先购买权作出了规定。在 1990 年修改《最高人民法院关于贯彻执行〈中华人民共和国民法通则〉若干问题的意见(试行)》时,在修改稿中规定了基于物权产生的优先购买权和基于债权产生的优先购买权的效力问题,体现了司法解释的意向。尽管这个司法解释草案并没有公布实施,但是,这个思想在司法实践中具有广泛影响,在办理这类案件时都按照这个精神处理。这也说明法理和习惯对于司法工作的影响和作用。原《物权法》第 101 条专门规定了按份共有人的优先购买权,是值得肯定的,但条文过于简陋,没有进一步规定优先购买权的具体内容,是为遗憾。《民法典》也规定了按份共有人的优先购买权,规则没有大的变化。2020 年《最高人民法院关于适用〈中华人民共和国民法典〉物权编的解释(一)》第 9 条至第 13 条规定了共有人优先购买权的具体规则。

第二节　优先购买权的性质和适用范围

一、优先购买权的性质

(一)对优先购买权性质的不同看法

学者对优先购买权的性质有不同看法,主要有四种不同主张。

1.“期待权”说

期待权就是指因具备取得权利的部分要件,受法律保护,具有权利性质的法律地位。① 主张“期待权”说的学者认为,标的物所有人即共有人、出租人等未将标的物出卖,则优先购买权人的权利尚未现实化,因此只处于期待权状态。②

2.“形成权”或“附条件的形成权”说

认为优先购买权是形成权,或者是附条件的形成权,无论是法定的优先购买权还是约定的优先购买权,性质都属于形成权,可以依据权利人一方的意志而使法律关系发生变动。德国民法学说认为,优先购买权可以依一方当事人的意思,形成义务人出卖与第三人同样条件为内容的契约,而无需义务人的承诺,只是这种形成权附有停止条件,只有在义务人出卖的标的物于第三人的时候,才能够行使。③

3.“物权”或者“债权”说

认为优先购买权分为物权的优先购买权和债权的优先购买权,其划分的界限在于优先购买权是否能对抗第三人,无论是法定的还是约定的优先购买权,都有这两种优先购买权。物权性质的先买权也称为对物先买权或者物的先买权,针对的只能是不动产,成立要由“合意+登记”原则。而债权的先买权称为对人的先买权或者人的先买权,是指合同或者法律规定能够对出卖人的处分权的限制,使得出卖人不能将指定标的以同样条件出卖给第三人,而只能出卖给权利人,该权利人的权利就是债权先买权。④

4.“双重性质”说

认为优先购买权是兼具物权和债权性质的权利,不仅具有债权的效力,也具有某些物权的效力。一方面,优先购买权是法定的而非当事人约定的权利,不仅对意思自治原则有所限制,而且对所有权也有所限制,因

---

① 参见王泽鉴:《民法学说与判例研究》(1),中国政法大学出版社 1998 年版,第 145 页。

② 参见张新荣:《试论“优先购买权”及其法律保护》,《法学》1989 年第 9 期。

③ 参见王泽鉴:《民法学说与判例研究》(3),中国政法大学出版社 1998 年版,第 353 页。

④ 参见孙宪忠:《德国当代物权法》,法律出版社 1997 年版,第 170—171 页。

而符合物权法定的特点;另一方面,优先购买权具有对抗第三人的效力,具有极为明显的物权效力特征。同时,明确优先购买权为一种有物权效力的权利,有利于加强对特定关系人的保护,通过物权法定,防止在实践中把一些本不应作为优先购买权保护的利益加以保护。

(二)对优先购买权性质的界定

上述主张都有各自的道理。不过,称优先购买权是期待权,则没有抓住实质,因为优先购买权有两种形态,在没有共有财产应有部分的分割转让时,它当然是期待权。但是,在其生效的条件具备时,它就不是期待权,而是现实的权利。

共有中的优先购买权是具有物权性质的形成权。其依据是:

第一,优先购买权首先必须是形成权,这一点是研究优先购买权的基本问题,即界定其为形成权、支配权还是请求权。优先购买权当然是形成权,就是基于当事人一方的意思,可以使现已成立的法律关系发生变化的权利。[①] 共有人将自己的应有部分出卖给第三人,其他共有人即优先购买权人基于同等条件而主张优先购买权,即排斥已经构成的法律关系的效力。这当然是形成权。

第二,这种形成权具有物权的效力。优先购买权有的是基于物权而生,有的是基于债权而生。具有物权性质还是具有债权性质,不是优先购买权的基本性质,而是不同的优先购买权的效力特征。一个优先购买权究竟是债权效力还是物权效力,产生于发生这个优先购买权的基础权利。基于共有权发生的优先购买权,其基础是物权,因此,这种优先购买权就具有物权的效力,可以对抗基于债权而发生的优先购买权的效力。

因此,基于共有权发生的优先购买权是一种形成权,这种形成权具有物权的效力,可以对抗第三人的物权效力。

---

① 参见王伯琦:《民法总论》,台北国立编译馆 1979 年版,第 28 页。

二、优先购买权的种类和适用范围

（一）优先购买权的种类

按照不同的标准，优先购买权可以分为不同的类型。

1. 基于物权而生的优先购买权和基于债权而生的优先购买权

按照优先购买权产生的基础，分为基于物权而生的优先购买权和基于债权而生的优先购买权。前者的产生基础是物权，例如共有中的优先购买权。后者产生的基础是债权，例如不动产承租人的优先购买权。

2. 法定的优先购买权和约定的优先购买权

按照优先购买权产生的方式，可以分为法定的优先购买权和约定的优先购买权。法定的优先购买权如《民法典》第 305 条、第 726 条规定的优先购买权。约定的优先购买权是当事人在合同中约定的一方享有的优先购买权。

（二）共有中优先购买权的适用范围

在共有关系中的优先购买权，是法定的优先购买权，是基于物权产生的优先购买权。其适用的范围是：

1. 按份共有中的共有人

按份共有中的共有人都享有优先购买权。这种优先购买权行使的条件是：共有人中的一人分割自己的应有部分，出卖与他人，在同等条件下，其他共有人优先购买。

2. 共同共有中的共有人

在共同共有关系中，由于在共有关系存续期间共有人不分份额的共同所有，不分共有人应有部分，仅存在潜在的应有部分，因此，不发生共有人分割共有财产的问题。在共同共有财产分割后，一个或数个原共有人出卖自己分得的财产属于一个整体或者配套使用，其他原共有人主张优先购买权的，《最高人民法院关于贯彻执行〈中华人民共和国民法通则〉

若干问题的意见(试行)》认可这种优先购买权。尽管《民法典》对此没有规定,但是这种规则应当仍然可以适用。例如在共同继承财产中,共有人之一主张分割自己的应继份时,他的应有部分是可以分割的。分割共有财产属于一个整体或则和配套使用,其他原共有人应当享有优先购买权,在同等条件下有权优先购买。

3. 用益物权准共有中的共有人

在用益物权准共有中,对用益物权属于按份共有的,准共有人之一处分其自己的份额,其他准共有人享有优先购买权。准共有人之一分割自己的应有部分,出卖他人,其他共有人都有优先购买权,对抗同等条件下购买该财产的第三人。

4. 股东的优先购买权

在股份公司中,股权人出让自己的股权,其他股东享有优先购买权。这是因为股东享有的股权类似于按份共有,在公司的全部股权中,每一个股东享有的股权是有份额的,股东之一让与自己的股权,其他股东当然享有优先购买权。目前,股东的优先购买权在司法实践中的数量更多。

三、共有的优先购买权与其他先买权的关系

(一)其他类型的优先购买权

目前,我国还存在其他类型的优先购买权:

1. 承租权产生的优先购买权

租赁他人不动产例如房屋,承租人享有优先购买权。《民法典》第726条规定:"出租人出卖租赁房屋的,应当在出卖之前的合理期限内通知承租人,承租人享有以同等条件优先购买的权利;但是,房屋按份共有人行使优先购买权或者出租人将房屋出卖给近亲属的除外。""出租人履行通知义务后,承租人在十五日内未明确表示购买的,视为承租人放弃优先购买权。"

2. 近亲属的优先购买权

《最高人民法院关于审理城镇房屋租赁合同纠纷案件具体应用法

律若干问题的解释》第 24 条规定:"具有下列情形之一,承租人主张优先购买房屋的,人民法院不予支持:(一)房屋共有人行使优先购买权的;(二)出租人将房屋出卖给近亲属,包括配偶、父母、子女、兄弟姐妹、祖父母、外祖父母、孙子女、外孙子女的;(三)出租人履行通知义务后,承租人在十五日内未明确表示购买的;(四)第三人善意购买租赁房屋并已经办理登记手续的。"其中第 2 项规定,出租人将房屋出卖给近亲属的,承租人的优先购买权不能与其对抗,换言之,出租人出卖其出租的不动产,如果其近亲属主张购买,承租人就不得对其行使优先购买权。这意味着,出卖房屋的出租人的近亲属对其出卖的房屋也享有优先购买权,可以对抗承租人的优先购买权。[①] 不过,这一司法解释重新颁布时,已将这一规定删掉,是否还有适用价值,不能确定。本书认为,这一规定还是有适用价值的。

3. 约定的优先购买权

约定的优先购买权,是双方当事人之间通过协议约定,一方在出让其所有的财产时,另一方享有优先购买权。这就是约定的优先购买权。

(二)共有的优先购买权与其他优先购买权的关系

共有中的优先购买权与其他优先购买权之间,既有共性,又有特性。

优先购买权的共性在于,这些优先购买权都是对抗其他人购买关系效力的权利,在同等条件下,先于他人购买特定财产。在性质上和基本内容上,都是一样的权利。

共有的优先购买权的特性在于:第一,产生的基础不同。共有中的优先购买权发生于物权,是基于物权的共有关系而产生的优先购买权,而其他优先购买权不是基于物权,而且不是基于共有权产生的。它们或者是基于债权,或者是基于近亲属关系以及基于约定,都不是基于共有权发生的先买权。第二,产生的方式不同。共有中的优先购买权是法定的权利,是法律直接规定的权利,凡是符合法律规定的情况,当事人都享有这种法

[①] 参见杨立新、韩煦:《近亲属优先购买权及适用》,《法律适用》2013 年第 10 期。

定权利。约定的优先购买权产生的方式不是基于法律规定,而是当事人的合意,通过合意而发生这种权利。第三,发生的效果不同。共有的优先购买权具有物权性,是效力最高的优先购买权。其他优先购买权也是同样性质的权利,但是,由于其产生的基础不同,因而对于共有的优先购买权而言,其效力低于共有的优先购买权,不能对抗共有的优先购买权。例如,司法解释规定的出租人的近亲属享有优先于承租人优先购买权的权利,但是,却不能以近亲属关系而对抗共有的优先购买权。"共有人的优先购买权优先于其他优先权"①,说的就是这个道理。

第三节　优先购买权的行使

一、优先购买权的主体

共有的优先购买权的权利主体是共有人。在共有关系中,无论是按份共有关系,还是共同共有关系,以及准共有关系中的共有人,都享有优先购买权,都是优先购买权的权利主体。

优先购买权的义务主体比较复杂,主要的问题是:

首先,共有人中的出卖自己应有部分的人,是优先购买权的义务主体,优先购买权人行使权利,出卖共有财产应有部分的共有人必然受到约束,承受优先购买权行使的后果。

其次,第三人是不是优先购买权的义务主体,要看他在优先购买权行使时的状态。优先购买权是形成权,权利人行使权利,便会发生改变已经发生的法律关系状态的后果。共有财产应有部分的出卖人出卖自己的应有部分,当然要与特定人发生买卖关系,而不是单方的法律行为,优先购

---

① 中国人民大学起草的《中国物权法草案建议稿》第 200 条第(1)项内容。参见王利明主编:《中国物权法草案建议稿及说明》,中国法制出版社 2001 年版。第 54 页。

买权人行使这种形成权,当然关系到共有财产应有部分的买受人。如果仅由出卖共有财产的共有人为义务主体,优先购买权就无法约束买受人,优先购买权也就无法最终发生效力。所以,第三人即共有财产的买受人也是优先购买权的义务主体,负有承受优先购买权行使后果的义务。

因此,优先购买权是享有优先购买权的共有人向出卖其共有财产中应有部分的共有人和与之建立买卖关系的买受人行使。

二、权利的限制

优先购买权的效力并不是绝对的优先权,不具有绝对的优先效力,在一些情况下要受到限制,这主要表现在以下三个方面。

第一,出卖人基于将来财产继承的需要,向法定继承人出卖该财产的,享有优先购买权的人不得行使优先购买权。被继承人和法定继承人之间总是具有特定的身份关系,这种身份关系是民法所保护的人身关系。特定的财产在具有特定身份关系的亲属之间转移,一般都是考虑今后的继承问题。这就是说,优先购买权对于财产的继承是不是具有对抗性的问题。如果有对抗性,应当在这种财产转移关系中能够行使,如果不能对抗继承关系,那就不能对抗这种买卖关系。从优先购买权的基本性质上看,它不具有对抗继承的效力,而只是对抗买卖关系的效力。因此,具有一定的继承因素的被继承人将财产出卖给法定继承人的买卖关系,优先购买权不能对抗这种买卖关系。

第二,以拍卖、招标形式出卖标的物的,不得行使优先购买权。但是应当通知享有该权利的人参加拍卖或者招标。这两种形式的买卖,都是竞争式的买卖关系,无论何人参加都可以,最后以出价最高者为买受人。在这种情况下,如果仍然允许优先购买权人行使优先购买权,那无疑是破坏整个拍卖、招标的制度,使其丧失了存在的价值。因此,在拍卖、招标形式出卖特定财产的,优先购买权人不得行使这一权利,但是出卖人负有通知其参加的义务,使其能够有条件参加拍卖和招标,与其他参加拍卖和招标的人享有同等的竞争机会。通知后优先购买权人是否参加,则不论。

如果没有对优先购买权人通知拍卖、招标的,司法解释没有规定,笔者认为拍卖、招标成立的买卖关系不能对抗优先购买权,共有人仍然有优先购买权。

第三,对法院以强制执行的方式进行的变卖,不得行使优先购买权。在法院对财产进行强制执行的情况下,财产所有人已经丧失了对特定财产的控制和支配,财产的命运已经在法院的意志支配之下,优先购买权人不能向财产所有人行使该权利。法院处分强制执行的财产,都是要通过拍卖、变卖的方式进行,优先购买权人可以参加其中,主张购买。优先购买权人参加竞拍的方法是,按照《最高人民法院关于人民法院民事执行中拍卖、变卖财产的规定》第16条,即"拍卖过程中,有最高应价时,优先购买权人可以表示以该最高价买受,如无更高应价,则拍归优先购买权人;如有更高应价,而优先购买权人不作表示的,则拍归该应价最高的竞买人。"在变卖时,尽管法院的处理带有国家行为的性质,也还应当准许优先购买权人主张优先购买权,对于被变卖物的保值是有意义的。

三、同等条件的确定

依照《民法典》的规定,同等条件是优先购买权的基本条件,只有在同等条件下,共有人的购买权才比第三人的购买优先。

之所以对优先购买权设定同等条件的限制,是为了尊重所有权人的所有权。所有权本来是不受限制的物权,是最完全的权利,但是,由于在共有关系中权利主体为多数的特殊性,才有了优先购买权的存在。如果对优先购买权不加以适当限制,则共有人的所有权就无法得到保障。

同等条件究竟是怎样的条件,有"绝对等同说"和"相对等同说"的区别。

"绝对等同说"是说优先购买权人和义务人之间的买卖,按照义务人与第三人约定的相同条款而成立,即买卖合同的条款必须相同。德国法采用这样的主张。有主张认为,这种"相同条款"的规定过于严苛,对权利人的权利保护不利。①

"相对等同说"要求的不是相同条款，因为要求两个合同的条款完全一样是困难的，也是不必要的。因为有些条款可能涉及出卖人的重要利益，有些条款不一定涉及出卖人基于合同条款所享有的利益。绝对等同的主张，一定要相同条款才可以行使优先购买权，是对权利人的过分限制，不符合法律规定优先购买权的宗旨。② 所以，"相对等同说"的主张是可取的。如果完全按照绝对等同说的主张，则在实践中很少有能够实现优先购买权的，这种权利就等于虚设，不会发挥其应有的作用，前文所说的优先购买权的意义也就成了一句空话。

《最高人民法院关于适用〈中华人民共和国民法典〉物权编的解释（一）》第10条规定："民法典第三百零五条所称的'同等条件'，应当综合共有份额的转让价格、价款履行方式及期限等因素确定。"因此，同等条件的掌握，分为以下两个方面：

第一，同等条件主要是指价格条件。先买权人支付的价格应当与其他买受人支付的价格条件相同。③ 在一个买卖合同中，最基本的内容当然是价格，而不是别的。因为购买的标的物是同一个，数量也是一样的，合同的主要条款就只剩下价格了。而价格条件是一切合同的主要条款。如果共有人出卖共有财产中应有部分的价格与其他共有人主张的价格完全一样，就具有了同等条件的基本内容了。

第二，其他条件适当考虑。对于出卖共有财产应有部分的其他条件的适当考虑，判断标准是这些条件应当基本相同，不应当对出卖人有明显的不利因素。只要没有明显的不利因素，就可以认为是同等条件。具有明显的不利因素的，应当认为不是同等条件。这里主要是指价款履行方式和期限等因素。例如，买受人对价金一次付清，而先买权人主张分期支付，分期支付有明显的不利因素，如果没有确实的担保，就不能视为同等

---

① 参见《德国民法典》第505条第2款。但是，该法典并没有完全遵守绝对等同说，在以后的第507条至第509条都作了变通的规定。

② 参见王利明：《物权法研究》，中国人民大学出版社2018年版，第744页。

③ 参见王利明：《物权法研究》，中国人民大学出版社2018年版，第745页。

条件。又如,先买权人与买受人支付价款的期限不同,就不是同等条件,如果出卖人准许第三人延期付款,则先买权人除非为出卖人提供了充分而适当的担保,否则不得请求延期付款。

其他交易条件,只要没有从根本上影响出卖人的利益,出卖人不能以此作为非同等条件而对抗优先购买权。

四、期 限

在优先购买权行使中,受到严格的时间限制,不能使买卖关系无限期的拖延,因而不利于交易进行和经济发展。

对此,《最高人民法院关于适用〈中华人民共和国民法典〉物权编的解释(一)》第11条规定:"优先购买权的行使期间,按份共有人之间有约定的,按照约定处理;没有约定或者约定不明的,按照下列情形确定:(一)转让人向其他按份共有人发出的包含同等条件内容的通知中载明行使期间的,以该期间为准;(二)通知中未载明行使期间,或者载明的期间短于通知送达之日起十五日的,为十五日;(三)转让人未通知的,为其他按份共有人知道或者应当知道最终确定的同等条件之日起十五日;(四)转让人未通知,且无法确定其他按份共有人知道或者应当知道最终确定的同等条件的,为共有份额权属转移之日起六个月。"具体方法是:

第一,转让人向其他按份共有人发出的包含同等条件内容的通知中载明行使期间的,以该期间为准。

第二,《民法典》第305条没有规定优先购买权的时间限制,第726条规定承租人的优先购买权确定了时间限制,即"出租人履行通知义务后,承租人在十五日内未明确表示购买的,视为承租人放弃优先购买权。"对此,共有人预先购买权是否可以适用这个时间限制,答案是肯定的,理由是共有人与承租人行使优先购买权的权利内容基本相同,可以适用这个时间的限制。同时,这个看法也与上述司法解释的规定相一致。适用的范围是:一是通知中未载明行使期间,或者载明的期间短于通知送达之日起十五日的,为十五日;二是转让人未通知的,为其他按份共有人知道或者应当知道最终确定的同等条件之日起十五日。

第三,出卖人没有按照规定通知优先购买权人,优先购买权人不知道或者不应当知道出卖人与第三人缔结买卖关系的,除斥期间为六个月。起算时间是从出卖人与第三人缔结买卖合同关系,知道或者应当知道最终确定的同等条件的,共有份额权属转移之日起计算。超出这个期间,优先购买权人提出行使优先购买权请求的,不发生对抗该买卖关系的效力。

五、通 知 义 务

优先购买权的通知义务,是指出卖共有财产中应有部分的共有人对其他共有人负有通知其出卖该财产的义务。

通知义务是共有人对于其他共有人享有的优先购买权所负有的义务,是相对于优先购买权的义务。共有人享有优先购买权,其他共有人就负有在出卖自己的应有部分时的通知义务。

通知的内容,是出卖人将自己与第三人订立的买卖合同的内容(包括买卖合同的全部内容)通知其他共有人即优先购买权人,让他们决定是不是行使优先购买权。

通知的方式应当是要式行为,使其他共有人即优先购买权人充分了解交易的内容,便于决定是否行使优先购买权。

出卖人不履行通知义务,后果是确定优先购买权的除斥期间的起算点,开始计算其他共有人优先购买权的除斥期间。

第四节 优先购买权的效力

一、优先购买权的相对效力

优先购买权的相对效力,是指优先购买权所具有的一般约束力。它不是指这个权利行使时的效力,而是存在的效力,只要这个权利存在就具有这样的效力。

优先购买权具有以下四种相对效力。

(一)对抗其他约定的效力

在优先购买权存在的情况下,对优先购买权的义务人具有约束力。这种约束力之一是与第三人订立的合意不能对抗优先购买权人的权利。例如,出卖人与第三人约定的买卖合同如果不以行使优先购买权为条件,或者约定出卖人有权解除优先购买权的,都不能对抗优先购买权,对优先购买权人无效。① 如果允许出卖人这样约定,优先购买权就没有存在的意义了。

(二)及于全部财产的效力

优先购买权的基础是共有财产,因此,其效力及于全部共有财产。即使处分全部共有财产,优先购买权也都发生拘束力。但是在事实上,优先购买权并不能对全部共有财产发生效力,而仅对共有人之一的应有部分发生效力。尽管如此,这种观念对理解优先购买权具有重要意义,即凡是共有人分割出去的财产予以出卖的,都在优先购买权的约束之中,不能逃过优先购买权的拘束。如果出卖的共有财产应有部分是一个整体,即特定物,其效力及于这个特定物的全部。如果这个部分是种类物或者是集合物或者是混合财产,其效力也及于这个部分的财产,不论作何种分割,都受到优先购买权的约束。如果出卖的共有财产应有部分是一个主物,那么优先购买权的效力及于这个主物的从物。

(三)预告登记的效力

不动产的优先购买权对于第三人具有为保全该权利所产生的转让所

---

① 中国人民大学起草的《中国物权法草案建议稿》第 195 条第 1 款。参见王利明主编:《中国物权法草案建议稿及说明》,中国法制出版社 2001 年版,第 53 页。

有权的请求权作预告登记的效力。预告登记,是指为保全债权的实现,保全物权的顺位请求权等而进行的提前登记,日本民法称为假登记,①是为了保全将来发生的不动产物权而进行的一种登记,其效果并不导致不动产物权的设立或者变动,而只是使登记申请人取得一种请求将来发生物权变动的权利。纳入了预告登记的请求权,对后来发生于该项请求权内容相同的不动产物权的处分行为,具有排他的效力,以确保将来发生该请求权所期待的法律结果。② 优先购买权具有这样的效果,具有排他的效力,以保障将来发生优先购买权所期待的法律后果。

(四)与其他优先购买权竞合的效力

1. 确定优先购买权竞合时效力的一般规则

确定优先购买权竞合时的效力问题,依以下这些规则确定:

(1)共有人的优先购买权优先于其他优先购买权。当共有人的优先购买权与其他任何优先购买权竞合时,共有人的优先购买权优先行使。

(2)物权性的优先购买权优先于债权性的优先购买权。数个优先购买权竞合,其中有物权性的优先购买权也有债权性的优先购买权时,物权性的优先购买权优先于债权性的优先购买权。

(3)多个物权性的优先购买权并存,经过公示的优先购买权优先。这种经过公示的优先购买权应当优先于其他没有经过公示的优先购买权。

(4)其他多个优先购买权并存的,优先购买权的顺位由出卖方决定。因为既然这些优先购买权的权利是平等的,就只能是按照买卖自由的原则,由出卖方决定与哪一方享有优先购买权的人交易。这样做是最符合民法的精神的。

---

① 参见王利明主编:《中国物权法草案建议稿及说明》,中国法制出版社 2001 年版,第 198 页。我国《民法典》第 221 条也规定了预告登记制度,但适用范围较窄,仅适用于当事人签订买卖房屋或者其他不动产的协议。

② 中国人民大学起草的《中国物权法草案建议稿》第 195 条第 3 款。参见王利明主编:《中国物权法草案建议稿及说明》,中国法制出版社 2001 年版,第 53 页。

（5）前一顺位的优先购买权人放弃优先购买权的，后一顺位的优先购买权人递补升至前一顺位，享有优先的权利。

2. 共有人之间的优先购买权竞合的规则

在共有人的优先购买权竞合的时候，谁的优先购买权更为优先，有三种不同的主张和做法：（1）由所有的其他共有人共同行使优先购买权购买。如果其中有一人不行使这个权利，其他人仍然全体行使这个权利。德国民法采用这样的做法。[①]（2）由各共有人按照自己在共有财产中的比例行使优先购买权。法国民法采用这样的做法。[②]（3）由出卖人决定由谁购买。因为既然优先购买权是平等的，没有先后顺序之分，应当由出卖人自由决定。

这些办法都可以使用，只是按照不同的情况选择以下不同的办法解决：（1）当事人有约定的，依照约定处理。如果在共有的协议中，对优先购买权如何行使有约定的，按照约定处理，最符合当事人的意愿，也是最好的解决办法。（2）其他共有人愿意共同购买的，共同行使优先购买权，购买为共有财产，使共有关系更为稳固，便于发展共有事业。（3）其他所有享有优先购买权的共有人均主张优先购买权的，如果是按份共有，按照共有应有部分的比例购买也不失为一种较好的办法。但是共同共有关系的共有人无法实行这个办法，共有物不能分割的，也不能实行这个办法。（4）最后的解决办法就是出卖人决定。各个共有人都主张自己的优先购买权的，又无法按照上述办法解决，只有采取下述办法解决，即两个以上按份共有人主张优先购买且协商不成时，按照转让时各自份额比例行使优先购买权。

二、优先购买权的绝对效力

优先购买权的绝对效力，就是对抗第三人购买的效力。行使这个权

---

① 参见《德国民法典》第 513 条规定。

② 参见《法国民法典》第 815—14 条规定。

利的最终结果就是要发生这种效力,使出卖人与第三人发生的买卖关系归于无效,而自己与出卖人订立同等条件的买卖合同,并发生法律效力。

(一)向出卖人发出意思表示

享有优先购买权的共有人,在接到出卖人出卖共有财产应有部分的通知后,或者未接到通知但是已经知道出卖人就出卖共有财产的应有部分与第三人订立买卖合同关系后,优先购买权人应当在有效的期限内向出卖人发出内容明确的意思表示,表明自己行使优先购买权,在与第三人的同等条件下购买该财产。这种意思表示可以用口头形式,也可以用书面形式,只要能够使出卖人知道并且能够证明自己已经提出了这种主张的意思表示即可。

优先购买权人可以放弃优先购买权。在优先购买权人决定放弃其权利时,应当通知出卖人,具体形式不限,但是出卖人应当留有证据,避免优先购买权人事后反悔。在出卖人通知优先购买权人出卖的意思之后,在法定的期间内,优先购买权人没有主张行使这个权利的,视为放弃优先购买权。

按份共有人向共有人之外的人转让其份额,其他按份共有人的请求具有下列情形之一的,不予支持:一是未在规定的期间内主张优先购买,或者虽主张优先购买,但是提出减少转让价款、增加转让人负担等实质性变更要求的;二是以其优先购买权受到侵害为由,仅请求撤销共有份额转让合同或者认定该合同无效。

按份共有人之间转让共有份额,其他按份共有人主张优先购买的,不予支持,但按份共有人之间另有约定的除外。

(二)成立新的买卖合同关系

优先购买权一经行使,即按照出卖人与第三人约定的相同条款与出卖人成立买卖关系。这是优先购买权的最终效力,因而使出卖人与第三人之间订立的买卖关系彻底归于无效。

发生这个效力的时间,应当界定为出卖人收到优先购买权人发出的行使优先购买权的意思表示的时间。出卖人接到了这个意思表示，就发生了前一个买卖合同无效，后一个买卖合同生效的效果。

优先购买权人与出卖人订立的这个合同，其内容应当与前一个与第三人订立的买卖合同是一样的，不应当有原则的不同。这一点，应当按照前述同等条件的理解把握。

（三）价金返还

在优先购买权已经发生了上述效力之后，如果第三人已经交付了价金的，出卖人应当向第三人返还价金。在第三人已经按照原来的合同约定占有了买卖标的物的，第三人应当返还原物，将原物交还出卖人。对于第三人的其他损失，例如关于缔约中的费用的支出，无权请求返还或者赔偿，视为交易风险，自负其责。

【典型案例】

孙甲、孙乙和孙丙三兄弟翻盖瓦房九间，约定三家共同共有。一年后，三家又约定，九间新房按份共有，孙甲与孙乙、孙丙各分三间，分别使用。第三年，孙甲因其子在本村另外申请到一块宅基地，拟盖一栋楼房，因资金不够，决定将其三间瓦房作价5万元卖给本村李某。双方正式订立了书面合同，约定"一旦新房盖成，就交旧房（三间瓦房）"。李某并预付1000元定金。嗣后，孙甲之子突然患病住院，花费5万余元医药费，已无力再盖新房，遂找到李某提出解除合同，并退回定金。李某认为双方已订立了正式的书面合同，如孙甲不愿交房，则应将其已申请到的一块宅基地转让给他。双方因不能达成协议，李某遂到法院起诉，要求孙甲交付房屋，双倍返还定金，如不能交付房屋，应将宅基地估价转让给他。而孙乙和孙丙则起诉提出孙甲转让房屋时没有通知他，侵害了他的优先购买权，主张购买该房。

【案例分析】

对本案有以下三种不同意见：第一种意见认为，被告在订立合同以后,以其儿子犯病住院、资金紧张为由,不再履行合同规定,是没有道理的,被告已构成违约,应有义务向原告交付房屋并承担违约责任。第二种意见认为,被告之子犯病住院属于不可抗力事件,被告据此应免除责任。第三种意见认为,被告在转让房屋时,确实没有通知其两个弟弟,已侵害了两个弟弟的优先购买房屋的权利,因此,被告与原告订立的买卖房屋合同应无效。

对本案应当从以下几个方面分析:

第一,关于孙甲孩子生病是否为不可抗力的问题。不可抗力是指人力所不可抗拒的力量,包括自然原因如地震、台风、洪水、海啸等和社会原因如战争等。不可抗力是独立于人的行为之外,且不受当事人的意志支配的现象。怎样确定不可抗力,《民法典》第180条要求从主客观方面的因素考虑何种现象为不可抗力。一是不可预见,即根据现有的技术水平,一般人对某种事件的发生无法预料,来判断对某种现象是否可以预见。二是不可避免并不能克服,是指当事人已经尽到最大努力和采取一切可以采取的措施,仍然不能避免某种事情的发生并克服事件造成的损害后果。三是客观情况,即不可抗力作为独立于人的行为之外的事件,不包括单个人的行为。孩子生病不具有这些特点,不属于不可抗力。

第二,孩子生病这个事件虽然不属于不可抗力,但是属于情势变更。《民法典》第533条第1款规定:"合同成立后,合同的基础条件发生了当事人在订立合同时无法预见的、不属于商业风险的重大变化,继续履行合同对于当事人一方明显不公平的,受不利影响的当事人可以与对方重新协商;在合理期限内协商不成的,当事人可以请求人民法院或者仲裁机构变更或者解除合同。"在合同有效成立以后,对不是因为当事人双方的原因而使合同的基础条件发生了重大变化,当事人订立合同时无法预见,也不属于商业风险,合同继续履行对于当事人一方明显不公平的,当事人可以依照情势变更原则请求变更或解除合同。本案被告的孩子生病住院这一事件,在原告、被告订立合同当时是无法预见且不属于商业风险的,是在合同订立之后尚未履行之前发生的。如果被告预先知道这种情况可能发生,是不会订立这个合同的。这一事件发生之后,被告确实无力再建造新房,如果强令被告继续履行合同,就会使被告陷入生活极度困难。因此,被告有权解除合同。

第三,被告在转让其房屋时,没有通知按份共有人,侵害了孙乙、孙丙的优先购买权。这是因为,孙家三兄弟对九间房屋实行按份共有,孙甲在处分自己的份额时,其他共有人享有优先购买权。按照法律关于优先购买权的规定,孙甲与李某订立房屋买卖合同,应当通知孙乙和孙丙,在同等条件下,孙乙和孙丙作为按份共有人,有优先购买的权利。只有孙乙和孙丙明确表示放弃优先购买权,或者超过一定期限没有表示的,李某才可以购买。孙甲与李某订立房屋买卖合同时,没有通知优先购买权人,侵害了孙乙和孙丙的优先购买权,因此,孙乙和孙丙主张优先购买权是有道理的。但是,既然孙甲与李某的房屋买卖合同在履行过程中发生了情势变更,孙甲有权解除合同,作为其他按份共有人的孙乙和孙丙也就没有行使优先购买权的条件了。因此对孙乙和孙丙的诉请应当予以驳回。

本案最基本的问题是,孙甲的新房屋未建,其原来的住房不能出让,因而也就不存在买房和优先购买权的条件。因而,不论是主张继续买房或者受让孙甲的宅基地使用权,还是主张优先购买权,都是不能支持的。

主要参考文献

一、中文著作

1. 龙显铭:《私法上人格权之保护》,中华书局 1948 年版。

2. 史尚宽:《物权法论》,台北荣泰印书馆 1979 年版。

3. 王伯琦:《民法总论》,台北国立编译馆 1979 年版。

4. 刘得宽:《民法诸问题与新展望》,台北中亨有限公司 1979 年版。

5. 史尚宽:《亲属法论》,台北荣泰印书馆 1980 年版。

6.《辞海》,上海辞书出版社 1980 年版。

7. 郑玉波:《民法债编各论》,台北三民书局 1981 年版。

8. 史尚宽:《债法各论》,台北荣泰印书馆 1981 年版。

9. 佟柔主编:《民法原理》,法律出版社 1983 年版。

10.《法学词典》编辑委员会编:《法学词典(增订版)》,上海辞书出版社 1984 年版。

11. 陶希晋主编:《民法文集》,山西人民出版社 1985 年版。

12. 凌相权主编:《中华人民共和国民法概论》,山东人民出版社 1986 年版。

13. 唐德华主编:《民法教程》,法律出版社 1987 年版。

14. 陈国柱主编:《民法学》,吉林大学出版社 1987 年版。

15. 王家福等:《民法基本知识》,人民日报出版社 1987 年版。

16. 刘素萍主编:《继承法》,中国人民大学出版社 1988 年版。

17. 李志敏:《中国古代民法》,法律出版社 1988 年版。

18. 尹田:《法国物权法》,法律出版社 1998 年版。

19. 王利明等:《民法新论》,中国政法大学出版社 1988 年版。

20.《辞源》(合订本),商务印书馆 1988 年版。

21.《牛津法律大辞典》,光明日报出版社 1988 年版。

22. 杨大文主编:《婚姻法学》,中国人民大学出版社 1989 年版。

23. 佟柔主编:《中国民法》,法律出版社 1990 年版。

24. 谢邦宇主编:《罗马法》,北京大学出版社 1990 年版。

25. 郑玉波:《民法物权》,台北三民书局 1990 年版。

26.《法学研究》编辑部编著:《新中国民法学研究综述》,中国社会科学出版社 1990 年版。

27.《民法学研究综述》,中国社会科学出版社 1990 年版。

28. 江平等:《罗马法基础》,中国政法大学出版社 1991 年版。

29. 张俊浩主编:《民法学原理》,中国政法大学出版社 1991 年版。

30. 黄宗乐监修:《六法全书·民法》,台湾保成文化事业出版公司 1991 年版。

31. 王战平主编:《中国婚姻法讲义》,中国政法大学出版社 1991 年版。

32. 巫昌祯主编:《中国婚姻法》,中国政法大学出版社 1991 年版。

33. 苏惠祥主编:《中国当代合同法论》,吉林大学出版社 1992 年版。

34. 刘春茂主编:《民法学》,中国人民公安大学出版社 1992 年版。

35. 王云霞等:《东方法概述》,法律出版社 1993 年版。

36. 彭万林主编:《民法学》,中国政法大学出版社 1994 年版。

37. 谢在全:《分别共有内部关系之理论与实务》,台北三民书局 1995 年版。

38. 杨立新:《民法判决研究与适用》第二集,中国检察出版社 1996 年版。

39. 孔庆明等:《中国民法史》,吉林人民出版社 1996 年版。

40. 孙宪忠:《德国当代物权法》,法律出版社 1997 年版。

41. 王利明等:《人格权法》,法律出版社 1997 年版。

42. 王泽鉴:《民法学说与判例研究》,中国政法大学出版社 1998 年版。

43. 王利明:《物权法论》,中国政法大学出版社 1998 年版。

44. 陈华彬:《物权法原理》,国家行政学院出版社 1998 年版。

45. 梁慧星主编:《中国物权法研究》,法律出版社 1998 年版。

46. 梅仲协:《民法要义》,中国政法大学出版社 1998 年版。

47. 申卫星等:《物权法》,吉林大学出版社 1999 年版。

48. 梁慧星主编:《中国物权法研究》,法律出版社 2000 年版。

49. 王泽鉴:《民法物权(1):通则·所有权》,中国政法大学出版社 2001 年版。

50. 王利明主编:《中国物权法草案建议稿及说明》,中国法制出版社 2001

年版。

51. 梁慧星主编：《中国物权法草案建议稿：条文、说明、理由与参考立法例》，社会科学文献出版社2000年版。

52. 谢在全：《民法物权论》，中国政法大学出版社2011年版。

53. 高富平：《物权法原论》，中国法制出版社2001年版。

54. 王利明：《物权法研究》，中国人民大学出版社2018年版。

55.《大清民律草案·民国民律草案》，吉林人民出版社2002年版。

56. 王利明等：《中国民法案例与学理研究》（物权篇）修订本，法律出版社2003年版。

57. 梁慧星主编：《中国民法典草案建议稿》，法律出版社2003年版。

58. 王利明主编：《中国民法典草案建议稿及说明》，中国法制出版社2004年版。

59. 温世扬、廖焕国：《物权法通论》，人民法院出版社2005年版。

60. 肖海军：《物业管理与业主权利》，中国民主法制出版社2006年版。

61. 胡康生主编：《中华人民共和国物权法释义》，法律出版社2007年版。

62. 王利明等：《中国物权法教程》，人民法院出版社2007年版。

63. 崔建远：《物权：规范与学说——以中国物权法的解释论为中心》，清华大学出版社2011年版。

64. 黄薇主编：《中华人民共和国民法典物权编解读》，中国法制出版社2020年版。

65. 黄薇主编：《中华人民共和国民法典合同编释义》，法律出版社2020年版。

66. 黄薇主编：《中华人民共和国民法典继承编释义》，法律出版社2020年版。

67. 杨立新：《中国民法典释评·继承编》，中国人民大学出版社2020年版。

二、中文译著

1.［日］我妻荣：《债法各论》，岩波书店1973年版。

2.［苏］B.T.斯米尔诺夫等：《苏联民法》，董良平、丁文琪译，中国人民大学出版社1987年版。

3.［日］我妻荣编：《新版新法律学辞典》（中文版），董璠舆等译校，中国政法大学出版社1991年。

4.［意］彼德罗·彭梵得：《罗马法教科书》，黄风译，中国政法大学出版社

1992 年版。

5. [意]桑德罗·斯契巴尼:《物与物权》,范怀俊译,中国政法大学出版社 1999 年版。

6. [美]E.A.霍贝尔:《初民的法律》,周勇译,中国社会科学出版社 1993 年版。

三、外 国 法 典

1.《摩奴法论》,蒋忠新译,中国社会科学出版社 1986 年版。

2.《意大利民法典》,陈国柱译,中国人民大学出版社 2000 年版。

3.《德国民法典》,陈卫佐译,法律出版社 2000 年版。

4.《法国民法典》,罗结珍译,中国法制出版社 2002 年版。

5.《埃塞俄比亚民法典》,薛军译,中国法制出版社、金桥文化出版(香港)有限公司 2002 年版。

6.《越南社会主义共和国民法典》,吴尚芝译,中国法制出版社 2002 年版。

7.《阿尔及利亚民法典》,尹田译,厦门大学出版社 2013 年版。

8.《瑞士民法典》,于海涌、赵希璇译,法律出版社 2016 年版。

9.《日本民法典》,刘士国等译,中国法制出版社 2018 年版。

四、中 文 期 刊

1. 袁建国:《合伙财产的法律性质种类》,《法学研究》1985 年第 5 期。

2. 戴淳隆等:《论合伙》,《法学研究》1986 年第 5 期。

3. 张新荣:《试论"优先购买权"及其法律保护》,《法学》1989 年第 9 期。

4. 陈甦:《论建筑物区分所有权》,《法学研究》1990 年第 5 期。

5. 李宝明:《区域所有权及其相关理论初探》,《首届学术讨论会论文选》1990 年。

6. 温丰文:《区分所有建筑物法律关系之构造》,台湾《法令月刊》1992 年第 9 期。

7. 王铿:《论合伙财产与合伙债务》,《上海法学研究》1994 年第 2 期。

8. 杨立新:《民法该如何保护"相关隐私"》,《检察日报》2004 年 4 月 1 日。

9. 杨立新:《使用合影当心侵权》,《检察日报》2004 年 3 月 1 日。

10. 温丰文:《论区分所有建筑物之管理》,台湾《法学丛刊》第 147 期。

11. 陈俊樵:《论区分所有建筑物之管理组织》,台湾《中兴法学》第 24 期。

12. 杨立新、韩煦:《近亲属优先购买权及适用》,《法律适用》2013 年第 10 期。

13. 程啸:《业主共有部分的确定与不动产登记》,《中国矿业大学学报(社会科学版)》2015 年第 4 期。

14. 刘道远、徐蓓:《按份共有人优先购买权规则的适用——基于规则内在统一性的分析》,《社会科学家》2016 年第 7 期。

15. 房绍坤:《论共有物分割判决的形成效力》,《法学》2016 年第 11 期。

16. 龙俊:《夫妻共同财产的潜在共有》,《法学研究》2017 年第 4 期。

17. 戴孟勇:《物权法共有制度的反思与重构——关于我国〈物权法〉"共有"章的修改建议》,《政治与法律》2017 年第 4 期。

18. 李辉:《我国共有物分割之诉性质研究》,《当代法学》2018 年第 2 期。

跋

——纪念我的法学入门导师王士奇先生

士奇先生刚刚作古,消息传来,不胜悲痛。那时,我还正在写作这部书,我就想,写好这部书,就算作我纪念先生的礼物吧!

一

士奇先生也被称作大可,大可者,奇也,吉林人士,1958 年东北人民大学法律系毕业,之后分配到吉林省海龙县人民法院从事司法工作,就在我分配到吉林省通化地区中级人民法院工作之前不久,被调到这个中级法院。我到中级法院的时候,大可师傅已经在中级法院等着我了。大概这就是我们的缘分。

我到中级法院的时候,正好是这个法院的第 20 个工作人员。那是在 1975 年 6 月。我先分到民事审判庭工作,就有人跟我说,大可是最有学问的了,要跟着他很好的学习。

我已经见过这个人了,高高的个子,浓眉大眼,脸有些黑,十分威严,看着就像一位法官,黑脸的法官。当时最引起我注意的是他写的字,是很好看的、很有力的楷书。看到他的字,就会看到他的人,严谨、精细,富有逻辑判断力,同时也规整,充满了法治精神,不会任意而为。他也看过我涂抹几笔,就问:"你也爱写字?"

到这一年的 12 月份,我们中级法院组建调查研究室,我、大可师傅和另外一位极好的好人孙声仁先生一起,成为了这个研究室的工作人员,声仁先生作主任,大可师傅和我一起作为科员,从此,我就和他结下了师徒的不解之缘,直到 1985 年。

第一次与大可师傅出差,是到海龙县法院调查研究。那是他长期工作的地方,他有很多感慨。那次,我们谈得很深,我说了对法院工作的喜爱,由于没有法律基础又有很多苦恼。大可师傅说,这是可以学的,法律就是实践的科学,并不一定非要在大学学习,在实践中一定也会学好的。我就说,那你这个名牌的老大学生一定要好好帮助我。他就答应:一定!一定! 那次,我们一起总结了一个法庭的工作经验,正赶上海龙县法院公判一批案件,我又写了一个简报。回来之后,两份文件都用在机关的文件上。大可师傅也向领导汇报,领导也狠狠地表扬了我一通。

从此之后,我跟着大可师傅工作整整 10 年,他把在大学学习的教科书、参考资料,以及当时极为稀罕的刑法草案、政策法律汇编等,都给我找到,让我在业余时间学习法律。同时,我写的文章他都要亲自修改,从中也不断地向我传授法律知识。耳闻目染,法律的精华也就吸收在我的心中。真的,大可师傅在法学上是我真正的入门导师,授业解惑,指点迷津。没有大可师傅的指点,大概不会有我今天的法学修行。

二

在一段时间里,研究大可师傅的入党问题。那时候,我是中级法院党总支的委员。大可师傅还不是党员,我很奇怪。他学问好,工作好,为什么就入不了党呢? 这大概也是大可师傅的一"奇"。在研究发展党员的时候,总支委员一致同意发展大可师傅,但是要先做好工作。后来就把这个工作交给了我。

在我接到大可师傅的所谓"材料"时,我就知道了大可师傅为什么没有入党了!整整四卷"黑材料",都是厚厚的,装满一个极大的旅行袋,看着都让人惊讶!那时候我刚刚参加工作不久,第一次看到一个我党的工作人员竟然会有那么多的"黑材料",对自己今后的前途都发生了恐惧!

我细心地一份一份地整理这些材料,精心地分辨着其中的真伪。之后,我又到大可师傅的学校和他的同学和同事中间,一一进行了解和调查。最后,不但搞清了大可师傅的所谓"问题",也了解到了大可师傅的辉煌经历。

大可师傅的家境不坏,在1953年就考入了东北人民大学即现在的吉林大学法律系攻读法律专业。在大学学习期间,大可师傅就展现了他的法律才华,各科学习都是尖子,受到学校的重视。一篇毕业论文引起轰动,大学校长匡亚明先生亲自找他谈话,询问他的志愿。据说,那时候学校看好了他的才华和法学修养,准备让他留校继续深造从事法学理论教学和研究的。但是大可师傅在与匡亚明校长的谈话中,说了一个很重要的观点,那就是法学是一门实践的科学,不在基层从办案开始,就不能真正懂得法律,也没有办法教授、研究法律,无法为振兴中国法律事业做出贡献。

匡校长为大可师傅的见解所感动,握着他的手说,你的见解是对的,这才是最有志气的学生说的话。好吧!我成全你的志愿,让你到基层法院工作几年,再回到学校来教书、做研究。

就这样,大可师傅到了海龙县法院。可是,谁都知道从那以后发生的事情。那时候,匡亚明校长就被打倒了,他还能管得了他的学生吗?另外,就是大可师傅到了基层会发生什么事情,也是难说的啊!尽管大可师傅还算幸运,没有被打成右派,但是基层工作的是是非非,也使大可师傅折了锐气,还说什么振兴中国法律事业的大事呢。再说,谁还能没有一点点小毛病的?我就看到过大可师傅的无数"检查"和"检讨书",一份又一份,检讨的不过是用了公家的信封、信纸,工作时间看书、看报,骄傲自大,牛皮哄哄,不一而足。于是到了"文革"年代,像大可师傅这样的人,不可能没有人整他。不过，在那整人的年代，不整人才怪。整人就是"革命"，保不齐谁都整过人。我在调查这个事情中接受了教训，在以后的"运动"中，不想自己有那么多的黑材料，也从来没有给别人写过一份这样的"黑材料"。

事情查清楚了，大可师傅也就入党了，成了共产党员。那几天，大可师傅真的十分高兴。我们也都高兴。我相信，那时候他是真的感到了新生。

三

在调查研究室与大可师傅一起工作整两年，大可师傅向领导提出来，让我到庭里办案。他跟我说，在法院工作，不会办案就没有地位，就没有经验，就没有发展，也就不能真正地学好法律。我听了他的意见，领导也听了他的意见，我就到了刑事审判庭开始办案。

那时候，不像现在一定要有审判职务才能办案，我的职务就是法院工作人员，没有任命为审判员。我曾经接了一件重大的流氓案件，这个被告人强奸妇女数人，奸污妇女十数人，猥亵妇女上百人，案卷放在一起要有几尺高。

面对这样的案子，我觉得无从下手。大可师傅指导我怎样制作阅卷笔录、怎样分析认定案情、怎样制订审讯计划，细细地讲给我听。在他的指导下，这个案件我一个月就审结了。

在办案、调查研究和日常学习中，凡是碰到法律问题我弄不清楚的时候，我都找他，他好像没有不懂的法律问题，任何问题都能够娓娓道来，说得清清楚楚。还有他送给我的那些在"文革"中冒着危险保存下来的珍贵的法律教科书和参考书，给了我无尽的营养。直到今天我还珍藏着的1958年法律出版社出版的《中华人民共和国民法基本问题》，这是他送给我的，时时翻起来，仍然觉得十分亲切，仿佛大可师傅还在不断地叮咛着。

更重要的是写文章。大可师傅写得一手好文章,是我们中级法院鼎鼎大名的一号笔杆子。他的文字极为简练、精确,文章总是一气呵成,浑然一体,看起来真叫过瘾。跟着他干,干的又是写文章的营生,自然就学着他的风格,文章的结构方法、修辞描写、论述体例,都渐渐地靠近,就连写的字也都越来越接近,有些人甚至分不清我们两个人写的文章究竟谁是写手。今天我能够写出大家喜欢的文字,没有大可师傅,大概也难做到。

1981 年,调研、总结侵权损害赔偿案件审判经验,我主笔写出了一篇文章,请大可师傅细细地为我修改、润色,最后发表在《法学研究》杂志上,成了家乡法学界轰动一时的一件事。这篇文章就是署的三个人的名字:我和大可以及民庭庭长。至今,大可师傅人不在了,我们一起写的作品仍在我的身边。想到这里,心中不禁悲伤!

四

我和大可师傅既是师生,又是同事,还是朋友。尤其是到了后来,我在法院工作的时间长了,经验多了,法律知识也积累得比较丰富了,我们配合起来,就把调查研究工作做得极为出色。

那一年,还没有司法行政部门,调解工作由法院管。我们搞基层调解组织建设的调查研究,选中了柳河县凉水河子公社的调解主任作为典型,到当地调查,写经验材料。

凉水河子公社是一个极为偏远的山村,周围都是山,一条清清静静的河,就是凉水河,在镇里飘洒而过,留下了周围的青山和绿野。河边就是公社的招待所。白天我和大可师傅与群众座谈,与调解主任谈话,晚上就在招待所里写作。那时候的生活极为艰苦,公社秘书每顿晚饭都给我们炒两个菜,一个炒豆腐、一个炒鸡蛋,或者炒青菜,外加两碗白饭。之外,还有一个小小的铝壶,里边灌着半壶小烧,摆上两个小酒盅。大可师傅也是爱酒之徒，我俩正是一丘之貉，两只酒盅被我们捏住，一盅接着一盅，就着两个小菜和说不完的话题，喝得津津有味，不一会儿酒尽壶空，然后就在招待所的热炕上，横竖一倒，天南海北，人生哲理，法律办案，等等等等，无所不谈。过后多少年，我们一说起凉水河子的调查研究，都心神为之向往，恨不能再回到从前，再过那样的幸福生活。

后来，我们在柳河县召开了全地区的调解工作现场会议，凉水河子公社的调解主任作了精彩的报告，成为全区、全省抓调解工作的标兵（后来还参加了司法部召开的调解先进会议）。这次会议也成了我们全省抓调解工作的典型。我和大可师傅自然高兴，会议开起来之后，我们两个写手的事情就不多了，天天晚上都喝上一杯，自得其乐，悠哉游哉！

还有更为得意的事情。有一次，召开全省法院刑事审判工作会议，我和大可师傅写作我们地区的经验材料。最后，会议介绍七个中级法院的经验材料总共十几篇，我们中级法院介绍的就有六篇，差不多将近一半！那一次，我没有参加会议。大可师傅回来跟我得意地说：哈哈，你是不知道咱们的领导在会上是多么风光！我就说，领导大概还没有你牛吧？

我猜想得出来，领导和他都一样牛！因为我也有这样的体会。有一次，全省召开政法机关先进集体先进个人代表大会，我和大可师傅写的事迹材料就有四篇。我给长白县法院法警写的那份材料，文字极为简短，但是十分感人。林法警在会上念完之后，省委书记走上前去，紧紧握住他的手，说他就是全省政法战线的活雷锋。最高法院参加会议的人拿回去这份材料，全文发在《人民司法》杂志上。那时候，我也是非常振奋，非常激动，比我自己当了先进还高兴呢！能不牛么？

有人曾经跟我吹嘘："都说大可文章写得怎么怎么好，我就可以给他改，改了后他还得说改得好。"可是，很多人都会改文章，然而能够写出好文章的人能有几个呢？就像一个人一样，缺点谁都是有的，关键是要有才华，有才华的人才会有真贡献。只会挑别人的缺点而自己却没有才华的人，贡献总是没有大可先生这样的人多。

五

1979 年，全国人大通过了《刑法》和《刑事诉讼法》，各级政法机关在"两法"通过的前后两年中，掀起了学习"两法"、贯彻"两法"的高潮。一方面是学习，另一方面是准备公开审判。这时候，大可师傅就像着了魔一样的兴奋，不停地为青年法官辅导，为公开开庭审理刑事案件的程序进行说明和演示，给我们这些没有看过公开审判的青年法官示范，让我们不断地观摩、学习、体味。

那时候，大可师傅真的是展现了他的法学修养和司法实践经验的丰富。他每给我们做一次辅导，做一次讲座，都极为精彩。后来我总结，他的辅导和讲座之所以精彩，就是他对法律有坚实的修养，理论功底扎实；同时又有实践经验，在基层法院工作了十几年，什么样的案件没有见过，随便讲出几件案件，就可以把法律上的问题说得清清楚楚。大可的这些功夫，真的让我们这些青年法官叹为观止！在今天，我坚持以理论联系实际的方法研究民商法，一方面，是缘于我确实在实践中工作了几十年，积累了很多的经验，另一方面，大可师傅对我的这种影响，实在是不可低估。

更重要的是他对庭审程序和实践问题处理的临场指导。

有一次，我承办的一件很有影响的雇凶杀人案，是在 1981 年。那时候，雇凶杀人还是罕见的案件。案件发生之后，在本地区影响极大。我任案件合议庭的审判长，感到责任重大，压力更大。大可师傅鼓励我，并帮我分析具体情况，一一制定对策。在开庭之前，被告人突然翻供，弄得大家非常紧张。这时，大可师傅匆匆赶来，分析原因，想好对策。我和书记员、法警一起提审被告人，弄清被告人翻供的原因，顺利开庭成功判决，受到了各界的赞扬。

其实不仅是我，就是别的青年法官出庭，他也会经常静静地坐在法庭旁听席，静静地听着，在闭庭的时候，给出庭的法官提出几点意见和建议，让大家心领神会，不断提高开庭的技艺。

我们曾经相约，这一辈子就当法官，做一个终身法官。可是，他没有做完，在 1985 年以后就当了书记。我也没有做完，1993 年 1 月我也离开了法院。算起来，他当了 27 年法官，我当了 18 年法官。不过以后我又当了 7 年检察官，加在一起，是 25 年。我从事司法实践的时间还是没有大可师傅多。

六

接着提拔青年干部，我先被提拔为中级法院副院长。这时候，大可师傅已经调到政法委工作。可是不久大可又调回来，也任副院长。这样，我就成了三把手，大可师傅是四把手，官场的排名颠倒了我和大可师傅的师徒关系，我觉得十分别扭。其实，我也是非常担心大可师傅心中有别扭，因为这总是不大合情理的。

在一次审判委员会上，一把手和二把手都不在，按照常规，应当是我这个三把手来主持会议。我感到那样一定会不自在，又怕大可师傅有想法，我就让大可师傅主持。大可好像很生气，对我说，这种事情怎么是可以谦让的呢？该谁做就谁做，谁做都是工作，如果这样的事情都会计较，还配做一个法官吗？真的如他所说，在以后的工作中，他都是积极支持我的工作，没有让我有任何为难的地方，也仍然像以前一样指导我，只是过去有时候会当着别的人的面指导我，而从那以后只是在背后对我叮嘱几句。对于这些，我真是不知道说什么感谢的话好。我想这就是真情！

从那以后，我就到中国政法大学进修学院学习去了。到了 1985 年，机构改革，撤地变市，我们中级法院一分为三，组成了三个中级法院。我留在原来的中级法院就是通化市中级法院，大可师傅分到了浑江市也就是现在的白山市政法委员会当书记。我在 1986 年毕业回到老家以后，与大可师傅天各一方，很少见面了。但毕竟还是邻市，消息还是经常听到，过春节的时候,偶尔也能够聚上一聚。

有时候我经常想,大可在大学毕业时的选择究竟对还是不对?无疑,他说的都是对的,法律确实是一门实践的科学。可是,如果大可师傅不是到了基层法院,而是在学校留校教书,从事教学和法学研究,是不是会有更大的发展呢?凭着大可师傅的法学修养和文字功夫,凭着大可师傅丰富的经验积累和不断探索精神,他一定会有极为成功的研究成果。可是他的一生就从事了实践的工作,工作会留下他的痕迹,但是法学的研究成果中,毕竟他留下来的太少了。

我不知道是应当遗憾,还是感叹!

其实并没有遗憾,应当感叹的是他的选择。他在法官的岗位上辛勤工作27年,又在领导岗位上工作了十几年。实践中的操作,他完完整整地贡献了自己。法治事业需要理论家,也需要实践家。做一个真心实意为司法实践奉献的实际工作者,也是光荣的。倒是可以看出,大可师傅牺牲了的是自己的学问,在司法实践上的贡献却是无法估量的。

七

我多次盘算,想在今年暑假的时候回老家,与大可师傅聚上一聚,我要看看我的法学入门导师,也要让他看看他带出来的弟子这些年的研究成果。甚至也想把他接到北京,在家里住上几天,一起好好聊一聊,斟上一杯清酒,重温凉水河畔的故事。可是我怎么也想不到,他就在刚刚退休没有几年的时候,就离开了!我悲痛难忍……

师傅辞世,弟子没有回去祭拜,只能端起一杯清酒,洒向天空,祭奠师傅的功绩!我要说、要问——

我们一起写的文章还在那里;

我们一起研究过的书还在那里;

我们在一起喝过酒的凉水河子,还在吗?

我们在一起争辩法理、讨论问题、审理案件的法庭，还在吗？

文章在，书也在；凉水河子在，法庭也在！

那——大可师傅就一定在！

大可师傅不死，永远活在弟子的心中！

2005 年 5 月 8 日

责任编辑：张　立
装帧设计：肖　辉　王欢欢
责任校对：史伟伟

图书在版编目（CIP）数据

共有权研究:第三版/杨立新 著. —北京:人民出版社,2021.9
（人民文库．第二辑）
ISBN 978－7－01－023622－3

Ⅰ.①共…　Ⅱ.①杨…　Ⅲ.①物权法-研究-中国　Ⅳ.①D923.24

中国版本图书馆 CIP 数据核字(2021)第 148932 号

共有权研究

GONGYOUQUAN YANJIU

（第三版）

杨立新　著

人民出版社 出版发行

（100706　北京市东城区隆福寺街 99 号）

北京新华印刷有限公司印刷　新华书店经销

2021 年 9 月第 1 版　2021 年 9 月北京第 1 次印刷
开本:710 毫米×1000 毫米 1/16　印张:27
字数:400 千字

ISBN 978－7－01－023622－3　定价:99.00 元

邮购地址 100706　北京市东城区隆福寺街 99 号
人民东方图书销售中心　电话 (010)65250042　65289539